国家社科基金重大项目『中国新媒介文艺研究』（18ZDA282）中期成果
浙江省哲学社会科学重点研究基地文艺批评研究院研究成果
杭州师范大学『新媒介文艺批评』『网络文学』研讨课系列成果

破境

网络文学名作细评·卷二

单小曦 等 著

海峡出版发行集团 | 海峡文艺出版社

图书在版编目(CIP)数据

破境:网络文学名作细评·卷二/单小曦等著.
—福州:海峡文艺出版社,2025.2
ISBN 978-7-5550-2907-6

Ⅰ.I207.999

中国国家版本馆 CIP 数据核字第 20251EC562 号

破境
——网络文学名作细评·卷二

单小曦 等 著	
出 版 人	林 滨
责任编辑	蓝铃松
出版发行	海峡文艺出版社
经 销	福建新华发行(集团)有限责任公司
社 址	福州市东水路 76 号 14 层
发 行 部	0591—87536797
印 刷	福建新华联合印务集团有限公司
厂 址	福州市晋安区福兴大道 42 号
开 本	720 毫米×1010 毫米 1/16
字 数	440 千字
印 张	29.75
版 次	2025 年 2 月第 1 版
印 次	2025 年 2 月第 1 次印刷
书 号	ISBN 978-7-5550-2907-6
定 价	88.00 元

如发现印装质量问题,请寄承印厂调换

目录

001　绪论　中国网络玄幻文学及其名作细评概要

027　"九州世界"与精英奇幻写作的尾声
　　　　——《九州缥缈录》细评

073　跨越时空叙事中的成长母题
　　　　——《斗罗大陆》细评

141　历史·侠义·新玄幻
　　　　——《雪中悍刀行》细评

203　与天斗,其乐无穷
　　　　——《将夜》细评

279　放牧诸神的变法宏图
　　　　——《牧神记》细评

347　隐喻书写下的回归与超越
　　　　——《诡秘之主》细评

405　无限流中的惊悚娱乐
　　　　——《惊悚乐园》细评

471　后　记

绪论　中国网络玄幻文学及其名作细评概要

单小曦　杨新宇

中国网络文学的第一大类别当属玄幻,一定程度上玄幻文学是最能展现网络文学魅力的类型之一。值得注意的是,中国网络玄幻文学也开始成为国外文艺生产借鉴的对象,比如部分日本网络小说在情节设计、表现手法等方面与中国网络穿越小说有着一定的相似度。"重生""转生"等具有"穿越"特色的写作都能够在中国相关题材网文中找到对应的元素。[①]

在体裁上,玄幻文学主要表现为玄幻小说。"玄幻小说"一词最早由香港出版商赵善琪发明[②],而作为一种文学类型则由香港作家黄易所开创。虽然黄易被视为"玄幻鼻祖",但他创作的玄幻小说还属于书写—印刷文学范型,脱胎于传统武侠,不过是在武侠小说中融入了科幻、神话、战争等新的元素。而网络玄幻,是网络时代借助网络媒介的生产力量发展起来的,复杂度和多样性方面已远远超越了黄易开创的书写—印刷玄幻,它将中国武侠、西方奇幻和网络游戏等古今中外各种文化元素交织在一

[①] 郁子强:《想象世界的"玄幻"与"奇幻"——中日网络穿越小说比较》,《文艺报》2020年12月23日。

[②] 1988年,赵善琪先生在香港"聚贤馆"出版的黄易《月魔》序言中提出:"一个集玄学、科学和文学于一身的崭新品种宣告诞生了,这个小说品种我们称之为玄幻小说。"这里的"玄"与中国传统玄学文化相关,特指魏晋玄学,由汉代道家思想、黄老学说演变而来。参见叶永烈:《奇幻热、玄幻热与科幻文学》,《中华读书报》2005年8月3日。

起，形成了包罗万象、波澜壮阔的创作景观，成为一种天马行空、恣意驰骋的"玄想"体文学。可以从如下几个方面把握中国网络玄幻文学的基本面：首先它归属于网络化数字文学的大范畴，这一点区别于黄易时代及网络兴起前的作为书写—印刷范畴的传统玄幻小说。其次，它受到了科幻、魔幻特别是西方奇幻文学的影响，融合了这些文学类型中的一些元素，但经过本土化和多种元素交融，已经发展成为一个独立类型。再次，具体到文学内部，在世界设定上，它常常突破自然、社会、日常生活而构建出一个超常态、超常规、超现实的"异世界"；在叙事上，它使用各种叙事技巧讲述一个以修炼、升级、武功、魔法等为讲述内容且情节离奇、变幻莫测、引人入胜的故事；在人物塑造上，它常常塑造出一个具有超能力、可以突破自然局限性、个性色彩较浓、自带光环的主角，其周围会聚集一批具有服务主角成长、成功的功能性配角人物；在主题思想上，它在"异世界"、传奇人物、曲折故事中以主角为载体表达成长、长生、破界、欲望等人生和人性主题，也常常在修炼、异能、打怪升级等过程中折射社会现实问题；整体上它又在上述各个层面体现出"玄"与"幻"的特殊美学风格。

▽ 一、中国网络玄幻文学的萌发及其对西幻的模仿

中国当代网络玄幻文学的萌发主要得益于现代科技的发展，世纪之交的特殊社会心理，以及广义西方幻想文学[①]的涌入。萌发期的中国网络玄幻文学是模仿西方奇幻文学的产物。

首先，现代科技在两个层面上为中国网络玄幻文学的萌发提供了契机。一方面，现代科技对现实世界祛魅，原本的神秘想象在玄幻文学世界

---

① 由于日式西幻也是通过借鉴和模仿西方幻想文学而创作，故此处的西方幻想文学也包含了日式幻想文学在内。

中得到了重构和释放。许多曾经深不可测的自然事物和现象得到了科学性的解释,而随着认知的不断扩大,现实生活世界逐渐丧失了神秘性,其携载的想象空间亦伴随着神话与传说的退场而消散,不再构成文学幻想的基点。于是,当人们无处安放的想象力找寻到"玄幻"这一片新土壤时,很自然便扎根并生长起来。另一方面,互联网信息技术的发展为普罗大众的自由写作与互动提供了前所未有的媒介平台。随着那些奇思异想从网络玄幻作家的手指间流泻而下,带着承袭于上古神话传说的神秘与对现实人生种种的疏离与关切,在网络读者的惊异与遐思中,网络玄幻小说应运而生了。

其次,世纪之交的特殊社会心理也是促使网络玄幻文学萌发的重要因素。在20世纪中后期中国的社会变革和经济转型中,原有的价值体系受到了冲击。多元价值的矛盾冲突塑造了特殊的社会心理,人们在文学的虚拟世界中寻求各种补偿。这种心理需求在网络玄幻小说独特的快感机制中得到了很大程度的满足,受众可以沉浸在文本建构的幻想世界之中自由驰骋,摆脱现实世界种种法则的束缚,以白日梦的形式得以完成短暂的自我救赎,弥补生活世界里的空虚与失落。这点在网络玄幻小说的广大青少年读者中表现得尤为显著,玄幻世界中所蕴涵着的反叛与颠覆与青少年的叛逆心理完美契合,并成为青年亚文化的重要组成部分。[①]

再次,网络玄幻文学得以萌发最直接的原因就是上面提到的西方奇幻文学的大量传入。自20世纪90年代以来,中国的传奇类文学尤其是武侠文学逐渐进入发展的"瓶颈期",从而产生了求新求变的内在要求。恰好在这一时期,西方幻想文学的涌入和以影视、动漫、电脑游戏等为代表的大众娱乐形式的普及,为新式的传奇文学写作提供了大量故事素材和思想资源,打开了一个前所未有的想象空间。人们对幻想题材类小说的创作热情被激发起来,网络玄幻文学就是其最主要的产物。

萌发期的中国网络玄幻文学与西方奇幻文学之间存在着复杂纠结关

---

① 张伟:《论网络玄幻小说的审美取向与青少年心理的关联》,《文艺评论》2018年第12期。

系。西方奇幻文学是幻想类小说的重要组成部分，有别于科幻，大多依托神话、宗教和传说，故事多发生在架空世界，以魔法等超自然力量为核心要素，再加入骑士、勇者、恶龙等元素，具有代表性的奇幻世界体系有"剑与魔法""龙与地下城"等。经典作品有罗伯特·霍华德的《蛮王柯南》系列、托尔金的《魔戒》系列等。起初，中国的"玄幻"和"奇幻"概念是混用，也可以说中国早期的"玄幻文学"就是"奇幻文学"。有学者认为"广义地说，那些通过非现实虚拟描摹奇崛的幻想世界，展示心灵的想象力，表达生命理想的文学作品，都可以称之为奇幻文学。狭义上讲，奇幻文学是集科学、魔幻、玄幻等小说技法于一体，又创造了独特的新体式的小说类型"，并将其分为仿西式奇幻、日式奇幻与本土奇幻三类。① 而随着玄幻文学对中国传统文化元素的汲取日益增多，"玄幻"的表述才逐渐被"奇幻"所取代。

较早的中国网络玄幻文学明显带有模仿西方幻想文学的倾向。从《风姿物语》开始连载至 2002 年本土仙侠小说的出现，可以被视为网络玄幻小说的萌发与模仿期。1997 年罗森的《风姿物语》作为中国第一部网络玄幻小说，便模仿了日式西幻，而第一批网络玄幻小说写手如读书之人、蓝晶等创作的各种中式西幻题材作品，又都充斥着对罗森的模仿痕迹。这一阶段的大部分作品尚不能被称为中国本土玄幻小说。比如烟雨江南的《亵渎》模仿《魔戒》，从人名到大陆设定皆带有突出的英伦风；江南等人创作的"九州"系列，在世界设定上明显是模仿了托尔金的中土世界；说不得大师的《佣兵天下》从创作动机来看多为蹭热度，模仿痕迹更为浓重；我吃西红柿的《盘龙》中西方文化设定也与中国读者的期待视野发生了严重的错位和龃龉。网络玄幻小说如果一味地模仿西方幻想文学，难免给人以不伦不类的印象，难为中国幻想文学重开一片独立天地的可能。对此，有论者反思认为，中西幻想体系的构成差异明显，中国自古以来的鬼神传统与西方由精灵、矮人、怪物构成的幻想谱系很难实现有机融合。至

---

① 叶祝弟：《奇幻小说的诞生及创作进展》，《小说评论》2004 年第 4 期。

于叙事传统层面，中西方则更是存在迥异的差别①。中国作者们秉承东方人的思维方式和生活习惯，注定无法创作出原汁原味的西方幻想小说。②

需要看到，中国网络玄幻文学最初走的是模仿西幻的路子，实际上又是只得皮毛而失精髓，有其深层原因。20世纪、21世纪之交，商业化浪潮、工具理性、计算主义普遍挤压着人们感性空间和心灵领地，从武侠和奇幻世界中获得慰藉，似乎成为一些年轻人逃离现实的精神出口。但此时还难以从中国本土生长出一种可以满足读者需要的独立性网络文学。西方和日本的奇幻文学是有着雄厚文化积淀的。以托尔金《魔戒》等为代表的英国当代奇幻文学，主要源于新神话主义，充满抗争精神，希望通过重构一个神话体系来复兴失落的人文传统，或者从形形色色的文化他者中寻找现代人的生存理想和精神归宿；以宫崎骏系列创作为代表的日本奇幻文学亦是如此，它们将日本民间传说和童年时代的梦想结合起来，充满着对自由精神的向往，对一代青年成长产生了重要影响。相对而言，中国网络玄幻的起步与网络文学的商业化转型同步，缺乏现实关照能力和以商业获利为目的的网络玄幻创作者们，被消费主义大潮所裹挟，将玄幻文学引以为傲的自由精神与不羁想象转化为迎合商业需求的爽感生产工具。表面上，他们的确也存在吸纳中国传统文化的倾向，但理解肤浅，生搬硬套，与其说是以传统文化滋养当代玄幻文学，还不如说是在商业化的过程中消费并消解了传统文化。他们借用西方幻想文学的形式外壳，内里填充的则是杂乱、不成体系的中国文化符号，中国传统文化被沦为牵强附会、胡编乱造的工具。

当然，也需看到，虽然处于萌发与模仿阶段的网络玄幻小说存在着诸多问题，特别是这一时期从事专业创作的作者较少，但却为中国网络玄幻小说的后续发展培养了稳定的读者群体，并使玄幻类作品在网络文学中成为主流。此外，一味模仿西方幻想文学所暴露出的缺陷也在客观上刺激着后续网络玄幻小说写作的本土化转向。

---

① ［美］蒲安迪：《中国叙事学》，北京大学出版社1996年版，第8页。
② 千幻冰云：《别说你懂写网文》，黑龙江教育出版社2014年版，第249页。

二、网络玄幻文学的中国本土化与繁兴

中国网络玄幻文学单纯模仿西幻存在着许多问题，并且无法形成自身独特性。随着网络文学环境的进一步宽松和年轻作者们的不断探索，网络玄幻文学逐渐步入了中国本土化的发展轨道，也一定程度上走向了繁兴。网络玄幻文学实现中国本土化具有一定优势：其一，中国古代的神话、传说和民间故事中常见的鬼神、妖怪等各种超自然元素，已经形塑了大众有关幻想故事的心理结构，深深地浸染着中国读者的意识和思想。其二，带有浓厚中国幻想色彩的文学作品对海外读者有着独特的异域风情和吸引力。值得注意的是，一些海外的网络游戏在绘制图案或设计情节时也存在着从中式幻想作品取材的情况，尤其是从《搜神记》《封神演义》《西游记》以及《聊斋志异》等经典中汲取灵感。中国网络玄幻小说的本土化过程可以大致划分为"故事新编"、本土仙侠和文青玄幻三个阶段。

21世纪之初的两年，是中国网络玄幻小说本土化的"故事新编"时期。虽然以萧潜的《飘渺之旅》为标志，2002年被许多人看作网络玄幻小说本土化的开始，但是本文认为网络玄幻小说的本土化实际上起步更早。可以看到，以金庸客栈为代表的一些传统文学网站，基本秉持着人文理想和精英姿态，又能够兼顾大众读者的趣味和爱好，在网络玄幻文学的早期发展过程中发挥了重要作用。在那些平台的作品中，本土的武侠、仙侠传统被延续着。2000年今何在的《悟空传》可谓本土幻想文学的一次复活，从一众西幻作品中脱颖而出，其在网络空间、图书出版以及影视改编领域的爆火，彰显了中国传统幻想文学的经久魅力，预示着网络玄幻文学本土化的巨大潜能。虽然这部作品本身存在着诸多缺陷，但它试图向传统寻根，而成为网络时代复兴中国幻想文学的开端。也正是《悟空传》以"故事新编"的形式开启了网络玄幻小说的本土化进程，也是网络玄幻小说对传统神话价值的重新发现的肇始，甚至可以说它成功接续了以鲁迅先生

《故事新编》为代表的中国经典神话故事改写的创作传统。继《悟空传》之后，网络玄幻小说对中国传统神话资源进行了多方面的开发与利用，大量网络玄幻文学都对中国传统神话进行了重述，形成了网络时代神话热。

2002年至2005年，中国网络玄幻文学进入了仙侠发展阶段。这一阶段的网络玄幻往往从神话、传奇、笔记小说、儒释道典籍中汲取养分，并为侠义精神等中国思想文化内核融入一份西方魔幻色彩。2002年萧潜的《飘渺之旅》被认为是"修仙小说界开山鼻祖"，开创了网络玄幻修真小说的先河。此后众多网络写手蜂拥而至仙侠修真领域，仙侠文学大类蓬勃发展，网络玄幻小说的主流也开始由西方奇幻小说转向了本土仙侠小说。2003年起点中文网建立起VIP阅读收费机制，职业化网络文学作者数量开始增长，网络文学玄幻创作也开始进入繁盛期，涌现出了诸如萧鼎、萧潜、玄雨、我吃西红柿等一批"大神级"玄幻作者。随着网络玄幻文学质量的大幅度提升，读者群体迅猛增长，"起点""天鹰"等大型玄幻网站上优秀作品的点击率动辄以十万、百万甚至千万计，许多作品的图书出版也异常火爆。2005年萧鼎的《诛仙》引发了读者的疯狂追捧，登顶网络小说排行榜第一名，横扫各大网络文学网站，成为仙侠小说史上又一座里程碑，与《飘渺之旅》《小兵传奇》并称"网络三大奇书"。"玄幻文学"成为那一年的网络关键词，2005年也因为网络玄幻文学的盛行被网友称为"玄幻文学年"。这一阶段堪称网络玄幻文学的快速发展期，也是第一个高潮期。网络玄幻文学成为各大文学网站和出版商的"宠儿"，创造了传统印刷小说作品难以企及的销售量。

2006年后，文青玄幻成为中国网络玄幻文学的重要标签。经过2006年的短暂停顿后，中国网络玄幻文学很快迎来了又一个高潮，涌现了辰东的《神墓》、唐家三少的《斗罗大陆》、猫腻的《庆余年》、我吃西红柿的《星辰变》等一批经典作品。伴随着移动阅读一同兴起的，是读者用户的激增，付费阅读的兴盛和IP价值的发现。商业化氛围中，网络文学向超长篇发展成为大势所趋。总体而言，根据这一时期网络玄幻作家的创作风格可以明显划分化出两大阵营，即以唐家三少为代表的"中原五白"和以猫腻为代表的"四大文青"。换言之，网络玄幻文学整体上可以大致分为

"小白文"和"文青文"。小白文指的是"以小白用户为主要预设读者群的作品，也是针对初级网文用户的网络小说，以内容浅薄、叙事单一、思想性匮乏为特征"。而文青文则截然相反，是指"随着网文精品化潮流的兴起，出现的一群有某种情怀、表现出某种创新性诉求、文学性和思想性俱佳的网络作家的作品"①，在文化层次和审美趣味上明显高于小白文。文青派玄幻作家们不仅能够在作品中表达某种深刻的思想意蕴，而且深谙爽文的内在机制，成功兼顾了艺术性与商业性，不仅以其独特的人文情怀赢得了一批死忠粉和学界认可，而且还获得了商业价值层面的巨大成功。"只有实现高技术与高人文的协调与统一，网络文学才能获得更多的千秋情怀及终极道义，拥有人文精神的底气和骨力，这种文学才可能真正走进一个历史的节点，赢得文学史的尊重。"② 对于网络作家而言，想要在大神林立的网络玄幻市场中脱颖而出，如何平衡商业性与文艺性的关系成为无法回避的问题。有研究者略显夸张地说："以猫腻系列作品为代表的部分玄幻小说正与千万'小白'文分层，其突破的目标更为可能是下一个时代最伟大的文学作品。"③ 这些网络玄幻之所以成为精品，离不开对中国文化的继承与创新。比如在"异世界"构建中不仅引入中国地理文化元素，赋予其以典型的本土文化属性，而且巧妙植入了琴棋书画、刺绣、阵法、音律、哲学、美食、中医、诗词文赋、儒释道等中国传统文化经典元素，展现了独特的东方美学特质，彰显着中华传统文化的自信与自豪。④一部理想的文青文玄幻作品，能够兼采中国雅俗文学之所长，结合当今社会现实与现代思维特征，适当借鉴西幻故事元素与西方文明理念，并融入作者自身的人文感悟，形成独特写作风格，最终在玄幻世界中实现对于中国文化的创造性转化与创新性发展。特别是猫腻成功实现了东方玄幻"异

---

① 邵燕君：《破壁书网络文化关键词》，生活书店出版有限公司，2018年，第259-262页。
② 欧阳友权：《网络文学本体论》，中国文联出版社，2004年，第29页。
③ 庄庸：《类型文学十年潮流的六个拐点》，《中国艺术报》2013年1月26日。
④ 单小曦、钟依菲、肖依晨、朱哲娴、钱书逸、刘欣：《与天斗，其乐无穷——网络文学名作〈将夜〉细评》，《百家评论》2022年第1期。

世界"的落地生根，对于中国文化元素的挖掘与运用显然已抵达一个更为深入的阶段。

除了网络玄幻文学本身，IP开发更进一步推动了玄幻热潮，"IP"在此"并非印刷文明系统之下的著作权，而是指具有长期生命力和商业价值的跨媒介内容运营模式"①。2015年被称为"IP元年"，大量经典网文的版权被购买，文学作品频频被改编为动漫、影视剧、游戏等畅销文化产品。例如《花千骨》改编成同名电视剧后获得极高反响，创下了网络单日点击播放量突破4亿的记录，据称也是首部网络播放总量突破200亿的电视剧。网文"IP"运营领域逐渐吸引了更多目光，一批网络作家的收入也由单纯的版税转变为影视、游戏的版权费。2015年至今，大量资本以直接或间接的方式流入网络文学领域，网络玄幻文学作为"IP产业链"的一大源头进入了文本再生产阶段，以全新的面貌再次引发全网的消费狂欢。

总之，一方面，随着西方幻想文学到达创作高峰后渐渐回落与疲乏，网络玄幻作家和读者都将目光由西幻转向本土，另一方面，综合国力的壮大与国际地位的提高极大提振了人们对于民族文化的自信心和自豪感，网络玄幻文学领域也更愿意挖掘本土文化元素。相对于小白文专注于升级流的爽感，文青派玄幻文通过汲取传统文化的养分，创造出了本土色彩更为浓郁的幻想世界，并且成功打入了海外市场，真正实现了网络玄幻小说的繁兴。

三、中国网络玄幻文学的主要成就与特色

网络玄幻文学作为新兴网文类型，在短短20多年的发展历程中就能够取得一定的成就，呈现出了自己的特色。

多元融合的创作。中国网络玄幻文学创作是多元融合的，不仅发掘出

---

① 邵燕君、肖映萱、吉云飞：《媒介融合 世代更迭——中国网络文学2016—17年度综述》，《文艺理论与批评》2017年第6期。

了大量传统文化元素，而且大胆借鉴西方幻想文学模式，同时还能积极融入当下的时代精神与关于未来的技术想象。这种内容上的丰富性应该是其得以迅速崛起并持续吸引大批读者的首要原因。玄幻小说从诞生伊始就具有很明显的多元化特征，黄易创作的传统玄幻小说中就呈现出了"集玄学、科学和文学于一身"[①]的多元融合性。在网络玄幻中国本土化后，更是吸纳了来自于远古神话传说、唐传奇、六朝志怪、明清通俗小说等传统文学资源和多元庞杂的中国传统文化基因。从中国网络玄幻生成的时代背景着眼，网络玄幻文学的绝大多数创作者为"80后"、"90后"，他们亲历了21世纪初文化市场的冲击，也参与了彼时本土网络文化的创建，在粤语金曲、好莱坞大片、韩流日漫的背景音乐中，他们可谓一出场就携带着全球基因，也天然具备跨越文化壁垒的能力。[②] 现代流行文化场域的各种外部刺激，尤其是武侠仙侠、西幻日漫那些新奇瑰丽的想象和叙事启发着网络玄幻文学创作，而且如今的电子游戏、大型网游也为其提供了许多素材。就媒介条件而言，数字新媒介技术提升了玄幻文学生产的动能，使得诸多经典文本和文艺资源能够在玄幻写作中得到更灵活的运用。

在这种多元融合的创作中，古今中外众多文化因子共同引导着网络玄幻文学的走向，最突出之处就是迥异于现实世界的幻想世界的营构。不难发现，网络玄幻文学的异世界建构既继承了神话、志怪、神魔、传奇、武侠仙侠等中国幻想故事要素，又融合了诸如《龙与地下城》《魔戒》等为代表的西幻故事架构，甚至可以说在东西方幻想文化碰撞中创造出一个更为开放的玄幻世界，具有了强烈的奇观化效果。正如《飘渺之旅》开篇所言，网络玄幻文学的世界设定是非常自由的，各种事物应有尽有。而且网络玄幻小说的叙事文本可能还融合了军事、历史、言情、穿越、架空、重生、异能、二次元、黑科技等多种题材。作家猫腻的系列作品就是多元融合的典例，一方面，其中既有传统武侠的武功门派和行侠仗义等元素，又

---

① 叶永烈：《奇幻热、玄幻热与科幻文学》，《中华读书报》2005年8月3日。
② 许苗苗：《网络文学：互动性、想象力与新媒介中国经验》，《中国社会科学》2023年第2期。

有中国传统神魔、志怪小说和西方魔幻小说中关于仙、魔、神、兽等超自然事物的描绘。另一方面,其作品不仅有着类似科幻小说对于时空穿越、未来社会的诸多描绘,而且在对亲情、友情、爱情等情感方面的叙写和描述又与言情小说颇为相似。此外,他还能与时俱进,将时下流行元素和热门话题适当引入文本,增强创作新意。网络玄幻文学中,多元文化的种种事物不断融合,衍生或变形出一些全新的事物,经常是西方魔法咒语、中国武功谋略、日式人物造型合一,中国、印度、希腊神话并存,远古传说和末世科幻杂糅,文学与动漫、电影、电脑游戏元素调和。譬如,玄幻故事如果存在非人的异类,它们的来源往往相当驳杂,既有来自中西神话传说、传奇志怪的,又有取自不同宗教故事原型的。这些前所未有的幻想世界架构本身就吸引着当代读者尤其是广大青年读者,玄幻时空召唤着他们暂时摆脱现实束缚,进入文本空间去体验奇异多姿的冒险叙事。

　　网络玄幻小说在叙事上也显示出其多元性,融合各种叙事元素,并不被某些固化理念所束缚。譬如在西方幻想文学的叙事模式中,神人之间有着不可逾越的界限,人再强大也不可能成为神。而在中国网络玄幻中,主人公却可以通过千难万险的历练以凡人之躯走上成神之路。有评论者认为,西方幻想小说经历了一个多世纪的发展,始终没有超越剑与魔法的主题,恐怕就是由于在创作中存在着许多固化的、不能跨越的鸿沟。相比之下,中国网络玄幻文学却突破了这些叙事理念的区隔,成功实现了各种貌似对立的元素之间的沟通和融合,以及多种文类的融会贯通。比如,以武侠小说对于"江湖"的描写方式,去处理玄幻小说中虚拟世界与现实世界之间的关系;借鉴科幻小说,为文本中种种怪异现象赋予某些符合科学逻辑的解释,使其普遍存在与可能性显得合理;如历史演义小说一般在虚拟世界中设定政治势力板块,凸显自己的政治理想,甚至还能略带调侃意味地看待历史并进行叙事。① 最后还值得一提的是,网络玄幻小说在语言表达方面亦展现了极强的多元性,既有传统诗词文赋的援引,又富含以戏谑和谐音为典型的网络语言特质,而且在中文写作的字里行间还夹杂着其他

---

① 王兴文:《试论网络玄幻小说繁荣的原因》,《现代教育科学》2009 年第 1 期。

各种语言，犹如语言"大杂烩"，且在以往文学作品中是难以想象的。

当代青年自我奋斗的投射。虽然网络玄幻文学被认为是一种充分表现奇思妙想的小说①，讲述的是光怪陆离的架空世界中非凡人物的故事，但世界的运行规则、人物的行为逻辑却无一不是真实世界的翻版。尤其是它所热衷的青年英雄奋斗叙事，正是当代青年人生观、价值观的某种玄幻式投射。在此意义上，网络玄幻文学"关注点不是历史主义或神秘主义的神性世界结构，而是现代人的奇幻式心理折射"②。网络玄幻首先是一种青春文学，它就像是以玄幻方式将当下广大的普通青年甚至底层青年在残酷现实世界中艰难成长与奋斗的故事进行了艺术转化，而且以充满爽感体验的叙事方式帮助读者暂时摆脱压抑的现实生存境况，获得诸多缺憾的补偿。既区别于其他类型的幻想小说，也有别于传统严肃文学。这种幻想外壳下的"奋斗"伦理观也正是其受到广大青年追捧，并成为网络文学最重要文类之一的主要原因。③

从社会变迁的经验来看，网络玄幻文学是青年对于时代的见证、记录和作为的产物，其中的人情冷暖、欲望表述与叙事革新，与我国网络社会的崛起同步，记录着社会结构的变迁以及时代心态的转变。它并没有严格遵循古代设定，很大程度上投射的是当今网民的情感状态和价值判断。④从网络玄幻小说创作主体来看，有学生、商人、自由职业者、警察，甚至法医等各种身份和职业，这种文学创作主体的多元化是较为罕见的。这也使得网络玄幻小说往往与传统文学一本正经的抒情和叙事相去甚远，而是以颠覆经典写作的面貌出现，擅长营造轻松或嘲讽的氛围。在网络玄幻小

---

① 欧阳友权：《网络文学词典》，世界图书出版社广东有限公司，2013年，第216页。
② 韩云波：《大陆新武侠和东方奇幻中的"新神话主义"》，《西南师范大学学报（人文社会科学版）》2005年第9期。
③ 姜悦、周敏：《网络玄幻小说与当下青年"奋斗"伦理的重建》，《青年探索》2017年第3期。
④ 许苗苗：《网络文学：互动性、想象力与新媒介中国经验》，《中国社会科学》2023年第2期。

说"架空世界""修真得道"等形形色色的设定中,我们可以窥见文字背后所呈现出的青年群体所面对的社会文化困境,洞悉他们的心理缺失和社会需求。

网络玄幻文学非常难能可贵的一点在于其对于青年成长历程的正面书写。虽然当代不乏以韩寒等为代表的作家对于青年成长心路历程的关注,但是不得不承认,往往其展现的更多还是愤青式"伪精英"与周遭环境的矛盾冲突与格格不入。而网络玄幻文学却以平民英雄主义的视角,描述出青年成长历程。无论是《诛仙》中的张小凡还是《将夜》中的宁缺,皆是通过一路打怪升级,不断苦修进阶,成长为英雄。从这个视角去看,由网络玄幻文学与网络游戏结合开启的打怪升级模式演变而来的"修真"主题,正是以对青年英雄"修真者"成长历程的书写,来映射当代青年现实人生的理想以及他们的奋斗史。他们在信息爆炸与快节奏的社会生活中,虽然扮演着不同的角色,承担着不同的责任,但内心渴求是普遍一致的,渴望平凡的自己也能通过努力在这个竞争激烈的社会拥有属于自己的成功与幸福。网络玄幻文学便成为载体,无论对于作者还是受众都补偿性地满足了这种需求,其中有热血励志,有不断提升的能力,有各种幸运的眷顾,有完美的亲情、友情和爱情,有最终打倒看似不可战胜的反派的主角光环。因此可以说,作为在网络玄幻文学中不断演化的一个基本母题,"修真"所代表的与其说是对网络游戏打怪升级的模仿,不如说是对现实社会生活"教育"人们胸怀抱负向上攀登的映像。网络玄幻文学的背后显现的是"80后"、"90后"一代开始的网文受众的精神特征和价值观念。

传统文化的开发。纵观历史,可以看到中国志怪古籍和幻想文学资源异常丰富,《山海经》《西游记》《聊斋志异》等经久不衰的作品彰显了古代中国的奇思异想。无论是盘古开天辟地、女娲造人补天的上古神话,还是鬼神志怪和异侠传奇,或是漫天仙佛的神魔小说,皆是中国式幻想基因的历史文化载体,形态虽多姿多彩,彼此之间却一脉相承,共塑了中国传统文化中如梦如幻的奇异时空。但不得不承认的是,从文学生态的总体情况看,以想象力为本位的幻想类文学始终是现实类文学的陪衬,处于文学史的边缘。而这种情形直到新世纪网络玄幻文学的出现才发生了根本性的改观。① 短短20多年间，网络玄幻小说的发展一路高歌猛进，因其奇幻的写作和独特的叙事深受海内外读者喜爱，迅速跻身为能与好莱坞电影、日本动漫、韩国电视剧并称的世界四大文化输出奇观，这是前所未有的。网络玄幻小说从最初萌发到后来的繁荣与兴盛，之所以能获得如此成就，除了早期搭乘西幻的顺风车外，主要原因还是在于其对传统文化资源的有效开发。

如前所述，从21世纪最初几年网络玄幻文学第一波高潮的出现，其发展后来居上，开始被数量庞大的读者所接受，除了网络传播媒介的影响加大之外，很重要的原因就是本土化的成功。虽然网络玄幻文学总是难免受到西方幻想文化的影响，但源自中华文化的强大而丰富的思想体系才是其基本色调。② 中国传统文化深受儒释道思想的影响，数千年的历史文化沉淀给予网络玄幻小说源源不断的资源，使其依托道家文化和佛家思想而演绎出千奇百怪的故事，其中常见的家族政治、修真炼体等内容对于外国读者有着巨大吸引力。超长的时间跨度、神奇的修道修仙、神秘的玄怪志异以及仗义的侠客思想，无不体现了中国所特有的文化印记。③

在网络玄幻小说的发展历程中，其本土化开发呈现出的是不断演变的态势。故事新编类作品《悟空传》的火爆全网可谓成功开启了网络玄幻文学进行本土神话重述和神话价值再发现的热潮，是对中华传统幻想文学经典的当代接引。而以《诛仙》为代表的东方仙侠小说则自觉地在网络玄幻创作中创造性地挪用了东方神话和本土巫文化等元素，充分发掘和运用了中国古典文化中的佛道仙魔传统，尤其是对本土武侠传统的转化，最终为网络玄幻的本土化发展注入了堪称精髓的仙侠血液，不仅开启了创作新思

---

① 耿文婷：《中国网络幻想小说的文学史意义》，《中国社会科学报》2021年4月30日。
② 许苗苗：《网络文学：互动性、想象力与新媒介中国经验》，《中国社会科学》2023年第2期。
③ 聂庆璞编：《网络小说名篇解读》，中国社会科学出版社，2011年，第222页。

路,更提升和丰富了作品的审美境界与精神内蕴。此后,网络玄幻文学在人物、地名、背景、异世界营建上开始全面展现中国本土特色。东方仙侠类小说就此成为网络玄幻小说中的一个重要类别,其在内容上展现的武侠江湖、仙剑道法、历史故事等确实也更符合中国人的文化心理和审美趣味。以猫腻的作品等为代表的文青派玄幻文可谓是东方玄幻的典型代表,其对于以儒家思想为核心的中华传统文化的传承,进一步丰富和完善着东方玄幻的整体谱系和价值体系,东方仙侠小说也成为当今最具中国特色、最为主流的网络玄幻小说或者说幻想小说类型之一。① 通过对中华传统文化的当代开发,网络玄幻获得了源源不绝的灵感滋养,不仅在异世界构筑上逐渐本土化,建立起日臻完善的修真体系,更重要的是成功地建构起了东方价值理性,使得当代幻想文学得以焕发出夺目光彩。

四、中国网络玄幻文学的高度模式化与价值局限

网络玄幻小说从萌发到繁兴,其成就值得肯定,但其缺陷也需要深思。低门槛的创作平台、情感宣泄式的创作态度、价值单一的商业化运营模式共同导致了网络玄幻小说的问题与隐忧,具体体现在创作的高度模式化,以及数字人文价值的相对缺失。

高度模式化。这是网络文学的通病,作为网络文学第一大类型的网络玄幻在这方面自然比较突出。有论者认为,网络玄幻的"套路""是一套最容易导向成功的成规惯例和写作攻略,是一种集群体智慧的文学发明"②。而如果一味玩"套路",以收割一代一代低龄读者为目的,这样的

---

① 侯向学:《通俗文学视野下的网络类型小说价值变迁研究》,暨南大学硕士学位论文,2014年。
② 邵燕君、薛静主编,北京大学网络文学研究论坛编选:《中国网络文学二十年·典文集》,漓江出版社,2019年,第10页。

文学注定没有出路。网络玄幻的高度模式化具体表现为，千篇一律的写作模式，高频出现的重复元素，主题和故事线索单一，过于追求爽感体验等。究其原因，既与网络玄幻创作者的知识背景相关，又与网络玄幻小说的商业化密切关联。就知识背景来看，很多网络玄幻作者并非文科而是理工科背景，并未接受过系统的文学教育与写作训练，又由于接触网络游戏较多而受其中升级打怪的单一模式影响较深，因此网络玄幻大多呈现出模式化倾向也在所难免，甚至存在许多复制拼贴的现象。以最普遍的修真小说为例，《飘渺之旅》和《诛仙》等经典作品为后来修真类小说之滥觞，但其打怪升级的情节模式存在高度的重复性，也成为后来者无法跳脱的窠臼。在无限升级的结构中，小人物迅速成为英雄，奇遇成为改变命运的最佳方式，许多情节不断被重复，如擂台斗法、秘境探险、绝境升级等固定套路不胜枚举，而传统中国武侠小说的行侠、复仇、争霸等模式也成为玄幻小说所模仿的现成范本。

高度模式化创作的更主要原因，恐怕还是网络文学的商业化使然。当网络文学成为产品或商品，一种已经获得市场成功的创作模式必然会引来大量效仿。在高额稿酬的吸引、IP运作的需要以及网站高强度更文的压力下，尤其是小说字数直接与收入挂钩，网络玄幻越写越长，篇幅达到几百万字甚至上千万字。而为了保证作品的巨大体量，"注水"和"融梗"就成了网络玄幻写手们不约而同的选择。且不说审美疲劳和毫无新意的问题，那些低劣的网络玄幻甚至会让读者经历一种从初觉有趣到感觉被侮辱智商、被骗钱和浪费时间的体验。更令人担忧的是，这些问题不仅出现在小白文作品中，甚至在文青派玄幻作家的作品中也越来越多地出现。例如，猫腻曾凭借《将夜》一鸣惊人，其作品能较好地协调商业性与人文性，为网络玄幻小说的良性创作提供了绝佳范例，但其后续作品依旧出现了缺乏创新、"融梗""注水"等诸多问题。《择天记》《大道朝天》便出现了为迎合商业运作，推进IP改编，而大量"注水"拉低作品水准的情况。《择天记》中大段不必要的人物对话、心理描写、细节描写、游离情节的大篇幅抒情、高度娱乐化与游戏化的情节设置等虽然方便了改编成动画的场景调度和制作，但却直接延宕了小说的整体叙事节奏。不仅如此，甚至由于签约了游戏和影视改编而不得不在已完成的作品大纲中放弃或限制原本的创作想法,这是对商业资本的彻底迎合与妥协。也正是由于作品质量的降低,《择天记》并未取得像《将夜》一般的轰动效应,甚至出现了作品点击率暴跌、读者大量流失的情况。而至于"融梗"则问题尤甚,每位作者的"梗"毕竟是有限的,面对创意枯竭都不可避免会走上自我重复和抄袭他人的道路。

事实上无论是"融梗"还是"注水",问题的深层根源依旧是作家创造力的不足,无法实现对类型文的突围。业已固定的题材和套路已经损害到了网络玄幻的创新和发展,大量跟风之作却还在泛滥,高度模式化所带来的必然是不断重复的浮浅内容。陶东风在评价网络玄幻小说时曾用到"装神弄鬼"一词①,虽然这一论断有些偏激,但却一语道出了网络玄幻的要害,即内容上的空疏浮浅。更有甚者曾提醒,"玄幻小说表面上欣欣向荣,而实际上问题成堆,危机四伏,如果剧中人还不警醒,玄幻小说将很快像泡沫一样消失,被人们像垃圾一样抛弃"②。确实,由于许多网络玄幻小说过于关注情感和欲望的宣泄和补偿,忽视了作品本身的艺术审美方面,从而导致大量缺陷。譬如情节过于随意、不合情理,一些事物前后描写不一致,重要人物或线索甚至会突然沉寂或中断,给读者造成阅读理解上的困惑与不快;经常出现错别字、病句等低级错误;在对古今中外文化资源借鉴的过程中不加筛选,出现错杂和混乱;写史过程中,既不合乎历史和现实逻辑又与文学逻辑相背离的情况十分常见。当然,网络文学平台的过度商业化也是造成网络玄幻小说内容空疏浮浅的重要原因。以唐家三少、猫腻等"大神级"网文作家也在演讲和采访中公开表示,富于内涵的作品在流量为王的网络平台是很难实现的,极端功利性的创作动机、超高强度的更文要求、残酷的行业竞争和巨大经济利益的诱惑,极易导致作品的粗制滥造,严重影响着网络玄幻的整体声誉。

数字人文价值的相对缺失。不论是传统文学还是网络文学,都需要一

---

① 陶东风:《中国文学已经进入装神弄鬼时代?》,《当代文坛》2006年第5期。
② 何忠盛:《幻而不真、传统缺失与价值错位》,《当代文坛》2007年第3期。

种坚实的人文价值作为内在支撑,而在对网络玄幻小说的观照中则会发现其人文价值内核的相对缺失。陶东风认为其"塑造的魔幻世界再怎么神奇而宏大,想象力再令人惊奇,仍然是缺乏文学意蕴的""这种文学意蕴、文学的精神价值维度的缺失也不是通过装点一些所谓的历史知识可以挽救或弥补的"①。他对网络玄幻小说的价值批判虽然显得有些偏激,但在某种程度上却一针见血地点破了网络玄幻的价值缺失问题。网络玄幻小说的大量生产和广泛传播将读者带进了一个离奇虚幻的"意淫"世界,但其充满快感和刺激的故事背后却是混乱价值观和碎片化逻辑,许多读者耗费大量时间和金钱醉心其间,所得到的却只是白日梦式的替代性满足,而非真正鼓舞或慰藉心灵的精神力量。具体而言,网络玄幻小说人文价值的缺失集中体现在以下4个方面。

首先,是网络玄幻小说中的个人主义向着利己主义的转变,丧失了原本承载的"自由"精神向度。最初的网络玄幻小说,比如《悟空传》中的个人主义尚承载着正义的自由反抗。而到了梦入神机的《阳神》中,个人主义则演变成了以己为尊、抛弃一切伦理道德的纯粹利己主义,其中的主角怀着极端利己的心理在修行的道路上突飞猛进、所向披靡。网络玄幻小说最终发展为一种对于个体力量过度强调的类型文,其主角或以一己之力征服世界,或借助金手指走向人生巅峰,不切实际的写作套路总是在强调个体力量和极端利己的重要性与正确性。文学的力量之于读者不应仅停留在浅层次的安慰与刺激,而应该在深层净化和指引心灵,这也正是人的文学需求的根本所在。当网络玄幻小说片面沉溺于利己主义视角下的奇异世界,不仅会弱化对于青年读者的正确引导,而且其中一些严重脱离现实的浮夸描写甚至会使读者在真实生活中产生认知偏差。②

其次,是弱肉强食的丛林法则的泛化。一些人气爆棚的网络玄幻小说往往刻意营造弱肉强食的丛林世界,置身其中的主角必须努力成为最强

---

① 陶东风:《中国文学已经进入装神弄鬼时代?》,《当代文坛》2006年第5期。
② 禹建湘:《从玄幻想象到现实观照:网络文学审美转向》,《中州学刊》2019年第7期。

者，才不至于沦为他人的猎物。而颇具讽刺意味的是，当主角成为世界新主宰后，与他们当初反抗的旧主宰一样，并不会制定公平规则，而是继续奉行强者支配世界的法则。比如《阳神》，为了抓住读者的眼球而无节制地张扬人性自私残酷的基因和弱肉强食的丛林法则，其主角通过吞噬他人的身体和力量以达到强大自身的目的。当修仙晋级成为唯一目的，人类的一切珍贵情感统统可以被舍弃，也难怪直到最后，主人公只不过是站在了世界之巅，而无法创造出一个更好的世界。若读者深陷这类作品所提供的掌控世界的快感，便有可能自觉或不自觉地为丛林法则寻找合理性。但这终究是作品的伦理价值缺陷，阻碍着网络玄幻小说走向更广阔的文学世界。其实由于普罗大众永远不可能成为丛林世界的胜利者，只有信奉利他主义准则的网络小说主角才能最终获得大多数人的真正喜爱与拥护。①

再次，是精神层面的纵欲主义倾向。在人类历史上，禁欲主义与纵欲主义交替扮演了重要的角色，并总是在某种程度上达成此消彼长的妥协，形成不同时代的不同文化特点。严格说来，中国文学中几乎没有真正的纵欲主义文学，而网络玄幻小说则可谓是全方位的精神纵欲主义的。"意淫"对于网络玄幻小说而言是一个关键词，即读者在想象力的精神层面的完全放纵，让现实中无法满足的欲望在小说中全部得以实现，并且是超常地实现。这是网络玄幻小说广受读者喜爱的关键原因，但网络玄幻小说读者的欲望并不总是在现实意义上合理正当，甚至与主流价值观背道而驰，譬如有的作品毫不避讳地描写主人公对金钱不遗余力的追逐，尤其是与角色能力等级的增长挂钩，为拜金逐利设置冠冕堂皇的"正当理由"。

最后，是使人在幻想中逐步走向异化，成为单向度的人。马尔库塞曾在《单向度的人》中指出，发达工业社会成功压制了人们内心的否定性、批判性和超越性向度，这个社会成为单向度的社会，而生活于其间的人也就成为单向度的人，这类人丧失了自由和创造力，不再想象或追求与现实

---

① 王祥：《网络文学创作原理》，中国人民大学出版社，2015年，第71-72页。

生活不同的另一种生活①。网络玄幻小说虽然表面上以其丰富的想象力为单调社会生活中的人们提供了否定性、批判性和超越性的向度，但事实上它模式化的创作和框架式的思维方式又从另一维度培养了另一种单向度的人。因为其所建构的架空世界几乎也是单向度的世界，其中的人物个性、故事情节、价值体系看似丰富实则狭隘。而且网络玄幻小说在快餐式的生产和消费模式中已然成为一种工业产品，并使读者逐渐形成感官沉迷、心理依赖和思维惯性，产生另一种形式的异化。更何况沉溺于网络玄幻小说的人，只能在虚拟世界中短暂逃避现实生活的压抑与重负，从幻想回到现实后也往往无力改变什么，从这个意义上说，仍然没有跳出原本的单向度生活。

当然，中国网络文学还属于从书写—印刷文学向数字文学的过渡形态，除了面对传统人文主义之外，应该具有朝向数字时代的数字人文主义追求。② 而实际情况却是，在当前中国网络玄幻文学中，传统人文主义精神既有所欠缺，面向未来的数字人文主义更是无从谈起。

▽ 五、中国网络玄幻文学名作细评概览

中国网络玄幻文学是在中国当代社会转型和大众传媒迅猛发展的环境下兴起的一种独特小说类型，科技的发展、社会心理的变化以及西方幻想文学的影响促成了其萌发，而在短暂的西幻模仿期之后，最终通过本土化实现了自身的繁兴。中国网络玄幻文学在世界建构和叙事等方面的多元融合创作，对于当代青年价值观的玄幻式投射，以及关于中华传统文化的有

---

① ［美］赫伯特·马尔库塞著，刘继译：《单向度的人——发达工业社会意识形态研究·导言》，上海译文出版社，1989年，第7页。
② 单小曦、王樱子：《作为数字人文2.0的新媒介文艺批评》，《中国文艺批评》2024年第1期。

效开发为其迅速发展奠定了根基；但其低门槛的创作平台、情感宣泄式的创作态度、价值单一的商业化运营模式又导致了无法忽视的问题与隐忧，具体表现为创作的高度模式化及其所造成的内容空疏浮浅，并且还有人文价值的相对缺失，亟需评论界和学界开展更多切实的研究，加以批评、规范和引导。

本次网络文学名作细评聚焦中国网络玄幻文学，选取7部名作，以合作式批评模式完成细评成果，主要观点概要如下：

"九州世界"与精英奇幻写作的尾声——《九州缥缈录》（江南）细评。在世界设定上，《九州缥缈录》借鉴了诸多西方幻想成分，也融合了中国历史元素，为作品叙事、人物塑造、思想主题等方面的展开奠定了基础。小说中，由吕归尘、姬野、羽然组成的"南淮铁三角"是对传统的铁三角模式的解构和重建。作者以其颇具特色的历史书写方式，以广阔宏大的背景设定支撑起整个九州世界，同时，小说又跳脱以往大写历史的禁锢，在正史叙述之外，又讲述了民间琐碎而真实的日常生活，呈现被正史忽略或遮蔽的记忆碎片。作品通过实力相差悬殊的天驱和辰月两大集团势力之间的对抗，以隐喻的方式凸显出了人与命运的激烈冲突，以及这一冲突中展现出的崇高美学。作品展现出了网络玄幻"爽文"向严肃文学趋近的努力，而这种努力和对崇高美学的追求，使其成为精英奇幻网络文学的尾声。小说叙事突破了惯常的线性规则，力求在频繁往复的时空变化中再现故事的完整性。基于此，作家一方面通过闪前和闪回两种叙事手法实现叙事时间的灵活多变；另一方面，通过对"平行蒙太奇"和"心理蒙太奇"的组合运用，让人物的悲剧在时间的折叠与画面的拼贴中缓缓展开。

跨越时空的成长母题与叙事建构——《斗罗大陆》（唐家三少）细评。《斗罗大陆》在世界构架上采用了异于传统玄幻的游戏化背景设定，并糅合"穿越"元素，构建了多个平行世界——前世的"唐门世界"与今生的"斗罗世界"，以及嵌套在"斗罗世界"中的另一平行世界——神界。在人物塑造方面，小说以主角团的成长轨迹作为行文主线。随着斗罗世界的势力分布、权力斗争帷幕逐渐拉开，人物之间复杂的爱虐情节也一一呈现，无论是跨越种族的"人兽恋"，还是蕴含伦理冲突的"三角恋"，都彰显小说人物至情至性的特征，塑造了立体多元的人物谱系。在叙事艺术上，《斗罗大陆》是一篇典型的小白文，从语言到事件场景再到主题内涵，无不显示出突出的"套路"特征，具有一定的叙事缺陷，着重体现在其前后失衡的叙事节奏上。在思想主题方面，小说成功地将"情怀"融入"天才流"模式书写中，抒发自身对生态美学发展的猜测与人神伦理叙事表达的幻想，蕴含了一定的人文主义思想，这也让《斗罗大陆》成为网络文学界少有的表达真情、真爱、真人的作品。

侠义·历史·新玄幻——《雪中悍刀行》（烽火戏诸侯）细评。在大量玄幻作品趋于同质化的创作时期，《雪中悍刀行》的出现打破了玄幻文学的常规套路，带来了一种"新玄幻"书写的可能。在世界设定上，小说中并未采用大量西方元素进行世界架构，而是通过对中国历史原型的挪用和重构展现出庙堂军伍、江湖势力、人文地理等内容要素，创造出一个充满历史痕迹与历史细节的雪中世界。这个世界的修炼体系继承了传统玄幻的"九品"修炼体系，也引入了武侠中的多元化设定方式。在人物设定上，小说刻画的一众"硬币式"双面人物充满烟火气和真实感，秉持着"虽千万人吾往矣"的侠义信念，以"焰火式"的赴死带来了极致的审美体验，完成了对自我生命价值的超越。在叙事艺术上，小说以主角徐凤年的游历为核心线索进行情节安排，通过单主线的线性叙事与网状的叙事结构的巧妙结合，编织出了一个珠帘勾网的快意江湖。与此同时，化整为零、顺叙、倒叙与预叙等叙述策略的灵活运用也有效避免了文本体量过于庞大而造成的叙事单调、不够灵动等问题。在思想主题与审美上，小说重拾已经式微的武侠主题，立足于人世间的侠义和"为中原守国门"的"大义"主题展现出对逝去的武侠精神的追忆与回溯，获得了读者的强烈认同。烽火戏诸侯敏锐地发现了玄幻创作过程中出现的弊病与读者审美需求的转变，有意地提升作品的深度，成就了《雪中》这部逆时代背景下武侠主题作品。在网络文学不断追求创新的内在要求以及网文作者的积极创作下，《雪中》走出了属于自己的"新玄幻"之路。

与天斗，其乐无穷——《将夜》（猫腻）细评。《将夜》是一部"中国性"色彩浓厚的网络玄幻小说，作者从道家、儒家、佛教文化和少林武术理念出发构建了4个神秘的不可知之地，以及采用"窍""气"和老庄思想形成了一套完整的修炼体系，二者同时构成了"中国性"色彩浓厚的修行者世界，在"反常化"的架空世界下从俗世世界到修行者世界、从外部地理文化景观到内部修行理念共同形成了《将夜》独特的世界舞台。叙事艺术上，小说以"与天斗"为主线，通过伏笔、隐藏故事线与宏大场景突出了史诗性，在宏大叙事的框架下，小说也存在着"喧哗"的民间叙事，聚焦日常生活场景、叙写世俗的小人物，展现出猫腻的草根情怀。人物塑造上，小说基于大众所普遍认同的伦理观，将一般人物形象捏碎并加入作者个人意志与对读者市场的价值取向判断，通过"欲望书写"中的"功利主义伦理观"和两性关系中的"性别伦理观"建构出小说的主要人物形象，同时也塑造了"自由主义的书院"与"权威主义的佛宗"两个不同阵营的人物群像。思想主题上，小说通过对书院、西陵神殿、知守观和佛宗各派别的设定，展现出对儒释道的部分教义学理的阐释、变形、利用，同时将西方个人主义和中国传统集体主义两者结合，由此完成对儒释道思想的重构，重构的结果便是构建了一个无视人自身价值、力量和人性的"天道"，一个以"人本主义"和自由精神相结合的"人道"，再通过两者斗争并且最终后者战胜前者的设定展现出小说中宣扬"人道"思想的世界观。

放牧诸神的变法宏图——《牧神记》（宅猪）细评。作品中蕴含的文化意味与现实情怀是对近年来网络文学"现实"导向与"主流化"倾向的迎合，亦是作家自身对社会责任的自觉承担。小说借助东西方传统文化元素，建立起独特的"东方玄幻"世界，大量瑰丽奇绝的想象既融合了神话传说，又立足于现实人间，实现了庙堂和江湖并立而存。在套路化类型写作盛行的当下，《牧神记》虽亦带有一般网文的模式性元素，但在叙事层面却做到了沿革，以"莲花地图"下的"千层饼"式历史叙事、莫比乌斯环式的叙事结构、群像"成长"的叙事模式以及先弛后张的"慢引入"叙事节奏，完成了网络文学叙事艺术的改良与创新。小说以"神为人用"的思想统摄全文，宏大的主题设定下是对改革变法的历史映射，在鼓吹人道精神、民本思想的同时也有着对主体精神的张扬，是作家对社会民生和时代精神自我思考的隐形呈现。小说中，神统、人祭背景下的命运压抑加剧了改革变法的严肃性,而套路化的人物设定、情爱书写、以弱胜强等要素以及快感奖励机制的设置,极大地消解了严肃内核带给读者的焦虑和紧张,满足了读者的欲望诉求。但读者的期待在情绪的起落、剧情的推拉中成为小说最终定型的重要推力,帮助作者最终完成了压抑与狂欢并重的审美创造。

隐喻书写的回归与超越——《诡秘之主》(爱潜水的乌贼)细评。小说以克苏鲁和维多利亚时代风貌作为背景,对卡巴拉神秘学、类SCP元素等神秘学元素进行再造与联结,对非凡世界进行设定架构,以具有网游特色的魔药体系和序列链条为核心创新玄幻网文的升级流套路,带来全新体验。而在叙事艺术方面,基于网络技术媒介的影响,小说以主角克莱恩及其主导的"塔罗会"逐步接近或走上神位为主线,充分利用"塔罗会"所带来的控制节奏、复盘"爽点"的会议功能,将非线性叙事与长篇小说有机融合,在给读者更清晰地呈现庞大的小说世界的同时,亦暴露出网络长篇小说结尾的问题。作者在刻画人物时多用"特性+细节"的人物塑造方式,形成"人设+类型"的纸片人物,虽然存在过于扁平的缺陷,但是达到快速认识角色、真实化的效果。在思想主题上,小说把"回归"与"超越"的主旨自然地融于情节、设定和人物构造之中,以物质与精神上的双重故乡展现情感的回归,以破除面具加持的裸露自我揭示真实的回归,以人神的对抗与融合昭示人性的回归,最后实现个人的突围,实现人物的自我和解。虽然小说以黑暗、绝望与神秘的元素来构造世界,却也不乏深度与温度,蕴含着深刻的人生哲理。①

无限流中的惊悚娱乐——《惊悚乐园》(三天两觉)细评。作为一本无限流类型的网络小说,《惊悚乐园》既有传统无限流的核心要素:"主神空间"和"求生模式",同时又结合网游特点对其进行创新改造,使之保留了参与代入感而削弱了生死竞速的危机感。小说背景大致可分为现实世界和游戏世界两个部分。游戏世界使用了衍生再创作和基本原创两种世界

---

① 本部分关于7部网络文学作品的分析,来自杭州师范大学网络文学研讨班集体研讨成果,在此对参与研讨和写作的所有同学和专家表示感谢。

设定，其中，前者便于读者熟悉副本内容；后者的原创剧情则更有文学魅力。在传统无限流的基础上，《惊悚乐园》同时也融合了数据、平行两种无限流模式的基本特点。小说以游戏为载体，在人物个性能力的呈现上有着游戏面板的数字化特征。在世界背景之外，小说也采用了不同于以往无限流小说的叙事模式，在恐怖、悬疑题材外，还加入了搞笑、言情等等和恐怖无关的要素，一定程度上淡化了读者对"无限流"的恐惧感。作为无限流小说发展中的重要作品，《惊悚乐园》不仅在叙事模式和内容上有了一定的创新，还扭转了无限流小说单一化、同质化的创作走向，为后来无限流小说的多元发展打开了新的叙事空间。虽然作为网络小说早期发展的产物，《惊悚乐园》不可避免有着不足，但这些不足不会掩盖其在网络文学发展史，特别是无限流小说发展史上不可忽视的地位和影响。

"九州世界"与精英奇幻写作的尾声
——《九州缥缈录》细评

撰 稿：盛龄娴 朱臻晖 周越妮 高艺丹
定 稿：黎杨全 单小曦

《九州缥缈录》
♯ 故事梗概 ♯

初,帝王失位,风云变作。

强雄贵功业而贱人命,恃三尺剑,征诸天下,老弱欲偷生而终乱离,沥血荒野,枯骨相籍。

是时,天地为熔炉,万物为薪炭,血泪并煎于其中。

是以英雄有悲世之歌,继而振拔威武,扫荡风云,立南北二朝,握天下之柄。

——《大燮河汉书》

(《九州缥缈录Ⅰ:蛮荒》第二章)

是时,衰落的胤王朝统治着东陆,各方诸侯势力伺机而动,属于蛮族的北陆草原混战不断,当时作为北陆大君的青阳部统帅着七大部落。

北陆青阳部世子的吕归尘·阿苏勒被真颜部的主君龙格真煌抚养,吕归尘安然地度过了自己的童年,后大君吕嵩·郭勒尔派遣九王吕豹隐和大王子吕守愚·比莫干下令灭族真颜部。吕归尘被接回了青阳部,在众人面前保住了龙格真煌的哑巴女儿苏玛,两人成为亲密的伙伴。

在认识到自己的弱小与无能之后,吕归尘选择去跟青阳部的将军木犁学习刀法,却意外地触发了自己身上的"血厥",让自己濒临死亡。辰月教的山碧空答应吕嵩救治吕归尘,作为交易,青阳部与东陆的大胤朝结盟。

后来吕归尘在草原遇到一群黑色的武士,他们将吕归尘打晕后放入河中,吕归尘顺着河流流入了北都城的地牢。在地牢内,吕归尘遇见了被自己父亲郭勒尔锁起来的爷爷钦达翰王殿下,跟他学习了天下最强的刀法大辟之刀。在爷爷的指引下,吕归尘顺利逃出了地牢,回到了青阳部。

适逢下唐国使节拓跋山月来访,希望与青阳部结盟。为表欢迎,青阳部的大君郭勒尔带着所有儿子与拓跋山月一同巡猎,在巡猎途中遇到白狼带领的狼群,郭勒尔命悬一线,在千钧一发之际,吕归尘挥出大辟之刀斩杀白狼,救下了父亲。拓跋山月因此选择了吕归尘作为下唐国与青阳部结盟的质子,吕归尘的人生从此发生转折。

与此同时,下唐国中,姬家长子姬野在家里得不到重视,他早年与亲人离散,回到姬家后又被父亲姬谦正嫌弃,也被弟弟姬昌夜及其母厌恶。陪伴他的只有曾祖姬扬的猛虎啸牙枪。

天驱宗主翼天瞻为了姬野曾祖姬扬的天驱指环而来,两人产生矛盾,姬谦正表示不再与天驱有任何关系,而姬野却乘机偷走了指环。

姬野认识了翼天瞻带来的小女孩羽然,羽然并不像其他同龄人一样厌恶姬野。姬野和羽然每日一同玩耍,两人的关系日渐亲密,这是姬野人生中第一次感受到爱与亲情,他发誓要守护这种关系。

此时吕归尘即将到达下唐国,为了迎接吕归尘,下唐国国主百里景洪决定举办一场少年武术比赛,姬谦正向息衍力荐姬昌夜,息衍默许后,让姬野也一同参加比赛。在比赛中,姬野用猛虎啸牙枪击败了所有的对手夺冠,但他没有获得任何奖赏,除了息衍所有人都忽视了他。息衍邀请姬野入军旅随他学习战法。因为在比武中战胜了许多人,姬野与下唐国的许多世家弟子结仇。

吕归尘作为蛮族的质子来到下唐国,宫里的人们表面上对他客客气气,但实际都看不起他。同病相怜之下,吕归尘与姬野相识,两人又与羽然经常一同游玩,三人成为下唐国的铁三角,而吕归尘也渐渐喜欢上了羽然。

此时,一直被隐藏在宫中的天驱圣物苍云古齿剑苏醒了,龙血咒印被打开，吕归尘三人意外卷入其中。为了救姬野，吕归尘拔出了苍云古齿剑，成了它的新主人，并因此而加入了天驱。

被誉为雄狮的离国侯嬴无翳以五千雷骑占领帝都天启，帝王成了傀儡，6年之后，嬴无翳离开天启城，诸侯出兵，准备在殇阳关围杀嬴无翳，下唐国息衍也带兵加入其中，随行的还有侄子息辕、姬野和吕归尘。在路上，下唐的军马正好遇到破围而出的离国军马，两军展开战斗。姬野贪功，劫持嬴无翳的女儿离国公主，被嬴无翳的大军层层围住，身受重伤，最后息衍带军抵达联军营地。

天下第一名将白毅迫使嬴无翳与联军正面作战，双方死伤惨重，最终嬴无翳成功杀出包围圈，返回离国。

白毅击败嬴无翳之后入驻殇阳关，又向胤朝皇帝申请军队入驻天启城，以方便医治将士，却遭天启皇帝拒绝。白毅只能率军驻扎在殇阳关。息辕与吕归尘在城中内找到被嬴无翳留下的楚卫国小舟公主。

天驱的对手辰月教企图将天驱一举歼灭于殇阳关中，在殇阳关内发动尸变，丧尸大举攻城。千钧一发之际，翼天瞻赶到，与众人启动了君临之阵，成功破解了辰月诡计，但联军自身也死伤惨重。此战之后，联军各自回国，小舟公主作为人质被送往下唐国。

辰月教教长山碧空北上瀚州，找到了30多年前被青阳部击败的朔北部狼主，劝说他向青阳部复仇，挑起北陆战事。

青阳部大君郭勒尔的身体一天不如一天。大王子比莫干在淳国使者洛子鄢的建议下剿灭亲王，并放逐三王子旭达罕和四王子贵木。郭勒尔将大君之位传给比莫干后去世，比莫干与淳国成立盟约，与下唐国决裂，欲牺牲吕归尘。

下唐国中，国主百里景洪想将女儿百里缱嫁给吕归尘，并派遣使者去往北都城，希望继续结盟。然而比莫干派出鬼弓射杀了使者团队，拒绝结盟，百里景洪震怒，在吕归尘成婚之时将他抓捕，并拟择日斩首。雷碧城联合长公主借此事将息衍以勾结蛮族的罪名囚禁在有风塘。

宁州斯达克城邦的翼罕在南淮找到翼天瞻，说服他将掌握泰格里斯之舞的羽然带回羽族，平定战乱。吕归尘与羽然喝完酒后吐露心事，羽然出于安慰抱住了吕归尘,这一幕被姬野看见,三人产生隔阂,但在得知吕归尘要被斩首的消息后,姬野仍奔赴法场,想要救下吕归尘。最终北陆的铁浮屠赶到法场,救下吕归尘。与姬野订下一生之盟后,吕归尘返回草原,而姬野开始流亡生活。铁浮屠一路护送吕归尘回北都城。

羽族跨过天拓海峡进攻晋北国,古月衣应战,九州大陆战事进一步扩大。嬴无翳操纵帝都御史台想要赦免息衍,雷碧城立即派遣教徒想将息衍诛杀在牢里。隐藏在帝都御林军中的天驱谢圭在天罗杀手的帮助下拦截辰月的教徒,成功救出息衍。

比莫干接管北都城后,应战朔北白狼团。木犁将军请战,将战线设在台纳勒河,鬼弓手不花刺出城将白狼团引入埋伏圈。对方放出六角牦牛"战锤"试图扭转局势,但"战锤"最终被击杀。比莫干亲临战场,原本作壁上观的贵族也纷纷派出骑兵增援。蒙勒火儿率领白狼团让青阳部节节溃败,损失惨重。吕归尘赶到战场支援,却不敌夸父和山碧空,最终木黎战死,比莫干退回北都城,这一战以青阳败落告终。重整旗鼓后,吕归尘领军,以东陆战术"穿心"再战白狼团,不料朔北部有羽人助战,不花刺被擒,再次兵败。三王子旭达罕借机夺取大君之位。比莫干偷送苏玛出城,被冠以内贼之名,处以囊刑。

贵族们为和朔北谈求和条件而争论不休,甚至设计在筵席上刺杀旭达罕。吕归尘在伴当和爷爷的帮助下逃离洞穴,用极烈之枪击败旭达罕。

帕苏尔家只剩下吕归尘一个男人了,在决战之前,吕归尘以羊羔美酒款待城中的年轻人,高喊着"铁甲依然在",集结所有士兵出战。一日之后,九王出城投降,青阳部一统北陆的局面被打破,朔北部如愿入主北都城。

自此,北陆草原再次陷入混战。

《九州缥缈录》
♯细评目录♯

- 一、"九州世界":奇幻小说与中国经验
  - (一)"九州"的前世今生
  - (二)"九州世界"的艺术设定
  - (三)"九州世界"设定与中国经验
- 二、人物群像:主角团的切换与"三角"模式
  - (一)主角团的切换与双重身份
  - (二)"三角"模式的解构与变形
- 三、历史的背面与日常生活的书写
  - (一)大写的历史与历史的背面
  - (二)战争叙述与日常生活的书写
- 四、极限境遇与崇高美学的生成
  - (一)极限境遇
  - (二)人的反抗与崇高的生成
  - (三)崇高美学的文学史意义
- 五、时间的折叠与蒙太奇的拼贴
  - (一)叙事时间的折叠
  - (二)蒙太奇的拼贴

《九州缥缈录》是江南创作的玄幻小说代表作。作品分为6卷，共116万字。该作最初于2001年在清韵论坛上构建成型，2005年首次出版，刊于《九州幻想》杂志，同时于该杂志网络论坛继续连载。《九州缥缈录》诞生于中国网络小说起步的初期，是中国网络小说历史上第一本东方幻想类型的网络小说，对后续的网络玄幻小说的发展有着极为深刻的影响。作品以虚构的九州大陆为背景，以王朝更替、主角的成长和宏大历史进程作为主线，以电影镜头般的叙事手法，体现出小说史书般的厚重之感和其中蕴涵着的人性崇高之美。其气势之磅礴、架构之宏大、想象之丰富，堪称中国版的《冰与火之歌》。

一、"九州世界"：奇幻小说与中国经验

　　《九州缥缈录》作为中国第一部东方幻想类型的网络小说，对于中国网络小说的发展有着重要的意义，"九州世界"的构架吸收了许多的中国古代玄幻元素，同时加入了很多东方玄幻式设定，构成了一个丰富多彩的世界。

（一）"九州"的前世今生

　　"九州，是一个梦想，是天空的第一滴水，我们希望它能变成海洋。"（《九州创作缘起》）

　　《九州缥缈录》世界观之宏大在中国的网络小说中名列前茅，《九州缥缈录》也因此被称为中国版的《冰与火之歌》，如此宏大的世界观并非江南一人之功，而是众人合力的结果，其中原由，可以追溯到《九州缥缈录》的前身——《九州幻想》。

　　2001年是中国网络文学蓬勃发展的一年，在此期间，一部分网络作家开始尝试创造一个属于自己的世界。当时，被誉为"九州七天神"的水泡、潘海天、今何在、斩鞍、遥控、多事、江南七人，在深受西方幻想世

界启发的同时,也发现了网络小说中东方幻想世界的缺失,由此萌生了创造一个属于东方自己的幻想世界的想法。七人在参考大量中国古籍的基础上,共同创造了一个充满奇幻色彩的东方式世界,并将其命名为"九州"。这便是中国网络玄幻小说的起源,也是"九州"的起源。

"九州"名称的由来有其历史依据。相传大禹治水后,分中国为九州:冀、兖、青、徐、荆、阳、豫、梁、雍;《淮南子·地形》又载:古代中国设置为九个州:神州、次州、戎州、弇州、冀州、台州、沛州、薄州、阳州;后来,九州就泛指中国。历史上的九州给这七人带来了创作的源泉,以此为鉴创造了他们的"九州世界",构成人物生存与成长的版图。

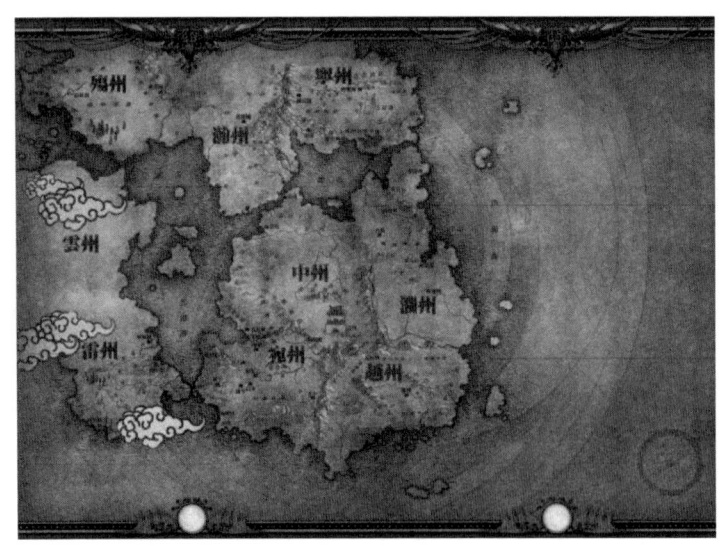

图1 "九州"地形图①

在2001—2005这4年时间中,"九州"创作队伍迅速扩大,国内众多网络作家都争先投入到了"九州世界"的创建之中,试图进一步完善这个玄幻之地的架构。

然而"九州世界"的创建也并非一帆风顺。2007年,《九州幻想》的

---

① 参见"九州幻想世界"创作组:《创造古卷》,北京赛迪电子出版社,2007年,第20-21页。

创始团队产生了严重分歧，四分五裂，"九州"自此分为南北两派，许多优秀的"九州"系列作品也因此变故而被埋没，始终不为他人所知，甚至最初名极一时的《九州幻想》也逐渐淡出人们的视野。此后，不少人知《九州缥缈录》而不知《九州幻想》，更不知当时《九州缥缈录》也只是《九州幻想》的一部分。

2015年起，随着各类"九州"IP文化的创造输出，如电视剧《九州缥缈录》《九州天空城》《海上牧云记》等，"九州"文化再度崛起，并成功获取大众的关注。

（二）"九州世界"的艺术设定

《九州缥缈录》的世界架构最重要的可包括三大块，即九州设定、王朝历史与种族。

首先是九州设定。 在世界开启之初，天灾爆发，地震、海啸、陆沉与火山，海水把大陆分为三大块，并分别形成九州，即东陆的中州、澜州、宛州、越州，北陆的殇州、瀚州、宁州与西陆的云州、雷州。

中州。这是皇帝居住的大地中央，是人类从混沌蒙昧中走向繁盛之地，也是人族的权力中心，中州的天启城是帝王居所，历代人族皇帝皆定都于此，被星相学家认为是大地的正中，故此得名为"中州"。天启城的争夺是权力争夺的核心，野心者总试图带兵进入天启城，此谓"上京"，不过天启城易守难攻，胤朝开国皇帝白胤又在天启城险要位置布设关隘和军队，层层守护，合称"帝都七锁"，以断绝野心家们"上京"的念头。在这"七锁"中，唐兀关、殇阳关都是非常险要的重镇，要想夺取权力，就得冲破这些天下雄关，其中攻关与守关、将士与鲜血，成为中州故事不断开启的历史循环。

澜州。在中州东面有一座山，名"锁河山"。锁河山以北，穿过崎岖的山路，就是一片平原，此即澜州。这里因受海风影响，且多大雪，是为苦寒之地，这也让此地的人民对生活、生命与死亡有独特认知。他们从不畏惧死亡，认为死亡是生命的轮回，与其平庸地苟活于世，不如壮丽激情地战斗而死。澜州武士讲究真刀对决，刀法凄绝美艳，成一大特色。在澜州东北住着东夷人，他们骨骼轻盈、相貌俊美，住在树林里，他们敬重动植物，擅长射箭，与环境融为一体。

宛州。"宛"有蜿蜒曲折之意，在初始，这里只是一片野兽出没的蛮荒之地，在贲朝后，人们陆续到达这里，经过上百年的治理，日渐兴旺繁华，城市间以水道相通，络绎不绝。到了胤朝，更是日渐奢华，锦衣玉食、名肴美酒、歌姬舞女，让人流连忘返，以致有"少不入宛"的说法。如果说中州是权力、战乱、朝堂与政治，宛州则因独特的地理优势而远离战祸，强调的是商业文化。它是天下粮仓，也是丝绸、渔业和航运的中心。

越州。东陆东南有一块蛮荒之地，这里神秘莫测，人们要想到达这里，需先翻越崎岖诡谲的北邙山。其间野兽出没，穿行其中稍有不慎则失去性命，如果有幸登顶，则会在北邙山顶看见高山湖泊，这里每年都会有迁徙的大雁在此处落脚，故称雁返湖。在雁返湖东南的土地，因需翻越崇山峻岭才能抵达，故名越州。越州生活着名为"洛族"的原住民，他们住在地缝中，头部偏大，只有人类一半左右的身高，手持弩弓，洛族虽然警惕与排斥人类，却也不完全禁止和人类的往来与交易。

瀚州。穿过宽阔的天拓海峡，是一望无际的草原与戈壁，这里是蛮族的地界，也是小说中人物吕归尘的故乡。蛮族以放牧为生，在荒原环境的磨砺下，他们的性格野蛮、坚忍与凶暴。在瀚州的北方有称为"彤云"的大山，山下的山丘被称"石鼓山"，布满神奇的铭文，这些铭文有远古历史，号称《石鼓卷》，在光线折射下，看完全部的铭文需要整整一年。每年都会被称为"合萨"的人们过来歌唱铭文，对蛮族人来说，他们是"天师"，也是"歌唱天意的人"。后来，阿堪提统一了整个草原，他与辰月教宗古伦俄、羽族大司祭古风尘焚烧了石鼓山，共同摧毁了它。在废墟上，他们建造了北陆第一座城市"北都"。

殇州。向西翻过巨大的雪山，是所谓的殇州，殇州是冰原，生存环境极其恶劣，夸父族世代居住在这里。他们体型巨大，比最强壮的蛮族还要高大几倍。在殇州西部，火山与冰川在山峦中共存，形成"冰炎地海"的奇景。夸父的圣城"禹渊城"坐落于雪峰之巅，可以俯瞰这片冰火共生的海洋。夸父们认为太阳每天都会顺着禹渊城下落，随后进入积满万年冰雪的深渊，而他们随着太阳向西奔跑就可以到达禹渊城。殇州盛产黄金，夸父们常与远道而来的华族商人交易黄金。

宁州。在瀚州肜云山的东边，有被称为"宁州"的地方，长满了遮天蔽日的树木，处处是鸟语花香。此处是羽族人的聚集地。羽族是生活在云端的种族，族人成年之后可以幻化出翅膀，翱翔于九天之中。羽族人在高山崖顶建立宫殿，山崖下云雾缭绕，营造出天空之城的感觉。

雷州。从宛州的南端西眺，隔海相望的大陆就是西陆的雷州，这里经常打雷，故称雷州，人们隔着海峡也能看见紫电和轰雷砸落在雷州土地上。这是一片瘴气和沼泽的死域，直到胤朝后期风炎皇帝时代，才由海商李景荣的船队揭开了这片土地的面纱。这里的原住民在人种上和东陆华族没什么区别，他们笃信巫蛊之术，崇拜蛇虫。

云州。雷州之北的地域被称为"云州"，这里终年笼罩于迷云之中。据史书记载，云州景象特异，西北端有"大海之角"，是世上最辽远的海角，到此如临天涯尽头。

其次是王朝历史。 "九州世界"拥有一套完整的历史体系。历时 8 个王朝，每个朝代都有属于自己的传说。小说中作者运用史书式的记录方式，记载了"九州"大陆上的八大王朝以及这些王朝的开始、兴盛以及衰败。

晁朝。晁是第一个在形式上实现九州大一统的人族集权王朝。高帝元年五月，举行星瀚大典，均分天下各州，九州之称由此而来。晁末年的地震和水灾将九州分为东陆、北陆和西陆。

贲朝。晁末洪水滔天，火山蔽日，风蛇噬人，生民流离失所，分散为 8000 个部落。部落中有名为"贲"的，其领袖名为"元"。贲部落统一了整个中州，"元"成为皇帝，国号为"贲"。贲王朝控制东陆中州一带。与此同时，北方大陆瀚州的人族部落发展出不同于东陆的独立文化，统称为蛮。人族的文化正式分为东陆华族和北陆蛮族两支。

胤朝。天驱与皇帝立约，将守护贲朝而不夺取王权。贲朝尊天驱为国教。数百年后，天驱宗主们开始蜕变，战乱兴起，这时一位名为白胤的人从战火中崛起，他联合天驱的力量，建立了新的王朝"胤"。胤的政治制度是中央集权，实行三公九卿，采用分封制。胤时期是东陆的黄金时代，可分为蔷薇、葵花、风炎与北辰四大时期。蔷薇时代是胤朝的第一个王朝，一代天骄蔷薇皇帝白胤，推翻"贲"朝的统治，开启胤朝700年国祚时期。葵花时代是辰月最辉煌的时代，胤朝建立后200年，辰月教的大教宗古伦俄扶持了蛮族的逊王，此后又将辰月教的教旨带到东陆，间接挑起了蛮族和华族之间的战争，刺客集团与义党联手展开了长达数年的血腥暗战，最终以大教宗的死而告终。葵花时代的400年后，东陆"华族"与北陆"蛮族"斗争日渐激烈，这是"风炎皇帝"白清羽主政的时代，他两度征伐北陆，形成了九州历史上最混杂的、最强大的军事集团。北辰时代则是在胤末燮初，东陆与北陆的少男少女们，经历了战争洗礼后，在乱世中逐渐成长成为足以开创新时代的帝王与名将。

在胤朝之后，则是燮朝、晟朝、端朝等。燮朝的开国皇帝为燮太祖、羽烈王姬野，姬野死后王位禅让与其弟敬德帝姬昌夜，此后燮王位一直由姬昌夜一脉继承。晟朝的开国皇帝为晟姬云烈，燮朝末年，皇帝昏庸，民不聊生。姬野的后人姬云烈推翻燮的残暴统治，建立晟王朝。端朝的开国皇帝为端太祖牧云雄疆，晟朝末年，瀚州蛮族牧云部和穆如部在雪炽原决战后结盟，约定先入帝都天启城者为天下主。后牧云部率先进入天启，穆如天彤表示遵守盟约，无条件交出兵权，端室江山最后由牧云、穆如两家共享。

最后是种族。

人族。人族包括华族和蛮族。

华族是九州大地上人数最多的种族，集中分布在整个东陆，包括中州、宛州和澜州大部、越州北部。在政治上，采用君主分封的中央集权政体，发展农耕经济与贸易通商，精通天文历法，在文化上达到了一个九州各族无可企及的高度。在九州的历史上，只有华族几度统一成为强大帝国，但也常让九州大地陷入分裂的乱世。

蛮族也是人族的一支，在血统上和中州的华族没有差异。他们生活在北陆瀚州的原野上，逐水草而居，恶劣的生存环境造就了他们彪悍善战的性格。蛮族精通马术和箭术，作战时凶猛无匹，在草原上是无敌的猎手。因环境物资的匮乏，蛮族始终觊觎着东陆的广袤大地。

羽族。羽族是九州最为古老的种族之一，因其发色黑中带青，在东陆的古文献中，曾被记载为"黛色长发的有翼之族"。羽族热爱自然，是擅长秘术与感应的族群。他们敬畏星辰，有自己的价值观和道德体系。他们的独特之处在于他们骨骼中空，身躯轻盈，能够飞翔。羽族的俗世政权采用城邦制，城邦的共主称为"羽皇"，同时精通天象的大司祭掌控着羽族的宗教权力。

夸父。夸父居住在殇州的雪山之中，居所多为依山而凿的巨大冰窑。他们野蛮而朴实，有着原始的道德观，身高大约是人族两至三倍，身体强健，但不擅长学习外族的知识和语言。夸父们集体猎杀着游荡在冰原上巨兽，他们将巨兽的皮和骨制成甲胄、武器及饰品。夸父崇拜星辰，他们的智者被称为萨满。

洛族。洛族有着与人类相似的外貌特征，身高大约相当于人族的三分之二，主要聚居在宛州东南部和越州的丘陵山区。他们是古老而智慧的种族，崇拜创造神，拥有远高于其他种族的冶炼、锻造、建筑等方面的工艺和技术。他们性格虔诚、天真，和顺而不具侵略性。

鲛族。鲛族生活在海中，面容及骨骼与人类相似，但耳后有鳃裂，在水下也可以睁开眼睛。他们的下半身是形似水族的鱼尾，因此又被称为鲛人。与人族相比，鲛人肤色稍显苍白，身材略瘦而高，男性看起来凶恶而女性柔美。

魅族。魅族由精神游丝凝聚而成。九州大地上的生物所拥有的精神力会随思考、梦境或法术等精神活动产生并发散到自然中，大量的精神游丝会聚产生了虚魅。虚魅为精神体，不具五官。多数虚魅会以其他 5 个智慧种族为模板凝聚出一个物质身体，成为"形魅"。在所有的种族中，魅族的精神力是最强的，可以更轻易地感应星辰之力施放秘术。

龙。龙是最神秘的种族。龙被称作神裔，因为其智慧远超过其他种族，被认为具备神性或者遗传了神血，和天地的创造有关，而诸族也一直崇拜龙族。

(三)"九州世界"设定与中国经验

相较于一些看似宏大实则空洞,内部架构缥缈如云的玄幻小说,"九州世界"的建构每一处都十分精细,逻辑也十分严密。能够设定出如此一个宏大且多维的世界,创造出这样一部繁复且厚重的历史,不单单是因为诸多创建者对其的反复敲定,同时也是"中国经验"的成功借鉴。虽说创作团队受到西方幻想小说的启发,但作为一本中国本土创作的奇幻小说,始终扎根于中华民族自身的历史、地理、文化。

这种中国经验首先表现在九州、历史与种族的设定中打上了中国文化的深刻印痕。比如关于九州的东南西北的地理方位,大致与古代中国重合,关于种族中的羽族、夸父、鲛族、龙等都是直接来自中国神话传说。同时小说还表现了中国封建时期诸侯之间的明争暗斗,中原地区和边疆游牧民族之间年复一年的激烈矛盾。中华民族的史书,正是以甲骨的卜兆和佶屈聱牙的尚书为开始,逐步展开中原大一统、民族战争的局面。君权神授的皇权政治、父母之命的封建婚姻制度完全贴合了历史。《九州缥缈录》甚至还杜撰出了《四州长战录》和《燮书·河汉书》这样"规规矩矩"的史书。江南按照这样一种历史叙事的规格创造了九州大陆的历史,一定程度上增加了故事的真实性。虽然不是对中华民族历史的完全复刻,但读者定能品味出其中隐藏着的中华民族历史的影子。

这种中国经验也表现在小说融入了中国独特的江湖文化与民间秘闻。江南在第一卷中就展现了古老的卜辞和神秘的星辰推衍之术。在严肃的历史之外,还有浓墨重彩的关于天驱、辰月的斗争以及四大名将的纠葛。读者读到这类有关自发自立的民间组织、重情重义的江湖人士的书写,就像是在读中国古代小说《水浒传》,这种江湖气,是明显区别于王朝正史的四平八稳,而呈现出生动活泼的民间叙事风格。除此之外,类似于小舟公主的身世、长公主的秘事、羽烈王的情史之类的描写如同皇家秘闻野史一般。可以说,这样的构建架空世界的方法是十分符合中国读者本身的阅读经验的。

这种中国经验还表现在人物形象的塑造上,小说借鉴了许多历史英雄、名将的故事，成为中国经典历史人物的写照，其中许多主线人物更是以历史人物为原型进行创作。如此创作，与江南内心的情结有着密切关联，他曾在采访中谈及：

> 我经常读罢枕卷，去想钱镠、想李世民、想赵匡胤，还有扪虱夜谈的王猛、淝水惜败的苻坚，我想他们到底是些什么样的人，到底是为了什么使得他们不愿苟活在艰难的时代，而是要奋身而起，想他们是否也有过彷徨和失落，却只能在惨烈的斗争中越来越顽强，最后心化为铁石一般的坚硬。(《〈九州缥缈录〉导读》)

他笔下的人物也确实有这些历史英雄人物一般的风采。他们从不向命运低头，会奋不顾身地冲向混乱战场，纵然偶有低落郁闷之时，也仍然一往无前，逐渐从肆意飞扬的少年成长为成熟淡然的名将。"名将"和"成长"的主题并不陌生，对于"英雄"也有普遍的审美倾向——人们最常津津乐道于"英雄"的爱恨情仇、生老病死。因此，植根于"中国经验"土壤的《九州缥缈录》，同样也十分符合中国读者的审美趣味。

在大量借鉴"中国经验"的基础上，《九州缥缈录》也合理吸取西方幻想小说中"新鲜"设定。宝剑锋是中国玄幻文学协会（CMFU）的创立者之一，他把主流网络文学分为三类：以日本为主的奇幻流派，以美国为主的骑士与龙的魔幻流派和以中国玄学思想为主的玄幻门派。但从《九州缥缈录》来看，却难以简单归类，而是呈现出中西碰撞融合的面貌。它的世界设定一方面受当时大火的《魔戒》系列中西幻元素的影响，一方面又汲取了中国的玄幻元素。

中西方幻想元素的融合，在种族设定上体现得较为明显。《九州缥缈录》中河洛族的原型就是西幻中的矮人族，同时，作者又借鉴了东方的河洛文化，最终形成了小说中的河洛一族。类似的还有鲛族的设定。晋张华在《博物志》云："南海水有鲛人，水居如鱼，不废织绩，其眼能泣珠。"而西方也一直有美人鱼的传说，如古希腊神话将河神女儿塞壬塑造成人面鱼身的海妖。羽族最早出现于《山海经》，书中称其为羽民，王充也有言

"身生羽翼，变化飞行，失人之体，更受（爱）异形"。同时它也融入了西幻中居于森林的精灵族元素。又如夸父族生活在雪原之中，智力低下，身材魁梧等特征，都与西幻中的巨魔族有关，又兼有东方神话故事"夸父追日"的元素。东西方种族元素的融合使得"九州世界"的种族设定真实鲜活，也让读者感受到"九州世界"的宏大与广阔。当然，这种设定也有一些遗憾，作者的笔墨过多运用在对人族的描写上，对于其他种族的展示却寥寥可数，小说的奇幻性和丰富性也因此有所减弱。

总体看来，"九州"可以说是将中国传统文化引入网络文学中的先锋，在网络文学发展史上写下了浓墨重彩的一笔。

二、人物群像：主角团的切换与"三角"模式

和大多数以单一主角升级打怪作为主线的传统玄幻小说相比，《九州缥缈录》采用的是多主角、多线并进的人物建构模式。这一模式不单单体现在由吕归尘、姬野、羽然在内的三人少年主角团上，还体现在主角团的选择和切换上。此外，在特定的社会环境下，少年主角团之间的"三角"模式也并不是传统的"铁三角"关系，江南对其进行解构，使人物关系的发展逐渐超出读者预期，形成独有的审美张力。

（一）主角团的切换与双重身份

《九州缥缈录》的主角线是清晰的，以吕归尘、姬野和羽然在内的三人小团体显然是江南叙述的中心。但在叙述"九州"胤朝末世局势的过程中，江南有意地切换了叙述的对象，作出了从"少年主角团"向"名将主角团"的视角调整。

1. 少年主角团

在六部书中，第一部主要内容为吕归尘幼年时从真颜部重回青阳部后的往事；第六部的主要内容为吕归尘成年之后从东陆重回北陆后的战事；

第二部是以姬野为主要视角,先后结识羽然、吕归尘,从孤独到有人陪伴的南淮旧事;第五部是以吕归尘和姬野一生之盟为中心,展开对少年热血、重情重义的描写。以南淮为地点,少年主角团相遇并成长。在这过程中,他们的家乡——北陆青阳部、东陆下唐国、宁州羽族的局势正在发生变化,战争的种子正在萌芽,多条故事线并行。在《九州缥缈录》的结尾中,19岁的吕归尘回到北陆,力战白狼团,姬野漂泊各国,羽然回到宁州。少年主角团至终也还是青涩的少年,无法在胤末乱世中独当一面。但在书中偶尔穿插的历史纪事将"少年终成帝王"的结局摆在了读者面前。《九州缥缈录》通过对少年主角团的描写,详叙了这些未来的帝王们少年时期的经历与情感纠葛,以少年的视角来描绘胤末乱世,感受武士的热血。

吕归尘·阿苏勒是少年主角团的核心,尽管他在三人中并不是战斗力最强的,也不是最具有领导能力的,但他却是最善良的。他是北陆蛮族青阳部吕氏帕苏尔家的小儿子,继承了帕苏尔家族的"青铜之血",可以化身为"狂战士"。与蛮族其他族人的粗犷相比,吕归尘长得十分秀气而且瘦弱,不比他们骁勇豪迈。虽然按照族规应该是他继承大君的位置,但是大多数人都不曾寄希望于他,只有吕归尘的阿爸郭勒尔偏爱他,默默地守护着他。他作为作者笔下的第一个主角,并不是读者想象中的理想化的完美主角。即便是拥有"以一杀千"的血脉能力,却害怕杀戮,害怕战争,柔弱乃至怯懦。而他心中的善良和悲悯又让他不得不拿起刀剑面对曾经抗拒的乱世纷争。他作为质子南下,在下唐南淮结识了一生挚友:姬野和羽然。吕归尘师承息衍,跟随息衍参与了殇阳关勤王。在阿爸郭勒尔逝去,长兄比莫干继承大君之位,并与淳国结盟之后,吕归尘被下唐国国主下令斩首。姬野劫法场,儿时好友苏玛嫁给比莫干以求铁浮屠护吕归尘安全回草原。青阳部和朔北部开战,吕归尘与朔北狼主的第一战没能救下木黎将军,第二战未能让射手不花刺射杀敌人。哥哥比莫干、旭达罕、贵木相继死去,帕苏尔家只剩下吕归尘。吕归尘再次举起刀剑,但是面对有羽人、辰月支持的朔北部,他还是没能战胜狼主。吕归尘一生都为了"守护青阳和所爱的人们"而活着,他守护着苏玛,守护阿爸留下的青阳部,守护着姬野和羽然,他是乱世中伟大的"仁"者。最后他成为青阳部的昭武公,成为草原上最伟大的大君。

姬野是少年主角团最张扬、刚勇的角色。他是下唐国南淮姬氏长子,母亲位卑早逝,不受父亲姬谦正的待见,弟弟姬昌夜也一直与他交恶。在与蛮族比武中以一挑七,成为第一后也没有得到重视,很快就被遗忘。受到武殿总指挥使息衍的重视,入职青缨卫,进入禁军,成为少年军官。继承了祖父姬扬的天驱宗主戒指,并佩有"天武者"翼天瞻传授姬野"极烈之枪"。年少颠沛流离、饱受排挤的经历让姬野学会反抗、不断变强。姬野一腔热血,与其他欺软怕硬的贵族少年军官相比,他渴望战场,有一颗武士的心。殇阳关之战前,劫下嬴无翳女儿阿玉儿,被围困之际,挡下霸主嬴无翳的全力一刀,身受重伤。年少时的姬野对朋友十分仗义,在南淮结识了作为质子的吕归尘和羽族出逃公主羽然。在下唐国与蛮族盟约作废之后,吕归尘作为质子应当斩首示众,姬野只身劫法场,去救吕归尘,此后一路逃亡。姬野成为天驱武士的首领,最后一统东陆,建立了燮王朝,被封"大燮羽烈王"。

羽然是少年团里唯一的女孩子,真实身份是宁州羽族皇室的公主。年仅6岁的羽然为了避开针对羽皇的刺杀,被羽族的"天武者"翼天瞻从刺客手中救下,远走他乡。居住在南淮期间,先后结识了姬野、吕归尘,结下了深厚的友谊,并随着年龄的增长,各自产生了别样的感情。她是金发红眸的美人,个性活泼,流露出一份爱打闹的男孩子气。她有时机灵有时却不留心眼,仅仅是靠说话就能让觊觎她的姬昌夜和雷云正柯下不来台,十分要强,有仇必报。这位公主在南淮过得无忧无虑,大大咧咧的她也不总是牢记他人的叮嘱,以至于在爷爷翼天瞻离开南淮前往殇阳关的时候,轻易地把自己的羽族名字流露给陌生小贩。但是羽然的快乐并不是真正的快乐,她把心藏得太深了,没有人可以看透。翼天瞻认为有时候连他都不知道她心里想着些什么,"她的心,真是太深了"。这样一位少女在族人大难之际,收起玩性,没有告别地毅然决然地离开南淮,回到她一生注定要回去的宁州,去完成她的使命。

2. 名将主角团

在第三部和第四部中，少年主角团们成了故事中的"影子"，而将东陆四大名将、雄狮嬴无翳以及藏在背后的辰月教搬上了胤末燮初真正的战场。主角团的成员从少年转变为以白毅、息衍、嬴无翳为中心的将军和霸主，名将主角团成为新的主角团，替代少年主角团继续叙述东陆局势。姬野因战前扛下嬴无翳一刀身受重伤，在殇阳关一战中，几乎都躺在病床上休养。吕归尘作为世子，只是以学习、观摩的心态跟随息衍来到战场，大多数时候和姬野在一处，偶尔拔刀作战。

殇阳关勤王起于离国嬴无翳驻军帝都，挟天子以令诸侯。离开帝都时，楚卫、下唐、晋北、淳、休、陈六国联军意图将离国主力围歼于殇阳关内，并救回被离军掳走的楚卫国小舟公主。天下名将在此时共同聚集在殇阳关这一弹丸之地。战前白毅与嬴无翳相约七日内决战。其间，白毅在流入殇阳关的水源里投毒。七日之约最后一日，白毅借助风势用浓烟猛攻殇阳关，逼嬴无翳出城应战。嬴无翳损失得力干将苏元朗，最终率领离国主力成功突围。滞留殇阳关内的六国联军伤员无数，却得不到帝都的支持。粮食、药物紧缺的情况下，南边谢玄军团虎视眈眈，辰月教长雷碧城利用尸蛊制造尸乱，给原本就损失惨重的联军雪上加霜。曾经是天驱的白毅不得不和城中其他六名天驱联手，发动君临之阵，联手打败尸武士。

白毅为大胤朝"御殿月将军"，是东陆四大名将之一的"龙将"，位列首位，有"军王"之誉。他作为楚卫国的栋梁，深得国主白瞬信任。作者称其"摧锋于正锐，挽澜于极危"。他是殇阳关勤王联军的总指挥。在殇阳关之战中，面对嬴无翳的铁骑，白毅深知敌我优势，利用北风向殇阳关投掷火球，用烟雾逼嬴无翳出城，是个军事奇才。他和息衍是20多年的挚友。传承了天驱的魂印武器"长薪箭"，但放弃继承天驱指环。在殇阳关血战中为了杀退丧尸，与息衍及其他天驱合作，发动"君临之阵"。遇事冷静，胸有成竹，与嬴无翳的七日攻城之约即将到期，战前没有参与联军战术会议，反而在莳花弄草。"欲速则不达，阵前静不下来是领兵的大忌。你可知道下唐的十里霜红？"（《九州·缥缈录Ⅲ：天下名将》第三章）性格孤寒淡漠，悲悯苍生，因不愿看到改朝换代的战争给人民带来的痛苦，决定主动去守护摇摇欲坠的腐朽王朝。

息衍为大胤朝"御殿羽将军"，是东陆四大名将之一的"狐将"，人称"东陆三十年内步战第一人"。他是吕归尘和姬野的老师，息辕的叔父。参与了殇阳关勤王，回国之后，青阳新大君上位，下唐派往青阳的使节被鬼弓射杀，息衍因此被人指认勾结蛮族，祸国乱政，囚禁于有风塘。后又因为学生劫法场、天驱宗主身份暴露，入狱后遭到长公主和下唐国国主百里景洪的诛杀令。外则笑意对人，儒雅旷达，宛若文士，内则潇洒疏狂，傲骨铮然。他不是拘谨之人，幽默风趣，自诩做过山贼，在狱中因双陆与隔壁老囚犯结识，越狱的时候顺便给了老囚犯逃生的机会，十分不羁。他善待下属，深得军心，在谢圭的帮助下越狱，原本受帝都钦差严令来堵截息衍的鬼蝠营却带来了息衍的佩剑"静都"。首领雷云伯烈以死为昔日的将军息衍送行，创造逃生机会。全军上上下下皆知将军爱好莳花，"将军的花我们照管得很好，我们还会继续照管下去"（《九州缥缈录Ⅲ：天下名将》第三章）成了令人动容的共识。

与联军处于敌对阵营的是离国"乱世之狮"嬴无翳，白毅称"如果那头狮子没有生于世上的话，大胤国祚还该再续百年吧"（《九州缥缈录Ⅲ：天下名将》第三章）。他骑射精湛，弑兄继父位。他善用人，身边有离国三铁驹的谢玄、张博和苏元朗；善带兵，一支雷骑赤旅让各国军队都闻风丧胆；善作战，霸刀一绝，"嬴无翳的霸刀，真有雷霆开山的力量"。世称"威武王"，尝挟天子以令诸侯，朝野敢怒不敢言。有谋略而无狡诈之气，有威严而不高高在上。自嘲为"乡下诸侯"，懂得音律，下棋喜欢下快棋。而"雄狮"不仅仅是霸道威严，也是有血有肉的性情中人。部下谢玄在棋艺上力压嬴无翳，口无遮拦、一吐为快地调侃嬴无翳"我以前让王爷，现在不让了而已，并非我棋力长进"，他也不生气。"嬴无翳无暇理睬他的狂言，急忙护住被他推动的棋盘，生怕落下的棋子挪动，再也不能复盘。他直愣愣地瞪着残局冥思苦想，而那边谢玄悠然笑笑，满脸轻松。"（《九州缥缈录Ⅲ：天下名将》第三章）

令朝臣谈之色变的一代"雄狮"也有护棋、悔棋这等哭笑不得的举动，嬴无翳的形象顿时丰满了起来。江南说嬴无翳的原型是武田信玄和织田信长,特别是后者,"一个不羁浪子和野心家的合体"。他是想要征服天下的乱世枭雄,却也急着要赶着夫人的生辰回九原。他虽未称帝,但霸主之名传世。

3. 双重视角与双重身份

名将主角团和少年主角团有着密不可分的关系。通过名将看少年的未来,通过少年看名将的往昔,二者有一定的继承关系。少年们最后也成为万军首领,进一步地建立了自己的王朝政权。息衍不仅是吕归尘和姬野的老师,也是守护两个新天驱武士的天驱宗主。嬴无翳在《九州缥缈录》的衍生作品里将离国国主位置让给了姬野,名将古月衣在殇阳关之战中临危受命成为天驱,后也追随了姬野。名将们已是名将,在胤末乱世之中,他们或生不逢时,或殉身战场,或追随少年,名将们终究不能改变乱世的局面,他们的时代已经过去。殇阳关之战让读者看到了名将们"最后"的风华绝代,而新的战场将迎来新的主人——成长为名将、武士的少年们。《九州缥缈录》的叙事主体从少年团更改为名将团再切换回少年团,也意味着少年对名将的传承,暗示了少年们的命运走向。殇阳关之后,辰月和天驱的战争只是刚刚开始。名将们在国家的内忧外患中,将余下的对抗辰月的任务交给了少年团。在对名将的传承中,还有一份对天驱的传承。少年们成了新的天驱武士,继承了指环,继承了"铁甲依然在",以"守护"的名义阻止辰月祸乱"九州"。殇阳关一战是天驱和辰月在小说中的第一次正面冲突,随后吕归尘回到北陆,与辰月教唆的白狼团对抗,羽然回到宁州,和"天武者"翼天瞻一同前去推翻辰月支持的翼氏政权。在战争中,天驱少年武士成长为天驱名将宗主。

两个主角团的年龄、阅历、思想截然不同,对战争的看法、王朝的更迭持模糊或重视的态度。江南用两类人不同的视角来看"九州"的历史,少年团们看到了战争的残酷,看到了帝王将相的残忍,名将们看到了历史的无情、个人的渺小。双重视角下的历史发展呈现出不同的色彩,也反映出个人在成长过程中对现实的接受度在不断上升,同时对残酷的历史逐渐麻木的过程。少年的视角带着对战争的厌恶,对死亡的恐惧,对权力的无感,而在名将的视角下,战争是家常事,死亡是麻木的,权力是令人争得头破血流的。在叙述战争的时候，江南有意地切换到名将视角，一方面是因为这样可以将名将的阅历和历史上的经典战役呈现给读者，另一方面，像殇阳关之战这样的大型战役，如果是用少年视角来叙述是无法叙述全面的，视角的切换正是对少年视角叙述空白的补足。首先，殇阳关涉及各个诸侯国的利益纷争，参战的名将代表了各自国主的意志。而随军的吕归尘和姬野不过是下唐国的两个学生，无法看透战争背后掩藏的政治阴谋。其次，战争是名将之间的军事才能之争，也是天驱和辰月之争，战争的主体并不是少年，因此若是以少年的视角来叙述，无法实现全面的考量，对战争的方方面面都缺少观察。

　　少年成为名将的过程，也是一个逐渐认同自身社会身份的过程。首先，虽然说通过少年们可以看到名将年轻时候的心气和都曾稚嫩的念头，但是这一群少年有着不一样的社会身份。与出身平民的名将们比起来，世界加诸少年们的是更复杂的身份和更艰巨的任务。吕归尘的社会身份是北陆青阳部的世子，将来需要继承大君的位置，成为北陆的主人。羽然的社会身份是宁州羽族公主，承担起姬武神的职责。姬野的社会身份是与吕归尘交换指环后得来的天驱的领袖，在《九州缥缈录》之外的故事里挑起抵抗辰月的大梁，最终一统东陆。其次，在初期，少年们并不是完全接受自己的社会身份，他们纯粹地想要依照自己的内心身份。吕归尘不想当世子，他只想要身边的人都安康幸福，他的内心身份是一个可以守护自己亲人的普通孩子。姬野学习极烈之枪，也不是为了继承爷爷的衣钵，成为一个优秀的天驱，而是想要获得亲人的关注和尊重。他只想做他内心身份的姬家长子，并且渴望父亲的爱。羽然的双重身份性是最为突出的，在南淮，她隐藏自己的羽族身份，用人族的身份交友、生活。若是不回宁州，她就永远可以是一个人族的小姑娘。羽族的身份对于羽然来说过于沉重，而带上人族身份的面具时，羽然可以毫无顾虑、自由自在。同样，在南淮，其他两位少年都是依照自我的内心身份来生活的，他们都将自己不认同甚至有些许不能接受的社会身份搁置。社会身份对他们来说还比较遥远，且要完全吻合社会身份，他们势必要成为自己所厌恶的掌权者。最后，在世界不断前进的环境中，少年们的双重身份——社会身份和内心身份交替、统一。并且在悲剧的历史叙事中，少年们最终不得不向现实低头，与社会身份的面具相融合，将真实的内心掩埋心底。吕归尘最终依照社会身份对他的要求，以质子的身份答应与下唐国公主和亲。在回北陆后率领青阳部大战朔北部，他成为帕苏尔家最后一个男人，也因此必须承担起青阳世子的全部责任。而羽然也到了该回宁州的时候，平日里像小鸟一样不羁的爱笑女孩带上了姬武神的面具，表现得端庄大方、冷漠清高。姬野也不再留恋姬家，日后一手接管了天驱，成为东陆的掌权者。少年们一边与社会身份相融合，一边掩藏内心身份，一边被推上战场成为名将，一边成为历史的推动者。

（二）"三角"模式的解构与变形

由吕归尘、姬野、羽然组成的南淮少年团，很容易被认定为"南淮铁三角"。但它并不是严格的"铁三角"模式。传统的"铁三角"模式是如《三国演义》中的"刘关张"，包括后世文学《盗墓笔记》中的以吴邪、王胖子、张起灵三人为小说核心人物，组成的盗墓"铁三角"。《九州缥缈录》本身就不是一部符合读者阅读期待的爽文，因此其"三角"模式有别于"铁三角"，作者通过多种方法去解构与再建其他意义上"三角"模式。

首先，作者设计的"三角"关系中的中心人物吕归尘，并不是一个令读者愉悦的主角。对比有严格"铁三角"模式的《盗墓笔记》，其主角吴邪是"一个时刻找事做的主角，会令作者愉快地跟从主角到处冒险"[①]。因此，在这样的"铁三角"模式中，吴邪是中心的中心，是故事线发展的主要动力，王胖子和张起灵都是跟着吴邪的故事线走。而南淮少年团相对来说缺少了这种主动型主角。南淮少年团的中心自然就是吕归尘，《九州缥缈录》对吕归尘的描写篇幅也是最多的。但如果将他和吴邪相比，就会发现，吕归尘的故事线主要是靠其他配角所推动，并不是一个"外向型性格，天生就爱'惹事'，积极主动与各类人物构成复杂关系"的主角。简而言之，吕归尘不会主动去开启"副本"，他的行动线完全是被人推着往

---

① 王祥：《网络文学创作原理》，中国人民大学出版社，2015年，第139页。

前走的。吕嵩的征战让吕归尘改变了幼年时期的生活环境,黑衣武士的暗算让他学到了大辟之刀,拓跋山月的来访让他使出斩狼一刀,并且被选中作为质子……如果没有这些配角,以吕归尘静若处子、息事宁人的性格,断不会离开北都城半步,更不用说离开北陆了。姬野和羽然的性格显然更符合主角的人设,外向、爱惹事。但他们在南淮相识、相处,每日在做的事情无非就是喝酒、看热闹、打架,生活平淡且重复,依然不具备"到处冒险"的能力。姬野在家被厌恶,他就去到了军营里,在军营里被排挤,他就在市肆中与羽然玩乐。而羽然跟着爷爷来,又跟着爷爷去。吴邪和吕归尘是两种截然不同的中心人物,因此他们所处的三角模式也存在一定的错位。吴邪所处的三角模式显然是冒险型的,具有前进性,王胖子也是主动型的角色,而张起灵身上的故事也总是在关键时刻推动剧情发展。但是南淮少年团里的三个人都不是主动型的角色,这与他们还是"少年",阅历不多有一定关系。但无论读者将谁看作中心的中心,或者说是主角中的主角,都必须要承认其被动性。

  这样的被动性也导致了南淮主角团涉世未深,经历甚少,不如《盗墓笔记》中的"铁三角"那般"铁"。在盗墓笔记中,"铁三角"一起探险,即使有时因为一些困难而失散,但在关键时刻总会聚在一起,齐心协力面对困难。其中,以吴邪为故事线主要推动者,王胖子和张起灵既依附于吴邪的故事线又独立于整体事件之外。而前文也提到,南淮三角的活动范围只局限于南淮,更准确一些,可以归纳为以军营、烫沽亭、凤凰池为主的几个地点。活动事件以及团队精神只体现在喝酒、看热闹、打架之中。他们之间缺少某些可以加深彼此羁绊的突出事件,唯一称得上记忆深刻的也只有幽长吉欲夺苍云古齿剑事件,但是这件事情的起因也是因为幽长吉的挑衅,这才导致了吕归尘在困境中契下苍云古齿剑,最后的逃脱也是受了息衍、苏瞬卿的帮助,因此事件的本质还是属于被动式的。甚至于在殇阳关战役中,只有吕归尘和姬野参与其中,羽然一直缺席,使"三角"模式直接在南淮一别后渐渐淡化。所以南淮三角的羁绊仅仅停留在孩童之间玩闹的友谊、兄弟之间的仗义,并不能达到"铁三角"那样一荣俱荣、一损俱损的命运共同体式的默契。

除此之外,一女二男的三角恋模式加持在原本的三角模式上,使本就不够团结、一般牢固的三角关系出现裂隙。吕归尘和姬野都心系羽然,在文中提及时总是以少年"懵懂的感情"一笔带过,但是通过多年后帝王们的回忆,佐证了少女在两位少年心中重要的地位。羽然清楚吕归尘对她的感情,而她只喜欢姬野。羽然出于安慰拥抱丧父的吕归尘的场景始终让姬野觉得内心不舒服。少年之间出现了隔阂。虽然吕归尘和姬野的最后一次见面,在法场上,少年们充分诠释了仗义和热血,但看似牢固、令人动容的兄弟情谊早已被先前的隔阂撕开了一条裂缝,这也为后来两位帝王反目成仇、情谊破裂奠定了基础。

在《九州缥缈录》中,江南并没有彻底消解了三角模式。"铁三角"中的王胖子和张起灵既依附于吴邪又独立于吴邪。他们始终跟着吴邪的探索方向前进,但是他们也有自己的秘密、自己的生活,只是吴邪需要的时候,他们便会出现。南淮少年团中,没有谁是依附于谁的,他们仅仅是彼此的玩伴。在后期,三个人被迫分开,分别在北陆、东陆、宁州成就事业,江南将三角模式异化成了三线平行模式,他们各自的故事线由各自展开,丝毫不受彼此的影响。但是三角模式并不是彻底消失。从地理上来看,北陆、东陆、宁州刚好能构成一个三角形,它们代表了三个少年的称帝地点,也暗示了少年称帝后彼此制约的局势。进一步来说,无论是后期他们再相遇,还是中晚年时期再回到各自的王域,始终是处于三角模式的。这样的三角并不是"铁"的,而是三人时而相互扶持,时而互相抗衡,时而各行其是变异成并行三线。不断变化的三角模式使人物的关系不断发生改变,主角团内部情感不断变化,故事走向逐渐超出读者的预期。而像"铁三角"这样固定的人物关系模式中,读者预先知道他们会一直在一起,一有困难必会出现的套路和定律,因此不会对人物关系的变化有过多期待。从组合到拆解,到重新组合、再度拆解,饶是最为稳定的三角关系也被解构得可以自由变化,这是江南对传统"铁三角"模式的解构。

◆ 三、历史的背面与日常生活的书写

《九州缥缈录》对历史的书写颇有特点。小说中的"九州世界"因其广阔宏大的背景设定，营造出一种厚重的历史感；同时小说并不追逐历史洪流的大势，而是立足于民间话语、日常生活和个人生命，呈现被通史忽略或剔除的历史碎片。《九州缥缈录》独具特色的历史叙事使得"九州世界"更本真，更富有生命力。

(一) 大写的历史与历史的背面

从中国古代历史的书写来看，官方的历史话语可视为宏大叙事的表现，在权力的操控和意识形态的渗透下，官方历史话语逐渐被合法化、权威化，并在很长一段时间内占据了中国历史文化书写的重要地位。

绵延千年的史官制度和正史编纂可以说构成了有别于世界其他类型史学的独特中国文化。在史官文化发达、史官服从于政治权威的中国古代史上，除编纂者自身在历史纪事时或渗入个人观点，或运用文学手法，使得客观历史主观化之外，史官修史还须仰起鼻息，遵循帝王旨意，为维护统治者的利益，往往隐瞒或歪曲某些不利于其统治的历史真相，将事实留在历史的阴影处。《九州缥缈录》中也不乏这样的史书设定：史书典籍、史官语录和"历史"专栏。以《燮河汉书》《青阳纪事》《羽烈帝起居注》为主的史书典籍，用简洁庄重的话语对黩武征战、英雄辈出的"九州"大历史进行官方书写；小说章节末尾独具特色的划分"历史"专栏，在文本形式上完成了历史叙事的别样呈现。作者试图通过以上细节的填充，增添历史叙事的真实感与可信度。然而从古至今的历史是文学的一部分，它的目的在于用艺术的手法来描述过去的事实，以满足人们对于古代伟大人物的

功绩遭遇、王朝的兴衰、历史的天灾人祸等事的好奇心。① 无论是真实历史或是虚拟的架空历史，官方话语下的正史记载由于代表一定的主流意识，体现一定群体的历史意志，在政治话语的加工和整理后，历史的本相被涂改、被删减，以至于后世人们对历史的追溯只能从虚实相间的民间轶事和吉光片羽的历史碎片中摸索。为呈现那些正史背面的真实图景，《九州缥缈录》在叙事上突破了单一的宏大叙事，在小说创作中运用民间叙事，引入各式各样的民间元素，来填补官方历史的空缺。如小说中频繁出现的说书场景、逸闻野史、乡土语言，对民间习俗的细致，以及对女性身份的关注，都有别于一般的历史叙事，于宏大世界中见细腻情怀，细腻之中见悲情，将潜藏在历史背面的人与事、人与世界的复杂关系真实呈现在读者面前。

民间叙事首先体现在语言方面。小说吸收了大量民族话语，塑造了一个又一个豪放悲情的种族。例如《九州缥缈录Ⅰ：蛮荒》中写到的蛮族歌谣"狮子搏狼，狼食麋鹿，麋鹿就草，草也无辜"，"伴当"一词在蛮语里的意思是"朋友"，蛮族姓名的特殊含义（"阿苏勒"意思是"长生"），北都城被羽族人称为"悖都"，意为"错误的城市"……诸如此类的民族话语构建出立体真实的北陆游牧民族和草原上每一位纵横驰骋的勇士形象。然而在胤皇朝官方历史的记载中，蛮族在与朔北部的白狼团交战后，以战败投降的悲剧结局退出历史。充满民族气息的民间叙事话语与统治着整片东陆的胤皇朝官方话语对立，无形之中，"九州世界"各民族间的复杂关系暴露在读者眼前，苍凉与悲情浮于言表。

在叙述中注入民间元素毫无疑问是全面、客观、真实地反映民间生活的重要方法。小说中细致书写了不少民间风俗场景，帮助展现民间生活的全貌和本相，与政治生活和精英生活拉开了距离，具有独特的审美价值。如"周围尽是喧闹的人声，每个夜市的摊子都挂着宫样的灯笼，红纱里裹着一团温暖奢华的光。有的摊子上叫卖着豆馅儿的小包子，有的摊子上则

---

① 詹姆斯·哈威·鲁滨逊著，齐思和等译：《新史学》，商务印书馆，1964年，第22页。

是仿制紫梁宫里的瓷器,有的摊子上是精美的纹铁匕首,带着鲨鱼皮的鞘,买一把配在腰带上,作为装饰也是一流的"(《九州缥缈录Ⅳ:辰月之征》第五章)。文中有不少与此类似的民间元素描写,大到对特色风俗的介绍,小至对摊贩的叫卖场景的描写,甚至在惨烈的殇阳关大战中作者仍不忘介绍楚卫国充满特色的风味小菜,行文民间元素丰富,拉近了历史与生活、个人之间的距离。

对女性人物的命运书写是对官方话语的另一种反抗。在传统历史观中,女性人物一直处于边缘化的状态,官方话语中女性人物的出场少之又少。作者正是意识到女性话语对真实历史构建不可替代的作用,在《九州缥缈录》中塑造了一系列庇护男性、能力突出的女性群像,如女主人公羽然、蔷薇公主、苏玛、阿苏勒的奶妈柯伦帖。而在小说虚构的史料《燮河汉书·项空月传》中,羽族公主和蔷薇公主这类具有较高地位的女性都仅有寥寥数笔的记载。女性书写往往只能在男性大写的历史的记载中留下一些蛛丝马迹,然而在诸如画本、说书、野史笔记等民间话语中,女性话语却流传甚多,尽管很多故事历经多年早已被编改得荒诞不经,但丰富琐碎的民间话语承载了人物的众多面相,表现了女性命运的沉浮与坚韧顽强的反抗。

(二)战争叙述与日常生活的书写

"小说家的创作不是要复制历史,那是历史学家的任务。小说家要写战争——人类历史进程中这一愚昧现象,他所要表现的是战争对人的灵魂的扭曲或者人性在战争中的变异。从这个意义上讲,即便没有经历过战争的人也可以写战争。"在莫言看来,战争叙述对复杂人性的展现具有特定的作用,因为"战争无非是作家写作时借用的一个环境,利用这个环境来表现人在特定历史条件下感情所发生的变化"[①]。在战争的描写中,高明的作家会注重挖掘复杂人性,展示战争之余的日常生活。

相对于宏大叙事下的"正史"的展现方法,江南在《九州缥缈录》中将个体生命从集体精神中解放出来,拆解正统意识,每一个人物形象都是

---

① 杨扬编:《莫言研究资料》,天津人民出版社,2005年,第32-44页。

自我独立的个体存在，甚至包括以往正史中无以立足的"小人物""反叛者"。战争在史书上可能只是浅淡的一笔，但背后却是无数的有血有肉的将士和无辜的百姓。在《九州》中，可以说战争中的任一阵营都无所谓正义或非正义之说，他们都代表着各自的利益，守护着各自身后的领土和子民。小说中战争对复杂人性、对个体生命的呈现大量集中在《九州缥缈录Ⅲ：天下名将》中，尽管江南在其中继承了以往"乱世出英雄"的经典"套路"，然而每一位名将都并非理想化、扁平化的存在，他们身上或多或少存在着过去英雄人物不会具备的"缺陷"，人性的伟大与渺小、英勇和怯懦同时存在。

自嘲"乡下诸侯"的嬴无翳，在正史中不过是扁平单一的人物符号：

> 在东陆中州，赤潮般的骑军开进了胤朝帝都天启城的城门。东陆的雄狮，来自"南蛮"离国的诸侯嬴无翳骑马直趋太清宫，在阶下昂首不跪。700年来第一次，皇帝在刀剑下屈服，成了臣子掌中的傀儡。（《九州缥缈录Ⅰ：蛮荒》第一章）

在百姓眼中他是朝廷叛贼，曾经挟天子以令诸侯，手段狠戾，烧杀抢掠。他横扫中原，与雷碧城合作引发尸毒发动殇阳关之战，有违正义、价值扭曲，但他对待手下将士却知人善用，甚至其他天下名将也无不敬佩于他的威严之气。另外，他行为坦荡，从不乘人之危：当息衍、白毅等人深陷险境时，他爱惜人才，保其性命。如此矛盾驳杂的思想和行为令人无法将其完全划分为"反派"，反倒会为他身死沙场而惋惜。直至多年后，街头巷尾仍流传着这一代雄狮的事迹：

> 大燮初年，茶坊酒肆里最流行的几段说书之一就有《涩梅谷霸王奋刀》一章。说到这里，先生们无不眉飞色舞唾沫飞溅，仿佛挥袖之间五千雷骑冲锋陷阵，帝王们刀剑纵横。孩子们也喜欢听，喜欢听霸主和皇帝旗鼓相当，惺惺相惜，他们相约于若干年后决胜东陆，而其中一人真的成了东陆的主宰。（《九州缥缈录Ⅲ：天下名将》第二章）

茶坊酒肆中的一代霸主不再只是历史年表中的一个简单符号，他们是有血有肉的人，每一个人身上复杂的人性都未被历史洪流湮灭，个体在战争中表现出栩栩如生的面目。

"历史是由一个个具体的偶在个体的生活事件构成的"[①]，失去个体的依托的历史如浮萍飘浮不定，如破镜残缺不全。尽管"九州"战场上战争的风雨和生离死别不曾间断，生存和守卫成了时下最浓烈的信仰，但也正因为战争的悲壮和崇高，使得这背后的一切政治利益都暂时隐退，战争中的个体，每一个人物形象都愈发鲜活和立体。小说中诸多战争场面的描写，无不渗透着历史车轮下坚韧不屈的抗争精神和沉重宿命碾压下每一个体的生命张力。

细腻的人性书写也是江南较其他同期网络小说家更出色的地方，他能"细腻而精准"地抓住人物之于作品最重要的特点，赋予大写历史背后的人性关怀。这在其《此间少年》《龙族》等作品中也有所呈现。与之相比，"今何在"笔下同样具有宏大框架的《九州海上牧云记》，则在民间叙事上表现不足，缺乏细节真实的填充。当然，过于沉溺于细腻情怀的书写，也让《九州缥缈录》在用力上不够均衡，这也是小说一直为读者诟病的地方。作者原本试图构建一个宏大的世界与庞大的人物群像，但囿于驾驭能力有限，小说从第三部开始就陷入男女情爱、家族内部的小叙事之中，几乎失去了对整体结构的把握，最终表现出"一坑未平一坑又起"的散漫结构与虎头蛇尾的局面。

▽ 四、极限境遇与崇高美学的生成

在世界与人物的相互作用中，个人意志突破命运成为小说的思想集成所在，悲剧的演绎是《九州缥缈录》英雄世界的基调，人物群像与"九州

---

① 刘小枫：《沉重的肉身》，华夏出版社，2014年，第7页。

世界"相互作用,汇聚成历史长河之波澜。历史故事既虚无遥远如沧海一粟,又刻骨铭心如水滴石穿;既是血腥的残酷杀伐,也是闪光的英雄史诗。

(一)极限境遇

《九州缥缈录》故事发展定调为悲剧,牺牲、离别、杀戮、失败、无奈、宿命……小说通过各种极限境遇的描写呈现了悲剧性。

1. 分离与牺牲的必然性

全书悲剧色彩的突出点离不开人物的分离与牺牲。分离与牺牲不仅是网络小说的惯用手段,也是悲剧文学的常见形式。

小说不断描写分离。"我要走了"这句话出现在主角三人团分别的时刻,在吕归尘的最后一战前也浮现在他的脑海里。曾经要好的"铁三角"经过了世事变迁已然不能回到从前的时光,为了各自奔赴使命也只能留下回忆。

小说也不断描写死亡。帕苏尔家的男人们相继死去,不管是可爱、恪纯的贵木,还是父亲郭勒尔、大哥比莫干、爷爷钦达翰王,这些强烈而密集的牺牲,对旭达汗、吕归尘的冲击无疑是巨大的。

如若此般的分离与死亡,给小说笼罩了浓郁的悲剧氛围,读者在代入阅读时不免失落伤感。

2. 主角奋斗的失败

由于正反派力量悬殊,正面力量的反抗总是不断失败。从拥有"青铜之血"又学会了"大辟之刀"的吕归尘,到甚至不会用刀的阿摩勒,都在"铁甲依然在"的信念中不断升腾起上阵杀敌的英雄之心,但最终的结局皆是失败,坚定奋起而又忽然失败,有如大厦骤倾。

另一方面,战斗的意义始终被怀疑:战争究竟是为了生存还是争夺,为了守护还是复仇?两者仅一纸之隔,守护臣民的正派一方不经意间就成为争夺者、复仇者,在战争中丧失了守护的本意,落得"屠龙少年终成龙"的悲凉结局。而当正派之间陷入无意义的战争时,不免被反派收取渔人之利,主角的失败变成必然。

3. 集体无意识与"历史的无奈"

在漫长的历史演化过程中,世代累积的人类祖先的经验即为集体无意识,它的内容能在一切人的心中找到,具有普遍性。它的原型是人心理经验的先在的决定因素,促使个体按照祖先遗传的方式去行动。①

青阳在北陆中实力强盛,吕归尘幼时便在青阳统治的耳濡目染中成长,所见征战杀伐不在少数,更有洞穴内被关押的爷爷为他讲述帕苏尔家的历史,使他明白草原英雄本该人人皆武士。"去懦弱"的集体无意识在草原给予原本体弱的吕归尘上阵杀敌的勇气,自殇阳关之战起,吕归尘便不断在战争中披荆斩棘,成为守护一方的少年武士,但也成为他幼年时期痛恨的杀伐者。

放眼历史长河,自古英雄远庙堂,正是因为身处庙堂的人被"历史的无奈"牢牢锁住。吕归尘眼看亲人逝去是无奈,姬野历经天驱的波折是无奈,羽然离开朋友是无奈,小舟公主嫁给百里煜也是无奈……为了守护身后的人,即使有诸多的无可奈何,少年们也别无选择,而选择又造成了更多的无奈。

(二) 人的反抗与崇高的生成

小说虽然表现了历史与命运对个体的种种打击,但却在命运的打击中表现了人性的伟大。人物在命运下的坚守与不屈精神,为小说增加了崇高内涵。

1. 崇高美学生成的两个阶段

崇高美学的生成要经过由痛感到快感的两个阶段。在第一阶段,个人面对令人望而生畏的强大世界时,深感自身的渺小与无能为力,外在形式压倒了人,个人充满了压抑与挫败之情。② 在吕归尘身上,表现了世界对个体的压抑。小说一开始的他处处碰壁。在多数打怪升级的玄幻小说中,

---

① 赵毅衡:《论重复:意义世界的符号构成方式》,载《河南大学学报(哲学社会科学版)》2015 年第 1 期。
② 李慧青:《现实中的超越——论崇高》,吉林大学博士论文 2009 年,第 29-30 页。

无论反派如何强大，正派的"金手指"总能为他开挂，反败为胜。而在《九州缥缈录》中，吕归尘的金手指"青铜之血"并不能起到这种作用，以吕归尘与白狼团一战来说，他的"青铜之血"形同虚设。他直面白狼团，高喊着"铁甲依然在"带领军队出城，但是面对有辰月教长山碧空坐镇的白狼团，他还是没能够扭转局势、反败为胜，北都城最终还是被攻下了。吕归尘的"金手指"并没有为他创造奇迹，前后两次领军进攻白狼团皆以失败告终，正派在苦战中突破后歼灭反派的传统套路在吕归尘和白狼团的激战中完全被改写。吕归尘不断下行的命运可以说体现了世界对个体的不断打击。

在第二阶段，个体面对必然失败的结局，面对不可逆转的命运时，却又不断奋起，在个人内心奔腾着战胜一切的激情、信心和勇气，转而激发个体的潜能，产生一种去征服邪恶、力争胜利的决心与心理上的自豪感。在吕归尘身上，即使是面对必然失败的命运，我们仍能感受到主人公叛逆反抗的个人意志。吕归尘的爷爷、草原上让人闻风丧胆的钦达翰王也有这种性格，年少时的他是仁慈、正直的，但是却没有逃脱掉命运的诅咒，性格越来越暴虐，杀死了自己的妻女，最终被囚禁在暗无天日的地牢里。他在地牢中坚持不懈地寻找压制狂血爆发的方法。他用这种悲壮的斗争告诉诸神，命运可以带走自己的幸福，却不能剥夺自己的精神，命运让自己妻离子散，却不能让自己低头。

2. 个体对理想的坚守

崇高是人的崇高，它必须表现个体在挫折、困难打击下对理想的坚守。这在整个故事中体现在三个不同的方面：道德理想的追寻，英雄理想的重建，以及信仰理想的坚守。

道德理想的追寻十分典型地表现在吕归尘的身上。从青阳部的幼年时期开始，他便与草原上你争我夺的打杀有了距离。由于亲近之人被凌辱残杀的场面血淋淋地展现在眼前，他对和平的向往远远胜于他人，可以说，他年轻生命的信条就是"守护青阳和他爱的人们"。可是事与愿违，亲近之人离去，北都也有无辜的人不断死去，羽然的结局也不尽如人意。吕归尘守护和平的道德理想仿佛难以实现，但在见证了无数的残酷与亲人好友的逝世后，他终于拥有了直面一切困难的勇气，并把这种勇气如同火把一般传递给跟随他的人。此时的他才是真正的北陆的大君，懦弱的少年终于成长为草原上的雄狮。

英雄理想的重建体现在姬野身上。生来异样的外貌与性格使他的一生都与众不同，他永不言败、永不屈服的墨黑色瞳孔燃烧着可以席卷这整片大陆的火。指环戴在手上的时刻，得到刀法传承后奔赴比武会的时刻，一次次默念"铁甲依然在"的时刻，都是英雄理想的迸发。姬野的父亲担负不起天驱的精神，姬野却重建了这种精神，他征战天下，闯过重重关卡，为守护而拼命厮杀，这正是英雄主义的最好表现。

信仰理想的坚守在书中当属天驱武士。为数不多的天驱武士为和平而奋起，为天下而征战，这是信仰的力量。而从未有过真实载体和物质体现的天驱，不得不让我们怀疑，天驱是否真的存在，是否天驱武士的战斗都是正义的、人道的，信仰是否是最具有力量的？然而，天驱武士很快给出了答案，不管是与丧尸斗争中的死里逃生，还是为了和平而战的慷慨豪情，少年们与武士们都用勇敢无畏诠释了"铁甲依然在"的精神，信仰从不曾湮灭。

3. 天驱与辰月的隐喻：人与命运的冲突

崇高美学还有更深层的表现形式，以隐喻的方式呈现出来。

"九州"大陆上除了有各州、各诸侯之间的纷争，还有散布在各州的两大组织——天驱和辰月之间的纷争。主角所在的天驱武士团和不断挑起战争的辰月之间的正反派之争，从一开始就面临着实力的悬殊差异。在这场看起来不可能胜利的战斗中，天驱以西西弗般的精神，对掌握命运的辰月进行反抗，体现了人与命运之间的激烈冲突。

希腊神话中，西西弗绑架死神，强闯冥府，触怒众神。众神判处西西弗将一块巨大的石头推上山顶，而石头一遍又一遍地滚下山去。西西弗就在这样无休止的、毫无意义的动作中重复着这段惩罚的命运。《九州缥缈录》中的天驱也在"九州"大地上重复着看不见终点的斗争。他们的宗旨天生与辰月对立，辰月要战争，天驱要安宁；辰月要破坏，天驱要守护。无论辰月如何强大，天驱以不屈的意志进行反抗，"铁甲依然在"不仅是一句口号，也代表了天驱武士"不信命"的自由意志。

天驱和辰月的斗争暗含了人与命运的激烈冲突。在"九州"大陆上，辰月历来能得到各方的支持，胤朝末世中，白氏皇族、翼氏羽族、朔北部白狼团皆以辰月为军师。辰月之徒自诩为神之使徒，遵循神的旨意，降战火于人间。他们以神的姿态漠视世间的一切，为了教义狂热地献身："神的主宰，是这个世界得以运行的根本！"他们是白毅口中的"疯子"，作为神的代表、命运的化身，公然挑起战争以此剔除诸族中弱小的个体，对天驱发起多次死亡的通告。辰月拥有神的手段以及决定命运的力量，和希腊神话中的诸神一样无所不能。雷碧城初次登场在殇阳关外，以秘术制造出诡秘的气氛，使联军的马匹全部受惊，关内关外尽是阻碍视线的迷雾。嬴无翳突围归国后，雷碧城制造"丧尸"使滞留殇阳关内的联军陷入苦战。他曾在太清阁向长公主展示控制"春夏秋冬"的神秘力量，并让时光在长公主身上倒流，使她回到年轻时候的状态。他身边的从者一个是尸武士，一个拥有枭瞳。另外一个辰月教长山碧空在吕归尘幼年时到访青阳部，以幻境迷惑大合萨历长川，后牺牲了一位从者的性命复活了吕归尘。他带着学生——夸父族的桑都鲁哈音和白氏皇族的后代白子禅北上寻找 30 年前战败的朔北部大君蒙勒火儿，以秘术"神之舞"抵挡雪崩。在吕归尘第一次领军对抗朔北部时，以秘术"焚风"助战朔北，力挫青阳飞虎帐。反观天驱，他们仅仅是一群武者，身手好，或善于用刀，或长于射箭，作战能力强。天驱宗主们世代传承着一些魂印武器。而仅凭缥缈录中天驱的实力，即使靠着魂印武器和扎实的武功底子，根本不足以和辰月抗衡。天驱谢圭在前往营救息衍的路上遇到辰月教徒，面对"枭瞳"这一强大的秘术，他无从招架，最后依靠事先雇佣的天罗杀手才能战胜对手。跟神通广大的辰月相比，天驱是微不足道的凡人。辰月对天驱的不断镇压即命运对个人意志的不断打击，天驱在湮灭中再次复兴，体现了个人意志为了冲破命运所体现出的不屈精神。

阿尔贝·加缪认为西西弗之所以能够征服命运，是因为他"有意识"地思考"自己所处的悲惨境地"，在休息的时候进行了深入的思考，对其报以"蔑视"的态度。^① 这里的生存条件分为内部条件和外部条件，前者指西西弗的内心，是西西弗"藐视神明，仇恨死亡，对生活充满激情"使得他"受到难以尽述的非人折磨"。^② 后者指的是时代环境，生于诸神掌握命运、肆意处罚凡胎肉体、人神不平等的时代，一旦触怒诸神，西西弗必然遭受苦不堪言的惩罚。双重痛苦的生存条件并不能压垮西西弗，他以极强的洞察力判断生存条件并且接受它、反抗它，因此，注定的命运反过来为西西弗所征服、所掌握。天驱在漫长的历史中，有过湮灭，有过复兴，有过消亡，有过辉煌。天驱不死不灭的精神里，蕴含着西西弗般对命运"蔑视"的态度。他们清晰地认识到自身的"生存条件"，绝不向命运作出妥协，反抗虽是无用但是崇高。

与辰月生存环境良好、教义清晰相比，天驱既丢失了理论，又遭到各国当权者的镇压。天驱武士团在极盛的时期可以组织起超过万人的军队，在衰微的时候完全没有声息。天驱精神的布道者"启示之君"死后，天驱的理论被彻底遗忘了，天驱武士们只知道他们要守护这个世界，他们一腔热血，高喊"铁甲依然在"，做着循环往复无止无尽的斗争。这是天驱生存的内部条件，即使理论遗忘但是热血仍在。"九州"漫长的历史中，天驱也经历了多次的湮灭和变迁。为了和平的天驱为君主们所不容，身份无法暴露，既要对抗辰月又要防止遭到当权者的屠杀。在小说中，息衍的天驱身份被雷碧城透露之后，天启皇族白氏和下唐国国主百里景洪毫不犹豫地对其下诛杀令。辰月和君主们的双重打压是天驱生存的外部条件，与西西弗相比，天驱不仅要受到神的打压，还要受到同为人类的君主们的排挤，生存环境更加恶劣。可以说，辰月的时代就是希腊诸神统治的时代，天驱就在这样的时代里与辰月作斗争，试图摧毁神之计划，扭转命运，同时还要抵抗被神的意志所驱使的同胞。希腊英雄们的伟大与九州天驱们的壮烈遥相呼应。天驱是和西西弗一样的荒诞英雄，他们同样激情，同样困苦，同样的"有意识"。天驱的"有意识"令绝境中的他们同样善于思考，

---

① 加缪：《西西弗神话》，人民文学出版社，2011年，149页。
② 加缪：《西西弗神话》，人民文学出版社，2011年，148页。

在思考中拨开迷雾看清神的手段，看清命运的脉络。这就是为什么天驱既可以不死，又可以"在被镇压和迫害的时代，他们身上也具有殉道者一般的神圣光环"。这"神圣光环"就是天驱们反抗所谓的至高无上的命运，将命运掌握在自己手里的精神力量。

西西弗作为人间的一个国王，以凡人之躯对诸神进行反抗。他反抗死亡的命运，于是绑架了死神，让人间没有了死亡。他反抗推石的命运，由此悟出了荒诞中的幸福。他"坚信一切人的东西都源于人道主义"，于是他"就像盲人渴望看见而又知道黑夜是无穷尽的一样"，永远在前进。[①]这与《九州缥缈录》中的天驱的精神不谋而合。神能够决定西西弗无用又无望的余生，但不能左右西西弗对待命运幸福、喜悦的态度。辰月能以秘术预言、制造人物的命运结局，但有一种精神是它无法改变的，就是由人心所生出的不屈的、反抗的精神。西西弗确信的"人的根源"指的就是人的精神，或者说是人的内心。就像雷碧城说过的："神的力量，无法改变人的心。"这句话，将威严的神像打破，请离人间，把神定下的命运变成了属于人自己的事，在人世间通过人们自己解决，从而获得人心的自由。加缪认为西西弗是幸福的，因为"他的命运是属于他的。他的岩石是他的事情"[②]。同样，天驱在面对实力强大的敌人的时候，其心情也必然是积极的，因为命运一物并不能预测、改变个体的态度，如此，命运在某一程度上可以被认为是反过来掌握在了个体的手里。人与命运的冲突在古今中外都能够以人的胜利圆满告终，个体内部所蕴含的自由意志、反抗意志的力量成为人可以抵挡神的命运的最终武器。

（三）崇高美学的文学史意义

1. 网络文学中的"异类"

命运的无法挣脱性让"九州"众多人物感受到了人生的悲剧性，但生活在这片大陆上的人们的不停抗争，让人认识到人生最重要的在于自我书写的过程，而不是它的结局。作者江南在导读中说道："谨以这篇故事，

---

① 加缪：《西西弗神话》，人民文学出版社，2011年，151页。
② 加缪：《西西弗神话》，人民文学出版社，2011年，150页。

诉说我对冷兵器时代英雄们的向往。我尊敬那些人的勇气和意志，要在乱石崩云的残酷时代，以刀剑和血泪去开创属于自己的一片天空。尽管我也深深地明白，在乱世激流中，人们挣扎着抗衡时代的力量是多么的渺小甚至可怜。"（《〈九州缥缈录〉导读》）人们希望能够超越命运所代表的世界的无限性，而在这种永恒的超越中，人性一次又一次得以升华。

读者在体会书中个人命运的桎梏与自由意志的冲突时，会因人物命运的悲剧性产生恐惧、痛感，也会因悲剧的崇高实现而获得快感。少年主角团下唐国的美好静谧逐渐变成跟随息衍战斗的紧张刺激，少年与名将们被命运推着走，历经亲人逝去、族人战乱、王朝更迭，悲剧命运不断触发读者的痛感机制，而当故事聚焦在个人的崇高反抗上，读者体验由恐惧变成愉悦，低落化为振奋，自卑转化为超越，痛感转化为快感。两种不同的故事走向在《九州缥缈录》中不断整合，读者在悲喜交加的拉锯战中获得激动而又矛盾的审美体验。

但将这部作品置于网络文学历史中时，它似乎显得不合时宜。

首先，网络文学普遍奉行个人成功模式，主角不断升级，而《九州缥缈录》却是"无人成功，依然守护"的结局，这与网络小说常见的受众期待有所冲突。

其次，主角的成长过程从总体上看体现的是"失去""失败"的命运。表面看来，主角最终处于权力的顶端，可是吕归尘失去了亲人，姬野拱手让位，羽然回到宁州……对父法的回归和社会秩序的趋同，让他们戴上了沉重的枷锁，一方面是意气风发、顽强抗争，另一方面也在不断付出代价，即使故事的结局在一定程度上是开放的，但悲剧大框架依然让沉重与严肃的基调占了上风。

这种独特的风格，让《九州缥缈录》成为网文中的一个"异类"。

2. 精英奇幻网络文学的尾声

江南《九州缥缈录》的阅读群体呈现出两极化的特点，这与该小说的精英化写作不无关系。2002—2004年是网络文学的关键转折时段，国内最大的网络文学原生评论论坛"龙的天空"发生了三次论战。此后网络文学的主流开始从瞄准实体市场的严肃幻想小说转为在线付费的玄幻小白爽文，核心受众从"精英"（阅读量大、学历或收入较高、重视文学严肃性的老读者）转为"小白"（阅读量小、爱看爽文的新读者）。①《九州缥缈录》依然坚持精英化的写作模式，不再像从前一样有数量庞大的读者，甚至时隔多年后才被改编为影视剧。

在爽文盛行的新世纪网络文学写作中，《九州缥缈录》在某种意义上可以说是精英化奇幻小说的尾声。

五、时间的折叠与蒙太奇的拼贴

作家在小说叙事中通常按照一定的时空顺序和逻辑关系，编织一个完整的故事情节。然而，《九州缥缈录》在叙事上超越了一般小说的线性叙事传统，通过闪前和闪回实现叙事时间的灵活多变，同时采用了蒙太奇的组合，人物的悲剧在时间的折叠与画面的拼贴中缓缓展开。

（一）叙事时间的折叠

"时间是小说的一个主要组成部分。我认为时间同故事和人物具有同等重要的价值。凡是我所能想到的真正懂得或者本能地懂得小说技巧的作家，很少有人不对时间因素加以戏剧性利用的。"② 出色的小说家无不发现时间的奥妙和魅力，并将其驾驭、运用在小说创作之中。法国学者热奈特在他的《叙事话语·新叙事话语》中将小说的时间分为两种：故事时间和叙事（伪）时间，两者不一定保持同步③。托多罗夫在《文学作品分析》中也将小说时间分为被描写世界的时间性和描写这个世界的语言的时

---

① 谭天：《网络文学发展早期的"精英"与"小白"之争——"龙的天空"论坛三次论战综述》，载《中国当代文学研究》2020年第6期。
② 伊丽莎白·鲍温：《小说家的技巧》，载《世界文学》1979年第1期。
③ 热拉尔·热奈特：《叙事话语、新叙事话语》，中国社会科学出版社，1990年，第12页。

间性。尽管时间的分类名称不尽相同,但二者都强调了时间的双重性,这使得原本遵循物理时间的线性时序,出现被打破、重组的可能性。也就是说,作家在创作过程中,可以自由拆解线性的故事时间,通过灵活调用故事素材、重构新的时序,从而增强小说的审美效果。《九州缥缈录》在总体上仍遵循自然时序,但多处采用闪回和闪前的手法,在错位的时间运动轨迹中重建一个丰富完整的故事。

闪前,也称预叙。作家通过闪前,预先说出将来要发生的事,预见人物或事件的结局,可以表明一种宿命或命定的意识①,托多洛夫称之为"宿命情节"。《九州缥缈录》往往是通过一段史书文字的记载,将小说"现在"故事时间之后,即"未来"会发生的事情,以预先告知的方式呈现,让读者站在先知者的角度观察人物的命运轨迹。闪前技巧的运用,使叙事中的读者的疑惑性由结局转移向情节的进展过程,读者的关注点也由常规的"如何结束"转变为"怎么发生"或"为什么发生"诸如此类的问题。这一过程中,预示的力量让原本对故事结局期待的紧张感逐渐削弱,从而加深人物宿命的沉重感。主人公命运的不可逆转与小说中一再呈现的反抗精神,构成了"知其不可为而为之"的崇高美和悲壮感。如《九州缥缈录Ⅰ:蛮荒》中,在遭遇真颜部灭族,以及父亲龙格真煌和姐姐龙格沁的接连殒命的多重冲击下,年幼孤苦的哑女龙格凝·苏玛深感无助和悲痛,崩溃痛哭,而同样稚嫩且笨拙的吕归尘却选择张开双臂,用自己瘦弱的身躯守护跟自己一起长大的伙伴,并立下守护一生的誓言。这段久远却沉痛的记忆在吕归尘心里烙下了永久的痕迹,直至临死前也不忘诺言:

> 临死的昭武公等待着家主和学士们商议他的谥号。他握着大合萨颜静龙的手说:"我曾经立誓要守护青阳和我所爱的人们,可是我错了。我太自大了啊!其实我的能力,只能守护那么区区的几个人而已。可惜他们,都一个一个地离开我了。"

---

① 米克·巴尔著,谭军强译:《叙述学:叙事理论导论》,北京师范大学出版社,2015年,第88页。

> 然后他昏了过去，等到家主们把议定的"昭武"谥号传进金帐，他才又一次睁开眼睛，说了一句历史上无人能解的话。
>
> 再然后他就死了。
>
> 颜静龙平生第一次觉得手中的手掌松开了，垂垂老矣的大合萨忽然忍不住放声大哭，想到许多年前炽烈的阳光下的那个孩子。
>
> "我会保护你的。"其实他的一生只是为了这句话而活着。(《九州缥缈录Ⅰ：蛮荒》第二章)

历史已经告诉读者，"现在"挺身在苏玛面前瘦弱却坚强的青阳世子、"未来"会成长为流传千古的青阳大君昭武公吕归尘·阿苏勒，最终死在他金色的帐篷中。吕归尘终其一生都在为守护和平和所爱之人与时代抗争，然而命运却让他几番经历失去亲人的痛楚，并一再将他推向杀戮的战场，以刀剑和血泪在乱世崩裂的时代中生存与成长，最终走向悲剧结局。这样一种命运的沉重与无奈感贯穿小说始终。

同时，多少年的岁月在预叙中浓缩成只言片语，时空和画面的冲突让人物的身份、性格、心理都发生了巨大的变化，读者的阅读体验也超出了文字本身，情绪上仿佛也由急促转向突然的平静。吕归尘的结局已然知晓，强烈的宿命感油然而生。他的一番遗言也引起了读者对这场与荒诞命运抗争的历程的思索，构成了一种既悲怆又崇高的格调。

闪回又称倒叙，即"回头叙述先前发生的事情，它包括各种追叙和回忆"[①]。这种在顺序叙事中插入过去事件的创作方式，一般用来表现人物的情感起伏。闪回手法在《九州缥缈录》中多以人物回忆的方式呈现。如《九州缥缈录Ⅰ：蛮荒》第三章中，台戈尔大汗王骄横的小儿子丹胡私下欺侮吕归尘和苏玛，并企图轻薄苏玛。尽管在巴鲁、巴扎两位伴当的帮助下，两人顺利脱困，但吕归尘仍因自己弱小无法保护苏玛而愧疚不已。此后，苏玛在宽慰他的同时，回忆起真颜部尚存时他们无忧无虑的时光：

---

① 胡亚敏：《叙事学》，华中师范大学出版社，2004年，第65页。

苏玛轻轻抚摩着他的背,心里有一种淡淡的悲伤和一丝一丝的清甜一起涌上来。这个主子忽然间又变成了初到真颜部时候那个6岁的孩子,他在草地上跑着跑着,摔倒了,大哭起来,苏玛把他的头抱在怀里,喂他一粒酥糖,亲着他的脸,叫他不要哭。那时候的风好像又在身边柔和地吹过,那时候父亲骑在高大的红马上,姐姐的歌声嘹亮。(《九州缥缈录Ⅰ:蛮荒》第三章)

在小说叙述上,故事随苏玛悲伤的情绪出现一个时间跨度较大的闪回——叙说吕归尘6岁时与苏玛一家的无忧生活。草原上无情的部落之争将这些美好统统撕碎。在这一叙事流程中,闪回的运用不仅仅是苏玛对美好往昔的追忆,词句间也隐含着人物复杂心境的描写。历史的不可逆转与人物的复杂情感交叠在一起,呈现出岁月的无情与苍凉。

(二) 蒙太奇的拼贴

爱森斯坦在《蒙太奇论》中提出,两个不同性质的蒙太奇片段结合成一个整体,不是简单的二者之和,而更像是二者之积。通常情况下组接后的新的整体会作为"某个第三种东西"出现,即产生出"1+1〉2"的效果。① 在《九州缥缈录》中,有较多的平行蒙太奇和心理蒙太奇的组合运用。

1. "平行蒙太奇"策略

"平行蒙太奇,是指两条以上的情节线并行表现、分别叙述,最后统一于一个完整的情节结构。这多条的情节线,可同时同地,亦可同时异地,还可在不同时空里分别进行。这种蒙太奇手法应用最为广泛,原因是用它处理剧情,可以删节过程,有利于概括集中,同时还能扩大影片的信息量,并加强影片的节奏;另外,几条线索平行并列表现,互相烘托,形成对比,也易于产生强烈的艺术感染效果。"②

---

① 爱森斯坦:《蒙太奇论》,中国电影出版社,2003年,第277-281页。
② 孙晶:《跨越文字与影像的疆界——中国现代小说的"电影化想象"》,吉林大学2011年博士论文,第101页。

"平行蒙太奇"通过镜头的剪辑和组合，将不同时空分散的镜头排列组合，使得读者在不同时空景物与画面的对立中，获得情感和思想上的超越性体验。在《九州缥缈录Ⅵ：豹魂》中，"九州"大陆陷入一片混乱，战火蔓延到各个地方，作者通过对"平行蒙太奇"的使用，呈现出同一时间不同空间的混战局面。胤成帝六年，北陆大地上，朔北部蒙勒火儿为了完成对青阳部的复仇，联合辰月教主之一山碧空、夸父族、羽族共同进攻北都城，吕归尘一步步被推向战场，在成为青阳大君后更是主动肩负起守护青阳部子民的责任：

> 久候的城外的朔北部大军也向着北都进发了，就要兵不血刃地拿下这座象征草原霸主的巍峨大城了。
>
> 在北都城陷落的最后一刻，一个扛着夔鼓的少年带着仅剩的年轻人和各家的奴隶们走出了城门。他们穿着各式各样的铠甲，有的武器精良，有的仅仅手持猎弓。他们带着酒气和被酒气熏红的脸，高举的旗帜上是青阳的豹子图腾。
>
> 吕氏帕苏尔家最后的儿子，吕归尘·阿苏勒·帕苏尔，从这一天开始被称为北陆的大君。（《九州缥缈录Ⅵ：豹魂》第四章）

此时的宁州青都，翼氏斯达克家族的子孙翼霖·维塔斯·斯达克投入4万大军发动围城战，杀光了忠于羽氏的守卫军，杀尽了所有违逆他的人，即将踏着鲜血和碎裂的白羽登上王座。回到宁州的翼天瞻和羽然不可避免地要卷入这场战争之中，直面敌人的进攻：

> 就在他们的正上方，云层之上，翼天瞻低声说："铁甲，依然在！"
>
> 他猛地收拢了双翼，笔直地坠落，古枪枫花带起一道笔直如线的银光。
>
> "上方！"鹤雪首领大喝，"发箭！"
>
> 鹤雪的箭雨逆空而起。

>相隔着十几里,策马疾驰的华碧海拉紧了缰绳。他身后追着战马奔驰的黑衣从者们骤然停步,"老师?"
>
>"那里,"华碧海指着黑衣从者们看不见的天空尽头,"我像是看见了……一颗银色的流星。"(《九州缥缈录Ⅵ:豹魂》第四章)

而"九州"的中心——东陆,长公主派宁卿将定罪文书送到南淮城,十日之内处死息衍。雷碧城立即派遣教徒想要赶在文书到达之前将息衍诛杀在牢里,但息衍最终在天驱谢圭和鬼蝠营的帮助下顺利逃脱,不久寻找到辰月教主雷碧城,至此天驱武士团与辰月教的战争彻底公开:

>"天驱武士团,万垒宗主,息衍。"为首者踏上一步,古剑静都上初日的光芒忽地跳跃起来。
>
>"期待已久。辰月教,阳,雷碧城。"
>
>雷碧城击掌,受伤的黑衣从者们从地上爬起,默默地和雷碧城组成了三角的阵形。双方都看着对方的眼睛,看到的都不是杀气或者怒气,而是决心。从这一刻起,沉寂了数百年的两大秘密团体,他们的战争将彻底公开,将把所有人都卷入乱世的洪流中。(《九州缥缈录Ⅵ:豹魂》第四章)

乱世洪流,所有人都被卷入其中。同一时间,地图上的每一处都因为天驱和辰月两大团体,或主动或被动地加入到战争的硝烟中来。一方面,平行蒙太奇的使用让叙事者在时空的自如转换中,描绘出混战的"九州"版图。在一个接一个激烈的战争画面中,小说呈现出丰富厚重的画面感。然而阴沉、血腥和苦难此刻也弥漫在"九州"大地的上空,挥之不去。另一方面,自南淮一别后,主角团的众多英雄在各自身份的驱使下,走向了不同的战场。如吕归尘所在的北陆战场、姬野所在的东陆战场和羽然所处的宁州战场,在镜头的拼贴下紧密联系在一起,平行却不孤立。曾经在南淮城里一起"窃花跳板打枣子"的稚嫩少年们,再次以独特的方式"重聚"于读者眼前时,已然在战争和历史的车轮推动下走向了未知命运。

2. "心理蒙太奇"策略

"心理蒙太奇,属于表现蒙太奇类型,是电影中心理描写的重要手段,也是人物心理的造型表现。心理蒙太奇手法在现代电影中被广泛采用,它通过镜头的组接或音画有机结合,直观生动地展现了人物的回忆、梦境、闪念、幻觉、遐想、想象甚至潜意识的活动。心理蒙太奇的特点是形象(画面或声音)的片断性、叙述的不连续性、节奏的跳跃性。多用对列、交叉、穿插的手法表现,带有人物强烈的主观色彩。"[①] 江南将心理蒙太奇运用到小说叙事当中,通过叙事时空的错位凸显人物在时间之流中的复杂情感。

小说中作家通过视觉化的镜头语言,将环境、人物和情节描写得生动细致,加之对绘画般色彩和光线的充分运用,让黑白的文字更具有强烈的画面冲击力,塑造出具有鲜明造型感和立体感的人物形象。如《九州缥缈录Ⅴ:一生之盟》第三章中,身处异乡的吕归尘在得知阿爸去世的消息后,陷入浓郁的悲哀之中,他希望向羽然倾诉自己内心的苦痛。"夕阳里那个蹦蹦跳跳的身影忽然凝滞在那里了。"(《九州缥缈录Ⅴ:一生之盟》第三章)一向活蹦乱跳的羽然,在听闻吕归尘阿爸去世消息时表现出不同以往的静默,"蹦蹦跳跳"与"凝滞"一动一静的对比,将羽然内心的愕然在单个镜头下瞬间放大。此时的烫沽亭也在这二人的心境变化中渲染上一层别样的光和色:

> 两个人面对面站了一会儿,吕归尘觉得有些尴尬,他想转身离开。这时候他看见羽然向他跑过去,风吹起她白色的衣带和金色的头发,夕阳里她的脸儿仿佛透明。(《九州缥缈录Ⅴ:一生之盟》第三章)

在作家笔下,光和色不只是单一的色彩符号,也具有特殊的情感内涵和价值意义。暖色的夕阳和沉郁灰暗之间强烈的对比,凸显了二人不同的

---

① 孙晶:《跨越文字与影像的疆界——中国现代小说的"电影化想象"》,吉林大学2011年博士论文,105页。

情感：既表现吕归尘诉说心事后急转直下的愁郁，也突出羽然内心的悲哀。

心理蒙太奇的运用还体现在叙事者在时间和空间的变幻中增强画面镜头的对比和张力。比如：

> 羽然跑到他身边，眼对眼看了他一会儿，忽地踮起脚尖，把他轻轻抱住。那个瞬间，吕归尘觉得自己的心跳停止了。时间在此刻变得无比漫长，很多年以后吕归尘回忆起那个瞬间，无数人在他们的身边穿梭有如无物。在昏黄的夕阳里、穿梭的人流中，他抱着羽然，像是流水中万古不移的礁石。那也是青阳昭武公的一生中，唯一一次拥抱这个他等待一生的女人。那时候他觉得莫大的悲伤和莫大的幸福一起到来，却不知道这也是他最后一次机会……（《九州缥缈录Ⅴ：一生之盟》第三章）

前文提到，小说通过预叙使得叙事时空突然由故事发生的"现在"转向"未来"，叙事话语"很多年以后"凸显了时间在历史中的流淌和逝去，吕归尘和羽然之间唯一的拥抱也在此刻定格、延长，积淀着人物复杂深厚的情感。同时，叙事时间跨度如此之久，无形之中也暗示了历史涌动中两位主人公的无奈和哀愁。叙事者清醒且痛苦地交代了在历史之中的个体毕生无法跨越的差距。

跨越时空叙事中的成长母题
——《斗罗大陆》细评

撰 稿：罗文悦　陈婷婷　冉 雪　严沈幽
定 稿：鲍远福　单小曦

《斗罗大陆》
♯故事梗概♯

　　西蜀唐门鬼见愁崖，唐门外门弟子唐三偷学内门功法，被长老们发现且追杀至山顶，他纵身一跃离开了这个世界，却意外穿越到异界一个也叫唐三的婴儿身上。穿越后的世界叫斗罗大陆，在大陆上有着两个国家：唐三所在的天斗帝国与星罗帝国。斗罗大陆存在着一种叫作武魂的东西，每个人都有属于自己的武魂，但只有极少数人的武魂能够修炼，然后变成一名魂师。魂师的武魂觉醒之后便成为魂士，从而开始修炼，魂师根据魂力的强弱分为十大称号，每一个称号分10级，从低到高分别为魂士、魂师、大魂师、魂尊、魂宗、魂王、魂帝、魂圣、魂斗罗和封号斗罗。另外，魂力每到10级为一个进阶，这时便需要猎杀一只魂兽获取魂环促进修炼。

　　唐三带着前世的记忆出生于天斗帝国一个偏僻的小村——圣魂村，他每日勤奋修炼唐门内功，并照顾经常喝醉酒的父亲唐昊。在唐三6岁时，老村长带着村里的孩子去参加武魂觉醒仪式，发现唐三是先天满魂力，且右手的武魂是一棵蓝银草，但在斗罗大陆里蓝银草通常被认为是废武魂。唐三回到家中告诉父亲自己还有另一个武魂是锤子。唐昊震惊儿子拥有双生武魂这一事实。3个月后，唐三在老村长的引荐下来到了诺丁魂师初级学院修炼，在这里唐三拜魂师理论界第一人大师玉小刚为师，还与小舞结拜为兄妹。

　　5年后，唐三和小舞在大师的推荐下来到了史莱克学院，先是结识了邪眸白虎戴沐白，后又认识了幽冥灵猫朱竹清、武魂为七宝琉璃塔的宁荣荣、武魂为香肠的奥斯卡和武魂为变异凤凰的马红俊，7人组成了"史莱克七怪"。因奥斯卡魂力突破30级需要获取魂环,学院副院长赵无极带着7人来到星斗大森林。森林之王泰坦巨猿出现并掠走了小舞。唐三为救小舞情急之下射杀人面魔蛛,强行越级吸收了它的魂环,意外得到了外附魂骨——八蛛矛。泰坦巨猿名叫二明,与天青牛蟒大明都是小舞自幼成长的伙伴,感受到小舞的气息才出现。解除误会后小舞回到了大家身边,一行人返回学院。之后大师也来到学院,与弗兰德院长、赵无极等其他学院老师共同教导7人。

史莱克七怪的感情逐步升温,众人一起学习各种技能,获取魂环,参加索托大斗魂场比赛,积累实战经验。为了能够正式拥有参加全国高级魂师学院精英大赛的资格,史莱克学院同意加入天斗皇家学院,却遭受到帝国四皇子雪崩的侮辱。一行人最终愤怒出走,意外来到蓝霸学院,见到了柳二龙。众人才知,原来大师、弗兰德和柳二龙曾是名震魂师界的黄金铁三角,就在柳二龙向大师倾诉自己多年来的思念时,擅长用毒的封号斗罗独孤博将唐三带到了落日森林。因孙女独孤雁在此前的一场战斗中落败于唐三,独孤博对唐三起了杀机。唐三凭借自己对毒的掌握看出独孤博中毒已深,为了保命,唐三答应替独孤博解毒,随后被带到了冰火两仪眼处,一边制药一边修炼,在治好独孤博的毒后二人成为忘年之交。唐三回到蓝霸学院,此时蓝霸学院已改名为史莱克学院,他将从冰火两仪眼处带回来的仙品药草分给众人,除了小舞珍惜相思断肠红不愿服下以外大家都服用了仙草,每个人的魂力都有了很大的提升。

之后史莱克七怪参加全大陆高级魂师大赛,凭借自身的实力和出色的战略安排,他们在预赛、半决赛和决赛中皆取得优异的成绩,并成功进入总决赛,最后在与武魂殿战队的比赛中拿到冠军。就在史莱克接受教皇的颁奖时,小舞怀里的相思断肠红掉落,10万年魂兽的身份因此暴露,教皇比比东下令捉拿小舞。众人奋力保护,奈何教皇的实力远在他们之上,唐三重伤昏迷,昊天斗罗唐昊现身,救走了唐三和小舞。在唐三醒来之前,小舞选择离开唐三回到星斗大森林,唐三则开始新一阶段的修炼。在唐昊的指导下,唐三在山谷里用两年的时间锤炼自己的武魂昊天锤。这时他的魂力突破50级,在感受到蓝银皇的号召后,体内的蓝银皇族血脉觉醒,从而获得万年魂环,拥有了蓝银领域。之后唐三来到杀戮之都进行历练,遇到了武魂殿圣女胡列娜。因武魂的真正觉醒,唐三的容貌有了很大的改变,并未被胡列娜认出,二人最后合力冲破杀戮之都的挑战,获得杀神领域。学成归来的唐三来到天斗帝国月轩姑姑处学习了一年的贵族礼仪,成功掩盖了自身的杀气。

再回到父亲身边时,唐昊已自断一腿一臂。他和盘托出唐三的身世、母亲的来历以及昊天宗与武魂殿的恩怨,要求唐三带着两块脱落的魂骨回归宗门,祭拜爷爷。唐三在临走前将母亲安置在冰火两仪眼处加快生长,随后按照父亲的嘱咐回到宗门,接受了宗门长老的挑战。为让父亲回归宗门,唐三允诺了众长老的三个要求,之后应史莱克七怪5年之约,与众人团聚。在见完大伙后他心系小舞立即赶往星斗大森林,但此时武魂殿众人正在围剿小舞、大明和二明,于是唐三急忙出手相助。眼见唐三身受重伤,危在旦夕,小舞选择献祭。唐三悲痛至极,在小舞本体吃下相思断肠红后,大明二明告诉唐三小舞有复活的希望。于是唐三带着失去灵魂的小舞回到史莱克学院,而武魂殿的猎魂计划也开始启动,蓝电霸王龙家族被灭门,七宝琉璃宗被重创,昊天宗因避世隐居逃过一劫。为应对武魂殿不断壮大的势力,唐三成功收揽曾经归附在昊天宗门下的四大单属性宗门——力族、破族、敏族和御族,并借此成立唐门。此时武魂殿间谍千仞雪假扮的皇子雪清河欲下毒杀害雪夜大帝,被唐三和宁风致制止。千仞雪对战唐三失败,回到长老殿,在千道流的指引下完成天使之神继承。唐三一行人启程前往海神岛修炼增强实力,途中险遇深海魔鲸,将死之际被一道神念所救,昭示唐三是海神选中的继承人。历经曲折众人来到海神岛,接受海神的考核,其中唐三要完成海神九考方能完成传承。4年后,除唐三和小舞未完成考核以外,其余人都顺利完成了考核。众人回归大陆,发现武魂殿已经在天斗帝国和星罗帝国之间建立了一个武魂帝国,由教皇比比东担任帝王。唐三欲赶往落日森林看望父母,偶遇胡列娜和杀戮之王在打斗,意外得知杀戮之王竟是自己的曾祖唐晨。曾祖走后胡列娜告诉唐三,比比东正带人猎杀大明和二明。唐三前往救援,可两大森林之王已身中剧毒,最后双双献祭,唐三因此进入到封号斗罗境界。

唐三来到落日森林冰火两仪眼处后复活了小舞，还借助蓝银皇赐予他的修补功能重塑母亲的真身，母亲得以复活。4人一同回到昊天宗，却再次遭到长老们的阻挠。唐三拿出曾祖的信物，成为首席长老，与大家商议昊天宗复出，并为父亲修复残肢断臂。处理完宗门的事后，唐三和小舞先行回到天斗城，与大师联手率天斗士兵攻打武魂帝国驻守的要塞嘉陵关。唐门唐家军依靠诸葛神弩占尽上风，大挫敌军士气。比比东与唐三交手，正当唐三要设计击杀比比东时，武魂殿的六位封号斗罗赶来帮助比比东。重伤在身的唐三不敌98级的金鳄斗罗，唐昊用一记大须弥锤将其打败，救走唐三，迫使武魂殿众人退守嘉陵关。比比东心怀不甘返回武魂殿，继续接受罗刹神传承。面对实力的差距，唐三想赶紧完成海神传承，于是独自赶往星斗大森林获取剩下的魂环完成海神九考，不料遇到了已经完成天使神传承进入神级的千仞雪。一番较量之后，唐三不敌千仞雪，设计逃脱，来到海边与六怪汇合后共同前往海神岛。史莱克七怪合力杀死深海魔鲸，帮助唐三完成海神第九考中的第一项任务。众人来到海神岛后得知唐晨已故，留下一把修罗魔剑，并曾言唐三是修罗神的继承人。此时唐三体内的两股力量杀神领域与海神之光同时争夺唐三身体的控制权，在驾驭住杀神领域后，唐三选择接受海神的传承，顺利完成所有海神考核。与此同时，众人也都得到了各自的神赐魂环和万年修为，全部成为封号斗罗。七怪回到嘉陵关共同抗击武魂殿，千仞雪在高空对战唐三，不敌，重伤遁走，后与成为了罗刹神的比比东联手对付唐三。唐三全力一击重创千仞雪。比比东大怒，用神器罗刹魔镰刺穿唐三身体。唐三临死之际用自身的神魂力量重伤比比东。

就在众人痛苦哀悼之时，宁荣荣与奥斯卡使用终极技能即武魂融合技复活之光修补唐三的躯体和心脏，令其复活。到了最终决战，唐三用黄金三叉戟配合观音有泪重伤比比东。千仞雪用天使圣剑刺向唐三时，小舞奔向唐三，二人融为一体，实现神魂魂技完美融合，修罗神得以降临，达到双神并存。唐三击碎千仞雪的神魂，使其失去神力成为凡人。武魂殿势力瓦解，雪崩重整天斗帝国，斗罗大陆恢复和平，史莱克七怪等人过上幸福的生活。

《斗罗大陆》
♯细评目录♯

- 一、多重世界的构建
  - （一）平行世界的升级历险
  - （二）异世界的势力划分和地理分布
  - （三）游戏化世界的创设
- 二、不同维度的人物塑造
  - （一）成长母题与主角团队刻画
  - （二）爱虐情节中的人物刻画
  - （三）权力游戏中的人性刻画
- 三、"小白文"式的叙事艺术
  - （一）"小白文"中的重复叙事
  - （二）"小白文"中的叙事节奏
- 四、人文精神的网文表达
  - （一）生态美学的隐藏主题
  - （二）"天才流"模式的运用
  - （三）神性亦人性的叙事伦理
- 五、结语

《斗罗大陆》从 2008 年 12 月 14 日开始在起点中文网连载，2009 年 12 月 13 日完结，历时一整年，全书逾 297.62 万字，并于 2009 年 5 月首次出版实体书，作者为起点中文网白金作家唐家三少（张威）。《斗罗大陆》是中国当代网络玄幻小说的代表作之一，它在世界设定上采用了异于传统玄幻小说的游戏化背景设定，构建了不同于东方玄幻与西方魔幻文体叙事类型和审美风格的"斗罗大陆"与"武魂世界"，塑造了立体多元的人物谱系，是一部具有经典意义的网络玄幻小说"小白文"。

一、多重世界的构建

《斗罗大陆》中存在着多重世界架构。这部小说以"武魂修炼"体系构建整体世界观与叙事风格，但也杂糅了穿越、武侠、权谋、游戏、爱情、神话等元素。主人公唐三横跨时空来到另一个世界，但仍然保留着前世的记忆、情感与技能，这是平行世界的一种典型表现。在异世界大陆，人、兽、神三界不同的势力划分和斗罗大陆、星斗大森林、落日森林、杀戮之都与海神岛等多重地理空间分布，体现出东方玄幻小说以个人成长为核心的价值观，强调其修真的历程。另外，受网络游戏的影响，武魂和魂力指数数字化的设定则体现了唐家三少的个人创作风格。游戏元素加入小说后，成功地吸引广泛青少年读者的阅读兴趣。此外，主人公在平行世界的冒险以及多重生存经验在多元世界场景中的叠加与累积，极大地提升了叙事张力，也增强了小说的可读性。

（一）平行世界的升级历险

平行世界，又称平行维度、多元宇宙，是幻想类文学作品中常见的一种设想。通常来看，它是由叙事者假定的逻辑自洽的世界存在，这种世界与现实世界存在某些相似性，但也拥有自身的独特属性。从起源上看，这个概念来自量子力学，其产生也源于一种假设，"平行世界"和"交叉世界"是它的衍生产物①。平行世界小说主要有三大分支,即"跨时间""时间分裂"和"替代历史"。在大部分虚构或科幻小说中,"替代历史"与平行世界是两个可以相互置换的概念。在科学理论尚未完成或实践未得到证实的条件下,平行世界在文学叙事中已经得到了广泛的应用,而当前网络玄幻小说中的"穿越流"正是广义"平行世界"叙事的一个分支,即"跨时间"。在很多人看来时间是有长度的,其实不然,有研究者认为时间是没有长度的,或者是弯曲的、静止的,如同莫比乌斯环,没有尽头。德国数学家莫比乌斯和约翰·李斯丁发现将一根纸条扭转180°之后,再将两端粘贴起来会出现一个单侧的、不可定向的曲面,这样形成的纸环就是莫比乌斯环。假使一个人在莫比乌斯环状的公路上行走,他将永远走不到尽头,因为根本分不清起点和终点的位置,就像处在无尽的循环之中。如果将一个莫比乌斯环沿中线的位置剪开,会得到一个首尾相接的大环(图1)。所以当纸条发生扭转时,纸条上的平行线都是可以相交的,从空间上来说这就是时空扭曲。再沿着莫比乌斯环三等分处剪开,又回到原点,形成一大一小相互套连的两个环,如果把环看作是时空,那么沿着中线剪出来的就是大小环就是撕裂出来的时空,二者分别独立存在,同时又有一个地方是相连的,这个点被称作奇点。从某种意义上来说,撕裂时空可以创造出独立空间,即平行世界,就好比我们现在站着的地方可能是之前某个时代的时空,只是这两个时空大部分是不相交的,只是平行地存在于我们的世界。"平行"又存在着某种未知交点,两个世界存在翻转作为故事主要真实世界的第一世界就多了些许可能性,通俗来说就是穿越,而一个世界中的人穿越到了另一个世界,就是一种跨时间的表现,跨越了自己原本的时间长度,到了另一个时间长度里。

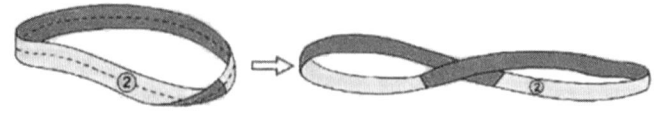

图1-1 莫比乌斯环

---

① 陈璋斌:《论平行世界小说的历史对话性》,《文艺争鸣》2020年第2期。

《斗罗大陆》中唐三保留了前世的记忆、情感与生存经验，通过他的为人处世可以看到其穿越前的世界缩影。从某种意义上说，唐三在斗罗大陆的成长经历中总是隐藏着前世的"镜像"，这一点在小说中表现得非常突出。关于唐三穿越后的斗罗大陆，书中写道，"这里没有魔法，没有斗气，没有武术，却有神奇的武魂"。可见，故事中的前世与今世相互平行，彼此对位，构成了一种典型的"莫比乌斯环"结构，也建构了一种新的叙事模式与阅读经验。英国历史学家尼尔·弗格森在《虚拟的历史》中提道："在推崇可能性的人看来，可能是一种神性的体现，饱含激情与崇高的精神，是对乌托邦式理想的执着，从不在现实面前屈服，现实反而……更像是一种虚构。"[①] 唐三前世所在的世界（后文简称为"唐门世界"）与斗罗世界平行存在且运行着，在唐门中，外门弟子唐三违背门规，偷练内门秘籍功法，被长老追杀，选择跳崖以死明志。同一时刻，在斗罗世界中，唐昊与阿银正被武魂殿追杀，且阿银处于临盆之际，生死存亡，两个平行的世界产生了共鸣，唐三穿越到了那个即将出世的婴儿身上，在雨夜中重生。主人公跨越时空来到另一个世界，以新的生命形态替代另一个人完成新的生命轨迹，其穿越更像是作者执着于乌托邦建构的体现。小说用同一个角色将唐门世界中未完成的事业延续在斗罗世界中，将前世唐门的绝学发扬光大，两个不同的时空轨迹完美地拼接成一个人的成长史。平行世界独特的审美意味消解了穿越这一形式带来的荒诞感，这不仅提升了叙事的"快感"，也在某种程度上引发了阅读的"爽感"。

此外，在量子力学中还涉及了"多世界解释"理论，它的子概念也正是"平行世界"。平行世界的概念在叙事过程中也逐步发展出多世界、多心灵、多历史等观点的集合[②]。在这个平行世界的作用下，与神进行对话，进入到神界就是多世界的表现，这也是《斗罗大陆》中的世界核心设

---

① 尼尔·弗格森著，颜筝译：《虚拟的历史》，中信出版社2012年版，第3页。
② 贺天平：《量子力学多世界解释的哲学审视》，《中国社会科学》2012年第1期。

定。在传统的玄幻小说中,大多数作品的核心设定是修为达到顶峰时便可破界或者飞升,当主角修炼到一定程度时,就可以突破瓶颈,从凡间飞升到灵界、仙界和神界,甚至同层次的魔界、冥界、妖界、位面等,这些界与界、位面与位面之间有从属或平行的关系。例如以修炼斗气为叙事设定的《斗破苍穹》,主角萧炎突破到斗帝境界,称号"炎帝",之后萧薰儿、美杜莎女王、烛坤、古元相继晋升斗帝,五帝破空,从斗气大陆进入另一位面。《斗罗大陆》的世界核心设定是成神,与飞升不同的是从人类蜕变成神族,而不是纯粹进入到神界。玄幻小说中的平行世界往往会选择呈现历史记录以外的结果,是因为它们的历史具有虚构性。当代西方新历史主义批评流派泰斗斯蒂芬·格林布拉特曾提到,"历史是文学虚构的文本"[1],因此文学作品必须尽可能完整地构建一段新的历史才会使其文本具有更高的可信度,例如迪克在《高堡奇人》中所塑造的平行世界。成为神是斗罗大陆里所有魂师心中的梦想,但成神的艰难道路对于大多数人来说却是望尘莫及的,修炼到封号斗罗级别已是极为困难,对武魂的品质和魂师自身修炼的天赋及努力程度的要求非常高,更不用说百级成神。在《斗罗大陆》中真正成神的有三位,海神唐三、天使之神千仞雪、罗刹神比比东。三人成神之后都各自拥有自己的领域技能,平行世界的虚构特征会折射出对另一世界的想象性塑造,领域之下又是另一个架空世界。在《斗罗大陆》中,魂师与神的关系是虚构的,而将成神的这段历史话语尽可能完整地阐述,才能更自然地为读者开启一个全新的世界。

(二)异世界的势力划分和地理分布

"异世界"是西方奇幻小说中常见的世界框架设定,受到宗教因素影响,它通常与上帝、神灵统御的世界有关,是有别于现实生活的"镜像世界"。中国网络小说中的"异世界"则受到东方传统文化的影响,更强调个人修真的级别、方法以及为了完成修真而承受磨难等。它主张"天堂、人间、地狱"三界说,这种"三界"世界观在玄幻小说中基本构成了一种

---

[1] [美]海登·怀特著,张京媛译:《作为文学虚构的历史文本》,见王岳川、尚水主编:《后现代主义文化与美学》,北京大学出版社,1993年版,第163页。

东方世界图式。这种"世界图式"一般都有一个"三界"的空间架构，主角生活在一个人、鬼、仙的异世界架构中①。《斗罗大陆》融合了西方奇幻小说和东方玄幻小说的想象资源，建构了一个具有无数位面的大千世界，主角所在的斗罗世界便是其中之一。主人公所在的异界大陆，由唐家三少凭空玄想而来，可以不尊崇现实世界的基本规律，完全脱离现实社会认知，是一个服务于叙事意图的架空世界。在这个异世界里，作者对势力分布与角色设计的构想，体现了东方玄幻小说"三界说"的异界模式，表现为人、兽、神三界。相比于其他传统玄幻小说，《斗罗大陆》的异世界架构比较新颖，其势力划分和地理分布都彰显了此特征。作者从武侠小说对江湖的描写中获得启示，在《斗罗大陆》中很好地处理异世界和现实世界的关系，给读者呈现出一种新的世界图式。

在斗罗大陆的人界中主要有两大帝国和武魂殿，两大帝国中北方的天斗帝国是主角团队活动的主要地理空间，它的势力由天斗皇室的军队以及上三宗的魂师力量组成。南方的星罗帝国则只靠一个宗族，即戴沐白所属的邪眸白虎一族。天斗与星罗联手制衡势力更为庞大的武魂殿。武魂殿是一个介于两大帝国之间的庞大魂师组织。斗罗大陆有无数个武魂势力和派别，其中武魂殿拥有最强大的魂师队伍，在魂师数量上占有绝对优势。武魂殿还被称为"大陆魂师圣地"，加入武魂殿是每一位魂师的梦想，这就使武魂殿在具备强大硬实力的同时，还能保持着魂师数量的持续提升。武魂殿在两大帝国的管辖城市都开设有武魂分殿，甚至延伸至偏远的村落，其影响力已经深入人心。这种认知甚至在无形中淡化了帝国子民对自己国家的认同，使得武魂殿的势力不断壮大，从天斗帝国皇都的武魂分殿在威望上已经超过了天斗帝国便可见一斑。

异世界是相对于现实世界而言的，它的建构过程遵循的是想象的原则，因此具有某种自由度，由此产生了各种"衍生世界"，在《斗罗大陆》中体现了与人类世界相似的魂兽世界。魂兽是斗罗大陆上特有的生物，形

---

① 葛红兵、刘赛：《三界模式与异大陆模式——玄幻小说的两种基本叙事模式及其"世界观"比较》，《当代作家评论》2019年第4期。

态与一般的妖兽无异，都是以普通的动植物为原型，不过小说在其基础上添加了玄幻的色彩。《斗罗大陆》中的魂兽设定是极富特色的，魂兽不像人类那般需要依靠猎杀魂兽获取魂环进行修炼，而是有特定的传承方式来完成修炼，例如小舞以及唐三的母亲阿银，她们都是具有十万年修为而化成人形的魂兽。另外魂兽也分等级，如十年魂兽、百年魂兽、万年魂兽等，它们根据自身属性的不同拥有的技能也不同。这种设定与其他网络小说非常相似，例如《三生三世十里桃花》中主人公夜华法术高超，以一己之力斩杀上古四大凶兽：浑沌、饕餮、梼杌、穷奇，这在其他玄幻小说中有可能会成为主角的坐骑或者宠物，甚至是助攻一类的存在。又如《仙剑奇侠传》中能够治百毒的五毒兽花楹扮演的是唐雪见的宠物一角，像这类由木石或者动物修炼而成的精怪，常常被赋予"守护"的职能，作为"兽宠"而存在。《花千骨》中通晓世间奇事的糖宝亦是如此，它以花千骨的鲜血为食，是由凤凰眼泪凝结成的灵虫。《斗罗大陆》中的魂兽不仅具有现实世界禽兽的形态，还具有幻想嫁接的特征，例如小说中对"凤尾鸡冠蛇"和"天青牛蟒"这两种魂兽的描写：

> 朱竹清清冷的声音就从树上传来："似乎是一条会飞的蛇，只是它飞不高，只能在离地面三米左右的位置向前飞行。它的头上有一个肉冠，看上去比头还要大，鲜红如血。尾巴比较特殊，呈扇形。"
> 赵无极眼睛一亮："是凤尾鸡冠蛇，这种魂兽可是相当少见啊，它头顶上的肉冠有很多奇妙的作用，奥斯卡，你有福了。……"（第28章《千年凤尾鸡冠蛇》）大师点了点头："正是因为天青牛蟒。就在那位封号斗罗准备出手之时，突然之间，他面前的小湖沸腾了，紧接着，他看到一个巨大无比的牛头从水面下袒露出来，无比庞大的压力令那位封号斗罗也不禁大为吃惊。牛首蟒身的魂兽缓缓脱离水面，露出了它那长达百米的庞大身躯。……"（第36章《大师到来》）

无论是凤尾鸡冠蛇还是天青牛蟒，都是几种动物的拼接组合，唯一不同的是无论是动物还是植物，都可以进行自我修炼。在小说中魂兽主要分布于两大森林，分别是星斗大森林和落日森林。对此，小说中描写道：

> 星斗大森林，是我们斗罗大陆最著名的三大魂兽聚居地之一。面积之大，几乎和巴拉克王国的国土面积相等，横跨天斗帝国和星罗帝国国境，其中，五分之二的面积在我们天斗帝国，另外五分之三则在星罗帝国。是一片巨大的原始森林，森林内地形复杂，有湿地、沼泽等等。那里的魂兽也极为可怕，越靠近森林中央，魂兽也就越强大，据说，里面连十万年的魂兽都有。（第26章《星斗大森林》）

这两大魂兽森林不受帝国和武魂殿的管辖，星斗大森林中有着十万年魂兽天青牛蟒和泰坦巨猿坐镇，数以万计的魂兽栖息在这片净土里。而落日森林是毒斗罗独孤博曾经的修炼之地，这里面也生存着许多珍异的魂兽。除了在陆地上生活的魂兽之外，斗罗大陆中还有在大海生活的各种海魂兽。

> "哦？是什么海图？"唐三好奇地问道。
> 海尔德道："强大海魂兽分布的海图。海上的魂兽和陆地上的魂兽在有些方面是类似的。它们也有着自己的地盘。而且地盘观念比陆地魂兽还要强烈。……"（第208章《海上旖旎》）

海魂兽在水中有着绝对的优势，它们能够操控水对敌人发起攻击，例如史莱克七怪在去往海神岛途中遭遇到的邪魔虎鲸。海魂兽虽然有着地理的限制，但其实力甚至不亚于森林之王，在海洋中也有接近于神级的霸主存在，如在海神岛生活的深海魔鲸王。

在东方玄幻小说中，神界或仙界是凡人可以通过修炼到达的世界。大多数修真小说都有一个共同点，那就是凡人通过自身的修炼，再加上各种机缘巧遇，来到仙门宝地，得道成仙。例如《诛仙》中有着"正派诸家牢据焚香谷等为仙门福地"，还有《星辰变》中被设为仙门宝地的昆仑界，等等。这些作为人界的"洞天福地"，凡人一般很难到达，总要历经一番磨难方可成功，要么是天赋异禀，实力超群，要么就是有高人指点或是宝物神器相助。《斗罗大陆》也有着类似的套路。在斗罗大陆中，神的力量主要分布在海神岛、长老殿以及杀戮之都。海神岛是海神斗罗波塞西的地方，她的实力无限接近于神的实力。波塞西旗下有着五大封号斗罗级别的领主，岛上还生活着几千名海神斗罗座下魂师。武魂城中的长老殿是天使斗罗所在的地方，在那里有一座天使神殿，是完成天使神传承的地方。与海神斗罗波塞西、昊天斗罗唐晨并称三大绝世斗罗的天使斗罗千道流便守护着天使神殿。最后，杀戮之都是一个堕落邪恶之地，唐晨被修罗神选为继承人，在接受考验时被罗刹神神念干扰，故陷入恶念中成为杀戮之王。唐三在父亲唐昊的指导下前往杀戮之都历练，成功闯过地狱路，获得杀神领域。也正是这一经历使他后来与杀戮之王，即曾祖父唐晨相认。为了提高实力与武魂殿一战，在宝物瀚海乾坤罩的帮助下，唐三顺利来到海神岛，得到海神斗罗波塞西的指点，成功通过海神九考，接受海神传承，并被赐予神器——海神三叉戟。除了唐三以外，千仞雪也是在千道流的牺牲下完成天使之神的传承。

由此可以看出，《斗罗大陆》的叙事是以人、兽、神三族构成的异世界为支撑而生成的新世界图式，它不仅承袭了传统玄幻小说相似的世界建构模式，且有所创新，体现了极强的作家个人风格，这是唐家三少创作的亮点，同时也为后来的玄幻小说世界架设提供了参考。

（三）游戏化世界的创设

游戏化是指用游戏设计方法与游戏元素来重构并实现非游戏类事务的交互体验。受网络游戏的影响，大量网络玄幻小说中都增加了游戏情节与背景。这类网络小说大多继承了网络游戏的背景设置，也吸收了网络游戏的情节设定，尤其是战斗场面成为它们构建成长经历和世界框架的叙述基础。此外，通过升级模式的游戏设置，网络玄幻小说也为读者提供了一种在游戏世界中历险的阅读体验。

1. 力量体系的创新

每部玄幻小说都会有一套逻辑自洽、结构完整的设定体系，主要通过时空、背景、力量等方面体现，由此可看出玄幻小说之间的共性与差异。然而最能显现出差异的是力量体系的对比。力量体系作为玄幻小说中不可或缺的元素，已经逐渐模式化、套路化和常态化，早期玄幻小说中很少出现等级设定的现象，这就为玄幻小说的创新突破提供了可能性。玄幻小说中等级力量的强弱呈现出"金字塔"结构式，等级之间有差距，越往上，差距就越大。这样的等级设定不仅为篇幅过长的写作提供了支撑，也能让读者在阅读时感受到升级的快感。萧潜在《缥缈之旅》中把修炼等级划分为筑基、开光、胎息、辟谷、金丹、元婴、分神、合体、大乘、渡劫，每一重境界又分为三期。辰东《完美世界》中的等级设定更为严格：搬血境—洞天境—化灵境—铭纹境—列阵境—尊者境—神火境—真一境—圣祭境—天神境—虚道境—斩我境—遁一境—至尊境—真仙境—仙王境。这些以实力来界定的力量体系，每一个境界的实力盈满到足够进入下一个境界时才会提升。我吃西红柿在《盘龙》里采用了更为简单清晰的数字等级划分，比如魔法师等级为一二级的是初级魔法师，三四级为中级魔法师，五六级为高级魔法师，七级为大魔法师，八级为魔导师，九级为大魔导师，十级为圣域魔法师。相比而言，《斗罗大陆》对魂力数字化的设定更有创意。魂师根据魂力的强弱分为十大称号，每一个称号分十级，每一级都有与之相匹配的数字等级，依次为魂士、魂师、大魂师、魂尊、魂宗、魂王、魂帝、魂圣、魂斗罗和封号斗罗。这种以数字等级为表现形式的力量体系正是吸收了游戏等级的数字模式，简洁明了的数字能够让玩家清楚地了解自己的水平和段位，让玩家获得极大的成就感、英雄感和代入感，读者在接受网游小说时也更容易获得阅读的爽感。

网游与玄幻小说一样，意在建构一个虚拟空间，利用天马行空的想象力去创造一个全新的超现实的世界，重新制定规则和秩序，实现世界的运转，说明二者的相通性。因此，《斗罗大陆》吸收了网游的系统设定，重构自身的世界框架，在叙述方式上有所创新，并对"无限流"网文的创作产生了积极影响。

2. 团战模式的设定

与网游做任务升级的模式相似，《斗罗大陆》中人物通过猎杀魂兽获得魂环提升实力,从不同类型的魂兽身上得到相应的技能。史莱克七怪也在修炼中成长,这种武魂设定就类似于游戏中的玩家通过技能、功法、装备等多个方面属性由数值的叠加完成角色的成长。史莱克七怪先在索托大斗魂场进行比赛,积累实战经验,提升实战能力,再到参加大陆高级魂师精英大赛,然后是5年历练,以及后来的与武魂殿的正面对抗等,体现了一种由易到难的成长历程。在网络游戏中,战斗是获取游戏胜利最快也是最常见的方式,玩家需要通过不断地杀怪或者是击败敌人来获得经验和成长值,并在战斗中不断升级,这就是网游的"战斗—升级"模式。这种游戏升级模式被唐家三少借鉴,并根据小说的情节有所创造,体现了网文写手的创作自觉。在《斗罗大陆》中,魂师的修炼方向有4种类型:强攻、控制、敏捷、辅助。不同武魂搭配使得小说中的"游戏模式"变成了"团战"这种新类型。团队组合协作的情节推动模式也更加细致地刻画了人物形象,还丰富了故事层次。史莱克七怪各自有其擅长的技能,4种类型兼具,魂环的搭配也是顶级的,是一个近乎完美的组合。在战斗中,七怪间的配合也很好地凸显了他们的性格,深化小说的主题。除了打怪升级以外,《斗罗大陆》中也有草药升级与武器升级等设定,例如冰火两仪眼旁边的奇花异草、武魂变异形成的魂骨等,就像网游中做任务获得奖励或者是寻觅到宝盒之类的环节,这是对小说叙述主线的有益补充,也服务于小说的世界观设定,体现出某种创新。这些升级都与网游系统设定一样,在玄幻小说的升级系统中渗入网游元素,让读者在阅读过程获得相应的心理期待和身体经验,并不自觉将主体"代入"到小说的故事情节中,"陪伴"主角团队历练、成长,从而在阅读构建的"虚拟体验"中宣泄情感、陶冶情操。

▽ 二、不同维度的人物塑造

在《斗罗大陆》中,主角团队与次要人物的细致刻画,构成了彼此关联、环环相扣的人物形象谱系,推动了复杂多向度的故事情节的发展。人物性格不同侧面的塑造，人物关系多层次的描摹，人物群像多元组合的展现，人物成长主题的明确，也极大地拓展了小说的故事情节，深化了小说的叙事空间，在叙事传统与新故事类型之间架构了意义衔接的桥梁，提升了网络小说在叙事上走向经典化和精品化的可能性。

（一）成长母题与主角团队刻画

中国网络小说在历经了20多年的发展后，业已形成基本的故事框架与叙事类型，但无论是哪种类型的网络小说，其人物塑造和主题总免不了被打上"成长"的烙印。同时，成长小说因为门槛低、受众广而逐步成为网络文学创作的主流。在这类主题的玄幻小说中，主人公往往出生于平凡家庭，意外或超常规地进入到修真世界，经历种种磨难、遇到"贵人"相助和各种宝物加持，最终走向人生巅峰。因此，网络小说的成长主题不仅仅是当代文化语境下普通民众人生理想的一种"镜像投射"，而且也是对人生愿望无法实现的一种"补偿性建构"。

1. 唐三的脚本式"成长"

所谓"脚本"是"一系列项目或行为是如何被期待展开的记忆结构，更强调动态过程"[①]，作者可以在某一脚本核心元素的基础上进行变化，以创建多种多样的故事情节。在《斗罗大陆》中，虽然所有主角团队在童年时都显得早熟，但穿越到婴孩身上的唐三却拥有29岁成熟男人的灵魂，这使他在面对危机时，总能保持常人难以拥有的冷静，显得临危不乱，经历的所有事情都可以依据前世的经验处理。

> 关键时刻，唐三的心反而变得极为冷静。玄天功功运全身，这种正宗上乘道家内功此时令他进入了心如止水的境界。眼看着曼陀罗蛇大张的蛇吻，丝毫没有慌张。右手一翻，大师给他的那柄短剑已经翻入掌心之中。（第九章《蓝银草的第一魂环》）

---

① 江璧炜：《〈斗罗大陆〉小说及改编动漫中"成长"的文化叙事考察》，《特立研究》2020年第2期。

冷静，在这种时候一定要冷静才行。面对如此危急，唐三平静地躺在地面上柔软的蓝银草之中，尽量告诉自己，一定要冷静，他已经很久没有遇到过这种全面处于劣势的情况了。可也越是这样，越激发了唐三内心中的斗志。他深信，即使是神也绝不是万能的。对手虽强，但自己一定有机会找到破绽。（第296章《第十魂环，神级魂环》）

但心态的沉稳却令他没有再次加快步伐，而是缓缓前行，同时尽可能地将自己的感知扩散，寻觅着周围可能出现的蛛丝马迹。（第98章《追魂夺命阎王帖》）

综上，唐三从第一次杀死百年魂兽曼陀罗蛇，为蓝银草添加第一魂环，到小说后期前往海神岛，遭遇到已成神的千仞雪——天使之神的追杀时，一直都能临危不惧、从容面对。这种异于常人的沉稳心态给唐三带来的成长与收获是巨大的。唐三作为成长型人物，其心理并未随着年龄的增长而成长，与同年龄人相比，唐三总是拥有不同于平常人的心智计谋，这在小说中难免突兀，例如：

唐三摇了摇头，道："我是说，斩草不除根，春风吹又生。"

"啊？"其余几人看着唐三的目光都发生了几分变化，他们虽然都是天才魂师，但毕竟也都只有十几岁，说起杀人，恐怕也只有戴沐白能接受一些。谁也没想到唐三会说出这样的话。

唐三从未忘记玄天宝录总纲中的记载，【唐门玄天宝录总纲，第三条，确定对手是敌人，只要其有取死之道，就不要手下留情，否则只会给自己增添烦恼】。（第五章《大师？师傅？》）

不过，唐三心理上的"伪成长"并未引起他人的怀疑，在上述引文中，其他人的态度从惊讶到接受，唯独没有怀疑，而直到唐三成神也没有人能发现他的秘密。也许这是作者叙事上的漏洞，但无可否认，心理上的强大是唐三能够获得不平凡际遇的前提与关键,他最后的成功离不开其心智上的成熟与果敢。叙事学家查特曼曾指出:"与真人的特性相反,虚构人物的特性只能是叙事结构的一部分。"① 作为小说中的主角,唐三的一举一动都与之后的故事情节相关:"一方面,人物(不管人们怎么称呼,剧中人也好,行动者也好)是描述的一个必要部分,离开了这部分,作者讲的那些细枝末节的'行动'就无法理解。因此可以说,世界上没有一部叙事作品是没有'人物'的,或没有'行动主体'的。但另一方面,这些为数众多的'行动主体'既描述不了,也不能用具体的'人'来分类。"② 相似的将虚构人物当作推动情节发展的要素的例子比比皆是。例如,在《凡人修仙传》中韩立是一个平凡的乡下小子,在凡人界中修炼,四处奔波历练、提升自己,后来飞升进入灵界,然后经历新的冒险,进入仙界;《诛仙》中的张小凡,他从一开始的懵懂无知,到后期的成熟与稳重,期间遭遇了太多磨难,最终拯救天下苍生……游戏脚本式的成长路线是网文的惯用套路,一个从小拥有成熟灵魂的人物能更便捷地到达成功彼岸,实现目标。

相比较而言,《斗罗大陆》里唐三作为主角,其成长路线则过于单一,充满套路与模式化。小说中成人化的视角使得人物成长与权力挂钩,所获得的权力大小由实力强弱决定。主人公一路脚本式的"升级打怪",每当他到达瓶颈之时,总能获得奇遇,进而步入下一个阶段。这虽能给读者制造不少"爽点",但却使人物形象不够丰富、立体,缺乏说服力。为了"爽文"情节而设定的这种套路满满的游戏化叙事,忽略了人物成长历程的复杂性和多样性,也许构成了《斗罗大陆》成长叙事主题建构的致命缺陷,对此,我们应该有所警醒。

2. "史莱克六怪"的成长

除了唐三之外,在史莱克六怪的成长中,他们各自身份地位与武魂的

---

① [美]查特曼著,徐强译:《故事与话语》,中国人民大学出版社2013年版,第122页。
② [法]巴尔特:《叙事作品结构分析导论》,见王泰来等编译:《叙事美学》,重庆出版社1987年版,第82页。

不同导致其成长变化也大不相同。史莱克七怪虽是小说中的主角团队,但论其核心,主角只有唐三一人,其余六人更像是符号性人物。小说将叙述重点只放在了唐三一人身上,史莱克六怪在小说中出现的频率总是以唐三为中心,六怪的人物形象塑造显得扁平、单一,但也有着一定程度上的特色。

戴沐白与朱竹清是星罗帝国皇室中人,迫于皇位竞争的压力,戴沐白离开星罗,来到了天斗帝国境内,朱竹清也紧随其后。在实力增强的过程中,原本放弃追逐皇位的两人重燃希望,抱着必胜决心在高级魂师总决赛中打败戴维斯与朱竹云所在的星罗皇家学院战队。而后在一系列成长境遇中,两人的实力又有了质的突破,一举成为封号斗罗。最终两人却决定放弃对皇位的追逐,选择追求魂师的巅峰。对于权力追逐的不同理解是两人形象转变的体现。戴沐白与朱竹清前后态度的转变之大,这与成长过程中实力不断提升进而导致心境发生变化息息相关。即使在皇位竞争中获得绝对优势,两人却丝毫不为所动,一心只想过自由人的生活。两人内心境界的提升,使得两人作出与之前截然不同的抉择。

宁荣荣出生于上三宗之一的七宝琉璃宗,身为宗主宁风致之女的她在宗门内极受宠爱。来到史莱克学院后,因不满院长弗兰德的训练安排,她傲慢骄纵的性格暴露在众人面前,与众人感情渐生嫌隙。而奥斯卡在史莱克七怪中,是情商最高、心思最活跃之人。因对宁荣荣心生情愫,一直细心陪伴在身旁。随着宁荣荣对待奥斯卡情感的不断转变,她在人格上也获得了转变和成长的动力。

奥斯卡是食物系魂师,他的修炼之路与常人相比,异常艰难。为了与爱人宁荣荣共度一生,并具有保护对方的能力,奥斯卡选择独自出去历练,并与宁荣荣定下十年之约。奥斯卡出去历练的五年时光,在小说并无太多叙述,留下很大一部分的叙事空白,"叙事文中空白的存在是必然的,一部作品的有限词句不可能穷尽对象的所有确定性质"①,叙事上的空白反倒促成了奥斯卡人物性格的成功转变,丝毫不显突兀,"可以说,空白

---

① 胡亚敏:《叙事学》,华中师范大学出版社,2004年,第234页。

是艺术的必然属性,没有空白就没有艺术"①。奥斯卡的显著成长在史莱克六怪中不容忽视,不具备攻击力的奥斯卡在毫无人性、只为利益存活的猎杀小队中平安存活五年,足以证明其形象塑造的立体多元。五年的历练时光使奥斯卡这个人物形象的多面性,特别是他发现镜影兽脑中的魂骨后的积极应变、吸收魂环时与唐三相差不多的心志坚毅程度……"一名前所未有的食物系魂师正在以惊人的速度成长着。"此外,奥斯卡是斗罗大陆上第一位食物系封号斗罗,并获得了继承食神神祇的资格,而宁荣荣也在这五年的等待中,逐渐成长,形象也更加丰满。

小舞作为"史莱克七怪"中唯一的魂兽,相比于六怪,她的人物形象更为特殊。小舞的母亲被比比东杀害,她为了自身的修炼,同时也为了给母亲报仇,选择来到人类社会生活。小舞的性格单纯、张扬,在初级魂师学院里与唐三相识后,两人的命运便捆绑在一起。可以说,小舞的成长离不开唐三,两人彼此促进,共同成长。与人类不同,小舞获得魂环不需要猎杀魂兽,仅靠自身进化就能获得最佳魂环配置。随着她在人类社会中逐渐长大,其身上的人类气息也越发浓厚。与一直生活在星斗森林里的大明、二明相比,小舞的成长最为显著。从为唐三献祭而变成兔子本体,被唐三复活后与他成婚,再到成为唐三变身修罗神的重要工具——修罗神剑鞘,小舞经历了一系列复杂的成长经历,而这一切都与唐三息息相关。

马红俊在史莱克七怪中出身最为平凡,但他也有着其他人所没有的特质。马红俊天性洒脱,不拘一格,是弗兰德院长最心爱的徒弟,有着令人羡慕的变异武魂,且在后期武魂完全进化,变成纯正的火凤凰武魂。随着魂力提升所带来的酷炫魂技是突出其人物形象的主要方面。在团战中,马红俊居于主力,与戴沐白一起与对手正面碰撞。他从普通的魂师一路升级,最终成为凤凰斗罗,其中历经许多磨难,众人口中的"胖子"逐渐成熟,可以担当一名封号斗罗应该承担的责任。此外,马红俊更是唐三的得力助手——唐门的堂主之一,从一个不够自信的"胖子"变成了众人羡慕的对象,他的逆袭之路可谓是一个传奇,从一介平民到成为斗罗大陆上的

---

① 胡亚敏:《叙事学》,华中师范大学出版社,2004年,第235页。

风云人物,其成长之路并不简单。

综上,《斗罗大陆》中每个人物都有着与众不同的一面,可惜的是作者的写作功力并不足以支撑起他实际想要表达的内容。由于作者在人物塑造上重心的偏移,小说中真正的主角只有唐三一人,作者并未对其他人物进行立体化的叙述,这也是小说中人物塑造的败笔之一。

(二) 爱虐情节中的人物刻画

志怪小说是中国古典小说的形式之一,它记述了许多在魏晋时期民间流传的鬼怪故事。"所谓'志怪',就是记叙'怪力乱神之事',其内容不外乎与神灵精怪、方术异闻相关的各种超自然题材。"[1] 与魏晋南北朝时期的人妖恋、人鬼恋较相比,《斗罗大陆》中的人兽恋既有继承、亦有创新。例如,唐三的人生导师玉小刚与教皇比比东、柳二龙之间的"三角"恋情作为隐藏的感情线贯穿小说全篇。作为次要人物,他们的形象塑造构成了小说的一大亮点。特别值得一提的是大反派比比东,其前后形象的反转使《斗罗大陆》中的恶人形象消失,不仅强化了小说表达纯真情感的主题诉求,也体现了人物塑造的复杂性与层次感。

1. 人兽恋

在魏晋志怪小说中,人妖恋与人鬼恋是常见题材,二者虽然都是人与"异类"的结合,但两者的存在表现了当时人们截然不同的文学观。通常,人鬼恋的结局比人妖恋更加圆满,例如《搜神记》的《韩凭妻》里,韩凭妻子的身份是鬼,文章的结局是两人在地下相爱;《河间郡男女》中,身份为鬼的河间郡女最终死而复生,与恋人团聚。而在《幽明录》中的《鸡幻主人》中,身份为雄鸡所变的女子现出原形后被杀害;《冯法》里为白鹭所变的女人在身份暴露后被烹食……由于古人对于鬼与妖的不同理解,人妖恋与人鬼恋在志怪小说中有着截然不同的结局。人兽恋作为人妖恋的一种,更是为当时人们所不喜,极为鄙夷。

在网络玄幻小说创作过程中,网络作家们在继承志怪小说的基础上,

---

[1] 刘畅:《"志怪"传统与中国当代的网络小说》,载《中国文艺评论》2017年第11期。

又加以新时代对志怪小说的独特理解,"从唐家三少作品中看到当下的网络小说奇幻叙事中不再是摘抄式的借用古典,而是多样化的继承古典并结合时代特征加以艺术化的表现"①,可以看出志怪小说在网络文学中发生了"新变",新观念的融合使得原有的受众意识形态发生了变化。在《斗罗大陆》中,唐三的父亲唐昊与阿银以及男女主角都属于"人妖恋",所不同的是唐三的母亲是植物魂兽,而小舞是动物魂兽。"网络小说奇幻叙事之中为营造异域时空的叙事氛围,体现出叙事空间与现实空间的差异,叙述者往往会借用中国古典叙事中的妖、魔、鬼、怪等志怪形象去塑造奇幻叙事空间的独特性。"②"志怪"形象在小说中处处可见,魂兽成长为十万年魂兽后有化形为人的机会,选择化形为人,并修炼到一定等级时,就与常人无异,成为一个真正的人类;而不选择化形为人,也能口吐人言,拥有人类的思维,比如泰坦巨猿与天青牛蟒。唐昊与阿银、唐三与小舞之间的相处并无任何障碍,一切都是以人的行为方式为前提。因此,小舞与阿银的出现是网络小说对志怪小说"以物化人"传统的"艺术再现"。与魏晋志怪小说中人妖恋的悲剧结局相比,人兽恋在《斗罗大陆》中则获得了较为圆满的结局。唐三的母亲自杀后,留下了一颗蓝银草种子、一块魂骨,最终重新化为人形并与唐昊再续前缘;小舞献祭于唐三后,仍能凭借各种宝物及技能重新复活,变成真正的人类。

在小说中,小舞与阿银有着明显不同的性格特征。身为蓝银皇的阿银更像是男人的附属品,甘愿充当"贤妻良母"。当唐三带着父母与爱人重回宗门,与众人在昊天宗议事厅议事时,"阿银轻拉小舞,带着她退了出去,这里是男人议事的地方,她深知分寸"。阿银如同中国宗法社会中传统女性那样"以男子为天",对丈夫忠贞不渝,一心一意地付出,甘愿在男权社会中充当花瓶,缺乏独立思想。相比而言,小舞则有着明显突出的人物性格特征。从诺丁初级魂师学院的"老大"到替马红俊出头,教训猥

---

① 孙勇:《唐家三少网络小说中奇幻叙事研究——一种文学生产与文化传播的关联分析》,江西师范大学 2020 年硕士学位论文,第 12 页。

② 同上,第 16 页。

琐大叔不乐,为唐三出头而使用八段摔攻击杨无敌等情节皆可见其活泼张扬、疾恶如仇的天性,这在小说中表现得淋漓尽致。

小说中的人兽恋不只是对志怪小说形式和叙事传统的套用,而是有着自己的创新改造,特别是其中关于世间至情至爱的艺术表达,使得人物形象更加丰满生动。唐三为救被武魂殿困住的小舞,不惜自毁修为与右腿,用魂骨的飞行技能助小舞脱困,而小舞更是为将唐三从死亡线上拉回来而献祭生命与灵魂。阿银献祭于唐昊后,唐昊终日消沉,十年如一日般陪伴在身旁,即使妻子已是小草般模样也丝毫不离不弃,反倒是看着再次变为人形后美丽的妻子,自感惭愧,不敢与之对视。如此,痴情守候爱人的唐昊让人深受触动。唐家三少将自己的爱情观完全融入到小说中,甚至将现实中无法改变及挽救的事情都放入了作品中,以此弥补作者在现实生活中的遗憾与无力感。唐家三少为了纪念与妻子之间的爱情,写下了《为了你,我愿意热爱整个世界》,书中记录着自己与妻子相爱的点点滴滴。此外,他创作的第一部作品《光之子》中的男女主角更是以自己和妻子为原型,讲述了一个有着美好结局的爱情故事。而《斗罗大陆》中小舞那头长发也来源于作者妻子李默的形象,因为李默曾为他留了将近十六年的长发。小舞与阿银为爱不顾一切的举动使这两个人物的形象鲜活起来。正是因为作者将自己的人生体验放入小说,使得小说中的人物形象丰满生动、真实可信,小说的人物塑造也就更能打动人心,引发读者的阅读兴趣与情感共鸣。

2."三角恋"

小说中大师、比比东与柳二龙之间的爱恨纠葛贯穿全文。大师玉小刚虽不是主角,但他对主角唐三的成长至关重要。唐三的成长与其优秀魂环的配置都离不开大师的引导,而大师丰富的理论又与其遭受的种种磨难相关。作为一个被蓝电霸王龙家族抛弃的人,大师性子冷淡、沉默寡言,随后经历两次情伤,使得他越发沉默,逃离众人,独自生活在偏僻地区,直到与唐三相遇。柳二龙与大师来自同一家族,两人都拥有着变异武魂。但不同的是,大师的变异武魂十分弱小,而二龙的变异武魂则十分强大。大师与柳二龙之间的"不伦恋"是两人之间的最大情感阻碍,带有血缘关系的恋爱被世人所不齿，常人难以接受，连大师自己也无法冲破社会价值观与道德观的束缚，与自己的亲堂妹成为真正的夫妻。大师与二龙之间的血缘关系是两人跨越不了的鸿沟，两人因此分隔多年，内心备受折磨，可见社会伦理价值观的规训之力。这段不伦恋作为小说中较为重要的情节，充满了矛盾感与复杂感，但并不能引发读者道德上的不适感。经过作者巧妙的处理，两人宁愿受着社会的谴责与内心的煎熬也要在一起，又何尝不是对爱情执著的体现？因为不存在杂质的爱是人们所向往的积极建构力量。"名义上的夫妻"是两人恋情的最终走向，这既是对不伦之恋的合理阐释，也是对作者和读者情感期待的圆满补偿。大师与柳二龙正如《神雕侠侣》中的小龙女与杨过，小龙女与杨过"冒天下之大不韪"，公然宣布恋情，被亲人、朋友和众人所谴责，也因此遭遇了普通恋人所不能想象的劫难——杨过被砍掉手臂、小龙女被旁人侵犯、两人都身中剧毒、被迫分隔16年。他们为禁忌之恋付出的代价早已抵过了不符伦理的师徒恋所带来的负面价值影响。患难之中见真情，历经生死、时间的考验以及诸多磨难后的爱情更显其价值，众人也不忍心再过分指责，反倒成全了两人之间的相爱守候。由此可见，两部小说都是利用主人公所历经的艰难遭遇来消解不符社会价值观内涵的恋爱的负面影响，将违背世俗伦理的爱情合理化，这既流露出对世俗观念的挑战，亦是对至真至纯之爱的推崇，以磨难来验证真爱成为小说书写爱情的最佳方式。

在小说的结尾中，当比比东说出真相并因伤势过重死去，大师为此无比伤心之时，"柳二龙从背后紧紧地抱住大师的身体，泪水不断滴落，'小刚，你还有我，你还有我'"。即使知道比比东在大师心中依然占据很大分量，柳二龙却毫不介意，反倒默认大师"一男爱二女"的做法，并甘愿成为其中一个女子。因此，柳二龙执着等待、为爱痴狂的形象就在读者心中留下了深刻印象。

反观比比东，作为文中的大反派，她处处与唐三作对，与其女儿千仞雪一起成为唐三成神路上的最大阻碍。身为武魂殿教皇的比比东，手段极其冷血残暴，在其高贵、华丽的外表下隐藏着丑恶、卑鄙的内心，正如她武魂显露后的丑陋模样：

比比东不紧不慢地向前追着,如果唐三看到她,一定会吃惊地发现,比比东的双腿消失了,从腹部向下,是一个巨大的圆形球状体,从这球体处生长出八条粗壮的长腿,带动着她的身体行走如飞。那八条长腿与唐三的八蛛矛有不少的相像之处,只不过上面生长着大蓬的绿毛,还带有黏液,令人作呕,滴落地面时不断发出噗噗的声音,强烈腐蚀。比比东始终不愿在人前显露自己的武魂,就是因为她施展武魂之后的样子太丑。变化的不只是身下,上半身的皮肤上也覆盖着一层紫黑色的甲胄,就连脸部都被一块甲壳遮挡,双眼之下,还有四只生长出来的小眼睛。怎么看,她都像是一头巨大的毒蜘蛛。这就是比比东的第一武魂,死亡蛛皇。(第260章《两大神兽的危机》)

令人意外的是,如此残忍的一代女皇却对大师这种魂力不足40级的中年魂师极其爱慕,多次保护,并将其喝过的茶水视若珍宝,极显狼狈姿态。比比东在临死前的话语使得其人物形象彻底发生反转,反倒塑造出一个"可怜人"的形象——被师傅囚禁、被迫与爱人分离、与女儿敌对,这些不幸经历使她性格上的种种暴虐和残酷变得有迹可循。例如她为了权力而灭门蓝电霸王龙家族,重创七宝琉璃宗,这些"反人性"的行为都有了合理的解释——通过自我堕落和牺牲来成全大师与柳二龙之间的感情。这些都使人不禁联想到《神雕侠侣》中的李莫愁,她年轻时为爱情不惜与师门决裂,却被爱人狠心抛弃,从此,她由一个本性善良的女子变为杀人不眨眼的女魔头,可在死前仍唱着"问世间,情是何物……"的诗词,足见人物内心的真挚情感并未泯灭。李莫愁与比比东的人生经历虽有所不同,但都同样为情所累,性情大变,最终走向一条不归路。作为一部男权小说,《斗罗大陆》有着不可避免的通病,表现在始终把女人看作是男人的附属品。柳二龙后期将自己辛苦建立的史莱克学院拱手交给弗莱德,突出其女性形象的弱化;小说中的大反派比比东也逃不过情爱二字,与柳二龙上演一幕"二女争一男"的戏码,也凸显了女性在爱情一途的自我矮化。在男频玄幻文学写作中,考虑到小说"主角中心"定律,网络作家往往会偏重于男主人公的欲望诉求,为之设置符合审美标准的爱情对象,进而弱化女性角色的独立性与自主性，表现出鲜明的男权意识对女性的话语禁锢与情感规训。因此，《斗罗大陆》承袭了一般网络"爽文"的叙事窠臼，虽有着现实价值，却也因忽视了女性的力量而拉低了作品的内在精神品位。

（三）权力游戏中的人性刻画

在玄幻小说中，权力斗争是必不可少的话题。在斗罗大陆上分布着诸多势力，既有与两大帝国抗衡的武魂殿，也有与帝国关系密切的各大宗派。在这场帝国与江湖的权力游戏中，既有两大帝国的一致对外，也有帝国内部的权力争夺，围绕重点人物的不同抉择而展开的权力游戏是小说的亮点所在。

1. 武魂殿：教皇与长老的博弈

在武魂殿内部，形成了以比比东、胡列娜为首的教皇殿以及以千道流、千仞雪为首的长老殿两大派系。教皇比比东因被千仞雪的父亲——前一任教皇千寻疾强留在身边，非自愿生下千仞雪，对其极其憎恨，并亲手杀死了他，连带着对千仞雪也十分厌恶。在此背景下，千仞雪从小跟随自己的祖父千道流长大。而千道流虽知自己的儿子是被比比东所杀，但因比比东的实力强盛，对武魂殿的壮大起到引领作用，再加上她是千仞雪母亲的缘故，两人之间并没有产生纷争。不过，暗中隐藏的恩怨情仇与权力争夺导致了武魂殿的势力割据，教皇殿与长老殿的矛盾也越发严重。

胡列娜作为比比东的接班人，有着属于自己的毅力与野心，在高级魂师学院大赛中输掉比赛后，她独自前往杀戮之都历练，获得杀神领域。但她始终依附于比比东，并无自己的势力，因此与比比东是一荣俱荣、一损俱损。她的特殊之处是与唐三之间的感情纠葛，两人一起通过杀戮之都终极关卡的考验，使她对唐三暗生情愫，同时她因自己与唐三的立场不同，从而无比纠结。这既是这个人物最为鲜明的特点，也是她性格悲剧的体现。

此外，小说对菊斗罗与鬼斗罗的刻画也同样是塑造武魂殿人物群像的重要组成。教皇是武魂殿的最高统治者，但长老殿却有权罢免教皇，进而与教皇相互牵制。原本属于教皇殿势力下的菊斗罗靠着与鬼斗罗之间的武魂融合技在长老堂排名靠前，但其本身实力在封号斗罗的长老中并不算强。在鬼斗罗死于唐三的海神三叉戟后，菊斗罗月关在众长老中的地位一落千丈，待遇也随之变差。由此可见教皇殿内众人只注重实力，不论情感，同时也反映出这个"黑暗势力"内部权力斗争的激烈以及人际关系的复杂。

最后，长老殿与教皇殿的关系势同水火，从比比东与唐三比拼受到重创，供奉长老们借机夺回军权，为还未归来的千仞雪铺路这一情节便可见一斑。长老殿与教皇殿从未想过联合以及一致对外，这为本就紧张的局势雪上加霜。众人都只顾自己眼前的利益，比比东憎恨武魂殿，从而想要毁灭世界，而被教皇殿压制的长老殿的长老们只想夺回对武魂殿的绝对话语权，故对千仞雪愚忠。在最后一战中，武魂殿内部势力的不稳定性呈现在天下人眼前，这为其在战争中的失败埋下伏笔。作者将人物群像的刻画放在势力冲突分化的大背景下进行分析，更好地将人性的劣根性展现给读者。

2. 帝国：天斗与星罗的权斗

天斗、星罗两大帝国之间的纷争从未停止过。天斗皇室内部的权力较为分散，各大王公贵族手里都有一定实权，皇子之间的夺位全靠背后众大臣的势力支撑。小说前半部分，千仞雪伪装的雪清河将其他皇子挤下皇位之争的舞台，获得了"一人之下、万人之上"的优势政治地位。而另一位皇子——雪崩，深知自己在这场皇位斗争处于劣势后，便与雪星亲王一起韬光养晦，以纨绔子弟的形象示人。他的武魂配置未达到最佳，并特意消极修炼，将魂力控制在四十几级之内，从而降低雪清河对自己的防备，暗地里培养自己的势力，静候时机。

当雪清河被揭发出是由千仞雪伪装的假皇子后，雪崩不再隐藏势力，最终强势登上太子之位。他从与唐三一行人敌对，使史莱克学院众人狼狈离开天斗皇家学院的纨绔子弟形象转变为拜唐三为师、虚心向唐三请教战略的英明帝王，足以证明他是一个果敢、极有谋略之人。小说中也展现出雪崩急功近利的一面，在战争中不顾局势、见好未收、忽略唐三的指令执意出兵，导致战况不佳，军队伤亡惨重。此外，唐三向雪崩提出十年内不准攻打星罗帝国时，他犹豫不定，最终迫于唐三的身份无奈答应，这些情节的刻画都体现出雪崩前后人物形象的多变性，这一人物也是权力游戏中的突出代表。

星罗帝国中皇权高度集中，每一任皇帝都需要经过激烈的角逐才能登上皇位，即便已被立为皇位继承人，但在真正成为皇帝之前，皇家从不会指派任何势力保护皇子，皇子之间更是视对方为仇人，以打败对方为目的，竞争方式极其残酷。因此，在星罗帝国中能最终留下来成为帝王的人往往都无比出色，其他竞争者的下台也使帝国权力全部掌握在帝王一个人手中，实现了巩固皇权的目的。戴维斯曾是皇子中最被看好的一位，即使天赋不如戴沐白，但有着绝对的年龄优势。而戴沐白面对比自己年长近10岁、身为嫡子的兄长戴维斯，其竞争压力颇为沉重，皇位的角逐从来不会因为年龄而区别对待。打败兄长，戴沐白便能获得无上权力；挑战失败，则会成为皇家的弃子，还有可能遭受杀身之祸，成败全在一念之间。而小说后文由于戴沐白在高级魂师学院大赛中打败了戴维斯，并因自身实力的突出，成为太子；反观戴维斯，因与戴沐白实力的差距越来越大，从一个天之骄子沦为星罗皇家的一颗弃子，足见皇位角逐的残酷与无情。

作为斗罗大陆上的超级势力，天斗和星罗都有吞并对方、统一大陆的想法。皇位之争是统一大陆的必要前提，只有获得继承人的权力才能有机会一统大陆。作者在小说中对于星罗帝国的情况描述虽少，但仍能从中看出两大帝国间的紧张局势。唐三在最后向雪崩提出10年内不准攻打星罗帝国建议时，雪崩露出的犹豫姿态也显示出处于权力争斗洪流中的权力人物的无奈。如同《天龙八部》中乔峰最终的痛苦抉择一般，这种矛盾纠结为小说的人物刻画添加了一抹亮色，突显出处在如此环境下的众人必定是以权力斗争为中心而不能左右自己命运的无可奈何。

3. 江湖：宗门势力的角力

在中国传统武侠小说的叙述中，江湖与庙堂往往处于对立面，江湖中人不受王朝制度的约束，属于"自由人"身份。而在《斗罗大陆》中，各大宗门在具备一定独立性的同时，却并不完全能够独善其身，有的宗门为门派能获得长远发展则被迫选择支持帝国势力或武魂殿。在上三宗中，昊天宗隐隐支持星罗帝国，后因唐昊与武魂殿发生冲突，昊天宗内没有封号斗罗坐镇，故避世隐居，直到唐三与父亲归来，才重出江湖，与天斗帝国一起对抗武魂帝国。七宝琉璃宗一向支持天斗帝国并与其关系密切。蓝电霸王龙家族则处于中立，不参与帝国之间的纷争，但由于其强横的实力，在江湖具有很高的地位。相比而言，下四宗与武魂殿关系密切，后被其控制，武魂殿能在斗罗大陆上与两大帝国平起平坐，也与下四宗的支持有关。

下四宗在小说中的代表宗门是在七大宗门中排名第六的象甲宗，是号称武魂防御最强的宗门。象甲宗宗主天象呼延震与武魂殿关系密切，为人阴险、恶毒。在单属四宗门被昊天宗抛弃时，他带领宗门毫不客气地对其进行打压，甚至赶尽杀绝；而后武魂帝国想要重建七大宗门，他又面色和蔼地上门寻求合作，希望能与御之一族合并，在新七大宗门中取得一席之地。

在宗门势力中，宁风致与呼延震的不同抉择使得两人及其宗门的走向大相径庭。宁风致擅长审时度势、利用人心，七宝琉璃宗虽支持天斗帝国，与雪夜大帝关系密切，但从不向帝国低头示好，自成一股势力。作为天下最强大的辅助系器武魂宗门的宗主，宁风致对魂力不足40级的大师并不看好，但在与其交往中，却并不露丝毫破绽。直到史莱克七怪在高级魂师精英大赛中施展出七位一体融合技，宁风致才真正认可大师。

另外，宁风致一直以一个知心长辈的身份出现在唐三身边，给予帮助。除因其父是昊天斗罗、背靠昊天宗势力之外，更是因为他看重唐三本身的潜质，以及自己能在与唐三的合作中获得收益。唐三提供的暗器使七宝琉璃宗在武魂殿"猎魂计划"中免遭灭门，女儿宁荣荣的七宝琉璃塔吸收了唐三赠予的仙草后变为九层……宁风致的性格并不是像表面上那么云淡风轻，他的一切举动都是因为有利可图。这便是七宝琉璃宗无论何时都能处于高位，即使受到重创也依然能"东山再起"的缘故，一切都与宁风致的算计有着密切的关系。上述种种使得宁风致成功跻身"江湖"人物谱系的典型代表之列。

江湖势力的纷争，除了受到朝堂势力的影响之外，更来自于掌权人的野心与追求，与其内心欲望的膨胀相关。相比传统武侠小说，《斗罗大陆》中的江湖更加复杂、独特。它不仅是为主角添加光环色彩的辅助性场景，更是一个独立于剧情走向之外的文化空间，因此具有独特的魅力。斗罗江湖中形态各异的人物也让这场权力游戏的博弈过程越发精彩。不过，作者虽在小说中描绘了一个庞大的江湖体系，但叙述过少，仅将其作为唐三成长的背景板，许多江湖人物的刻画也留有太多想象空间，这就让宁风致、比比东等灵魂人物的塑造缺乏延展性，人物形象的标识性不足，让这些原本比较有趣的次要人物的刻画丧失了吸引力。

三、"小白文"式的叙事艺术

《斗罗大陆》自2008年发表后时至今日依旧有着广大的读者群体，因此它也被冠上了"小白文"的标签。

（一）"小白文"中的重复叙事

所谓"小白"主要有三层含义："一是指不花钱、白看书的读者，这一含义目前已很少有人使用；二是指刚开始阅读网文，阅读量较少的新读者；三是指只看爽文的一类读者。"[1] 目前评判网文读者是否"小白"的主要依据便是他们是否只看爽文。因此"小白文"就是"以小白用户为主要预设读者群的作品，也即针对初级网文用户的网络小说"[2]。在当今网络小说中，"小白文"仍占据主流，其中最具代表性的有《斗罗大陆》《斗破苍穹》《星辰变》《神墓》《阳神》等等。这些作品首次连载的时间都十分接近，大多集中于2006—2009年之间，它们在无数的"小白文"中脱

---

[1] 邵燕君：《破壁书：网络文化关键词》，生活书店出版有限公司，2018年，第258页。
[2] 同上，第259页。

颖而出，屡获佳绩，成为当时网文圈中点击率最高、拥有稳固粉丝群体、排名最靠前的作品，其作者唐家三少、天蚕土豆、我吃西红柿、辰东和梦入神机也因此被誉为"中原五白"。

《斗罗大陆》中唐三一步步成神的故事情节跌宕起伏，读来振奋人心，是一部典型的"小白文"。它的最大特点就在于重复叙事。美国文学批评家希利斯·米勒认为小说的"奇妙之处"便是小说中的"重复"现象。在他看来，小说中的重复现象大体归为三类，首先是"细小处的重复"，比如词、修辞格、外观或内在情态等等；其次是一部作品中事件和场景的重复，规模上比前一种重复类型更大；最后则是一部作品与其他作品在动机、主题、人物、事件上的重复[1]。小说中总有着繁复多样的重复形式，《斗罗大陆》中的重复也体现为不同艺术特征，下文将对此作详细分析。

1. 细小处的重复

单论"细小的重复"，米勒以《德伯家的苔丝》为例，论及了《德伯家的苔丝》中出现的修辞手段具备重复性。在哈代的笔下，凡是与性、肉体上的暴力有关的写作都采取了一种切割、穿刺的方式，这使故事情节不再依照确定的因果顺序进行排列，"性的交合、肉体上的暴力以及写作这种种行为造成了断裂（或缺口）"[2]。除此之外，《德伯家的苔丝》中存在的一系列隐喻所隐含的重复也无比精妙，小说中将亚莱比作苔丝生命中"如血的红光"，在后续的情节里又写到射入苔丝房间中的太阳光与一种名为"赤热的火钳"的花十分相像，但这花有着男性生殖器的形状[3]，这一隐喻的重复使用暗含着苔丝遭遇侵害的事实，所以"细小的重复"有着多样的类型与形式。国内学者赵崇璧对于重复叙事也有相关理论，指出对于重复还可以将其分为"时间性重复"与"空间性重复"，这一分类是从叙事逻辑的角度上展开的剖析。

---

[1] [美]希利斯·米勒著，王宏图译：《小说与重复——七部英国小说》，天津人民出版社，2007年，第2页。
[2] 同上，第138页。
[3] 同上，第2页。

《斗罗大陆》里有着许多战斗场面的重复描写,唐三与不同角色之间的冲突,大多依靠于"有打赌性质的对决"来化解,具体表现为通过战斗而订立契约,输者需要满足赢者的条件或完成某种承诺。于是,在双方的战斗过程中就不免发生诸多"细小处的重复":

> 当然,这并不是说唐三的杀神领域对七长老无效,而是因为两人之间的实力相差太大,他的杀神领域还远远到不了影响七长老的程度。随着实力提升,附加在昊天锤上的杀神领域也会自行提升。等到他的玄天功修炼到一定级别,自然就能限制七长老了。(第149章《第五魂技,蓝银霸王枪》)
>
> 不是唐三不想闪开杨无敌的破魂枪直接攻击他的身体,而是因为,在杨无敌那破魂枪上有着一股恐怖的气劲,所有正面向他的攻击,都会自行被他的长枪吸引过去,必须要先与他的长枪发生碰撞,才有伤到他的机会。(第178章《唐三 vs 杨无敌》)
>
> 不是因为唐三不想使用攻击威力更强的蓝银霸王枪,实在是因为他根本没有时间去凝聚蓝银霸王枪,尽管那个时间已经缩短了很多。(第179章《唐三第六魂技:虚无、爆杀八段摔》)

可以看出,《斗罗大陆》中的细小重复又是米勒所提的另一种表现,前文的引用皆出自于唐三与各个人物之间的单一战斗片段,不难看出这些语句都是对战斗画面的描写。在描述战斗时插入叙事解说,可以便于作者补充相关信息,对于情节的推进起到更好的解说作用,同时也能使读者产生代入感。但其中句式结构、逻辑关联词的使用便显现出言语成分的重复,比如在例文中我们看到"不是因为……而是因为……"这一句式的多次应用(重复),这就是细小处重复的直接运用。除此之外,小说中还有很多其他句式上的重复,在此不一一赘述,但它们也反映出《斗罗大陆》叙事文本中句式结构的匮乏以及叙事解说的单一。

2. 事件和场景的重复

《斗罗大陆》中主人公唐三的人生充斥着无数的冒险经历,作者勾勒了多个不同的场景来体现唐三的冒险生涯，体现了事件和场景的重复性。为了方便论述，在此先对《斗罗大陆》中的冒险情节作一个定义，如下图所示：

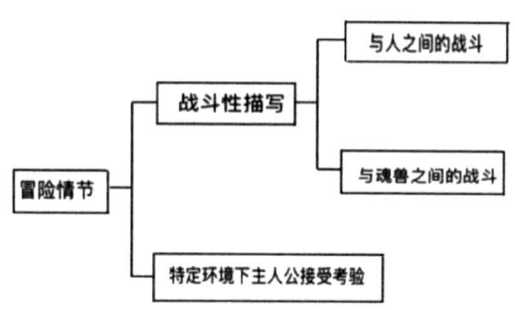

图 3-1　《斗罗大陆》场景重复及其关系模式

由上图可知，《斗罗大陆》中的冒险情节主要分为"战斗性描写"以及"特定环境下主人公接受考验"这两类。在此基础上，我们统计了主人公唐三在不同场景下的冒险情节，以及冒险情节在全书中的占比，如下表：

表 3-1　《斗罗大陆》冒险情节统计情况分析

冒险情节	章节目录	对应出现的书册	全书占比（共336章）
索托大斗魂场	第44章至第52章	第二册、第三册	约2.67%
高级魂师学院精英大赛（地点：天斗城和武魂城）	第91章、第92章；第95章、第96章；第100章至第106章；第110章至第113章；第116章、第117章；第112章、第113章；第125章至第128章	第四册、第五册、第六册	约6.54%
杀戮之都	第135章至第141章	第六册	约2.08%
海神岛	第217章至第222章；第224章至第254章；第303章至第321章	第十册、第十一册、第十三册、第十四册	约17.26%

续表

冒险情节	章节目录	对应出现的书册	全书占比（共336章）
与武魂殿的最终战斗（地点：嘉陵关）	第276章至第284章；第317章至第335章	第十二册、第十四册	约8.93%

根据上表我们可以得出两个关键信息。一是唐三不同年龄阶段、不同情景之下的冒险情节在全书占比约37.48%。表中所统计的只是连续、不间断、出现频率颇为集中的冒险章节，也就是说，还有很多其他与冒险相关的情节并未包含在表格中，比如唐三与魂兽间的对抗以及小说中零星散布的与其他人物之间的战斗章节。因此，仅从唐三的经历就能看出《斗罗大陆》中的冒险情节在全文达到了一个相当高的比重，故而在阅读小说时会明显感受到部分类似情节的反复出现。特别是唐三与同一魂兽发生冲突的片段在全文就有多处描写，如第一次使用暗器射杀人面魔蛛，获得外附魂骨；第二次在落日森林中吞噬了一只人面魔蛛的能量；第三次是在星斗大森林与小舞躲避追杀时被人面魔蛛阻拦以及小舞献祭后对人面魔蛛展开报复；第四次则又吞噬了一只人面蛛皇，八蛛矛最终达到神级进化。由此可见"事件的重复性"成为推动《斗罗大陆》叙事发展的重要因素，不应被忽视，特别是重复事件的叙述中还隐藏着内在的逻辑关系，作为叙事动力之一，这些事件的重复推动了故事情节的丰富延伸。

二是主人公在多个场景之中的冒险经历也是重复的。首先，对于同一场景下的重复描写，《斗罗大陆》主要表现为主角团在索托大斗魂场进行各种一对一、二对二、七对七的战斗以及史莱克学院参加"全大陆高级魂师学院精英大赛"的情节。后者的情节重复性更有代表性。在整个比赛过程中，史莱克学院遇到了各式各样的对手，经历的比赛既有团战也有个人战。据粗略统计，小说中详细刻画的团战共有7场，个人赛（含史莱克学院所有成员）约有10场，在这种冒险中，团战成为主要的战斗形式，无数的战斗描写里囊括了眼花缭乱的魂环魂技、各式各样的战术设计、变化不断的团队组合等，不一而足。这些战斗看似错综复杂、变幻多样，但究其根本，其战斗模式并没有变化，集中表现为唐三作为控制系魂师始终在把握全局，宁荣荣与奥斯卡作为辅助系魂师为队友提供支援，其余4人作为强攻系或敏功系魂师则负责武力值的输出，不管战斗的对手、结果如何，战斗的模式始终都是固化和重复的。

其次是不同场景中的重复性，比如唐三在杀戮之都与海神岛上的冒险。唐三在杀戮之都和海神岛都接受了选拔与考验，历经100场地狱杀戮场的比赛、成功通过地狱路以及完成海神九考、获得海神神祇，同时也拥有了双重领域——杀神领域和海神领域。作者构造了两个封闭的、与世隔绝的环境，并且对两个环境的塑造使用了完全不同的叙事语言，从而带给读者的观感也大为不同，但作者设置这两个环境的目的却是一致的，即米勒提到的"由一个情节或人物衍生的主题在同一文本的另一处复现出来"[①]。唐家三少在此的创作意图便是想让主人公在特殊环境下实力与其他区域相较能得到更大和更快的提升，而不同环境的切换也能彰显出人物非凡的人生经历。另外，米勒除了论述上述"重复"的三类现象外，他还提到有关"重复"的两种形式，分别为"白昼里自觉的记忆通过貌似同一的相似之处合乎逻辑地周转运行着"[②]，以及"第二种不自觉的记忆形式，也是以众多的相似点织成的……从中人们体验到一样事物重复另一样事物，前者与后者迥然不同，但又令人惊异地相像"[③]。其实，这两种形式与前文的论述恰好有着对应关系，因为《斗罗大陆》中"细小处的重复"和"事件的重复性"都符合第一种形式，而同一场景与不同场景之间的重复则符合第二种形式，体现了网络小说叙事语法和结构上与小说重复诗学之间的审美对应。

最后，《斗罗大陆》中事件和场景的重复都是一种时间性重复，即经

---

① ［美］希利斯·米勒著，王宏图译：《小说与重复——七部英国小说》，天津：天津人民出版社，2007年，第2页。
② 同上，第9页。
③ 同上，第10页。

历了故事设定的冒险之后，人物不断从中得到珍贵的经验以此来应对未来。这便区别于能将叙事叠加并置的空间性重复，如《西游记》中师徒四人经历九九八十一难，看似每一难的不同是线性的推进，实则却是空间性延展逻辑，因为师徒四人始终没有从磨难中得到任何成长经验，每一难都像回到原始的起点，磨难皆各自断裂开来，没有形成一个递进或者转折的联系。《斗罗大陆》的时间性重复的突出表现是主人公虽同样是在一个不断经历磨难的事件过程，但其自身实力、成长经验却在不断累积，"故事历史即故事人的经验凝聚史，它是触发重复从量变走向质变的逻辑过程"①。因此，人物角色所面临的挑战升级形成了故事的自然延续，这是时间重复的逻辑必然。这是《斗罗大陆》对重复诗学至关重要的叙事实践。

3. 不同作品间的重复

首先是《斗罗大陆》系列的自我重复。唐家三少目前创作的斗罗系列已经有了4部，分别是《斗罗大陆》《斗罗大陆Ⅱ绝世唐门》《斗罗大陆Ⅲ龙王传说》《斗罗大陆Ⅳ终极斗罗》。除《斗罗大陆》之外，其他三部作品都是在前一部的基础上的叙事延续，并且在故事情节上与《斗罗大陆》有诸多重合之处：在故事设定上，它们仍保留"武魂"特色；在地理环境上，两大帝国、唐门、魂兽森林以及部分独特的环境，如海神岛、杀戮之都依然存在；在人物上，后续三部作品都与第一部的人物密切相关，主角皆是唐三的后代，并且每一部作品中都有着新的"史莱克七怪"；最后，在故事情节上也存在重复，以《斗罗大陆Ⅱ绝世唐门》为例，"王秋儿的献祭是参考了小舞的，穆恩龙逍遥三人组的关系参考了黄金铁三角，钟离老鬼对叶夕水的作为参考了千寻疾对比比东"②。

其次是《斗罗大陆》与同一时期"小白文"的叙事重复。在这一时期内，不论是玄幻类的《斗罗大陆》《斗破苍穹》《神墓》《完美世界》等，

---

① 赵崇璧：《重复叙事的空间逻辑》，《内蒙古社会科学（汉文版）》2019年第1期。
② 杨建东：《为什么斗罗大陆越来越差》，https：//www.zhihu.com/question/389917862/answer/1242688773，2020-11-19.

还是奇幻修真类的《星辰变》《阳神》等，都很明显体现出"升级"这一爽文特征，即针对小说中人物的力量有一个等级设定，表现在文本中叫作"修炼体系""修炼境界"等。从这一现象可以看出在当时网文环境下"升级流"小说的盛行，读者对"升级文"小说中"力量"的绝对崇拜，网络作家们对于"升级文"的热衷以及重复叙事的运用。不过，从宏观层面来看，这种文化现象也体现了社会的理性化，因为"只有到了理性化的科层制社会，这种等级数目化的想象才如此自然。不过升级流在中国网络小说中占据如此核心的地位，也反映了当代中国社会阶层分化的现实"①。因此，网络文学作为新时代的大众文学，其中流行、热门的创作风潮，势必也折射出当下社会的整体环境与秩序。

综上，从"小白文"的重复叙事这一特点，可以看出《斗罗大陆》作为"小白文"的独特的叙事魅力以及艺术上的缺陷。"小白文"的优势主要体现在叙事语言浅白、情节简单，便于读者理解，容易获得庞大的读者群体的认同。对此，唐家三少曾专门对读者的年龄进行过统计，将目标读者的年龄设置在 8 岁到 22 岁之间。由此可见，作者在创作作品时会对理想读者作出预设，提早确定好了"隐含的读者"。倘若作家的预设读者与实际读者高度重合，作品势必能获得一定程度的成功，而事实证明《斗罗大陆》做到了这一点。

《斗罗大陆》作为"小白文"在进行重复叙事的同时也存在一些不足，主要表现为三点：第一，大量情节的类似重复也凸显了文本内容的贫乏，这一点在前文论述"事件的重复性"便可看出，此处不再赘述。第二，针对接受而言，过多的重复情节则易使读者产生审美疲劳。虽然对于一部玄幻小说来说冒险情节的设置必不可少，很多详细的打斗情节可以使故事内容饱满且精彩，"从初出茅庐到年少骄傲，从千手修罗到温婉公子，从国仇家恨到最终的完结"②，战斗陪伴着唐三成长，但频繁的冒险情节也会

---

① 邵燕君：《破壁书：网络文化关键词》，第 281 页。
② 李桂雪、刘丽：《从〈斗罗大陆〉看玄幻类网络小说的艺术特色》，《语文学刊》2016 年第 12 期。

令读者逐渐丧失阅读兴趣。唐家三少的大部分小说基本都是按照同一脉络发展，从男主角最初的选择就开启了奇遇，前期看似出身微小的男主角没过多久就会遇到恩师一般的人物、羁绊深刻的兄弟，还会遇见一生所爱，然后经过比赛、冒险、挑战等一番历练后，始终心志坚定不畏艰难，最终成功走向人生巅峰。①叙事过程的一再重复，虽有制造爽感的文本策略在内，但"套路化"的特征也过于明显，影响了小说思想内涵的深度。这一现象表明，作者的写作模式已经趋于"内卷化"。当作者习惯于单一情节的铺陈，就算融入新的元素和设定，也只是旧酒装新瓶，其故事模式并没有根本性的改变，在小说叙事艺术表现上也乏善可陈，一再的重复终将会把这一类型逼进死胡同。

（二）"小白文"中的叙事节奏

热拉尔·热奈特在的《叙事话语》中提到了4种叙述形式，分别是停顿、场景、概要、省略②，在他看来，叙事节奏与这4个叙述形式紧密相关。对此，申丹在《西方叙事学：经典与后经典》中也有直观简明的解释：

（1）概述：叙述时间短于故事时间

（2）场景：叙述时间基本等于故事时间

（3）省略：叙述时间为零，故事时间无穷大

（4）停顿：叙述时间无穷大，故事时间为零③

《斗罗大陆》全书约300万字，在小说的前半部分，叙事节奏表现得松弛有度，主要体现在对"场景""概述"这两个叙述方式恰到好处的把握。小说对"场景"这一节奏展现得极为细致，如史莱克七怪在大师的要求下前往索托大斗魂场进行比试的描述。小说描写了史莱克七怪遇到各种强横对手，例如狂战队、皇斗战队、凶神战队等。研究发现，史莱克七怪

---

① 曹晋源：《唐家三少的"万年模式"》，《文学报》2014年11月6日。
② ［法］热拉尔·热奈特：《叙事话语·新叙事话语》，王文融译，北京：中国社会科学出版社1990年版，第59-70页。
③ 申丹：《西方叙事学：经典与后经典》，：北京大学出版社，2010年，第119页。

所面临的挑战由弱到强，难度不断升级，作者对每次战斗都进行了详细、全面的刻画，所有的战斗描写都符合"场景"的叙述形式，不仅给读者带来身临其境的阅读效果，也展现出史莱克七怪在成长过程中的心境转变。同样地，唐三等人参加全大陆高级魂师精英大赛也是一个由易到难的过程。由于作者做到了对"场景"的细致把握，小说中出现了诸多名场面，如史莱克学院与武魂殿保送队伍的决战以及后来比比东发现小舞实为十万年魂兽，想要将其捕杀，但却被昊天斗罗救走等。这些"场景"都充满了戏剧张力，青春热血，读起来令人心情澎湃。

相比较而言，"概述"这一叙事节奏则体现在史莱克七怪五年之约的叙述处理上。作者以唐三的视点为主，概括了其五年间的经历，通过"概述"，有限地展现了唐三被父亲训练练习"八十一锤"、在"杀戮之都"完成百场挑战等情节，而对于其他六人，作者更是选择一笔带过，然后直接把视点聚焦到史莱克七怪的重聚，直接"省略"了其余"六怪"的经历，特别是奥斯卡，作者更是将"概述"手段运用到了极致，从而"使得小说留有一个个的空白和裂隙……文本的空白裂隙也并不影响读者整体的阅读感受"①。紧接着是小舞的献祭，这是全文的高潮和书中的名场面，作者再次用较多笔墨对献祭时刻进行描摹，叙事节奏由"概述"回归到"场景"。"概述"与"场景"这两种叙述方式的交替使用，让小说前半部分的叙事节奏松弛有度、富有张力，这就会调动读者的阅读兴趣，增强他们的阅读快感。

由于前后文叙事框架设计失衡等原因，这导致了小说后半部分的叙事节奏不如前半部分那样张弛错落，富于层次感，甚至有刻意拉快叙事节奏的嫌疑。在《斗罗大陆》中有着详细的力量成长体系划分，根据魂力的强弱，每一等级的魂师都有各自的称号，每一等级的进阶都会匹配相应的叙事节奏。实际上，《斗罗大陆》的叙事脉络主要围绕唐三实力不断增长来展开，所以从唐三的修炼速度这一角度切入，我们便可以分析这部"小白

---

① 张鑫佩：《〈斗罗大陆〉"小白文"式书写的自觉》，《名作欣赏》2018年第23期。

文"的叙事节奏。下表是唐三在每一等级下的年龄的统计:

表 3-2　唐三年龄与修炼等级情况

等级	等级名称		主人公年龄	修炼速度
1—10 级	魂士			约 3.57（计算方法：用修炼总级别数÷修炼的总年龄数＝修炼速度/平均每一年修炼的级别数；由于唐三是先天满魂力，修炼总级别数不含前 10 级）
10—20 级	魂师		6 岁；先天满魂力（10 级）	
20—30 级	大魂师		12 岁；29 级	
30—40 级	魂尊		13 岁；32 级	
40—50 级	魂宗		15 岁；43 级	
50—60 级	魂王		20 岁；59 级	
60—70 级	魂帝		20 岁；66 级	约 8（计算方法同上，在此修炼总级别数为 100 级，修炼的总年龄截止为唐三修炼 100 级的年龄）
70—80 级	魂圣		约 22 岁；74 级	
80—90 级	魂斗罗		23 岁；83 级	
90—95 级	普通封号斗罗		25 岁；93 级	
96—98 级	巅峰斗罗			
99 级	绝世斗罗			
	半神			
百级	神	巡猎官、神官	25 岁（仅指唐三成神时的年龄，后续等级未作查找）	
		三级神祇		
		二级神祇		
		一级神祇（主神）		
		神王（至高神）		

（注：上表中封号斗罗的境界划分仅为《斗罗大陆》中设定。从《斗罗大陆Ⅱ绝世唐门》起，斗罗大陆系列小说作品中 95 级至 98 级封号斗罗称为超级斗罗，99 级封号斗罗称为极限斗罗。）

唐三从魂士修炼至神共历时 19 年，后 40 级的修炼速度是前 50 级的修炼速度的两倍多，超快的修炼速度尤其体现在从 95 级的封号斗罗修炼至神这一阶段。小说中曾明确写到，普通的封号斗罗进入 90 级往往要耗费数十年才能提升一级,并且每一级的魂力差距相差巨大;但是唐三从封号斗罗进阶至神,故事时间只用了一年,如此夸张的修炼速度不仅破坏了小说前后文结构的平衡,也会让读者怀疑作者为了"完结"而刻意拉快叙事进程。一般而言,作者对于一部作品的构思,在创作前就应该有了一个整体的框架结构,再根据结构衍生相关的情节。在《斗罗大陆》的前半部分里,绝大部分篇幅都是对主角成年前的刻画,作者对于主角成年前的描写比成年后更为详细、流畅、充实,情节也更紧凑,但后半部分的名场面就不如前半部分丰富,特别是在文本的结尾处——唐三与武魂殿决战,作为小说的高潮却是草草了事,对于唐三死而复生的刻画也过于简单,反映出小说叙事节奏的前后失衡。这一问题不止体现在《斗罗大陆》里,在很多烂尾或匆匆结束的网文中也十分常见,例如《大宇宙时代》《雪中悍刀行》《完美世界》甚至《狩魔手记》这样的极品网文,都有着类似的通病,即前期世界观和故事情节设定非常宏大,叙事缓慢,但后期为了填坑赶进度而牺牲叙事节奏上的平衡性,直至敷衍收尾。真正叙事节奏前后呼应且能够平衡的作品并不多,如猫腻的《间客》《庆余年》以及萧鼎的《诛仙》等,《斗罗大陆》在这一点的表现上是有重大缺陷的。

究其原因,我们认为导致叙事节奏前后失衡可能是因为作者在后期创作时想象力的枯竭或写作灵感的缺失,难以再创造更多饱满"血肉"以支撑庞大"躯干",所以只能拉快故事节奏,在很多可以拓展的情节上一笔带过。客观来说,这个问题也可能与网络文学"网载""网传"的特点有关,因为绝大部分的网络小说都是连载的,《斗罗大陆》亦是如此。因为"在连续的创作过程中,文学素养不如专业作家(传统作家)的网络小说作者们,如果以较为复杂的叙事方式去构建文本(并非做不到),那么势必将会造成写作速度的下降,容易出现写作阻塞的情况,甚至将会引发持续性的断更。一旦出现这种情况,在更新数量和频率无法得到保障时,作品的竞争力将会大打折扣"[①]。可见,网络小说"日更"的特点以及通过

---

① 包明明:《网络小说创作困境与自我突围》,山东师范大学 2020 年硕士学位论文,第 58 页。

打赏来获取收入和关注度的创作形式要求网络文学写手们必须全年无休地持续创作,否则个人收益就会受影响。唐家三少有"码字机器"之称,这就使其写作区别于传统文学家,例如曹雪芹终其一生才创造出《红楼梦》这部巨著。以曹雪芹为代表的经典作家可能会耗费大量人生光阴去对作品进行精雕细琢,他们一旦发现情节不足、逻辑不通,或是与原先构思不同时便暂时停笔,通过精心构思对已经创作出来的文本进行"二次创作",从而保证了"出精品"的可能性。网络作家时常有被"催更"、为生计奔波以及迎合读者的压力,因此不可能像经典作家那样在厚积薄发的创作环境中写出文学精品,"注水""断更"甚至"太监"是网络小说写作的常态,即使经过时间的淘洗,但真正能够"精品化""经典化"的作品比例也很低。以此来看,《斗罗大陆》中唐三跟随姑母学习贵族礼仪、被海盗暗算进入珍珠岛等情节就有"注水"之嫌,其后半部分的"加速"也可能是一种创作意图上的无奈。

最后,《斗罗大陆》中后期过快的叙事进程,产生了前后文情节脱节、叙事节奏不均衡、"注水"导致质量下滑等问题,而主角与主角团队能力的脱节也恰好印证了这一点。小说前期着重刻画了史莱克七怪的盖世之才,每一个人的魂力相差并不大。在七怪分隔五年重新聚首时,唐三的等级在七怪中还排名倒数,但到了后半部分,唐三的迅速反超,一年成神,叙事逻辑上极其突兀。在后续《斗罗大陆》系列中,唐三成为神王之首,而史莱克六人却都只具备二级神祇的实力,与主角唐三相差甚远。情节不连贯、逻辑混乱、前后文不一致等问题折射出《斗罗大陆》叙事上的矛盾。寻找结构中的矛盾是结构阅读的一种方式,它的目的是"突出文本结构的不和谐之处,揭示文本中的对立、局限和不完善"[①]。在细读文本之后,可以发现诸多《斗罗大陆》中隐含的矛盾以及叙事逻辑上的难以自洽,这也是"小白文"受到诟病的原因。不过,《斗罗大陆》中叙事节奏的前后失衡在一定程度上也满足了"小白"读者乐于阅读爽文的心理诉求,特别是小说收尾部分唐三的一年成神,无疑会给读者带来爽感体验,

---

① 胡亚敏:《叙事学》,第240页。

契合了这部分读者的接受动机。因为绝大部分网文读者的接受动机主要是娱乐,即读者期待进入一个超越自身、超越现实的想象境界,使情感能得以调节,精神能得以舒张,整体的阅读过程都比较轻松,同时也并不期待获得深刻的思考与精神的升华,而《斗罗大陆》的爽文模式便可以实现这一目的。因此,"小白文"与爽文模式在接受层面有着天然的联系。也许,这也是我们研究《斗罗大陆》叙事节奏的又一个收获吧。

四、人文精神的网文表达

"文学是人学"。文学史上所有的创作活动都是在围绕这个主题进行的审美实践,网络文学也不例外。"网络文学是通过互联网发表传播的大众文学,目前其主体是指网络连载并以此为基础进行版权运营的长篇小说。"[①] 网络文学是一种具有鲜明大众文学属性的文学样式,它通过欲望叙事,驱动快感奖赏机制和审美诱导机制,引发读者的代入感,从而实现"白日梦"。因此,网络小说不可避免地选择了迎合读者的接受期待,放弃对文学深层精神价值的探索,表现出通俗易懂的特征。即便如此,一部优秀的网络小说依然能够表现出自身独有的主题价值和思想追求,《斗罗大陆》虽然在叙事上有诸多不足,但在主题类型、叙述模式和叙事伦理层面仍有其独特的审美价值和意义。

(一)生态美学的隐藏主题

《斗罗大陆》的主线是描写唐三与以比比东为首的武魂殿之间的斗争,即人与人的矛盾冲突。但是在整部小说中,人类魂师与魂兽之间的矛盾同样不容忽视,这一矛盾冲突折射出了"人与自然"的共生问题。在之后的《斗罗大陆Ⅱ绝世唐门》《斗罗大陆Ⅲ龙王传说》《斗罗大陆Ⅳ终极斗罗》

---

① 王祥:《网络文学创作原理》,中国人民大学出版社,2015年,第3页。

中，唐家三少也对大陆生态环境变迁作出了不同层面的想象，因此，"人与自然"关系的生态美学主题贯穿了《斗罗大陆》系列小说的始终。作者借助人与人、魂师与魂兽、人类宗族群体之间的复杂关系展现了他对"人与自然"和谐生存关系的自觉思考，引发了读者对于生态美学问题的共鸣。

1. 人与非人：从对立到共存

在奇幻、仙侠、玄幻等网络小说类型中，常常会出现人、神、仙、妖、魔、兽等多个种族共存的世界图景。各个种族因生存环境、宗教信仰和生命形态的不同，往往会出现错综复杂的相互关系。《斗罗大陆》中只有人类与魂兽两个种族，但由于人类修炼需要猎杀魂兽，两个种族间便产生了明显的对立。魂师每修炼十级，就需要猎杀合适的魂兽获取魂环，从而跨越瓶颈，提升实力，同时获得独特的魂技；而魂兽却不需要猎杀人类，就能自行提升。因此，人类无节制地猎杀魂兽，破坏自然，造成了人兽间的完全对立。

《斗罗大陆》设定了一种类似人类农耕文明的社会状态，人类未对魂兽的生存、繁衍构成致命威胁，但在普通魂师对魂兽的恶劣态度、人对魂兽生存空间的挤压以及对自然生态的破坏等情节的描述中，我们可以发现小说中"人与自然"之间的紧张关系。虽然人类猎取魂兽存在风险，但获取魂环是魂师进阶的唯一途径，而且人类也可以通过长辈带领、结队捕杀等方式增强狩猎安全性。总体而言，人类猎杀魂兽是收益大于风险的。在这一低风险利益驱动下，魂师更倾向于捕杀优秀的、高年龄段的魂兽，希冀最大限度地提升自我实力，高级魂兽由此惨遭追捕，如小舞的母亲、唐三的母亲阿银都是这类魂师行为的牺牲品。面对低阶魂兽，魂师一方面保有轻蔑态度，对其生存嗤之以鼻；另一方面又随心所欲，进行漫无目地滥杀，体现了人类对非我异类的傲慢，可见低阶魂兽虽然繁殖能力旺盛，但同样面临生存困境。小说中赵无极对星斗大森林魂兽减少的感慨表明魂兽因魂师的滥杀而不断减少已成事实。对此，小说也借唐三之口对斗罗大陆生态危机进行了质问：

> 唐三道:"魂兽虽然凶猛,但我们人类比他们更加凶猛。不是么?"
>
> ……
>
> 唐三道:"影响更大的是漫无目的地滥杀,一名魂师一生中需要的魂兽最多也只不过是9只。可是,一名魂师一生中要猎杀的魂兽数量是多少呢?不说别人,就算是我们此行,在路上遇到一些主动攻击的十年和百年魂兽,同样也会忍不住出手。而那些以猎杀魂兽为生的人,杀戮数字更要几何倍数地增加。长此以往,魂师这个职业恐怕总有一天会到无环可用的境地。"(第30章《奥斯卡的第三魂环》;第31章《森林之王 泰坦巨猿》)

由于修炼需要,人类魂师单方面地对魂兽进行屠杀,导致了人与非人的绝对对立;而魂兽作为被压迫一方,自然也对人类深恶痛绝,不论是发生在森林中对魂师的疯狂攻击,还是宁死不向人类屈服的骄傲,都深刻体现出魂兽对人类的反抗。因此,在进入星斗大森林前,戴沐白曾非常严肃地告诫史莱克七怪,点明了人兽间的冲突:

> 星斗大森林可不是闹着玩的地方。那里面魂兽众多,而且攻击性都极强,对我们人类更是没什么好感,大家一定要小心应对。……进入森林之后,更要保持好这样的阵型,随时保持警惕。(第26章《星斗大森林》)

这种人与非人的敌对,是作家在全文开头就设定好的叙述前提,是除人与人的斗争外,另一重"人与自然"关系的隐藏主题,它也为作家通过描写主角团队对魂兽完全不同于普通人的态度,进而凸显主角团队尤其是唐三的人格魅力。在史莱克七怪中,小舞自身就是一只十万年魂兽。她对人兽对立的态度自然不言而喻,极度反感人类滥杀魂兽,甚至在她跟着史莱克七怪在星斗大森林中捕杀魂兽时,整个人都表现出"没精打采""脸色苍白"的样子。而如戴沐白、唐三等人则明显呈现了一种以善恶为依据决定魂兽生死的价值观。也就是说,唐三等人被作家赋予了正义的光环,使得他们能站在道德的制高点去评判魂兽行为的善恶,并根据评判结果决定对其采取敌对或友好的态度。在看到疾风魔狼屠杀村庄后,唐三等人怒从心起,直接屠戮到这一族群几近灭绝;在拥有足够的海上攻击力后,唐三以完成海神任务的名义,对曾经威胁史莱克七怪的深海魔鲸王一族痛下杀手,直接将灭杀魔鲸王作为获取天材地宝的一条途径。而在面对与主角团较为友好的魂兽时,史莱克七怪则表现出了对待朋友一般的真诚与尊重。在海神岛上,魔魂大白鲨之王小白听从海神的指令,陪伴、帮助史莱克七怪增强海洋适应性,被作者划分到了正义的阵营。主角团队信任小白,将小白视为自己的朋友,并没有因为它是魂兽而心怀芥蒂;同样的,大明、二明因为真心对待小舞的缘故,也被唐三纳入朋友之列,并在其遇到危险时,主动提供帮助,而大明、二明也对唐三心怀感恩,在身死之际献祭唐三。在以上两种截然不同的情感态度中,我们看到了史莱克七怪不同于常人的善恶判断标准,因此在小说的后半部分,人与非人的关系逐渐由对立发展到了基于善恶判断的选择性对立、缓和,乃至于共存。

需要特别说明的是,唐昊与阿银、唐三与小舞之间的关系,是人兽关系走向极致化并获得升华的特例。因为在唐昊、唐三心中,自己的爱人并没有魂兽与人的区分,她们只是这个世界上一个独一无二的个体,一个能为对方生死相依、永不背叛的爱人。这种爱恋,是心与心的依偎,是两个灵魂之间的吸引,无关灵魂的承载物是人还是兽。尽管如此,在小说中作者为了减少读者阅读时可能产生的不适感,仍然将十万年魂兽化形为人后的生活习性设定为与人类相同,即上文所提到的"以物化人",体现出了作者创作思路上的犹疑与矛盾,即"人类本位主义"价值观的犹疑。但不可否认的是,在这些人与魂兽的真挚爱恋中,小说也表现出了一种升华的人兽平等价值观,为文本隐藏的生态美学主题增添了一抹亮色。

2. 人与自然:从破坏到重塑

有学者指出:"所谓生态美,并非自然美,因为自然只是自然界自身具有的审美价值,而生态美却是人与自然生态关系和谐的产物,它是以人的生态过程和生态系统作为审美关照的对象。生态美首先体现了主体的参与性和主体与自然环境的依存关系,它是由人与自然的生命关联而引发的一种生命的共感与欢歌。它是人与大自然的生命和弦,而并非自然的独奏曲。"① 在《斗罗大陆》系列中,作家通过展现人类对魂兽的态度、行为变化,以及斗罗世界在时空转换中的环境变迁,凸显了文本蕴含的"生态美"追求。虽然《斗罗大陆》并不属于纯粹的"生态文学",即不符合王诺所定义的"生态文学是以生态整体主义为思想基础、以生态系统整体利益为最高价值的考察和表现自然与人之关系和探寻生态危机之社会根源的文学"②,但小说所表现出的对"人与自然"相处关系的不断探寻,仍然具有重要的生态美学价值。

首先是史莱克七怪基于善恶判断决定魂兽生存的价值观。作为文本中被作家赋予"绝对正义"光环的主角团队,史莱克七怪对待魂兽的态度应当代表了作家心中所谓相对正义、公平的人兽关系,但这一态度是否真的合理,是否有利于整个大陆生态的平衡与发展,尚值得商榷。尽管史莱克七怪不滥杀无辜,已经比普通魂师进步颇多,但他们依赖自身主体性的道德判断来决定现存环境中某些生物的生死,毕竟包含某种武断和臆想的伦理色彩。且不说主角们的个人判断是否客观、公正,就是随意剥夺斗罗世界生物链中现存生物的生存权,也是对自然环境的一种破坏。因为大自然的平衡"是一个将各种生物联系起来的复杂、精密、高度统一的系统……自然平衡并不是一种静止不动的状态;它是一种活动的、永远变化的、不断调整的状态。人也是这个平衡中的一部分。有时这个平衡对人有利,有时它会变得对人不利。当这一平衡受人本身的活动影响过于频繁时,它就会对人不利"③。当人类过多地干预自然平衡,压榨其他生物生存空间时,生物链的有效传递就会被中断,长此以往,必然对人类生存不利。在生物链中,每一种族都应当呈现出"存在即合理"的生命哲学,即它既然已存

---

① 徐恒醇:《生态美学》,陕西人民教育出版社,2000年,第119页。
② 王诺:《欧美生态文学》,北京大学出版社,2003年,第11页。
③ [美]莱切尔·卡逊著,吕瑞兰、李长生译:《寂静的春天》,吉林人民出版社,1997年,第215页。

在于这一生物链中,那就说明它的存在是有合理性的,对生物链整体的反馈、循环是有所帮助的,人类不应人为地决定其存在与否。例如人面魔蛛、疾风魔狼、深海魔鲸王之辈,虽然依仗实力为非作歹,但它们作为某一种族的天敌,可以遏制其过度繁殖,防止整体生态平衡的破坏,因此也有生存的价值。主角团队依据人类传统是非观决定其生死的行为,是不合理的。正因为如此,《斗罗大陆》系列后续作品中人类人口过度膨胀,魂兽则濒临灭绝,引发了生态危机。在这一点上,作家暴露了其对"人与自然"和谐相处的认知缺陷,也从某种意义上削弱了小说的生态主题书写的反思力度。

第二,魂兽与人类生长速度不匹配的矛盾,加剧了斗罗世界中人对自然破坏的程度。在前文唐三与赵无极的对话中,读者已经明确人类与魂兽修炼速度的差距:

> 唐三道:"老师曾经说过,魂师的数量虽少,但一名魂师从开始修炼到成长为强者,也只不过是几十年的时间而已。而在这几十年的时间内,一名强大的魂师至少也需要6个以上的魂环,也就是说,要猎杀6只以上的魂兽。这其中,又会包括百年、千年,甚至是万年级别。魂兽的修炼要比我们人类困难得多,否则也不会按照年限来划分实力了。尽管它们数量众多,可持续这样杀戮下去,魂兽的数量只会不断减少,尤其是强大的魂兽,更是杀一只就少一只,多年以后,恐怕再难见到千年以上的存在了。"(第30章《奥斯卡的第三魂环》)

魂师生命短短几十年,却需要猎杀年龄比自己高得多的魂兽;而魂兽的修炼,又比人类困难得多,要成千上万年的时间积淀方可成为高阶魂兽,成神更是难上加难。在这种对比中,人兽生长速度不匹配的问题暴露无遗。而人类作为最富智慧的种族,还能通过科学研究制造武器,增强自身在对战魂兽时的实力。这一背景设定,使得人兽矛盾在唐三所处时代就已经有所展现,人对自然的破坏也显而易见。在《斗罗大陆Ⅱ绝世唐门》中,雪女表现出对人类的极端痛恨与仇视:

> "卑鄙的人类。总有一天,你们会为了猎杀我们魂兽而付出代价。本座就是死,也绝不会成全你们龌龊的心态。都——去——死——吧——"
>
> 说到最后四个字的时候,雪帝的声音已经充满了尖啸的味道。(《斗罗大陆Ⅱ绝世唐门》第173章《竟然、竟然是她……》)

显然,人与魂兽的对立已经到了水火不容的地步,如果再没办法缓和魂兽与人类的冲突,那么魂兽将不复存在,而魂师也将因为魂兽的灭绝而无法修炼,同样消失在斗罗大陆上。作家通过霍雨浩这一主角的独特成长经历,为这一矛盾的缓解提供了有效方法——改魂环为魂灵,从而让魂兽在魂师修炼中获得新生。然而,这一方法忽视了魂兽作为斗罗世界生物链中独立、自主的生命特性,将之变成依附于人类的"宠物"伙伴,同样不符合人与自然的可持续发展。当传灵塔发展到唐舞麟所处的时代,独立魂兽的数量已经极其稀少,魂兽的生存净土也几近消亡。《绝世唐门》中实力深不可测的兽神在《斗罗大陆Ⅲ龙王传说》中也不得不悲叹自然对人类破坏的无能为力:

> 被称作兽神的黑衣男子全身震了震,嘴角流露出一丝苦涩:"兽神?现在我们魂兽,恐怕就剩下眼前这些了吧。我还做谁的神?"
>
> ……
>
> 兽神苦涩地道:"人类的强大,已经令我们无法抗衡。星斗大森林,也只剩下最后这一片净土。"(《斗罗大陆Ⅲ龙王传说》楔子)

在这一危急时刻,银龙王的出现让魂兽心中掀起了巨大的希望,集结起来的独立魂兽们对人类进行了猛烈的报复,几乎给斗罗大陆带来了毁灭性的破坏。正是在这样的巨大灾难中,人类才得以重新审视其对自然的破坏以及对魂兽的屠杀,反思了人与自然的可持续发展问题。因此,在灾难过后:

> 被誉为斗罗联邦和平之母的那一代议长墨蓝宣布人类与魂兽和平

共处，禁止一切对于魂兽的杀戮行为。

联邦在进行第三颗行星殖民的时候，就将这颗星球赠予了魂兽，由当代的数位魂兽之王带领，从小位面万兽台进行了大迁徙。魂兽终于有了属于自己的家园。(《斗罗大陆Ⅳ终极斗罗》第一章《那是什么?》)

这一魂兽家园的迁徙，为《斗罗大陆》系列中人与魂兽共存的主题作了较为完美的安排。从唐三所处类农业时代的人兽矛盾初现，到霍雨浩类工业化时代传灵塔对人兽关系的第一次调整，再到唐舞麟时期现代科技促使人兽战争的最终爆发，以及蓝轩宇时期"人与自然"相处模式的大调整，唐家三少在不断地尝试和平安置人与非人，探寻斗罗世界的生态平衡之路，在这一生态美学主题的思考中，我们看到了作者对中国"天地与我并生，而万物与我为一""绿水青山就是金山银山"等朴素的生态环境治理观念的借鉴，以及对可持续发展生态观的强烈支持。上述人与自然关系的想象性书写，虽然是作者对斗罗世界生态平衡问题的假定，但也折射出作家对现实社会中现代人类活动对地球生态破坏的深切担忧。因此，《斗罗大陆》系列也为人类保护环境敲响了警钟。

威廉·鲁克尔特在其《文学与生态学：一项文学批评的实验》中曾指出，诗歌创作中蕴含的能量可以在一种生态价值体系中得到应用。也就是说，文学对生态美学的思考和想象，有可能改变人类文化对生态破坏的态度，促进可持续发展主题的广泛传播。因此，尽管《斗罗大陆》对人与自然平衡关系的探索并不成熟，但文本中表现出的对生态美学主题的关注，仍然具有巨大的人文关怀价值，为现实世界人类的自我救赎提供了某种可能，是网络作家的一次有益尝试。

(二)"天才流"模式的运用

从1998年蔡志恒完本的《第一次的亲密接触》算起，中国境内网络小说的发展已经走过了20多个年头。在这些年中，从最初的小众、纯文学写作，到如今受到亿万读者追捧的大众化、商业化创作，网络文学在中国遍地开花，形成了百花齐放、美不胜收的通俗文学奇观。此外，不同的网络文学写作模式被不断使用、强化，逐渐固定成了一套有别于其他类型的文学特性，因而被人们归纳为各种流派，例如"重生流""穿越流""后宫流"等。其中，"'天才流'小说以独特的构思和轻松幽默的写作风格在网络小说的大家庭中占据着重要的地位"①，成为网络玄幻小说的惯用套路。《斗罗大陆》同样运用了"天才流"的创作模式，为主角团队的成神增添了"天赋使然＋超常勤奋"的情节特色。

1. "天才流"小说的概念与特性

所谓"天才流"小说，是指某一类小说中的核心主角为天才型人物，其拥有超越常人的智慧或天赋秉性，并凭借这些天生优势，加上自身刻苦非凡的努力，不断实现了超越性的成就，最终完成终极愿望，成为整个小说虚构世界中"金字塔"顶峰的大人物。如我吃西红柿的《吞噬星空》《星辰变》、天蚕土豆的《武动乾坤》、猫腻的《择天记》等作品，都是典型的"天才流"小说。

"天才流"的称呼是相对于"凡人流""废柴流"而言的。"凡人流"，是指由忘语的《凡人修仙传》所开创的一种玄幻小说写作模式，其后被广泛运用到其他网文写作中，影响力远超修仙小说的范畴。"凡人流"的内涵，首先是指小说主角一定是一个没有背景、不折不扣的普通人。《凡人修仙传》的主角韩立就是"一个普通山村小子，偶然进入到当地江湖小门派，成了一名记名弟子。他以这样身份，如何在门派中立足，如何以平庸的资质进入到修仙者的行列，从而笑傲三界之中"②。一个实力平庸的凡人，通过不断地辛勤付出和精密计算，最终实现了超人的逆袭，是"凡人流"吸引读者的重要爽点。此外，"凡人流"的另一重要特征在于主角虽然最后获得了逆袭，但其心愿仍然没得到完全的满足，其成功道路仍然是有着遗憾，而不是完全理想化的。

而"废柴流"则是由天蚕土豆《斗破苍穹》所开创的一种写作流派。

---

① 刘艳峰：《论网络小说中的"天才流"现象》，《甘肃高师学报》2016年第2期。
② 忘语：《凡人修仙传》，https://book.qidian.com/info/107580，2020-11-20.

其主角往往在前期因为各种偶然性因素掩盖了原有的天赋，从而表现出资质极差、无药可救的"废柴"特性，因此备受旁人白眼。然而在故事的推进中，主角很快意外得到了"金手指"的加持，重新拥有了天才般的实力，纷纷"打脸"曾经看不起主角的反派。"废柴流兼具凡人流和龙傲天的部分特点，以'屌丝'逆袭为最大爽点。《斗破苍穹》中用一句'三十年河东，三十年河西，莫欺少年穷'道出了废柴流的精神底色。"① 在《斗破苍穹》中，萧炎早期的"废柴"与后期"开挂"的人生轨迹形成了鲜明的对比，这是"废柴流"的重要文本特色。

"天才流"的艺术特征在"爽文"群体中更加突出。首先，"天才流"小说中的人物一定具有闪亮的主角光环。他或出生在对整个小说世界中举足轻重的大家族、大宗门里，或天生就具有得天独厚的天赋秉性，巨大的潜在发展空间，让主角从一开始就"赢在了起跑线上"。这一点与"凡人流"的普通人逆袭有着根本性的差异。相比于逆袭的爽点设置，这种将读者渴望的天赋统统附加到主角身上，虽然存在过度幻想化的危险，但往往能塑造出符合读者审美期待视野的"完人"形象，满足和补偿读者由生活不易、成长不顺所带来的缺失感和虚无感。其次，在这一"天赋加持"的基础上，主人公还往往具有"锦鲤"属性，不仅每每遇到危险就能逢凶化吉，收获各种天材地宝，还能结交旁人难以攀附的奇人异士或世外高人，走出一条相对平坦的康庄大道。这与"废柴流"小说主角前期备受冷眼、欺辱又有明显不同。不过，虽然"天才流"的主角光环使得他的成长道路充满了鲜花与掌声，但他仍然需要通过努力获得超越性成功，也就是说，"天才流"小说并不是呈现出一种"富贵由天"的消极态度，而是向读者表明：即使具有先天优势的主角同样需要努力的加持，否则只能沦为"伤仲永"的悲剧。这一蕴含正面价值的"鸡汤文"模式和进取精神，能为读者带来勤奋学习、积极工作的激励，为"天才流"模式增添了丰富的思想价值。

"天才流"的网络小说写作模式，在中国网文发展早期就已经被广泛

---

① 邵燕君：《破壁书——网络文化关键词》，第292页。

运用，它与后来逐渐成熟的"废柴流""凡人流"一起被称为玄幻小说的三大流派，至今仍被许多作家沿袭、使用。这一模式的运用，虽然会使得文本趋向于"小白文"的基本套路，但同样也是这类小说吸引读者的关键因素。以凡人之躯追求完美人生的英雄式幻想，紧紧贴合在现实生活泥淖中苦苦挣扎的失意者的心灵，为他们短暂逃脱生活困境，发泄堆积的情感杂质，获得精神爽感补偿提供可能；而天才的本质设定，则是这种充满传奇色彩的幻想的逻辑支撑，为主角从同龄人中脱颖而出，不断越级挑战、大杀四方奠定基础。主角卓尔不群的天赋，似血肉般填充着每一个冒险故事的脉络，并结合宏大而奇幻的世界设定，共同为读者提供了一场天才成长的视觉盛宴。在"天才流"小说中，主角们的天赋是生而有之，可精神上的坚韧不拔、从容有常却需要经过艰难的历练、时间的打磨，因此"天才流"的小说作家，往往会在作品中表现出重视成长母题的塑造，读者也愿意跟随"天赋卓绝＋超常勤奋"的主角们一起，打脸反派、成神称霸。这一在小说中表现出的对主角成长道路的关注，为现实社会中人的成长、适应残酷环境提供近乎真实的经验参考，具有浓厚的人文关怀价值。

2. 《斗罗大陆》与"天才流"

《斗罗大陆》就鲜明地体现了"天才流"的创作特色。无论是主角的穿越经验加持，还是主角团极端优异的天赋武魂，以及其背后庞大的支持力量，读者都能鲜明地感受到《斗罗大陆》的"天才流"属性。

首先，唐三的穿越经验加持是文本中"天才流"式男主角形象塑造的重要因素。所谓"穿越"，是指"主角由于某种原因（通常是意外事件）到了过去、未来或是平行时空"[①]，并带着过去那个时空中所获得的生活经验和成人智慧，来为开创这一时空的伟大成就提供各种便利性。这种文学设定在19世纪中外科幻小说中就已经出现，如马克·吐温的《亚瑟王朝里的美国佬》就已含有穿越元素，至当代网络小说这一元素被广泛运用，如2005年桐华连载的女频言情文《步步惊心》，就是典型的现代人穿越到过去时空的小说。在玄幻小说中，同样也有许多主角穿越的故事设

---

① 邵燕君：《破壁书——网络文化关键词》，第263页。

定，如《斗破苍穹》第二章交代了主角萧炎从地球穿越到斗气大陆上，"在萧炎的心中，有一个仅有他自己知道的秘密：他并不是这个世界的人，或者说，萧炎的灵魂，并不属于这个世界，他来自一个名叫地球的蔚蓝星球。至于为什么会来到这里，这种离奇经过，他也无法解释，不过在生活了一段时间之后，他还是后知后觉地明白了过来：他穿越了"①。在这一设定下，萧炎从小带着远超同龄人的睿智和理性，开始了自己异世界的斗气训练，并在最初获得了空前绝后的成就。虽然其后由于戒指中药老的缘故，主角实力衰弱，成为人人可欺的"废柴"，开启了"废柴流"逆袭模式，但穿越仍然带给了他早熟的优势。不过，在这部小说中，主角穿越的优势仅限于此，除了这一章，后文中再也没有提及主角的穿越及其带来的各方面的优势。这一点就与《斗罗大陆》完全不同。

《斗罗大陆》是少见的将主角穿越前的生活、学习、成长经验完美贯穿于后一时空的作品，这不仅为男主角的"天才式"成长提供了得天独厚的优势，也为读者带来了武林世界与玄幻世界融合的视觉盛宴。首先，在斗罗大陆的时空里，唐三是带着前世记忆穿越而来的，因此，主角从一开始就拥有了极强的自制力和是非判断力，表现出成人的思维逻辑和冷静心态。5岁的唐三，已经能够做到每天坚持天不亮起床，爬上山顶练习功法；在出门前，为每天醉酒的父亲做好早饭。其次，唐门曾经的行事准则也为主角提供了一种经验性的认知，能够让唐三更好地适应奉行"丛林法则"的世界设定。如在老杰克带唐三前往诺丁初级魂师学院求学，却被门房阻拦辱骂之时，小说写道：

　　唐门玄天宝录总纲，第三条，确定对手是敌人，只要其有取死之道，就不要手下留情，否则只会给自己增添烦恼。（第五章《大师？师傅？》）

---

①　天蚕土豆：《斗破苍穹》，https://read.qidian.com/chapter/2R9G_ziB-Vg41/_47y-7vByNIex0RJOkJclQ2，2020-11-20.

这里体现了唐门门规对唐三行为起到的主导性作用。这种超常的早熟，是唐三理想化人物塑造的重要表现，也是穿越带给主角的"天才流"特色。第三，也是最重要的一点，是唐三在前世所学的各种武功功法、暗器制作，都成为他在这一个世界安身立命、获得更好成长资源的基石。从学习紫极魔瞳、玄玉手帮助更好地实践昊天宗乱披风锤法，到用控鹤擒龙、鬼影迷踪对实力强于自己的对手攻击进行防御和躲避，再到多得数不胜数、充满美感、让人眼花缭乱的暗器，每每为主角逢凶化吉、越级战胜强者提供合理解释。这些穿越经验的加持，让主角获得了在这个时空中独一无二的优势，成为这个时空中当之无愧的"天才"。

其次，史莱克七怪的天赋异禀也是本文"天才流"特色的明显表现。不同于"凡人流"以普通人为主角，《斗罗大陆》的主角团"史莱克七怪"都是从小天赋超常的神童，甚至相当部分主角还有厉害的家族背景作后盾，可以提供丰富的资源支持。在此可以将主角团队分为三类。第一类是具有家族背景的戴沐白、朱竹清、宁荣荣三人，前两人是星斗帝国的王室贵族，虽然前期可看作是家族中为了培养正式继承人而故意设置竞争者，但其实力仍然不凡，否则也不可能通过史莱克学院的变态考核，其贵族身份为他们获取资源提供了便利。宁荣荣是七宝琉璃宗的千金大小姐，天生就拥有七宝琉璃塔这一顶级辅助武魂和整个家族的资源倾斜；更何况她还是斗罗大陆上三宗公认的宗族内百年来第一天才，是典型的"含着金汤匙出生"的天才人物。第二类是出身普通但天赋极佳一类，以奥斯卡、马红俊为代表。奥斯卡是普通人出身，但却拥有不可复制的先天满魂力辅助性武魂，弗兰德就曾预言："奥斯卡是史无前例的存在。他未来的成就不可限量，甚至有可能取代你们七宝琉璃宗在辅助类魂师中的地位"。在小说的最后，奥斯卡也是除了唐三以外最早被神认可的继承者，足可见其天才性的禀赋。邪火凤凰马红俊虽然之前深受邪火的影响，形象略显猥琐，但他的变异凤凰武魂却是大陆上得天独厚的顶级兽武魂，而且他在耗费一部分心力压制邪火的基础上仍然与小舞等人魂力相同，足可见其天生优势。第三类则是存在特殊"金手指"的主角唐三和小舞。除去穿越经验加持，唐三还是整个大陆极少的拥有双生武魂的魂师之一，且两个武魂一为蓝银皇,一为昊天锤,都是可以睥睨大陆的顶级武魂;此外,他身后还有昊天宗的势力加持,父亲是大陆最年轻封号斗罗,母亲是当世唯一的蓝银皇者,老师是全大陆武魂理论研究第一人。这优势和资源都为唐三成为整个大陆独一无二的天才奠基。小舞是十万年魂兽,本身就有不同于人类的天才式进阶方式,也可以视为一种"另类"的天才。整个史莱克七怪团队就是不同领域的天才组合,他们的"天才群像"特色与小说"天才流"的写作模式相互印证,交相辉映。

3. 天才养成模式:军事训练

《斗罗大陆》中的主角都是天赋异禀的天才型人物,因此,想要塑造天才型人物的成长史,就要有相对应的天才教育养成模式。在小说中,这一教育模式以史莱克学院,尤其是大师的军事化训练教育模式最为典型,影响也更深远。这一教育方式,虽然是作者幻想中的天才教育,却对现实世界的教育有着启发意义。

史莱克学院(作者可能受到电影《怪物史莱克》的影响)是专门教育天才型学生的教育场所。为了提升学生的武力值,史莱克学院的教育方式贴近现代军事训练,表现为一种高强度、高难度、高要求、高淘汰率的训练方式。首先,在弗兰德校长身上,展现出的是一种刚柔并济的教育教学态度。汉代王粲在《为刘荆州与袁尚书》中写道:"当惟曹氏是务,不争雄雌之势;唯国是康,不计曲直之利……何者?夫金木水火,以刚柔相济,然后克得其和,能为民用。"① 在教育教学环节,刚柔并济的教学态度既能让学生听从教师正确指导,毫不懈怠地完成教学目标,又能形成学生与老师像朋友般和睦相处的关系,而不会让学生在心理上对教学过程和教学方法产生厌倦感。在《斗罗大陆》中,弗兰德面对宁荣荣的魔女本性,保持着软硬皆施的态度,先从气势上压倒宁荣荣的嚣张气焰,打击其过度膨胀的自信心,再让奥斯卡从旁安慰、疏导,达到真正收拢这一天才的目的。这一教育态度,对现代的学校教育也有借鉴意义。如今学业教育

---

① 陈延嘉、王同策、左振坤:《全上古三代秦汉三国六朝文(第二册 后汉)》,河北教育出版社,1997年,第846页。

中学生表现出来的厌学情绪,很大一部分原因就是源于师生关系的恶化。假如教师能够适度掌握教学尺度,以刚柔并济、因材施教的态度提醒学生改变错误行为、树立自身威信,又不引起逆反心理,则会收到很好的教学效果,这也是最佳的师生交流方式。

第二,史莱克学院的教育还具有鲜明的实践特色。无论是弗兰德院长最初对学生提出的在毕业之前拿到银斗魂徽章的要求,还是在之后大师的第二阶段训练——获得索托大斗魂场的银徽章,都是通过类似军事训练中"以练代学"的方式,帮助学生快速了解自身缺陷,增强实战经验,保持面对危险时的冷静头脑。而之后的全大陆高级魂师学院精英大赛,更是实践教育的加强版,主角团队通过与顶级防御型、攻击型、单属性元素型等各种各样特色的武魂队伍战斗,获得了丰富的实战经验,逐步加深了团队配合默契,并同时"以练代学"提升魂力,得到了飞跃性的进步。这种教育实践性,还体现在大师对主角团队内部混战的要求上。大师要求主角团队打乱组合顺序进行战斗,让史莱克七怪逐渐摸索出不同配合的打法,大大提升了团队协作、应变能力。这种天才与天才的战斗,激发出他们心中的求胜欲,也是天才反思自我、防止自信膨胀的重要方式。这一注重实践的教育模式,对现实只注重知识传授,轻视培养学生实践能力的学校教育具有很好的启发意义,符合现代教育改革的潮流。

第三,超越极限的军队式日常训练,是让天才们不断挖掘出自身潜能、成为能力远超同龄人的关键要素。在大师的第一阶段训练中,学员们基本上每天都在挑战自己的极限。例如史莱克学院的"跑圈训练":

> 走出一公里,险些昏倒的奥斯卡,背后石块重新回到了唐三的竹筐。
>
> 走出两公里,朱竹清背后的石块到了小舞的竹筐内。
>
> 走出三公里,宁荣荣昏倒,唐三将自己的石块都给了戴沐白,背起了宁荣荣。
>
> 返回一公里,奥斯卡昏倒,朱竹清拿回自己的石块,小舞的负重到了马红俊竹筐内。宁荣荣到了小舞背上,唐三背起奥斯卡。

返回两公里,朱竹清昏倒,戴沐白勉强抱起她。

……

这最后一次往返,他们走了整整一个时辰的时间。但是,他们也终于坚持着回来了。

噗通、噗通……

七个人几乎先后倒地,奥斯卡、宁荣荣、马红俊几乎在同一时间晕了过去。(第41章《不抛弃,不放弃》)

这些频繁的实训、实战过程,不仅让读者深深地感动于主角团不离不弃的团队友谊和奋斗精神,也感受到了天才的超越极限式教育模式的魅力。天才,并不意味着可以懒惰,正相反,"天才流"的主角们往往会比常人承受着更深的寂寞,坚持着别人无法达到的勤奋。因为对于天才而言,没有什么岁月静好,而是时刻都需要负重前行,如此才能不负自己的天赋,不断成长超越。正是这种超越极限,甚至"自虐"的锻炼,才最终成就了独一无二的主角团队成长史,成就了斗罗大陆上的神话。这一教育模式,对《斗罗大陆》的读者们,有着非同凡响的启示意义,能够鼓励他们通过努力克服现实中的困难,创造属于自己的成功。

(三) 神性亦人性的叙事伦理

在《斗罗大陆》优书网的书评中,有网友写道:"三少此书中的爱情亲情友情虽略显狗血,却仍是极其吸引读者,也是让三少获得了不少女性读者。"[①] 由此可见,《斗罗大陆》在读者接受中有一个鲜明的特色,就是单纯的,充满真情、真爱、真人的人性塑造。这一真情除了在主角团队身上表现得非常明显,还在各方神祇身上也有所体现。这种人神同理的叙事伦理,表现了作者通过文艺作品表达人文关怀、对社会冷暖寄寓美好希冀的创作意图。

---

① 参见优书网"己未癸酉"书评,https://www.yousuu.com/book/7,2020-11-15.

1. 单纯质朴的人性表达

在唐家三少的采访中,他曾明确地表示自己是以众多青少年群体为主要的受众。正因为如此,他在写作的时候常常会考虑到读者的审美品位,选择适合青少年这一年龄阶段的故事情节与人物形象,以期获得更高的读者认可度和商业利益最大化。在这一叙事动机的驱使下,《斗罗大陆》中表现出了欲望书写简单化的倾向,人与人的情感纠葛显得纯粹、干净、质朴,既爱憎分明、疾恶如仇,又不掺杂世俗社会蝇营狗苟的杂质。这种价值诉求使得小说拥有了不同于其他网络玄幻小说的清新纯净与积极向上的精神内核,整体的艺术品位也更高。

在对爱情的描写上,《斗罗大陆》抛弃了网文常用的"后宫流"写法,转为描写一夫一妻制的纯洁恋情。不论是小舞与唐三彼此忠诚如一,可以为对方不惜牺牲性命的绝世爱恋,还是戴沐白为了朱竹清、马红俊为了白沉香自觉收束欲望,由花心浪子转变为"弱水三千,吾只取一瓢"的痴情人,甚至是比比东对大师痴心不悔的凄苦爱情悲剧,都让小说收割尽了女性读者感动的眼泪。诚然,"后宫流"小说可以塑造一大批美不胜收、各有魅力的美丽女性,为主角最大限度地放纵爱情欲望、"凝视"不同性格魅力的女性角色提供了可能,也为读者提供了"意淫"的机会,补偿了现代伦理规范对读者生理本能冲动的制约,使其获得想象性的宣泄。然而,这种"纵欲"的白日梦,过度强调了人类的欲望本性以及"本我"不受控制的阴暗面,忽视了更高的精神追求和理性思考,从而降低了文本的价值,使之成为官能狂欢的"宣泄口"而流于媚俗、恶俗、低俗的价值表达。在《斗罗大陆》中,作者以"一夫一妻制"的婚姻爱情伦理替代了"种马文"开后宫的"庸俗化"套路,让现代理性合理约束主角泛滥的欲望,合理配置了性欲本能与社会伦理的关系,塑造了马尔库塞所谓的具有升华意义的爱欲①,使得小说中呈现出了理想化的纯美爱情。这种纯正无邪的真爱设定,正是现代社会冷冰冰的人际关系中被"异化"的爱情观的

---

① [德]马尔库塞著,黄勇、薛民译:《爱欲与文明——对弗洛伊德思想的哲学探讨》,上海译文出版社,2005年,第5页。

美好"镜像",也是当下人们最缺失和渴求的一种情感。唐家三少通过这样的真情描写,不仅触动了读者内心最柔软、最真挚的情感,也引发了他们深深的精神共鸣,成为小说设置另类"爽点"的契机。

此外,史莱克七怪之间患难与共、相互扶助的感人友情,也是小说塑造真人真情真性的典范。唐家三少有意地在小说中使用了"寻找伙伴拉队伍"的叙事母题,为读者们展现了一个理想化的团队。所谓"寻找伙伴拉队伍"母题,顾名思义就是主角在成长道路中,经过一系列事件找到了志同道合的伙伴,以真情为基础不断拓展自身势力,并逐渐组织成一定规模的队伍,共同从事某项事业,为今后的成功奠定基础。在中国传统历史演义小说中,这一母题曾被广泛运用,最具代表性的是《三国演义》中的"桃园结义"。刘关张之间这种"不是亲兄弟却胜似亲兄弟"的结拜模式,体现了我国古代社会常见的以忠义、真情为组织理念的团队构建,反映了人类从亲近自身遗传基因链条的本能拓展到具有道德情感共识的结拜"义兄""义弟"的亲厚人际关系转变,即从"亲亲"到"亲民"再到"泛爱众"。其在社会组织关系上的表现就是兄弟情、同门情、同乡情和同袍情,它们都在某种程度上蕴含着这种"结拜式伦理"模式的文化特质。这种伦理上的亲厚关系,是一个团队形成内在凝聚力的重要因素,包含着朴素的现代社会组织管理模式的特色,也构成了《斗罗大陆》塑造史莱克七怪主角团队人际关系的核心精神内涵。从学院中的朝夕相处,到艰苦训练中的不离不弃,以及后来竞技赛中的默契配合,"师出同门"的伦理亲厚感让他们结成了深厚友谊,并在这一情感基础上构建了史莱克七怪主角团队。这一伦理关系相类于结义所衍生的道德关系纽带,不仅影响着团队中每一个人的成长成才与行事方式,也构建了一种相对稳定甚至带有排外性的社会关系。例如小说后期写到爱情落单的马红俊与白沉香成为恋人,但不论是日常相处还是在海神岛的训练,读者都能清晰地感受到白沉香与史莱克七怪之间的情感隔阂;而主角团队则在这种伦理亲厚感的聚拢下,逐渐形成了一个可以一起出生入死、分工明确的优秀团队,为读者展现了理想化的真情。这种真情塑造是现代社会人们渴求知己,期待团队归属感、依赖感的心理映射,也是人们即使无法拥有也希望去珍惜、守护的情感寄托物。

除了真挚、纯洁的爱情与友情，《斗罗大陆》中的亲情也感人至深。比如唐三对父母的亲情认同，哪怕唐昊因为阿银的死而颓废堕落，对自己的儿子不管不顾，唐三也仍然对他尊敬有加，甚至在5岁时就担负起了做饭和照顾父亲的任务。再如千仞雪，尽管比比东因为千寻疾的强暴而迁怒于女儿，从小对她不假辞色，甚至让她在女子最美好的年纪里，女扮男装混入天斗帝国，只为满足自己的争权夺势，但最后，千仞雪仍然愿意以放弃神祇为代价救下比比东，足可见她心中对母亲的看重。在这些略带扭曲的亲情关系中，主角们仍然葆有最纯真、美好的心对待父母，这种浓郁的真情流露，表现了作者单纯，甚至略带理想化的亲情幻想，也让小说清新质朴、积极正面的文风显露无遗。

2. 神的人性化与人情化

从本质上看，《斗罗大陆》其实就是一部"造神"小说。它详细地交代了史莱克七怪由人成神的道路，以及其创造神迹的艰难历史。最终，以唐三为核心的主角团队成功战胜了比比东等反派人物，飞升成神。然而，不论是上界神祇投影表现出的性格特征，还是刚刚由人成神的主角唐三，他们身上依然充满了人性的光环和人情的韵味，就像是古希腊神话中的神，"在行动上他们是超凡的人，在情感上他们却是真正的人"①。这种神性与人性同构的伦理观，表现了作者的审美希冀与艺术理想：神就是一个更强大的人，神由人成，当然也具有人性，富于人格魅力。

在小说中，最先出现神的形象的是在唐三接受神祇传承时的海神虚影。小说中写道：

> 海神长出口气，抹了抹额头上根本就不可能存在的汗水，看着唐三先前消失的地方，喃喃地自言自语道："这小子也太聪明了，幸好本神反应快，才没让他聪明反被聪明误。哼哼，反正我什么明确的指

---

① ［德］莱辛著，朱光潜译：《拉奥孔》，人民文学出版社，1984年，第8页。

示都没给他,就算是神界执法也怪不到我头上。嘿嘿,嘿嘿嘿嘿……"(第312章《海神与修罗神》)

这段文字中海神的形象,完全颠覆了读者心中对神庄严肃穆、高贵不可直视的想象,作者将神塑造成为像奥斯卡那样油嘴滑舌、笑容猥琐的人,这就拉近了人与神之间的距离,使得理性化的叙事过程更加具有人情味。神也有自己的喜好,会因为偏爱唐三而私下偷偷教导,给予更多的指导和帮助。神会端着架子,对自己的继承者和信仰者装得十分威严肃穆,然而在没有人的时候,或者是在与自己关系非常好的神面前,他们就会展现出自己搞怪有趣、嬉皮笑脸的一面。另外,神也会犯错。天使之神没有经过任何道德、人性上的考核,就将神祗之位传给了千仞雪,助长了武魂殿的嚣张跋扈。罗刹神则将自身邪恶力量依附在修罗神设下的杀戮之都中,使之成为充满戾气、堕落邪恶的地方,甚至葬送了唐晨等人的成神路。这些庄严与诙谐、正义与邪恶、优美与丑陋、善良与卑鄙的审美价值对比,强烈地凸显了斗罗系列中"神"身上蕴含的人格化、人情化特征,增强了神祗性格的巨大张力。

第二种神祗是如唐三、千仞雪、比比东等刚刚由人修炼成神时的形象。反派人物千仞雪、比比东疯狂地妄想获得全大陆的最高统治权,不惜残忍屠戮蓝电霸王龙家族、重创七宝琉璃宗,发动大规模战争抢夺地盘和权力。在这些人物身上,丝毫未见神祗所应有的宽容慈悲与普度众生的善念。也就是说,这些人虽然成神,但却比恶魔更凶狠残暴,成神过程放大了他们本性中的罪恶与丑陋。相比较而言,核心主角唐三在成神后,依然未变其深情、善良、理性的美好品质,人性的光辉提升了唐三作为神祗的"神格",使其更加符合普通人对神祗的想象。两相对比后,读者就会对《斗罗大陆》中的人神世界、人神关系和人格神品有了更深刻的理解。在成功继承神祗之位后,唐三说:

我早就说过,神这个称号不过是人力达到一定程度后所产生的。神也依旧是人,只不过是更加强大的人而已。如果说人是借用大自然

的力量，开自身的潜力。那么，神就是掌控这一切。（第316章《海神唐三》）

由此可见，在《斗罗大陆》中，成神并不意味着摒弃七情六欲，看淡世俗人生，反而是拥有了更强的力量去实现人生追求，肩负起维护正义、保护众生的重要使命。在唐家三少的笔下，神祇不过是一种能力等级，一种证明自身实力的等级称号，神其实就是一个更强大了的人，神性亦是人性，"神格"更是人格的"提升与加强"。因此，神不再是传统意义上冷冰冰的象征符号，而是一种丰满、复杂、拥有欲望却又肩负使命的超人类形象。这种对神性的猜测，表现了作者对道德伦理层面"超我"人性的深刻认识，表达了一种超越盲目宗教信仰的进步伦理观。

3. 进一步思考

如上文所述，《斗罗大陆》中神性亦人性的进步观念，让神祇不再是传统意义上高高在上、远离现实的符号，而是一个活生生的超越了肉身局限的人。他们有丰满的人性，有属于自己的喜怒哀乐。在成神前，他们是他们那个时空最优秀的修炼者，他们经历了旁人没有经历的艰难险阻，体会过普通人无法体会的孤寂和痛苦，才能忍常人所不能忍，最终功德圆满，飞升成神。这些经过天地法则、前任神祇筛选过的人类世界的佼佼者，会比凡人更加睿智、理性、善良。在这一美好神性的前提下，他们选择了用人类世界"委员会"的政治组织模式替代帝国、宗教，体现了权力组织模式的进步。

在斗罗大陆上，权力的组织模式主要是帝国与宗教。星罗和天斗两大帝国通过世袭制的方式进行权力更迭，并以继承人武力值高低为获得统治权的标准，因此，帝国皇室继承人的竞争异常激烈。这种类似封建社会皇位继承制的权力组织模式，体现了《斗罗大陆》弱肉强食的权力争夺。而武魂殿则是宗教式管理体系的典型。在向世俗转型之前，武魂殿就类似于西方宗教中的教廷，是凌驾于世俗权力之上的一种机构。武魂殿在每个城市都设有分殿，直属于教皇的只有武魂城一个地方；他们会去每个小城镇、乡村免费提供武魂觉醒服务，为平民孩子成为魂师提供机会；向低级魂师发放津贴，帮助其更好成长；收拢魂师成为自己的信徒，并为魂师的修炼提供资源。可以说，这种类似宗教的超世俗权力组织模式，原本是来带给人们信仰精神的，然而却在丛林法则的影响下，逐渐成为强者的一言堂。在比比东手中，武魂殿逐渐异化成了军事霸权主义组织。然而，"人类并不需要一个具有绝对力量和权力的暴君或者神来统治自己，所以大众文艺理应反对强者拥有不受制约的权力和力量"①。因此，作家在对神界政治组织模式构思中，引入了"委员会"的概念。神界委员会采取多人投票的形式，由两大神王和三位执法者共同参与投票，行使管理神界日常事务、审判众神的职责。这种以多人集体投票制代替专制独裁制的权力模式，鲜明地体现了政治组织模式的进步，体现了现代法律制度、契约精神对权力欲望的合理制衡，保护了大众的合理利益。

但不可否认的是，由于作者神性亦同人性的价值观设定，《斗罗大陆》系列小说中神的主观性也明显增强。他们不再是传统意义上的完美、公正、客观的造物者与统治者，而有了自己的欲望追求和情感偏向。因此，在神界，即使有了神界委员会的约束，神与神之间依然难逃人类丛林法则的恶习。在斗罗世界，神与神之间存在着森严的等级差距，由神官、巡猎者，到三级神祇，二级神祇，再到一级神祇，乃至神王，每一个神位等级之间，存在着巨大的地位、实力差距，上级神祇仍然能够碾压下级神祇。在神界中，除了像史莱克七怪一样的挚友关系，更多的是竞争、统治与被统治的关系。如在《斗罗大陆外传神界传说》中，毁灭之神与已经成为神界执法者的唐三对管理神界产生理念分歧，因而一意孤行，以即将临盆的小舞为要挟逼迫唐三暂时放弃对神界委员会的管理，并操控手下神祇控制史莱克七怪中的其他神祇，使整个神界分化为两个势力派别。虽然在终极劫难到来时，毁灭之神幡然醒悟，以牺牲自己的方式换得神界的生存，却也透露出神界权力制度中强权至上的原则。作者维持神界稳定所依靠的只是"神界中的人都是好人"这一逻辑，或者说上位统治者皆是完人的信念，而不是对权力的合理制约与科学分配。这种权力更迭模式并未改变社

---

① 王祥：《网络文学创作原理》，第67页。

会弱肉强食的丛林秩序，只是满足了英雄主义者所渴求的对世界随心所欲的控制，表现了小说政治伦理诉求上的不足。正如骆平所说的那样，"然而，必将到来的审判，决不允许任何脱离戒律的行为缺席。原谅也许是一束微光，照耀了人性黝黑漫长的隧道，但在时间的流逝中，它只能是私密的瞬间，无法朝向纵深延续。人类的行为，终将遵循法律与秩序"①。

综上所述，无论是贯穿《斗罗大陆》系列的生态美学主题展现，还是"天才流"模式的继承与创新，以及人神同构的叙事伦理表达，都展现了作者对现实世界的思考与探索，其中蕴含着深刻的人文主义价值关怀，是统摄整部小说各个主题的思想源流。基于人文关怀的主题展现，让《斗罗大陆》成为网络文学界少有的表达震撼人心的真情、真爱、真人的作品，它对当代大众文学的创新价值与现实意义是不言而喻的。

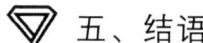 五、结语

在面对媒体的采访中，唐家三少曾明确地定位自己的写作目的是为广大老百姓提供最廉价的精神享受，《斗罗大陆》的出现让这一豪言壮语落地生根。这部充满人文关怀的网络玄幻经典之作，创造性地运用平行时空的转换，构建全新的武魂世界，并通过游戏设定模式简化了东方玄幻原有的升级体系，为读者阅读提供便利；在人物塑造上，伴随着主角团队的冒险经历，斗罗世界的势力分布、权力斗争大幕逐渐拉开，为读者展示了一个富有魅力的网文"异世界"图景；而在人文关怀的统摄下，作者成功地将"情怀"融入"天才流"模式的爽文中，抒发自身对生态美学发展的猜测与人神伦理叙事表达的幻想。遗憾的是，小说宏大的背景设定并没有得到最终实现，全文多次出现的艺术价值不高的重复叙事，以及在小说后半

---

① 骆平：《解构与重塑——传统伦理观在小说影视改编中的现代化叙事分析》，《中国电影》2020年第1期。

部分出现的叙事节奏明显加快，仍体现了其小白文的语言与叙事上的缺陷。作为中国网络作家首富唐家三少的代表作之一，《斗罗大陆》具有较高的研究价值，本文正是从世界设定、人物塑造、叙事结构与主题表达这 4 个方面分析了《斗罗大陆》独特的艺术魅力，但由于字数有限，不可避免地存在一定局限。比如因为着眼于网络文学的"内部研究"，本文并没有具体地分析读者对升级文的青睐原因；而《斗罗大陆Ⅳ龙王传说》仍在连载中，也导致了《斗罗大陆》系列关于人类与魂兽最终生存状态的确定仍有待展望。希望今后的论文能对这些部分有所补充。

历史·侠义·新玄幻
——《雪中悍刀行》细评

撰 稿：张 鹏　赵 薪　王 慧　黄玉莹　董建文
定 稿：王若存

《雪中悍刀行》
♯故事梗概♯

  藩王世子殿下徐凤年三年游历六千里后归乡,其弟徐龙象被龙虎山天师赵溪抟收做关门弟子。老黄在听潮阁与湖底老魁一战后,启程前往武帝城与天下第一王仙芝一战,最终以陪同徐凤年三年游历时所悟"剑九一六千里"逼出王仙芝全力一战。老黄此战力竭身死,死时仍心挂徐凤年,面北盘坐死而不倒,留下"来,给少爷上酒"的遗言。徐凤年与父亲约定期满后,为帮老黄取回留在武帝城的剑匣,也为替母亲报仇,下定决心练武。他以刀入武然后学剑最后再次转刀,先拜师湖底老魁楚狂奴,后得武当掌教王重楼馈赠"大黄庭"内力,小有所成后在老剑神李淳罡的陪同下第二次游历离阳江湖。随着徐凤年第二次游历的展开,离阳江湖势力的大致分布,当年的春秋乱战以及徐凤年第一次游历江湖时的一些见闻,都被揭示。徐凤年行至江南偶遇西楚遗臣曹长卿,曹官子寻得姜泥意图复国,小泥人惜别徐凤年后上位大楚女帝。第二次游历最终以李淳罡广陵江畔一剑破甲两千六为终结,徐凤年的武学境界达到一品门槛。

  之后徐凤年易容成书生模样藏身鱼龙帮,孤身游历凉莽边境,探查边关风情以了解北凉百姓的生活。徐凤年第二次游历一路北上看遍北莽风土人情、势力分布、山河地形,偶然之下被拓跋春笋和李密弼围杀,命悬一线之际得姜泥御剑千里救援,而后他为温华寻得绝世名剑"春秋"。归程时徐凤年又与北莽魔头第五貉大战,耗尽大黄庭内力一夜白头,之后于铁门关外截杀皇子赵楷,阻止皇室插手烂陀山事务,第二次北莽游历结束。

徐凤年入京承袭北凉王位，千人朝会上他一刀鸿沟，誓为中原守国门。黄龙士对徐凤年初游江湖时所结识的兄弟温华以绝世剑客的身份和所爱之人李白狮为条件威逼利诱，让其刺杀徐凤年。温华以手足换"手足"，为义折剑才入江湖便出江湖。徐凤年赶至城头送剑却不见温华，悲泣难抑，弃"春秋"以为念。下马嵬驿站太安城多方势力狙杀，徐凤年显现真武法相，与离阳皇室撕破脸皮针锋相对。皇室也不再留情面手段尽出，在徐凤年第三次离阳江湖行的北归之路上多方截杀。

徐凤年启程离京开始第三次离阳江湖行，先助幽燕山庄化解北出南海的观音宗练气士寻衅，为北凉获得幽燕山庄兵刃铁器的支持，同时引得观音宗举宗迁入北凉。韩生宣为替赵楷报仇，于神武城截杀徐凤年。赵凝神以龙虎山请神之法请初代天师，欲镇压徐凤年于春神湖，春神湖神人大战一触即发，徐凤年以真武法相应对，险些散尽龙虎山气运。王仙芝有所感应第一次出东海离开坐镇一甲子的武帝城欲寻徐凤年死斗。呵呵姑娘贾嘉佳为徐凤年以命搏命刺杀王仙芝，徐凤年经贺铸舍命报信得知呵呵姑娘命悬一线，千里奔援却于王仙芝必经小镇上遭东越剑池宋念卿截杀，幸得洛阳相助挡下宋念卿地仙一剑。但徐凤年为挡一截柳的刺杀一剑而身受重伤，不得已以前世气运加身化身大秦皇帝诛杀一截柳，后又以真武法身与王仙芝一战。战后王仙芝坐而论道，徐凤年以地仙境界回归北凉。

回归北凉后不久徐骁与世长辞，徐凤年承袭王位后整顿吏治，收服北凉将相官吏。离阳皇帝赵淳以近乎恶谑的"武厉"羞辱已故老北凉王徐骁，北凉数十万铁骑陈兵北凉道边境抗旨入境，赵徐两家矛盾愈演愈烈。之后徐凤年微服私访流州，重创北莽使者，奠定流州格局。高树露出关，馈赠徐凤年天人体魄。离阳皇帝赵淳命不久矣，为绝后患遣使武帝城说服王仙芝与徐凤年决死一战，一路上轩辕紫衣轩辕青锋、武当剑痴王小平、逐鹿山刘松涛先后拦截，呵呵姑娘甚至不惜性命千百里路途不断袭击阻拦王仙芝。徐凤年神游春秋时强行出关，千钧一发之际赶到救下贾嘉佳。徐凤年将前世今生一切气运汇聚一身，以天人境界与王仙芝死斗。这一战天上天下举世无双，王仙芝得偿所愿。因不愿与徐凤年同归于尽以至于耗尽江湖气运，王仙芝主动求死最终身死道消。赵黄巢战后袭杀徐凤年妄图坐收渔翁之利，结果遭到反杀。徐凤年再入武帝城祭奠老黄，取回他留在武帝城头的剑匣名剑，成就新武帝的江湖地位，江湖气运集于一身，收三名弟子。此后他不吝提携江湖后辈，为江湖留下新的种子，促使江湖展开新的篇章。

春秋遗留的谋士谢观应不甘寂寞，出山搅弄风云；曹长卿意图为西楚复国；杨慎杏老马失蹄于官场内卷，蓟南老卒全军覆没，离阳朝野震动。北莽女帝、南疆燕刺王、西楚曹长卿、西蜀陈芝豹、两辽顾剑棠各使神通搅动庙堂。离阳朝野暗流涌动，徐凤年巩固流州积极备战，以御北莽南下侵略，吴六鼎携吴家剑冢百骑入凉助守国门。离阳皇帝赵淳为政局稳固一心欲鸟尽弓藏，晋兰亭审时度势顺应上意弹劾张巨鹿，张巨鹿心忧天下慷慨赴死，桓温心灰意冷托钵孙寅隐退官场，陈芝豹叛出北凉封王西蜀收服旧西蜀遗民，太安城官场权力变迁翻天覆地，凉莽大战一触即发。

北莽大军压境，葫芦口战火初起，北凉将士人人背南朝北死战不退，千万将士血洒关外，卧弓城士卒尽绝。四国联手做局，镇灵歌悠悠唱响，煌煌北凉英灵不灭。为争取优势，北莽军神深入西域鼓动烂陀山投诚。徐凤年孤身奔袭赴西域抢夺盟军资源，借剑于温华，一剑迫使拓跋出城，激斗转战三千里，拓跋菩萨无功而返。虎头城刘寄奴死战拒敌慷慨殉城，北莽四线攻凉，徐凤年孤注一掷四线皆战，破死局大胜北莽，为漕运粮草入京述职。

新皇帝赵篆漠视北凉英灵慷慨就义，进京路上委派多方势力不遗余力截杀徐凤年，甚至妄图以练气士铸恶剑来折损北凉气数。祁嘉节罔顾剑客气节甘为朝廷走狗，万里御剑袭杀徐凤年。徐凤年不愿折损北凉气数，拼却一身血气，肉身硬抗万里恶剑，使其入不得北凉半步。突破轩辕青锋等人的拦截后，徐凤年愤慨入京大闹礼部为母报仇，于钦天监陷阵诛仙，血染钦天监，几乎斩尽离阳练气士，赵篆的帝王气运遭受重创。西楚臣子沽名钓誉臣大欺主，欲出卖大楚女帝姜泥换取荣华，北凉大雪龙骑军发兵广陵道，欲接姜泥回北凉。西楚朝堂风雨飘摇，臣子丑态尽出。徐凤年闯西楚皇宫，小泥人终归北凉。曹长卿解开心结王道转霸道，一人攻城落子太安城，赵篆帝王气运尽碎。最终曹长卿身死道消，一身气运尽归广陵道，一世风流尽散人间。顾剑棠反叛离阳，助西楚复国做开国元勋的愿望落空，处心积虑终落得个"春秋路人甲"。

北莽女帝油尽灯枯，拒绝天人馈赠不愿苟延残喘，壮心不已欲燃尽最后的生命之火，剑指北凉，再次挑起凉莽大战。燕刺王、蜀王联手裹挟广陵王公然造反，离阳赵篆皇帝之位岌岌可危，顾剑棠按兵不动隔岸观火欲坐收渔翁之利，徐凤年砸锅卖铁筹军粮建新城。新城拒北挂匾，江湖英豪义聚北凉，归田老卒重披战甲忠义乾坤，中原历代豪杰感念北凉死战，赵长陵牵头，引得天上谪仙人如雨落北凉。北莽大军兵临拒北城下，八宗师城外死战，北凉惨胜北莽。燕刺王入主太安城，赵铸登基称帝，太安城赵铸围杀徐凤年。徐凤年不愿再见中原乱战更不愿与昔日手足赵铸相残，黯然离京寻得温华归隐江湖。

《雪中悍刀行》
♯细评目录♯

▽ 一、玄幻世界设定的新变
　（一）世界架构的"历史"原型
　（二）"玄""武"结合的等级划分
　（三）武侠江湖的重新发掘

▽ 二、人物的"焰火式"展演
　（一）一往无前的侠士风流
　（二）"硬币式"的双面呈现
　（三）舍生取义的"焰火式"历程

▽ 三、珠帘勾网的书写方式
　（一）从"升级"到"游历"的内容与模式演化
　（二）线性叙事与网状结构：与《天龙八部》对比
　（三）化整为零及倒错时序的叙述策略

▽ 四、侠义精神的回归
　（一）侠义主题的涅槃
　（二）审美需求的嬗变
　（三）"新玄幻"的时代追求

《雪中悍刀行》（以下简称《雪中》）与以往的玄幻小说有很大的不同，其中既包含了大量的传统武侠内容，又充斥着玄幻类小说读者所需求的玄想世界元素。相较于早期及同期的玄幻小说作者，《雪中》作者烽火戏诸侯在写作手法及故事编排上，更多地秉承了传统武侠小说的风格，于一众玄幻小说中独具一格，可以说在剧情设计全然游戏模式化的玄幻小说大行其道的时期，给出了玄幻书写的另一种可能性。这种写作有利有弊：一方面作品打破了当时玄幻小说相对狭隘的定义僵局，广博而又明彻的国家历史知识以及传统文化思想让整个《雪中》世界丰满生动，也为小说增添了玄幻不曾有过的精神内涵，因此吸引了大量读者。但另一方面，网络小说的普及是基于其较低的阅读门槛的，而《雪中》有意无意设置的门槛，虽然提升了小说本身的品质，但也损失了一部分的读者。玄幻小说最初是在突破武侠小说禁锢的需求下出现的，所以很难轻易评判书中武侠内容的返场，是否是市场和读者喜闻乐见的。不过总的来说，在模式逐渐固化的玄幻时代中作出这样相对另类的尝试，并且在市场中取得了较大的成功，实际上是读者对于武侠返场的肯定。读者圈子里流传着这样一种说法："金庸封笔古龙逝，世上犹有《英雄志》，《英雄志》后仍未停，还有《雪中悍刀行》。"[①] 这样的说法本身是一种溢美之词，甚至有捧杀之忧，但确实代表了一部分读者的态度。尽管就整体来看《雪中》仍然有比如烂尾、情节碎片化等很多硬伤存在，但在武侠没落的"玄幻天下"中以"虽千万人吾往矣"的气魄为后辈开山，给热爱武侠的读者和创作者一种新的可能性，这一点是值得被肯定的。本文将结合部分网文作品、武侠小说以及严肃文学作品来比对《雪中》，展开一个较为详细的分析。

---

① 无文化谈有文化：《金庸封笔古龙逝，世上犹有英雄志，英雄志后仍未停，还有雪中悍刀行》，https://baijiahao.baidu.com/s？id=1647427975137645882&wfr=spider&for=pc，访问日期：2021年3月2日。

一、玄幻世界设定的新变

《雪中》作为一部在 2012 年正式发布在玄幻频道的小说,与以往的玄幻小说有很大的差异。之前以及同时期的玄幻小说比如《遮天》《斗破苍穹》《斗罗大陆》等在故事内容上几乎都立足于幻想、玄奇等类型基点上,并且大部分作品在世界架构以及情节发展中大量采用西方元素,诸如《斗罗》中的两大帝国与武魂殿的势力分布、《将夜》中"道门"西陵神殿的组织形式等。这种创作视野导致了玄幻文学趋于同质化书写,难出新意。但《雪中》另辟蹊径,小说中所有的元素均来自东方,或者说其内容基本由中国元素构成。通过挪用、重构中国历史原型,糅合玄幻、武侠两种故事色彩,为读者打开了新的视野。正是由于《雪中》既不失传统玄幻的幻想玄奇,又增添了传统武侠的美学特质,可以说对于玄幻文学创作而言不仅有一种沿袭,还有一种革新。

(一)世界架构的"历史"原型

《雪中》文本中有诸多因素来源于中国历史,但并非直接拿来使用,而是通过打碎、拼凑、异变等方法重构出一个完整的《雪中》世界。不同于其他玄幻小说对于世界设定的完全架空,这部作品更具历史性与史书写作风格,但又和某些小说里历史中心的虚化、主流的"野史化"[①] 相区别。虚化或野史化的架构方式多见于类似《赘婿》等"历史军争"类小说,甚至会有像"九州"等多位作家在各自不同作品中合力构架一个完整统一的世界观。但《雪中》所展现的不仅仅是基于中国历史的世界架构,

---

① 这是温儒敏提出的对于莫言小说的一种"叙史"模式,指关注"边缘的、民间的、日常的、琐屑的历史",是相对于正史而言的民间真实。参见温儒敏:《莫言历史叙事的"野史化"与"重口味"——兼说莫言获诺奖的七大原因》,载《中国现代文学研究丛刊》,2013 年第 4 期。

还有其世界设定中充满历史痕迹与细节的庙堂军伍、江湖势力和人文地理等内容要素。这些为人熟知的历史知识都被打碎重组,并融合了作者大量的间接经验和个人想象,营造出颇具艺术真实性的《雪中》世界,而这在"玄幻类"网络小说中并不多见。

1. 历史事件的重构

研读整个文本不难看出,烽火戏诸侯在描绘《雪中》世界时通过借鉴真实的历史事件为《雪中》创造出一个看似"真实"的时空,尤其表现在整部小说各种情节的大背景"春秋不义战"之中。书中不断提及的那些"春秋不义战"时期的经典战役,大多都能从悠久历史长河中找到类似的史实原型。无论是战争规模、类型、耗时,甚至是命名都很接近,比如小说中兵部侍郎卢生象的成名之战"雪夜下庐州"很明显来源于唐末名将李愬的经典战役"雪夜下蔡州",徐骁部队与大楚大军"对峙西垒壁"的战役明显借鉴了战国时期秦赵两国的"对峙西壁垒",等等。在《雪中》里类似的借鉴和重构不胜枚举,产生了一种带有浓郁历史感的独特互文效果。其中塑造尤为成功的一场战役便是作为"春秋守战第一"的"襄樊城攻守战":

> 在春秋大战中,守将王明阳曾坐镇西楚襄樊城,对抗春秋国战中频频以摧枯拉朽之势攻城略地的无敌骑军徐家铁骑。整座城池被徐家铁骑包得水泄不通,后方完全沦陷,粮草尽绝。面对这种状态,城中妇孺老幼甚至甘做守军的口粮肉干,襄樊城极其惨烈地孤守了整整10年。尽管襄樊城最终仍旧告破,近20万军民近乎死绝,但在这一攻守战中徐家军精锐亦折损大半,300名精于钻地的穴师伤亡殆尽,损失惨重。战争的残酷往往无关参战双方的立场甚或执念,但王明阳所受军令就是守城,无论多惨烈他始终坚守阵地,直至最后一刻,因此被称为"春秋第一守将"。小说中这场战争并非作者凭空杜撰,应该是来源于唐末的"睢阳之战"。《资治通鉴·唐纪三十六》中对"睢阳之战"记载道:"茶纸既尽,遂食马;马尽,罗雀掘鼠;雀鼠又尽,巡出爱妾,杀以食士,远亦杀其奴;然后括城中妇人食之;既尽,继

以男子老弱。"这样的历史记载与小说中"到后来西楚灭了，西蜀亡了，这个上阴学宫出来的稷下学士依然誓死不降，城中食人，王明阳更是亲手烹杀妻儿"（《雪中悍刀行》，第 87 章），"城中粮尽食马，马尽，罗雀掘鼠，雀鼠再尽再食人"（《雪中悍刀行》，第二卷，第 100 章），"十年困城，城中人如牲畜论斤卖。慈母割肉喂子女，恶父丢儿入烹锅"（《雪中悍刀行》，第二卷，第 98 章）等情节何其相似。

王明阳为什么要死守襄樊城这点，也值得我们注意。"襄樊"从字面上看有著名的襄阳、樊城之意，作者应该是把历史上的襄阳城和樊城以及钓鱼城作了结合。小说是这样描述襄樊城的战略意义的："天下腰膂重镇的说法，名副其实。"（《雪中悍刀行》，第二卷，第 98 章）襄阳城、樊城二者在历史上确实也有"天下腰膂"之称，可见作者并非随意写就。此外，关于钓鱼城这里，作者将其缩小成一个类似瞭望台或者指挥台的建筑，并置于襄樊城城墙之上，书中说道："到襄樊了，可以望见城墙更上的著名城楼钓鱼台。鱼台一柱撑起十年半壁""城楼匾额写有'孤钓中原'四字"（《雪中悍刀行》，第二卷，第 100 章）。在现实中，重庆合川钓鱼城中的牌坊上同样有着"独钓中原"四字。不仅仅是相似的命名，小说情节也与发生在这些地方的历史事件高度重合。在南宋末年的宋蒙之战中，潼川府路合州的"钓鱼城保卫战"就持续了 36 年，连成吉思汗之孙蒙哥都战死于城下。小说中对襄樊城守战还有如下描述："哪怕西垒壁后你们西楚燕京被破，哪怕整个江南全部失陷，这座城与这个钓鱼台都屹立不倒，可惜不管襄樊如何固若金汤，却影响不了天下大局。"（《雪中悍刀行》，第二卷，第 100 章）小说中的西楚都城和江南道位于襄樊城后方，也就是说在实在难以攻克"襄樊城"的情况下，可以绕道先攻取后方，然后采取围点打援、釜底抽薪的方式困死"襄樊城"。真实历史上的钓鱼城和襄、樊二城曾陷入同样的境地：钓鱼城孤立无援，守将最终不得不以"不杀城内一人"为条件投降蒙古大军；襄樊二城孤立无援，在蒙古大军的铁蹄下坚守 6 年之久被破。其实在金庸《神雕侠侣》的结尾处，郭靖等一众江湖侠士帮助襄阳守城的战役与《雪中》的"襄樊城守战"在情节和场景设定上如出一辙，都是将襄阳城、樊城、钓鱼城进行了结合，而且杨过在襄阳城下射杀蒙古主帅托雷的故事也明显借鉴于钓鱼城守战。不同之处在于，《神雕》更贴合历史，它的故事背景本身就是宋蒙之战，无论是人物事迹还是地理位置等都尽量忠于史实，一定程度上加以艺术手法演绎而成，而《雪中》则是基于历史但又将其打碎重组的架空写法。

韩愈在《张中丞传后序》中评价"睢阳之战"道："守一城，捍天下，以千百就尽之卒，战百万日滋之师，蔽遮江淮，沮遏其势，天下之不亡，其谁之功也！"张巡领导一城军民，阻滞了敌军的攻势，但王明阳在《雪中》里却没能做到这一点，西楚最终还是亡了国。作者也在小说中借徐凤年之口对于"襄樊攻守战"作出评论："算是前无古人后无来者的壮举。这场攻守战，让王明阳赢得了春秋第一守将的名头，连徐骁都佩服。只是一人功成名就，却拉上 20 万人陪葬，王明阳再过 1000 年都是个争议人物。"（《雪中悍刀行》，第二卷，第 87 章）王明阳一战成名，却似乎印证了"一将功成万骨枯"的道理。西楚注定亡国的命运仿佛让这一战失去了其该有的意义。但真的如此吗？没有结果的反抗并非毫无意义，行动与命运的巨大矛盾和冲突正显出了王明阳的悲剧色彩，明知不可为而为之的行动坚守住了"大楚风骨"，这正是触动读者内心的地方。小说中充满了大量与此类似的情节要素，颇给人以荡气回肠的意味。

2. 地理环境和势力分布

《雪中》的地理环境和势力分布在一定程度上都可以在中国古代历史中找到对应，根据故事内容的具体描述以及对文本细节的考据，本文给出以下简略的《雪中》世界地图以供读者参考。

先从北凉开始分析，它毫无疑问处于《雪中》世界版图的西北方位。北凉借名于中国古代的凉州，但从小说中看凉州只是北凉辖境的一部分，即北凉一州，地处今甘肃省东南部。由于小说中提到敦煌城位于北莽境内，故本文认为将现今的甘肃省沿河西走廊分成东西两部分，西部为北莽地域，东部则为小说中的凉州。小说中北凉原本下辖幽州、陵州、凉州三州，算上后来被徐凤年收服的流州，乃四州之地，其中陵州也被称为"塞上江南"。现实世界中，黄河中游的冲积平原即宁夏河套地区同样被称为

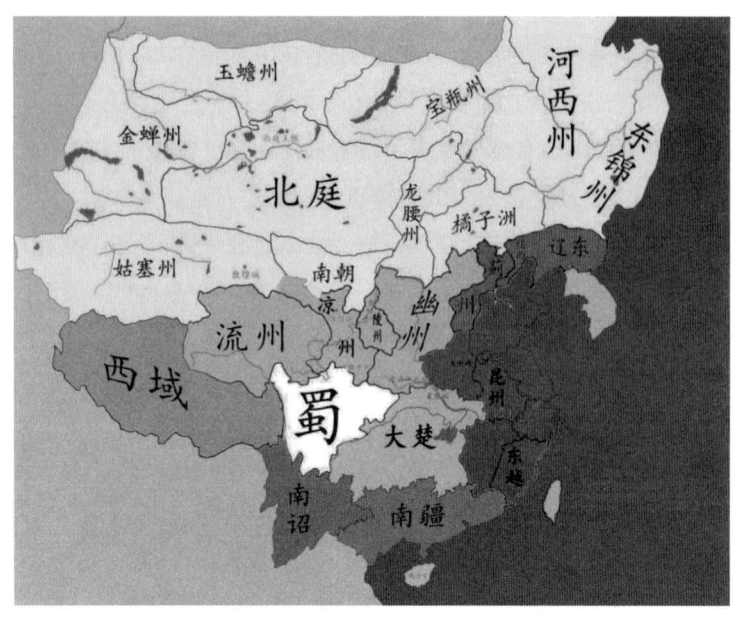

"塞上江南";并且据小说情节推测,陵州与凉州相邻,其北部有长城分段,所以本文认为陵州应为现实中的宁夏地区。关于幽州,宋朝有"幽云十六州"的区域划分,大致在现今的北京市及河北省西北部一带。河北在古代又有蓟州之称,小说里也有蓟州,属于顾剑棠势力范围。小说中提到的北凉幽州倒马关大致位于河北省西北部,经过对比,本文认为北京以西为幽州辖境(包括今陕西、山西两省以及河北的西北部),以东为顾剑棠驻守的蓟州辖境。在幽州的界定上,因为小说中明确提到武当山位于北凉境内,所以幽州应该还包括湖北省北部。还有一个值得注意的地方,文本中提到徐凤年曾在美人频出的幽州胭脂郡逗留较久,胭脂郡应该是指陕西北部米脂县。陕西民间有这样一句谚语:"米脂的婆姨绥德的汉,清涧的石板瓦窑堡的炭。"米脂县被认为自古人杰地灵,所以作者给以其为原型塑造的胭脂郡一个特写也就不奇怪了。顾剑棠还有辽东、辽西两辽边防辖境,应相当于辽宁省地域,两辽与蓟州边防扼守离阳东北大门"渤海走廊"(即环渤海地区)。"渤海走廊"南部是华北平原,地势一马平川,能够迅速抵达离阳都城太安城,所以暂且可以认为小说中的离阳太安城在今河南地区。结合小说与现实历史中的城市繁荣度推测,太安城可能就是开封或者洛阳。流州从小说中反映出的地理位置、疆域、气候与战略地位,大致应该对应现在的青海省辖境。

再说北莽,显然北莽女帝原型应为北宋时期辽国的萧太后,北莽人民的生活习俗也和中国历史上屡次入侵中原的北方游牧民族相吻合,而且当时的辽国也的确有着南北两个京都的分野,所以北莽版图应该是按历史上的辽国来设定的,疆域大致相当于今蒙古高原至极北之地。西域所指的应是西藏地区,烂陀山僧人的装束也和藏地佛家弟子的装束相近,同时《雪中》里对烂陀山的描述有着珠穆朗玛峰的影子。书中要与徐凤年双修的六珠菩萨出自此地,她所持的佛家双修法门来源于藏传佛教密宗一派。

西蜀无疑是四川盆地,褚禄山千骑开蜀之役与三国时邓艾八百骑偷袭蜀国都城的战役有很多相似之处,且文中明确说道,蜀地地势险峻,本不宜骑兵作战,这与中国自古常言"蜀道难"的认知高度重合。此外,陈芝豹就藩西蜀时,文本中有提到凉州与蜀地以腊子口为界,在现实中甘肃和四川交界地附近确有"腊子口"这样一处关隘。南诏之地就是云贵一带,少数民族特点明显,不用多加考证,读者自然明确。

大楚的界定较为模糊,小说中对大楚的定义是"中原正宗",所谓"春秋乱战,中原陆沉"主要指大楚王朝的衰落,但中国历史上的中原大都指河南一带,而楚地多被认为是重鬼神的淫祀蛮夷之地。小说中作为"中原"的楚地和历史上的楚地难以对应,所以姑且按照字面意思将湖北、湖南、河南南部、江西西部等地界定为小说中的西楚。东越的位置判定基本和春秋时期的越国相合,大致为浙南闽北。广陵道应为现今中国江南地区,辖境包括江浙一带及附近地域,广陵江大潮对应钱塘江大潮是可以确定的。关于南疆,小说中燕刺王驻守旧南唐,从燕刺王对南唐事宜的处理来看,南唐应该地处比西楚更南的地方,大致可以划分到两广境内,因地处边疆,书中又称"南疆"。

春神湖应取自洞庭湖,湖中有君山。原著小说中对春神湖有这样的描述:"八百里春神湖,三城三关三山,素来被兵家瞩目。又以三城为重,襄樊、荆阳、武陵,以天下而言重在襄樊,以东南而言重在荆阳,以本州而言重在武陵。"(《雪中悍刀行》,第二卷,第 87 章)洞庭湖在历史上也确有"八百里洞庭"之称,地理位置与小说中对于春神湖的描述大致相当,所以两者是可以对应的。

瘦羊湖脱胎于西湖无疑。原著小说中"一山二堤三塔四湖五井""堪称冠绝南北"(《雪中悍刀行》第二卷,第 106 章)的瘦羊湖与西湖的"一山二塔三岛四堤五湖"极为相似。此外"瘦羊十景"与"西湖十景"也一般无二,小说中疏浚五井的典故及对景色的描写都符合西湖的历史及其特点。

综上所述,《雪中》的世界设定大多有据可考,它通过将真实历史中的地理、人物、文化、事件等元素打碎再重组,形成了其特有的故事空间。这样的设定方式本身巧妙且有效,让如同无源之水、无本之木的虚构内容有了历史的锚定点和附着处,更容易营造出一种真实感。在这样的空间中再借由一个又一个鲜活的人物来展现小说的精神内核,让整部作品有了一种历史化的传奇感。其实这种设定方式与金庸的武侠小说比较相似,我们在读他的作品时能够很明显地感受到他往往会将故事置于一个极为鲜明的历史背景下,甚至有时会有非常明确的年份。例如《天龙八部》将三个出身不同的角色,即大理镇南王世子段誉、丐帮帮主乔峰和少林寺孤儿虚竹置于一个牵一发而动全身的境地中——当时北宋政治局面复杂,强敌环伺,朝堂江湖相互影响,辽宋战事一触即发,且有亡国之人搅弄风云伺机复国,江湖动荡,整个故事就由此展开——将真实的历史化用进传奇故事中,而文中的这些传奇人物和事迹,就共同构成了小说中亦真亦幻、似有似无的艺术真实之境。

3. 社会政治的历史借鉴

烽火戏诸侯在《雪中》这部作品中对于历史知识的运用比一般的网络作家要多一些,这点不仅存在于小说对历史事件的挪用与重构,以及其中的地理环境和各方势力分布,同样还在故事中北莽王朝的阶层划分上得到了大量体现。烽火戏诸侯在这一社会政治的设定中主要借鉴了"氏族制度"与元朝"四等人制",本文拟针对这两点进行简略分析。

北莽王朝分为北庭王帐和南朝庙堂,前者主要由北莽的原住民组成,后者则主要是春秋遗民构成。"北莽女帝临朝以后，交换听取南北两京权臣的建议后，按照中原门阀制度，出炉了一个算是粗略胚胎的门第划分。"（《雪中悍刀行》，第二卷《孤身赴北莽》，第60章《笑话》）在这种划分下北庭南朝并立，两京的政治上实行"四等氏族"制度，并以"四等人制"区分人种等级，二者并行。而这种局面正是北莽女帝登基后北莽吸收了大量春秋八国遗民形成的。

"洪嘉北奔"之后北莽的臣民构成发生了巨大变化，原住民与新入驻的春秋遗民难免产生冲突和矛盾。小说原文说道："起先在所难免的动荡不安后，有过无数桩北莽贵族擅杀外族的喋血惨案，甚至动辄是几十几百人的斩杀。"（《雪中悍刀行》第二卷《孤身赴北莽》第39章《下酒菜》）可以看出，初始之时原住民与新入驻的春秋遗民之间有着无法调和的冲突和矛盾，而北莽王朝要想增强国力、举兵南下、开疆拓土就必须处理好新旧臣民的关系，若是处理得好会让国力大增，处理不好极有可能导致王朝政局不稳。因此，阶层划分中的首要问题便是北庭王帐与南朝庙堂的关系问题。在小说中，原北莽贵族为一等，迁徙北上的春秋遗民中的贵族基本都在二等及以下，原住北莽平民大多为三等，春秋遗民中的平民为四等。原北莽平民有机会通过博取军功等途径改变自己的阶层属性，最高可上升至一等，例如北莽新崛起的南院大王董卓。至于春秋遗民，因为其外来身份，在整个北莽官场（北庭和南朝）与社会中基本上被断绝了成为最上层贵族的可能性。这种设定其实与历史上元朝统治者的统治政策大同小异，元朝统治者基于一个朴素的政治逻辑——依据归顺时间的早晚划分人的地位，由此产生了四个等级：一等为蒙古人，二等为色目人，三等为汉人，四等为南人，四等人之间有难以逾越的鸿沟。小说中对于北莽阶层的界定脱胎于此，虽没有明确地将北莽的社会阶层划分得这样细致，但北莽原住民的地位始终凌驾于遗民之上，就是北庭王帐与南朝遗民的总体关系。

小说中，北莽在实行着基于人种等级的"四等人制"的同时还实施了"四等氏族"的政治地位等级制度：

除去皇室两族为一品大姓，接下来便是被誉为"膏腴""灼然"

姓氏的甲字十族。

南朝除了高踞甲字的"高华"三姓，接下来一线所谓的高门大族大多是丙丁二字居多。（《雪中悍刀行》第二卷《孤身赴北莽》，第60章《笑话》）

由以上材料可看出，南朝姓氏大致可分为"甲、乙、丙、丁"四等，这种划分基于出身，也就是说，出身决定了人的高低贵贱，具体由姓氏的形式体现出来，这与唐代柳芳在《氏族论》中的描述极为相近。《氏族论》中说道，在南北朝时，"过江则为侨姓"，王、谢、袁、萧为最大；东南为"吴姓"，朱、张、陆、顾为最大；山东为"郡姓"，王、崔、卢、李、郑为最大；关中也为"郡姓"，韦、裴、柳、薛、杨、杜为姓氏之首；代北为"虏姓"，长孙、宇文、元、陆、窦为大。以上"侨姓""吴姓""郡姓""虏姓"并称为"四姓"。① 古代世家大族的历史远非一国所能比拟，传承历史越久远、文化底蕴越深厚的氏族，地位自然越高。

在小说中，北莽姓氏等级与官衔品级挂钩，同时官衔品级也会反哺姓氏等级：

和徐凤年关系亲近的老儒生，便因为族兄曾经担任南朝吏部正员郎，得以跻身丁字家族，而队伍里为首的世家子，虽然士子北逃时只是中原三流士族，但扎根北莽，约莫是水土适宜，家族先后有两人位列南朝九卿高位，一跃成为丙字大姓。（《雪中悍刀行》第二卷《孤身行北莽》，第71章《想拎酒而回》）

柳芳在《氏族论》中同样有着类似的论述："举秀才，州主簿，郡功曹，非四姓不选。""凡三代内有位列三公者为'膏粱'，有令、仆（射）者是为'华腴'，有位在尚书、领、护以上者是为'甲姓'，有位列九卿者为'乙姓'，有官至散骑常侍、太中大夫者为'丙姓'，有官至吏部正副郎

---

① 陈鹏：《隋代谱牒与郡姓评定》，载《唐史论丛》，2019年第1期。

者为'丁姓'。"这与南朝的四等姓氏划分如出一辙。

　　小说中人种等级划分与姓氏等级制度的融合设定，起源于整个故事的背景"春秋不义战"，大量的中原各国门阀、百姓为躲避战火向北逃亡，形成"洪嘉北奔"的局面。北莽女帝为了丰富和发展北莽的政治、经济与文化，为日后南下中原做准备，接纳了从中原一路逃到北莽境内的大量春秋八国遗民，并形成了北莽南朝。北莽南朝产生了巨大影响，北莽王朝无论是在政治、经济和文化方面，还是在军事战略上都有长足的发展。但是对于北莽原住民来说，忽然迁入的大量外来人口，使原本就相对紧缺的资源越发捉襟见肘，也让北莽原住民和春秋八国遗民之间矛盾不断，"随着北莽女帝的条条律令下达帝国每一个角落，期间死了十数位耶律与慕容双族子弟，责罚削爵了许多位高权重的王庭权臣"（《雪中悍刀行》第二卷《孤身行北莽》，第 39 章《下酒菜》）。北莽女帝以一如既往的铁腕迅速稳定北方豪阀大族，并以原住民人种地位永远高于春秋遗民的政策安抚原住民情绪。对八国遗民来说，来到一个新环境后不得不对自身的处境与定位进行适应。明确的等级制度让八国遗民能迅速适应新的环境，寄人篱下的境况和并未堵死的晋升途径在最大程度上消解北莽接纳春秋遗民后产生的副作用，这样才造就了后来北莽的北庭南朝互补的安稳局面。但即便如此，接收春秋遗民仍旧给北莽带来了无法消除的弊端，"春秋遗老给南朝带去了完善的中原礼仪文化，为虎添翼，却也一并带去了许多北莽不曾有的诸多陋习，豪奢风气犹胜北凉"（《雪中悍刀行》第四卷《共逐鹿》，第 70 章《不外乎人情》）。极耗物力的附庸风雅和不合时宜的风花雪月，都在悄无声息地消耗着北莽原本就并不充沛的资源，以及身为游牧民族的血性与战心，甚至已经到了贻误战机的程度，"虽然有慕容女帝给这个胖子撑腰，但短时间内未必就能把南朝兵马整合完毕"（《雪中悍刀行》第四卷《共逐鹿》，第 70 章《不外乎人情》）。这其实就是春秋四大谋士各怀鬼胎之下联手促成"洪嘉北奔"，与北莽女帝、北莽谋士们的博弈。这也是《雪中》异于大多数玄幻小说的一点，人物之间的博弈并不仅仅局限于个别章节内容之中，而是大面积铺开、渗透在每一处细节甚至是世界背景设定中，从而最大程度地展现一个宏阔的时空，使读者为之着迷。

(二)"玄""武"结合的等级划分

《雪中》除了上述在世界架构方面对于历史元素的运用外,整部作品中还展现了较为特殊的修为等级划分设定。一般而言,每一部玄幻小说都需要有一套清晰的修为等级划分设定,这是支撑起整部小说的基本框架。比如说在经典作品《斗罗大陆》中,游戏化的等级划分体系明确地展示出小说中角色的实力和强度,不同等级的实力之间如隔天堑(主角除外)。《雪中》也有一套自洽的修为系统,基本体系分为九品,这是对于传统玄幻修为体系的继承,同时作者又引入了传统武侠的某些逻辑:当人物的战力值到达一定程度后,明确的等级不再是决定实际战力强弱的唯一或者说主要因素,影响更大的是人物对于境界的掌控程度;还有部分人物境界的攀升并不严格按照等级体系的规定,存在跨境攀升的可能性。此外,传统武侠设定还体现在人物战力的对比关系中,例如李当心的大金刚境无人能破,天下第一王仙芝也无法攻破,但李当心无法战胜王仙芝,这样人物的实力对比就有了一定的模糊性。这种"玄""武"结合的力量体系设定与《斗破苍穹》《斗罗大陆》之类力量等级划分明确的玄幻网文明显不同,下文将展开较为详细的分析。①

	名称	战力	代表人物
普通武者	下三品(七、八、九品)	一击伤甲而不破	人物太多且并无太过出彩的角色暂不记录
	中三品(四、五、六品)	一击破六甲	
	三品	一击破八九甲	
	二品	一击破十甲以上	

---

① 此处所说的修为等级与战力是两个不同的概念,修为等级是指人物当前所处境界等级,而战力指其能表现出的实际战斗能力,二者在某些情况下并不对等,例如韩貂寺善于指玄杀天象。

续表

名称		战力	代表人物
一品四境	金刚	对于普通武夫而言境界逐步提升，战力逐步变强。对于三教中人来说三境并无明确的强弱之分，不同境界各有侧重，更看重个人感悟与修行	李当心、龙树圣僧
	指玄		目盲琴师薛宋官、韩生宣
	天象		轩辕大磐
	陆地神仙（儒圣）		曹长卿、程白霜
超一品	仙人	因武者心境、修为等诸多因素不同而不同，具体人物具体分析，有一定模糊性	龙虎山历代飞升天师
	天人		天门外邓太阿、放下一切的徐凤年

如上图所示，《雪中》将修为体系划分为九品（从低到高，九品至一品），二品以下为普通武者，主要通过肉身力量与军阵普通甲士的防御力作对比，伤甲而不破是下三品（七、八、九品），破六甲以下为中三品（四、五、六品），三品破甲八九，二品可称为小宗师。一品境界细分为宗师四境，处于这一品级当中就具有了一定的"超凡"战力。四境为：金刚境、指玄境、天象境、陆地神仙（有大小真伪之分，上品为大，最次是伪）。金刚境源于佛教，指玄境来源于道家，天象境来源于儒家。陆地神仙顾名思义，已是人间极致，仅次于天上仙人。

对于一般武者来说，一品四境为逐步攀升的过程，无需过多分析，但需要注意的是三教中人不遵循常例，佛门中人入一品即为金刚，道教真人入一品即为指玄，儒家士人入一品即为天象，且只修单境。先看"金刚"，该词出自《梨俱吠陀》，指的是因陀罗的武器，其特点就是坚不可摧。后《佛说宝积三昧文殊师利菩萨问法身经》卷一又道："佛问：何谓金刚？答言：无能截断者。"所以"金刚境"指的就是人物的体魄极为坚韧，近乎达到坚不可摧的程度。佛教中人一旦进入一品金刚境就意味着他们达到了自己的武力巅峰，武力强度超过指玄境与天象境，故而不需要继续向上攀升境界，这类金刚境被称作"大金刚境"，代表人物有龙树僧人、两禅寺李当心等。小说中虽没有写明，但通过佛教人物与普通武者的对比可以看出，大金刚境拥有的不只是金刚体魄，还有"金刚之心"。金刚之心在佛教中指称佛性之心，即佛教追求的般若智慧。有金刚心则勘破万法，参透色相，免于贪、嗔、痴三毒，不堕烦恼，在佛教看来这已然是成佛了，达到了最高境界。这也就解释了大金刚境为什么可以在一品境界对拼中立于不败之地。

"指玄境"的名称应取自吕洞宾所作的《指玄篇》，但二者除了名称相似与道教归属之外似乎并没有什么联系。仅从小说中看来，指玄之意十分广博，主要可以理解为两种含义。其一为"指向玄妙"，指玄境中种种术法神通非常人可理解，例如目盲琴师薛宋官沟通器物达到玄妙之境，拨动琴弦即可杀人；江斧丁"直指天心"的指玄神通，对于一切术法神通过目不忘且能把握其中精髓，达到"偷师"的目的。其二为"指下玄妙"，种种玄妙法门皆出于指掌之中，例如人猫韩生宣的神通于手臂之处孕育出万千红丝，刚则堪比神兵利刃，柔则类似蚕丝细绳，更可以如抽丝剥茧一般活剥人皮；再如前期的邓太阿豢养通灵袖珍飞剑，于千里之外杀人无形。无论是指玄境还是指玄神通所展现出来的玄而又玄之处，正体现着道教理论最为形而上的"道"，指玄境正是追求道时外化出的一层境界。指玄境到了极致便产生了大指玄境界，韩生宣、薛宋官之流皆如是。

"天象境"应是出自儒家经典《周易》，《易·系辞上》中写道："天垂象，见吉凶，圣人象之。"天地运行每时每刻都在向人展示征兆，其中蕴含着吉与凶的万千变化，境界足够的"圣人"能够察觉到上天的征兆，顺天地之意行事，即可趋利避害、润泽苍生。《雪中》里的天象境人物正是这样，凡事小心谨慎，以求不违天意。如果违背了就会折损自己的气数，甚至有灭顶之灾。最为典型的一个人物当属轩辕敬城。在小说中，如果轩辕敬城按照自己既定的命运线继续发展，那么长则十数年短则几年就可以平稳跨入儒圣境界，但因为轩辕大磐对他的女儿轩辕青锋起了邪念，轩辕敬城为了保全自己的女儿，逆天改命强行跨入儒圣境界，然后以肉身自爆为代价引下天雷，以一身儒圣境界换取一场天罚来清理门户。天象境最能体现"天人合一"的思想，人与天的交互统一是天象境的实质内核。与金刚境、指玄境一样，天象境的极致是"大天象境"，若进入大天象境就不再局限于"听天由命"了,而是能对天命作出适当的反抗,例如曹官子曹长卿以王道立身修成一身大天象修为,在复国失败、认清自己本心后由王道转入霸道,虽违天行事,但求顺应本心。

现今大量玄幻小说的修为体系架构因其简单明了,所以适用于刻画人物群像及其成长的长篇写作,但是过于模式化的修为晋升系统又容易使人物形象程式化、同质化。传统武侠小说中武功体系的设定方式的确让人物形象更立体化、多元化,但是往往无法很好地用数据化来直观呈现大量的人物,从而在作品的体量上受到了很大的限制。相对而言,《雪中》的"玄""武"相结合的修为体系既有明确的等级划分和晋升系统,同时又留下了人物力量提升时灵活处理的空间。较之简化固定的修为体系,作者有了更多的空间去塑造人物发展的多元可能。虽然就《雪中》本身来看,这种"玄""武"结合的处理并不能让所有读者满意,但不可否认上述问题确实得到了一定程度的解决,所以可以说这样的设定不失为一种可取的探索与尝试。

(三)武侠江湖的重新发掘

《雪中悍刀行》所处的时期武侠题材并不受大多数读者的青睐,一方面是大环境的不兼容,另一方面是优秀武侠作家和作品的匮乏。新兴的"白文"式玄幻小说相较于传统武侠小说具有突出的优势,但其劣势也是明显的。总体而言,随着网络新媒介的发展,网络文学的传播变得广泛。网络文学产品的生产、传播和消费呈现出一片繁荣景观,但是其思想深度的不足以及内容表达的浅表化的确削弱了文学性或者说艺术性。网络媒介形式的"便利"使得很多读者以纯粹消遣娱乐的心态看待网络文学阅读,不再追求深度审美,不再进行独立思考。较低的阅读门槛以及与精英文学不同的爽感体验虽然使其受众群体扩大,甚至出现狂热的书迷团体,但是也导致了大量只有较低文学接受素养的读者涌入。而《雪中》武侠江湖里繁杂的势力设定以及错综复杂的庙堂局势,不再像通常的玄幻网络文学产业化写作生产出的白文式作品那么易于阅读和理解,对习惯白文的阅读读者极不友好,也因此导致书友对于《雪中》世界设定的评判褒贬不一。

两极分化的评价，很大程度上说明这样的世界设定既满足了一部分武侠迷的阅读需求，又在一部分读者心目中显得过于散乱繁杂，优劣各半且不具备模仿的可能性，并不能为之后的作品提供较好的指导作用。

从作者的角度来看，可以说在他的反思与探索中，《雪中》这部作品是对玄幻小说模式化潮流的反叛。作品的整个世界设定与经典的金庸武侠小说有着极大相似处，比如离阳王朝与北宋朝堂、武当山和武当派、民族矛盾等。这样的世界设定，明显有着对于传统武侠的大量追溯、借鉴与学习，是改变当时的产业化写作的一次新尝试。同样地，从读者的角度来看，部分阅读量大的读者对于白文式网络文学的套路化写作模式已十分熟悉，在阅读时往往能够预先猜到人物角色的设定、情节发展的脉络。这种阅读体验缺乏陌生感和新鲜感，读者因此又开始怀念武侠小说中的江湖设定，而不满足于相比之下更为模块化的玄幻小说设定。在这样的境况下推出借鉴武侠小说设定的玄幻小说，不得不说是"武侠江湖"对于"玄幻世界"的一次反扑。

正是因为借鉴了传统武侠元素，《雪中》的世界设定是完全不同于同期的玄幻小说，以及早期的仙侠小说的。以宗派设定为例，仙侠类如《凡人修仙传》七玄门、《仙逆》恒岳派、《诛仙》青云门等，玄幻类如《遮天》灵墟洞天、《将夜》书院等，皆与《雪中》的武当山、龙虎山等有相似之处，但是其中的区别也是巨大的。相较于其他作品中宗派对于主角实力提升的功能性，《雪中》的宗派对于主角的实力提升并没有很显著的功效，仅有武当掌门王重楼的大黄庭成为主角实力提升的重要因素，而其他情况下宗派要素主要体现在各种支线情节中，成为江湖情义、庙堂之争的构成部分。这样的设定在当时显现出很大的优点，相比于产业化写作下的玄幻小说如《斗罗大陆》《斗破苍穹》等，世界设定不再是为主角的变强而服务，反而转向服务于对故事世界的整体展示。

许多读者都诟病的白文模板化和产业化制作，是那个时期困扰所有网文作者的难题。在同时期中出现了大量类似的玄幻小说，世界观设定逐步趋于一致化，往往只是将同一类型的世界设定换了一个名字，本质上并无不同。以两本较为出名的早期玄幻小说《斗罗大陆》与《斗破苍穹》来举例,其中斗罗大陆与斗气大陆、唐门与萧门、暗器与异火、武魂殿与魂殿等各种设定,都能在一段时期中找得到大量模仿作品,比如将大陆名称以及主角所在门派进行替换,主角天赋的来源都很雷同,甚至于每位主角都有一个特定的副职业,还有一个穿越后指导其修炼的"百科全书"式的人物,类如《斗破苍穹》中的药老和《斗罗大陆》中的玉小刚。这样基于以往成功作品的玄幻文学生产固然可以获得稳定的利益,但却缺少了变数和新意。大部分的老白读者之所以自称老白,就是因为他们已经在大量的阅读中总结出了这类作品的共性,到了只需要同步对比文中各种名称就知道接下来剧情发展的地步,所以这样的作品设定是被老白读者贬斥的。在《雪中》之前,只有极小体量的作品脱离了这种产业化写作,开创出了独特的世界设定。虽然烽火戏诸侯本人早期也进行过白文创作,但从《雪中》这部作品却能明显地看出他对世界架构、人物设定、叙事策略、主题深度的严格要求。他不再满足于产业化的创作,而是在获得一定的读者基础和网文地位后,毅然决然地选择了改变,通过高于一般玄幻文学的艺术想象力和表现力,为玄幻和武侠读者提供了特有的审美体验,也将自我的审美理想追求投射到文本中去,完成了对于玄幻时代模式写作的反叛与革新。《雪中》的创新性设定不仅是作者对于产业化写作僵化环境的突破,更是对于创作、对于读者的尊重。

▽ 二、人物的"焰火式"展演

传统武侠类文学作品往往以书写"侠士风流"为主,而在《雪中》发表的时期,对于侠义精神的大笔墨书写却常被人批作不知变通、顽固死板。在这样的创作环境下,《雪中》所刻画的一众人物依然秉持着"虽千万人吾往矣"的侠义信念,以一往无前、接连不断的决绝姿态在那个世界中绽放出最绚烂的焰火,引人注目又发人深省。

(一) 一往无前的侠士风流

侠的本质是"利他性",正如金庸先生所言:"侠就是牺牲自己利益去帮助人家主持正义。"① 传统文化语境下往往强调"士为知己者死"的义气,而侠已经超越了这一层面而达到了"士为他死"的境界,这样的侠士风流不再只是一种日常生活层面的侠士义气,而拥有了人类之爱的永恒价值。② 侠士风流体现得最为明显的是魏晋时期。魏晋在中国传统思想文化发展史上正是一个大风流时期,正如李泽厚说:"魏晋恰好是一个哲学重新解放,思想非常活跃,问题提出很多,收获甚为丰硕的时期"③。在这一时期,文人墨客将"风流"作为精神追求,它成为中国美学和文化语境中对于人物品质的理想化描述,不仅集中体现了中国美学的发展高度,也成为中国魏晋时期美学的一大代表性特质。

谈起魏晋时期的"风流",其中最大的特点便是"逆"——逆礼法、逆人伦、逆时代等。讲求凡事顺应自己心意,且不管外界的评价。叶朗先生认为:"魏晋名士之人生观,就是得意忘形骸。这种人生观的具体表现,就是所谓的'魏晋风度':任情放达,风神爽朗,不拘于礼法,不泥于行迹。"④ 求生是生命的本能,饱含侠士风流的人,总是能够背离着求生意志,去获得更高层面的精神慰藉。他们以其对于现实人生和理想世界的无畏追求,实现文化与精神层面的救赎,同时也建立了独属于他们的人格范式。而这些人最绚烂的时刻,则时常体现在他们因意气、风骨等诸多因素所导致的死亡,这是因为面对价值的抉择时,他们可以欣然赴死,名曰"舍生而取义"。

在网络文学发展早期,文学作品中时有孟子笔下舍生取义式的人物,他们秉承着一往无前的侠士风流,重义轻利,追求精神上的崇高。但从总

---

① 杨澜:《有人的地方,永远有侠》,载《参考消息》2006年12月26日。
② 参见徐岱:《侠士道:金庸小说与中国精神》,北京大学出版社,2009年,第354-355页。
③ 李泽厚:《美的历程》,天津社会科学院出版社,2002年,第89页。
④ 叶朗:《中国美学史大纲》,上海人民出版社,2005年,第204页。

体上看，网文读者群体的接受立场更偏向于"草根""屌丝"。因此，网络文学作家在塑造人物时，往往趋向于赋予人物更为平凡的出身和精神，专注于叙述人物的实际力量提升，以映射现实社会中普通人对于金钱、职位等功利事物的追求，从而吸引读者并扩大市场。例如《凡人修仙传》中的韩立、《仙逆》中的王林、《诛仙》中的张小凡等主角，他们没有任何先天的智力、身份、人脉等方面的基础优势，而是在故事中不计手段地变强。这种所谓的"屌丝逆袭"式的情节安排，迎合了当时大多数网文读者的阅读期待，让接受群体在心理上更容易产生共情、更有代入感。这一类人物形象设定在行事上更符合弱肉强食的现实社会环境，无大恶有小善的多元性格塑造，加上没有特定规则之下的义利观约束，摒弃了以往单一的"大侠式"崇高情怀，转而向个人的利欲追求靠拢。这样的人物虽然不如金庸笔下的大侠形象那般可敬，但的确剥开了"大侠"的层层束缚，让一个个更加真实、接地气的人物形象立于读者眼前。当网络文学呈现一番产业化发展趋势，许多网文作家以此为生越来越追求物质利益时，他们的笔下渐渐出现了大量追求私欲的人物形象，大义成为个人私欲之后的次要追求。在此环境下，从当时主流作品的主要人物形象特点来看，例如比较热门的仙侠作品《凡人修仙传》《诛仙》《仙逆》等，都是私欲在先，大义在后，反映着读者们普遍认同的对于地位的追求和对传统"伟光正"形象的反叛。同期的玄幻类作品，例如《遮天》《神墓》《星辰变》等，它们展现的则是主角在一个宏大的世界中不断追求更强大力量的历程。

但《雪中》的创作理念显然与上述作品不同，其中的正面人物设计几乎都有着一股"虽千万人吾往矣"的侠士风流。为大楚皇后一人攻城的曹长卿、为天下世子开龙门的张巨鹿、为中原守国门的"酸儒"程白霜、一剑守国门的西蜀剑皇等，都带着一股在那些"精致的利己主义者"眼中的傻气，也就是逐渐被遗忘的侠士风流。对于这些人物形象，大抵可以用书中轩辕敬城的一句话来表达作者的态度："年少时读书读到一句蚍蜉撼大树可笑不自量，当时只觉得的确可笑，后来细细琢磨，以为将笑字改成敬字，也不错。"（《雪中悍刀行》第一卷第181章《请老祖宗赴死》）这样的文字似乎已经足够表明烽火戏诸侯在书中设置此类角色的用意和立场。

同时，小说中另一类人物形象的代表晋兰亭，作为一个十足的反派，各种行径都出于对权力的渴望、对地位的向往以及对利益的追求。从文学人物的类型来说，这种"重利轻义"的人物形象不仅存在于网络文学作品中，而且也广泛存在于精英文学作品中，如路遥《人生》中为了追求物质生活而背叛了土地与爱情的高加林、方方《风景》中为了权力和地位不择手段向上攀爬的老七，往往都凸显了作品对于典型人性刻画的艺术目的。在《雪中》里晋兰亭这个角色的下作与卑劣与一众有着浓厚侠士精神的角色正好形成了强烈对比，几乎成为书中完全的反面人物。其他的小说人物，残忍如人猫韩生宣，也有一饭之恩以命相报的感恩精神；卑劣阴险如褚禄山，仍对北凉王忠心耿耿。而像晋兰亭以及祁嘉节二人，却是难以找出哪怕一点正面行为，像这两个人物般的反面程度设定很少被其他网文作者所使用。《雪中》正是通过上述两种人物形象的真善美与假恶丑的二元对立体现出一种辩证的美学观，以他们的穷凶极恶衬托其他人物形象身上的人性光辉，使得那些带有侠士风流的人物展现出更高光的一面，从中也能看到烽火戏诸侯对真的追逐，对善的渴望，对美的期盼。几乎每个正面人物都在坚守自己的信仰，明知不可为而为之，一往无前。在人们普遍认同利益至上的年代中塑造这样的人物可以说是逆网文写作潮流的举动，这种近乎不可取的、难以成功的做法却在《雪中》这里获得了成功。

同样地，作者在小说中背离了塑造主角的主流套路，将主角徐凤年的形象描写得极为压抑，极重的使命感（继承藩王爵位镇守国门）与原罪感（其父人屠徐骁春秋大战时屠杀 30 万人）让徐凤年无法具备其他小说主角那样的爽感。但不得不说的是，这种处于压抑状态的主角设定虽然一定程度上减少了爽感，却能够使读者感受到一种独特的新奇感，也使读者愿意进一步感受和思考主角处于压抑状态是何缘故。读者通过阅读体验和梳理内化，更容易对其产生理解与共情，获得比瞬时爽点更为深刻的审美感受。这种体验也在一定程度上缓解了部分读者对徐凤年纨绔子弟形象的反感。加之作者常借小说人物之口表达对主角的同情与感叹，读者对其产生同情、理解也就顺理成章了。但是如果仅仅描写主角的这种压抑，会使整部小说给读者过多的沉重感,这就与大部分读者阅读网络文学作品以寻求放松、获得愉悦的出发点产生矛盾。因此,当主角作为承担爽点的主要载体始终处于压抑状态时,便需要其他途径来进行缓解,而小说文本对配角的爽点设计与高光时刻描写,无疑符合这一需要。

如上所述,在主角的这种压抑衬托下,大量配角形象都显出侠士风流的光彩。无论是曹长卿心念旧情为大楚皇后一人攻城,还是张巨鹿心怀大志为天下士子开龙门,或是一介老朽"酸儒"程白霜为中原固守国门,抑或是西蜀剑皇精忠报国一剑守国门、剑神李淳罡为后辈剑道开山等,这些人物及其行为都带着光辉色彩。相同的是,这些英雄式人物将一往无前的侠士风流与难能可贵的真性情体现得淋漓尽致,唤醒了许多网文读者沉寂多时的对于崇高的敬意,以及对人生意义和价值的思考。但众口难调,网上读者的风评最终是两极分化的,一部分人极度喜爱这些角色,而另一部分人却觉得这些人物给人以做作之感。

从接受美学的角度来看,读者在阅读小说文本之前,总会根据自身以往阅读的网络文学作品的经验及审美趣味等,对作品的内容和形式产生某种预期和期待。一般而言,"通俗或娱乐艺术作品的特点是,这种接受美学不需要视野的任何变化,根据流行的趣味标志,实现人们的期待"[①]。而《雪中》的这种对抑主扬配的人物塑造方式带来的审美视域,突破了读者预先的心理期待,营造出一种视域落差,给他们带来了新奇感与陌生感,这也正是其魅力来源。但是对于那些不能接受的读者来说,将产生不适应的感觉,甚至引起排斥,无法接纳,因此读者群体产生两极分化的评论不足为奇。那些想要从主角身上获得爽感的读者,更适合阅读《凡人修仙传》或是《一念永恒》之类的传统网络小说。审美趣味与审美习惯是难以立刻改变的,适应主角路线的读者在市场中还占据大多数,因此抨击《雪中》的配角风头盖过主角的人不在少数。但不得不说的是,这样的创新手法在主流网文市场中掀起了一股不一样的浪潮。这样的逆潮流写作是

---

① H. R. 姚斯、R. C. 霍拉勃著,周宁、金元浦译:《接受美学与接受理论》,辽宁人民出版社,1987年,第32页。

在大量同类玄幻作品中乍现的新体系，剑走偏锋却很好地满足了部分读者的求异心理，取得的效果也极佳。

《雪中》获得的荣誉有赖于文本的创新编排，但这编排也有其弊端所在。就读者的期待来说，体现在对于主人公徐凤年会产生一定程度的预期转变，尤其是在他经过前期的游历得到成长之后。在小说中，经过几次游历，徐凤年的实力与阅历的确都得到了很大的提升与丰富，但他纨绔子弟的形象从始至终并没有发生太大的变化。虽然后文对此有所解释，例如徐凤年是为了减轻离阳王朝对北凉的戒心等原因，但他在小说后期大多数时候仍以轻浮纨绔的形象示人，难免给人以人物形象转变不到位的印象。无论是作者有意为之，还是说这个人物有了自己的命运不受创作者摆布，都与读者对人物性格产生转变的期待形成了差异，不可避免地造成了期待视野的极大落差。在这种情况下，作者没有在主角身上设置更多的爽点来填补读者因期待落差而产生的失望，还把爽点转移到其他配角人物上，使得读者不得不将阅读下去的动力转移到了配角身上。这种爽点转移导致主角给读者的爽感缩减，其实就削弱了徐凤年的主角光环与地位。在大量爽文充斥其间的网络文学市场中，这样的做法不仅显得格格不入，而且也未能将创作设想完美实现。《雪中》的取胜点原本在于吸引那些愿意去追寻崇高形象的读者，而这类读者又必然厌倦轻浮纨绔的主角形象，所以就自然导致了一种作品接受的内在悖论。本文认为这样的安排在这部作品中甚至称得上是一大槽点，主角在前期被许多人认为是个不折不扣的混蛋二世祖，后期转型又不成功，就让读者大多记着李淳罡、曹长卿这样的英雄式人物，或者记住温华这样个性鲜明的落魄剑客，但唯独徐凤年在各大网文平台的书评中出现的次数与他主角的身份完全不对等，这在一定程度上也确实算是败笔之处。

（二）"硬币式"的双面呈现

在《小说面面观》中，福斯特将小说中的人物区分为"扁平人物"与"圆形人物"。他认为"扁平人物的最大优势之一就是他们很容易被读者记牢。他们能一成不变地留在读者的记忆中"①。比如赵树理笔下众多具有突出特点的农民形象,《锻炼锻炼》中的"吃不饱"和"小腿疼"就是这样的"扁平人物",她们的名字极有特点,使人物投机取巧的个性跃然纸上,当我们回忆这些人物时,会因为这一突出特点而印象深刻,但这样的人物特点也往往具有不变性,会显得无聊与不真实。

与之相对地,"圆形人物"往往强调角色有着丰富的侧面以及高度的弹性,他们能够在书页当中应对更多的情节变化、进入更宽广的活动世界,"'圆形人物'的生活宽广无限,变化多端——自然是限定在书页中的生活"②。比如《红楼梦》的精彩之一便在于此,在不同的场景和时段中,作者赋予人物不同的个性特点,让人物自由穿梭于书页之中。因此,众多人物形象都具有自身的复杂性。以王熙凤为代表,身处贾府这样的环境中,她要与上上下下的人打交道,这样的活动世界为她的个性展示提供了前提条件。在此基础上,作者从方方面面展露了她在不同场景和时段中的不同个性,或精明、或泼辣、或懂事,这些都是她的个性特点,但又不足以概括她的个性特征。

烽火戏诸侯在人物塑造上有意无意地背离了以往网络小说的模式,甚至可以说在一定程度上跳脱了"圆形人物"与"扁平人物"的二分法。其实这种二分法并不是人物塑造的全部可能,申丹在《西方叙事学》中曾提道:"福斯特关于人物的两分法属于理论上的简约处理。实际上,依照人物性格特征变化与否将人物分为'圆形'与'扁平'的分析模式不能涵盖小说中各种各样的人物。"在《雪中》一书中,主配角人物形象各自具有其突出的个性特点,但又并非是单一不变的,因此不是"扁平人物";这些人物形象虽有一定的弹性和变化,但也不具备丰富的侧面,并不能在不同场景和时段中充分展示自己的个性,而是囿于文本的种种限制,因此也算不上"圆形人物"。既非"扁平人物"的单面,又非"圆形人物"的球

---

① E. M. 福斯特著,冯涛译:《小说面面观》,上海译文出版社,2019年,第73页。

② 同上,第84页。

面，而是可以被称为"正面"与"背面"的两面。"正面"指人物有崇高的英雄形象，他们往往有一个响亮的江湖名号与独特的个性标签，这些名号、标签简明地概括了人物的个性特征，也体现了这些人物从出场到退场始终都秉持的情感态度与价值观念。"背面"指人物有日常化的世俗形象，虽然这些人物具有崇高、伟大的一面，但却并不处于遥远的幻想之中，而是具有"烟火气"和真实感的。作者描写崇高精神的同时，也着力刻画了他们的七情六欲与日常生活情态，人物身上带有的种种小缺点反而为他们增添了几分个性与光彩。

值得注意的是，《雪中》的人物并不是简单的两面形象，而是在两面基础之上进行了补充和丰富。在"正面"与"背面"构成了人物的个性特点之后，作者又赋予人物一定的"厚度"，正是在这层意义上可以将其称为"硬币式人物"。一方面，主配角形象不只是停留在诸如崇高等正面品格，更突出了其世俗的生活状态，并以大量的细节进行补充和丰富，脱离了传统网文写作中的"扁平式"人物刻画套路，塑造了具有"双面性"的人物形象。另一方面，作者虽然将人物的真实生活状态刻画得细致入微，但对于配角的描写往往只是聚焦在人生的某一阶段或关键时刻。如果真正拎出一个角色来仔细研究，就会发现配角的人生轨迹几乎都是不完整的。虽然主角徐凤年的人生轨迹相对完整，但作者对其人物性格的书写却又极为简单。这样的人物形象刻画虽然不像"圆形"人物的球面一样立体而完整，但也因其厚度而具有一定的饱满度，因此本文在这里拟用"硬币式人物"来定义《雪中》的人物形象特点。简言之，硬币之"正面"是说人物有崇高的英雄形象，硬币之"背面"是说人物有日常的世俗形象，这样的两面既不够"扁平"，也不够"圆形"，但具有自身的厚度。在此基础上，《雪中》的人物形象即便不够立体，却也显得十分丰满。

与同期的大部分玄幻网文一样，《雪中》的多数人物有其崇高的英雄形象，如青衫仗剑走江湖的风流侠客李淳罡、名动京城的江湖剑客温不胜温华、胭脂评榜首的仙子人物陈渔等，此处不再赘述。这些直接凸显正面特质的描写在文本中起着标签式的效果，但是很容易浮于表面，缺乏真实感，难以让读者感受到人物的真正魅力。因此，作者将他们进一步刻画成了"硬币式人物",硬币背面的那种日常或世俗形象,主要就表现在他们的"烟火气"上。在同期网文的玄幻频道中富于"烟火气"的人物设计并不多见,甚至在早期的仙侠频道中也是较为少见的。在《凡人修仙传》《诛仙》《仙逆》等网文中,主要人物形象都是"伟光正"的,即使有非正面描写也没有达到过于日常化、琐碎化的程度:如韩立杀伐果断,心思缜密;张小凡道魔佛三修,性格凌厉;王林爱憎分明,重情重义等。因为没有谁会去想韩立今天是不是吃不饱,张小凡杀人的时候是不是宰了邻家的一只鸡,王林是不是会被别的女修感化。与这些网文相比,《雪中》里名满江湖的老剑仙可以是个披着羊皮裘、扣着鼻孔、挖着裤裆的老头;行侠仗义的传奇剑客也可以是个浪荡子弟,满脑子想的都是吸引女侠的目光,并且指出"再好看的仙子行走江湖也是要拉屎放屁的"(《雪中悍刀行》,第一卷 第123章《那一剑穿心》)。正是这些跳脱传统形象窠臼的人设,让这些人物身上带有烟火气和真实感,充满了生活的气息。

一个个兼具崇高感和烟火气的"硬币式人物"构成了《雪中》的人物形象全貌,但人物的立体性还存在着较为明显的缺失与不足。正如上文所述,《雪中》的人物塑造很多时候都称不上完整,这些人物能够很好地让读者获得爽感体验,但文本中关于他们人生经历的书写都是片段式的,着以笔墨的基本上都是他们人生阶段的某些高光时刻。与此同时,如果仔细研究其中某一个人物,会发现作者只是把笔墨倾注在人物的"正面"和"背面",而非追求立体展示。根据福斯特在《小说面面观》中的阐述,"检验一个人物是否圆形的标准,是看他是否以令人信服的方式让我们感到意外"[①]。这实际上说明一个成功的圆形人物应该是复杂多变而且具有充分自由度和延展度的,但在《雪中》的文本中,无论是自在风流的李淳罡、励精图治的张巨鹿,还是仗义潇洒的温不胜、憨厚老实的剑九黄,其人物品格和行为模式都没有任何变化。他们不会产生任何与自身人设相悖的思想,更不会涉及在自身设定之外的行动功能,这些人物虽然个性独特

---

① E. M. 福斯特著,冯涛译:《小说面面观》,上海译文出版社,2019年,第84页。

但却没有弹性,他们散发的魅力仅存在于小说的特定环境中。

由于《雪中》具有浓郁的武侠味道,难免被人拿去与金庸的作品作比较,相较而言烽火戏诸侯笔下的人物显然还不够立体,但若是与一众玄幻网文对比,则明显有其厚度上的优势。大多数网文作者会花费大量笔墨来使主角的人物形象丰满起来,烽火戏诸侯则不同,他似乎更注重配角的形象塑造。所以有的读者甚至觉得《雪中》的配角就像一颗颗精美的玉珠,而主角只是一条将他们串联起来的玉线而已。本文虽不完全同意此观点,但却十分赞同其中对于配角的评价。虽然明显不及金庸这样的武侠小说大家,但烽火戏诸侯刻画配角的功力相对于普通的玄幻网文写手而言是很出色的,他对配角的重视程度也远胜于其他人。所以在这部作品中,主角徐凤年的主角地位一定程度上受到其他角色的压制,以至于会有读者评价道,并非徐凤年,而是温不胜、李淳罡、曹长卿等人物,才是小说的主角。

不得不说,《雪中》的成功之处就包括塑造出了许多具有厚度的配角,相较于同期玄幻小说中配角的扁平化处理、工具式使用,其人物形象塑造明显更具艺术性。这种处理也更加突出了小说人物之间的江湖关怀、庙堂之争以及恩怨情仇。当配角都被激活起来,《雪中》就不再是主角提升力量的个人之旅,而是一个完整的、真正的江湖世界的展示。在同质化趋势明显的网文圈中,是可以预见这种新颖的"硬币式人物"设计和刻画的成功的。日渐庞大的书迷群体和数量可观的书评推荐大多体现出了读者对于《雪中》人物形象塑造的认同与痴迷,这样的盛况在其他网文中并不多见。就数据而言,《雪中》在网文玄幻频道中的月票、订阅超过了《遮天》《完美世界》《牧神记》等作品,并且其中具有可读性、可写性的网文不过寥寥几本;而早期的仙侠小说如《仙逆》《诛仙》《凡人修仙传》等,又有明显的局限性,不能与之比较。当初《雪中》发表时,网文读者群体已经在大量小白文的洗礼下,从小白变为老白,更愿意去阅读一些稍有挑战性的书,去追寻更新鲜的口味。《雪中》这样独树一帜的人物形象刻画,对于在网文世界中习惯于面对 NPC 式配角的老白而言是非常陌生的,恰如什克洛夫斯基的"陌生化"理论所言,让"审美主体对受日常生活的感觉方式支持的习惯化感知起反作用,要很自然地对主体生活于其中的世界不再看到或视而不见,使审美主体即使面临熟视无睹的事物也能不断有新的发现,从而延长其关注的时间和感受的难度,增加审美快感,并最终使主体在观察世界的原初感受之中化习见为新知,化腐朽为神奇"①。一方面,这部作品为读者设置了上升一层的阅读台阶,增加了他们感受文本内容和形式的难度;另一方面,它也为读者提供了一种陌生的审美方式,延长了他们的阅读时间和审美体验。《雪中》的这一特点,使老白们不仅延展出更充分的审美想象,同时也获得了更高级的精神愉悦,因此受到读者们疯狂的追捧。在此情形下,再配上前文所述的人物身上的那些烟火气,小说模糊了大侠与普通人之间的界限——普通人就是大侠,大侠也是普通人——让网文中曾经比比皆是的居于高处的英雄人物走入普通人的生活,从而让玄幻的故事能够更加贴近读者,让不属于武侠时代的当代读者有了一丝武侠世界的代入感。故事情节更加真实,人物角色更加有人味儿,这在同期的网文中难得一见。作者所大量塑造的这些有自身厚度的人物,即使不能体现"大珠小珠落玉盘"的美妙,也足以发出硬币碰撞的清脆之音,响彻彼时的网文世界。

但是话说回来,成也萧何,败也萧何,作者花费大量笔墨在配角身上,精心地书写"硬币式人物"的特点,在主角徐凤年的形象塑造上却有所不足或者说力不从心。在众配角都给读者留下深刻印象的同时,身为主角的徐凤年却依旧是一个平平无奇、贴着"拼爹"标签的纨绔子弟,读者在他身上能体会到的更多是一种串联故事情节和人物角色的强烈的线索感。显然,配角着墨过多又太过出彩,掩盖了不少主角光环,甚至削弱了主角的存在感。这样的写作方式,虽然在叙事方面看仿佛是"多点开花",每个人都像是主角,但他们本身又不够丰满与立体,因此反倒显得十分繁杂。部分网友认为《雪中》更像是作者随笔写出的一个短篇小说集,由一个个短篇故事构成一个长篇文本,所以才会有配角更出彩的情况出现。也有部分网友指出这种短篇随笔的感觉虽然也是他们喜爱《雪中》的原因,但这样的写作策略毕竟过于散乱了。本文认为《雪中》短篇情节的出彩显示出

---

① 杨向荣:《陌生化》,载《外国文学》2005年第1期。

烽火戏诸侯在细节描写上的笔力可谓炉火纯青，而文本整体结构的碎片化又说明他对于长篇的掌控力不足，至少在这一点上他还有很大的提升空间。

（三）舍生取义的"焰火式"历程

《雪中》的人物所呈现的记忆点和精彩处并不只来源于他们硬币似的"厚度"，很多时候是源自他们的高光时刻，即他们"焰火式"的生命历程或者说人生的"爆点演出"。这样的元素其实在同期的乃至早期的网文作品中都有，但远不及《雪中》这般密集。比如人物高光时刻较少的《凡人修仙传》，主角韩立就是谨小慎微、不愿张扬的性格，真正站在巅峰去举办的高光庆典不过三场；高光时刻多一些的作品再比如《遮天》，其中的白衣神王破劫、黑暗动乱之战、准帝劫等事件，一共也不过五六场。而《雪中》则有大量关于人物高光时刻的书写，因为作者在进行人物塑造时明显为许多角色赋予了一种"死志"，换言之，人生最光彩熠熠的时刻即是将死之时。他们大多确实非死即残，少有全身而退的：李淳罡破甲2600后安然去世，曹长卿落子太安城后灿然离场，西蜀剑皇一剑守国门身死道消，洪洗象骑鹤下江南自行兵解等等，不一而足。这些人物带着死志走向巅峰，背后支撑他们的皆为"情义"二字，正如本书收官简介所言的"情义二字，则是那些珠子的精气神"，串联全书的这些小小"珠子"却带有一种情义的厚重。诸多人物在活着的时候"如夏花般绚烂"，而在死去时却并不"如秋叶之静美"，反而像是烟花的焰火一般的绚烂多彩。生前有着精彩淋漓的行为事迹，死时也绽放出英豪悲壮的美感。生死之间，人物的形象便跃然读者眼前。

在以往多数玄幻作品中，人物往往出于各种原因被动死亡，但还有可能复活或者以其他形式返场。而在这部作品中，人物大部分都是以主动的姿态走向死亡的。他们仍然有活下来的机会，甚至根本不必去死，但是出于某种责任或情义的考量，他们选择了终结生命，同时也达成了自我的升华。烽火戏诸侯是善于描写死的，不同于传统伦理表达中的惩戒机制，他在文本中并不是"通过给予人物身心痛楚乃至于死亡结局来惩戒他们负面的品行以及行为"①，而是用死亡的震颤将人物的形象推向一个高峰。强硬如李淳罡，不愿苟活世间去做委曲求全的仙人，主动求死且为后辈剑道开天门；倔强如张巨鹿，明知必死也要去打破不合理的制度，生死皆为天下寒士开龙门；窝囊如轩辕敬城，又何尝不是在与老祖一战中展现出深沉的父爱？这一个个人物，都以生命的终结作为最决绝的表达方式，完成了一场场壮美的死亡谢幕。这种通过人物的"焰火式"生命历程不断进行着的极端展演，不仅具有很强的感官冲击力，同时也完成了角色自身对剧情的最后一步推进。

但这种手法并不是《雪中》特有的，比如早期仙侠小说《凡人修仙传》中的大衍神君、齐云霄、辛如音之死，《仙逆》中的李慕婉之死，《诛仙》中的碧瑶之死等；还有同期玄幻小说《遮天》中叶凡的战死，《完美世界》中小石的重伤，《牧神记》中被重创的秦牧等都运用了类似的创作手法。生死题材其实在网络小说创作中有着广泛的应用，很重要的原因是为了迎合了一部分读者的阅读心理。青少年学生及青壮年上班族是此类网文最庞大、最主要的受众，他们在当前的人生阶段面临着巨大的学业、社会压力，于他们而言，关于小说人物死亡的阅读体验能够松弛被压抑的情感，从现实的痛苦中挣脱，达到"净化"的功效。在阅读过程中他们将自身精力集中在文本之中，不由自主地进入作者创设的情境，同喜同悲地体验着人物的境遇，暂时忘却了自身的苦痛。而当小说人物慷慨赴死时，极端的死亡能够召唤出读者们内心对于无法排遣之苦的一种愤懑，而这带有悲剧感的毁灭之举同时又能够让他们得到虚拟化的解脱，净化、慰藉、排解他们日常的哀怜、痛苦、恐惧，所以读者内心深处是认可这种表达方式的。人物的死亡展演成了作者在文本世界里表明态度的最重要的武器，读者则在净化痛苦的呼应中达成了与作者的心灵对话，不仅得到了美感享受，也获得了思想启迪。

这种写作并不少见，但烽火戏诸侯的人物刻画方式仍然具有强烈的个人风格。《雪中》这部作品在描写人物的死亡时，往往呈现事关人生意义

---

① 王祥：《网络文学创作方法与策略》，载《网络文学评论》2018年第2期。

和价值抉择的情境，崇高感和悲剧感能够深深吸引那些在作品中投射、渴求生命价值认同的读者们。这是一种共鸣式的情感宣泄，人物在文本中的死亡冲击着读者在现实中的精神束缚，突破了"自我保全"或"委曲求全"的观念制约。这种书写方式能够将读者的个体情绪快速推至高潮，从而完成文本创作的情感表达，与读者情绪感受以及精神状态建立起强烈的联系，并引导着这种联系。不得不说，《雪中》的多数人物形象带有"自觉"或"觉醒"之意，摒弃虚伪矫饰的市侩风气，坚守真性情的精神向度，追求超越性的生命价值。例如面临抉择时毅然放弃江湖梦的温华、散尽一身气运为广陵世子铺路的曹长卿、在道德宗天门前静坐三天三夜的龙树僧人等，这些极具侠士风流的人物使读者迷醉，沉浸于高亢的精神世界中，达到比瞬时爽感更高层次的精神共鸣式的审美体验。正如前文所述，烽火戏诸侯笔下的死亡大多是没有余地的，这种决绝的死亡方式遍布于全书各种人物角色。像曹长卿、李淳罡、程白霜、张巨鹿等人都带有一种文臣撞柱、甘愿赴死的倔强，用死亡的形式将自身信奉、宣扬的理念推向高峰。"知其不可而为之"的死亡悲剧所迸发的壮美之感，一定程度上消解了人们对死亡的恐惧，反而使生与死的对立不再那么尖锐，使读者感受到了崇高，感受到了一种直接震撼与冲击心灵的美。

从《雪中》整部作品的情节安排上看，大量角色以"焰火式"赴死的方式退场与谢幕，不仅能够通过流露小说所内含的情感态度来将读者情绪推向高潮，加深审美快感体验，而且也能够让文本塑造的角色深入人心，通过角色个体的生死情境体现故事中一整个时代的凋零。就像《三国演义》这样的传统文学一样，以人物生命的终结为一个大时代画上完美的句号，让整部作品的悲剧感更加强烈。但是过犹不及，过度频繁的死亡环节、部分角色略显同质化的死亡情节设计，会给读者一种审美接受上的重复感，进而抑制了阅读兴奋度，甚至产生心理、生理上的疲劳感。当读者长时间处于角色死亡的悲剧感、崇高感的情感支配下，不断积蓄的情感会逐渐超过其承受能力，引起情感体验的衰退与萎缩，最终会失去相应的情感反应，产生明显的审美疲劳。《雪中》所塑造的人物，在其"焰火"式的绽放时刻能带来令人赞叹的美感体验。但是这种基于"死亡"的绽放在每个人物身上至多只有一次，虽说已足以让这个角色形象深入人心，但从叙事功能上来看，一个角色的退场意味着某条人物支线的中断，难免使与之相关的故事情节大为减少，甚或消失。换言之，退场人物与其他已有关联的人物之间的关系戛然而止，在整体叙事进程中将很难再发生大的作用，甚至不再发生作用，更不可能与新的人物产生联系，这就限制了文本的丰富性和延伸度。故事是由人的行动及其结果组成的，也就是说，人是故事的主体，人作为一个行动者推动情节发展，使故事能够被讲述。如果作者不能在故事中增加新人物或者在情节设计上补偿人物死亡退场所造成的空缺，就难以避免小说内容走势的单薄，甚至造成文本头重脚轻、前后不一的感觉。但是，如果单纯为了弥补退场人物的空缺而一味增添新的角色，将会给人一种人物过于庞杂的感觉，而且作者若是掌控不好新增角色的数量及角色刻画的质量，也很容易成为小说的败笔。尽管作者倾注笔墨渲染了许多"至情至美"的角色之死，但是从"行动元"功能来看，这些人物事件只是在一定程度上丰富了主角的经历，没有起到从侧面对主角进行塑造的作用，也难以承担推动情节发展的重任。虽然在文本中徐凤年与许多人物相识，也历经了各种各样的挑战，但他的人物性格并没有完成明显的成长或转变，仍是一个较为扁平、不够出彩的形象。其实从根本上讲，几乎所有玄幻网文都描写一个主角逐渐变强的历程，且无论如何主角都不能被"剧情杀"，所以烽火戏诸侯在《雪中》里就无法在主角徐凤年身上运用屡试不爽的"焰火式"生命历程的极端刻画。也许徐凤年在读者那里不得人心恰恰就是因为决绝赴死的缺失，以至于让其他角色显得更为出彩和厚重，从而影响了整部作品人物形象刻画方面的平衡。

▽ 三、珠帘勾网的书写方式

《雪中》首版电视剧预告片中有这样一句话："江湖是一张珠帘，大人物小人物是珠子，大故事小故事是串线。"在《雪中》原著中，主角徐凤年不断地结识、遇见新的"帮助者"或"敌对者",作者正是通过这种方式串联起整个故事大大小小的事件,编织出一个珠帘勾网的快意江湖。本文将对此"珠帘勾网"的叙事手法作出具体阐释。法国学者热奈特曾指出,文学作品中的"叙述"实际上包括了三个不同的概念:一个是所讲述的故事内容,即叙述内容;一个是讲述故事的语言组织,即叙述话语;还有一个就是叙述行为,即叙述动作。① 借鉴这些概念可以看到《雪中》整个故事的展开在叙述内容和叙述话语上有着较突出的特点,因此本文着重从这些方面进行分析。

(一) 从"升级"到"游历"的内容与模式演化

《雪中》在内容上与同期玄幻小说有很大不同,甚至可以说完全不落于当时主流网文叙事模式之窠臼。以网文中的早期白文为例,《斗罗大陆》和《斗破苍穹》中的主角主要以力量成长作为故事的核心线索,主角逐步获得某种特殊能力或者物品,与一众 NPC 式的"对手"进行战斗和博弈,获得实力提升,再加上在一些副本获得的"装备"类道具,最后完成与最终"Boss"的决战。这些作品的整个故事世界设定围绕一个类似于"勇者变强打败 Boss"的经典模板进行架构:例如《斗罗大陆》中唐三需要天才地宝,就会遇到"冰火两仪眼"天才地宝扎堆出现;又例如《斗破苍穹》中主角修炼需要资源,就会在其身边安排"药老"这样的"外挂"。整部小说的世界设定几乎都是为了让作为"勇者"的主角最后拥有与"Boss"一战的能力,从而拯救世界。作者通过对主角变强过程中的各种设定的繁复化、华丽化、新奇化等一系列手法,扩充文本内容,强化小说本身的娱乐性,制造充分的新鲜感和爽感来吸引读者。之后的大多数网文虽较此模板有所改进,但往往也难以跳脱这样的内容模式,如《星辰变》《天珠变》等,可以说相较于玄幻频道前期作品并无太大的突破,在此不一一赘述。

同期的网文作品中也有几部开始意识到并且尝试突破这一内容与模

---

① 参见热拉尔·热奈特著,王文融译:《叙事话语·新叙事话语》,中国社会科学出版社,1990年,第6-7页。

式,以《神墓》《遮天》为例:《神墓》中的主角成长路线偏向于探秘式,通过主角的游历行进路线来揭开尘封的真相,开创了"太古悬疑流"。小说在叙事内容上作出了不同于初期作品的转变,从简单故事加外围爽点设定的模式中跳出,把创作的目光和笔墨转到"世界"上来,世界观的建构不再仅仅服务于人物行动本身,而是向着真正展示某个特殊"世界"的方向去努力。在这样的小说中,主角在一定程度上成为读者的化身,主角的视角引领着读者去探索这个"新世界",在故事所带来的单纯娱乐性之外,给予读者探险、悬疑的满足感。之后的《遮天》除了延续这一思路和设计之外,也加入了一些白文的情节。小说最出彩的地方要数其对于角色的塑造,以及对于"责任"等一些深刻内容的书写。时隔多年,"白衣神王姜太虚""人族圣体"这样的形象、"黑暗动乱"这样的故事,依然让读者历历在目,这部作品也让作者辰东无论在数据还是口碑方面都攀上了一个高峰。

《雪中》与上述诸种情况皆不同,虽然其世界架构、故事情节大多是在为人物服务,整个文本都以人物为核心,但却不像大多数网文那般将爽点集中在主角身上。正如上文所述,在人物塑造上,《雪中》的主角徐凤年平庸、憋屈得不像一个主角,纵观全书都很少有痛快的时候。并且在小说前期,徐凤年身边充斥着剑九黄、李淳罡、曹长卿、轩辕敬城等震撼人心的角色,反观他的表现却让人极为不满,纨绔子弟的形象甚至一度成为很多读者放弃继续阅读的毒点。这种设定与同期作品有着极大差异,更与网文作者通常所遵循的"黄金三章"①大相径庭,但与早些年的武侠小说设定颇为相像。武侠小说中的主角常常需要承担起揭露世界面貌的任务,也就是说更多的是向读者展现一个"真实的世界",而非叙述一个独属于主角的故事,比如《天龙八部》中的段誉,身为主角之一串联起了整部书的脉络。作为同期玄幻网文中的"现象级"作品,《雪中》有其独特的叙事内容与模式,与《天龙八部》类似,主角串联起了故事中的江湖全貌,

---

① 黄金三章:网文小说起始几章质量的高低决定了读者是否会继续阅读整部作品,所以需要作者在开头用极短的篇幅就抓住读者的心。

其力量方面的成长大抵自游历而来，即通过阅历的增长和心境的变化得到力量的提升。

《雪中》这种以主角游历为核心线索的情节安排，与其他网文相比更能够让读者体会到小说角色喜怒哀乐的心境变化，一定程度上突破了"白文"情节设计的程式化，也规避了 NPC 式配角的呆板与僵硬、副本的纯工具化等缺点。整部小说读下来有太多令人印象深刻的角色，例如"以手足换手足，折剑出江湖"的木剑游侠温不胜；还有为了女儿一朝入儒圣，以命相搏请老祖宗赴死的读书人轩辕敬城；更有那个年过半百，洗尽铅华，临终之际为天下剑道开天门的老剑神李淳罡……凡此种种，无不彰显着《雪中》叙事内容的出彩。虽然金庸等人的武侠小说早已证明这种叙述方式的可行性，但作者选择一种在玄幻频道中未曾出现过的模式，是有极大魄力的。《雪中》运用这样的模式，不仅可以在叙事内容上有所突破，规避部分网文存在已久的弊病，也能够缓解读者在大量模式化白文的包围下产生的严重审美疲劳，于一众题材类似的作品中脱颖而出。

但《雪中》这样基于主角游历的叙事内容与模式并未受到其他玄幻网文作者的效仿。大部分白文作者大致还是沿着"升级打怪打 Boss"的叙事路线继续创作，另一部分作者比如前文提到的辰东，在他的作品《神墓》中所凸显的是角色自身某种能力在探索世界过程中的自我觉醒，其后有部分玄幻作品也采用了这种叙事内容与模式。相较之下，《雪中》的叙事内容与模式虽然有其优势，但缺点和弊病也较为明显。《雪中》的主角担负着揭露世界面貌、串联其他人物与情节的叙述任务，如此一来，主角就会与大大小小各种事件纠缠在一起，虽然能让主角与其他人物的故事更饱满，但也会使主角成长的叙述节奏变得缓慢。在快节奏的阅读环境下，这种慢叙事是不符合大部分网文读者的阅读需求的，并且，与过多配角的故事缠绕在一起，主角的成长历程不免显得杂乱，这不仅会使读者的直接阅读体验下降，也容易造成他们对于主角成长的忽视，转而将关注点放置于大量的配角形象上。为了展现世界却弱化了主角的形象塑造，这种顾此失彼的写作方式并不是完全可取的。

此外，烽火戏诸侯意图在《雪中》的文本中展现的世界太过庞大复杂，与经典文学作品《子夜》类似。本文在此提及《子夜》并非是要将两者作对比，而是想要借其来探讨两个问题：问题之一，小说宏阔格局的难以把控。茅盾经过对于当时中国社会的细心观察，试图描绘出一幅囊括广阔社会生活的时代画卷，在其中详尽地展现各阶层的生存状况与社会矛盾，最终成型的作品即是《子夜》。然而必须指出的是，愈是宏大的、铺展开去的史诗性叙事架构，在结尾时就愈是难以成功收束，所以有学者认为《子夜》的结尾颇为艰难，小说没能够实现"大规模描写中国社会现象的企图"，"因为这希望远远地超越作者的能力之上"①。虽然与《子夜》本身并不具有可比性，但值得留意的是，《雪中》的叙事格局之宏大在目前的网文中也是佼佼者。烽火戏诸侯在《雪中》里展现的世界，从一山一湖的描绘到整个地理环境的呈现，从市井百姓的平凡生活到庙堂权谋的明争暗斗，从底层的江湖草莽到高阶的武评宗师，无所不包，令人叹为观止。像这样宏阔的世界架构的铺陈，以及具体描写的精细要求，对于作者笔力的考验可想而知，但烽火戏诸侯的笔力明显达不到能够将其圆满完成的程度。由于他之前的诸多作品也大多以烂尾结束，故而有相当多的读者称他为"总管"。《雪中》也不例外，依旧有烂尾之嫌。尽管如此，他这种试图超越白文的创作，依然是值得我们肯定的。问题之二，烽火戏诸侯有向传统文学靠拢的倾向。可能作者自身都没有意识到这个问题，但这确实是存在的。无论是试图超越白文的创作动机，还是对于经典化作品的模仿，抑或是《雪中》的文本在语言方面的尝试，都比前期或同期的网文前进了一步。当下的一个共识是，"隐伏在网络文学深处的集体无意识与商业化结合，酿成类型小说创作的固化与僵化现象"②。不过从《雪中》来看，烽火戏诸侯确实要比其他网文作家更有意识地去对文本作一些革新，一定程度上摆脱了同质化写作。尽管他的创作中还存有较多问题，但是对

---

① 韩侍桁：《〈子夜〉的艺术思想及人物》，《现代》第四卷第一期，1933年11月，转引自汪晖：《关于〈子夜〉的几个问题》，《中国现代文学研究丛刊》1989年第01期。
② 林强：《放弃探究时代精神，网络文学就是"长不大的孩子"》，载《光明日报》2020年12月24日。

其所作的努力，无论是专业批评家还是普通读者，都应该宽容待之，帮助这些试图让网文有所突破的作者更进一步。

（二）线性叙事与网状结构：与《天龙八部》对比

《雪中》被上架在"玄幻类"频道，但其中特有的属于武侠小说的浓厚江湖气息、草莽气息是无法忽视的。说到武侠，有一个名字是绝对绕不开的，那就是金庸。金庸以丰富的历史知识和人生阅历融合自身对武侠精神的理解，凭借着精彩的叙事与细腻的描写将"武侠"这个小说门类推向了一个高峰，为无数武侠迷造就了一个个武侠梦。其著作《天龙八部》与《雪中》的叙事线索和叙事结构具有较大的相似性，但两者又有一些不同，以下展开分析。

在叙事线索上，这两部小说有着异曲同工之妙。如前所述，电视剧版的《雪中》在预告片中说道："江湖是一张珠帘，大人物小人物是珠子，大故事小故事是串线。"珠帘式的比喻十分贴切，但本文认为《雪中》的串线不是"大故事小故事"，而是主角徐凤年。《雪中》的故事以小说主角徐凤年的第一次游历展开，引出了第二次离阳江湖游历与一次北莽游历的全过程，展现出"春秋不义战"的大背景以及各种人文地理设定、江湖势力分布等重要信息，同时串起一个又一个的人物及其相关事件。《天龙八部》则以三大主角之一的段誉为全书开篇以及其他大部分篇章的线索，通过对其游历江湖的所见所闻来展现人生无常。两位主角的这种游历的线性安排极为相似，不难看出《雪中》对于《天龙八部》的学习与借鉴。

但两者又有所不同，《天龙八部》是以三位主角为主线——这又区别于另一部具有代表性的小说《盗墓笔记》"三角冒险团"的主角模式——三位主角都有着相对独立、完整的故事情节，却冥冥中交织在一起。比如《天龙八部》中乔峰的身世篇、段誉的蔓陀山庄篇、虚竹的灵鹫宫篇章等，他们三个角色相互独立，在叙述过程中经常会出现某一位主角"下线"，由另一位主角"上线"接替，分而述之的情况。这种手法在特定的篇章中形成特殊的叙事线索，例如在"杏子林"篇章中主角无疑是乔峰，前期的主角段誉在这个篇章里成为一个看客；而在乔峰身世揭晓后，段誉以面临抉择的患难兄弟身份再次成为主线索，成为接下来"悲酥清风"篇的主角，乔峰则顺势退场成为暗线继续追查自己的身世。相比之下，《雪中》的主线始终只有一条，徐凤年作为唯一完整展示的角色贯穿全文。在小说中，读者可以从主角徐凤年的视角走马观花般地看遍庙堂英杰、沙场宿将、江湖豪侠，总体故事内容简单明晰，易于概括。但是，这种单主线模式无法承受小说庞大的文字体量和内容表达，必须有交错的副线作为支撑，而副线的复杂程度使小说主线内容时而隐晦时而直白，不仅给读者带来混乱感，同时也冲淡和削弱了主线的艺术表现力。

通过分析小说的叙事线索，可以进一步发掘出叙事结构。在叙事结构上，《雪中》可以说是延续了《天龙八部》的网状结构。《天龙八部》以段誉愤别听香水榭、结拜乔峰为线索，引出乔峰这一条主线，而后乔峰身世惊变黯然离场，最后段誉再次成为主线，引领"悲酥清风"篇故事，这三条主线故事立体交叉，结合其他副线故事编织成了极富表现力和感染力的网状叙事结构。各条线索相互关联、相互作用，共同构成小说的叙事空间。《雪中》则把众多的人物经历以及其背景集中置于徐凤年的单一视角下，以庙堂、江湖等处的诸多杂事为内容进行分散化叙事，通过主角的视角把相对独立的不同人物的个人故事连接起来。小说的情节渲染使读者的注意力从纵向主线延伸到横向事件上，叙述了多人物的小故事，进而形成一个网状的叙事结构。例如以徐凤年途经牯牛大岗为线索引出徽山家事，见证轩辕敬城一朝入儒圣以清理门户的事件，并就此将轩辕青锋的支线整合进主角线索，然后徐凤年继续江湖游历。后续人物的出场基本与此相似，这些人物互相之间关联紧密，没有一个人孤立存在，共同推进小说的叙事进程。

就《雪中》和《天龙八部》这两部作品而言，各自的故事背景也能较好地在上述线索和结构中显现出来。金庸将真正的历史化用在传奇的故事中；烽火戏诸侯则是将真实历史杂糅重构，创造一个架空而似曾相识的世界。例如《天龙八部》的核心矛盾之一是宋朝汉族与边疆民族的矛盾，《雪中》也有着类似的凉莽矛盾。此外还有许多"历史人物"都被融入小说，为人们熟知的人物、事件与虚构杜撰的故事相交融，共同构成《天龙八部》和《雪中》亦真亦假、若即若离的江湖世界，也使得小说有了一种史实般的气质。不过《雪中》这种杂糅重组真实历史的创作方式，也因为过多的"张冠李戴"而招来了不少的骂声。

如果从两部作品的故事背景出发去更深入地审视其叙事线索和结构所服务的叙事内容，会发现《天龙八部》的叙述目标更多的是故事本身，通过将笔墨着力于不同性格、地位、能力的人在极端戏剧化事件或境遇中的行动及状态，通过人物的沉浮传达出一种强烈的"事"的宿命感，这也正是《天龙八部》的主题所在。《雪中》则是以人物为最终目的，通过徐凤年这条引线，引爆一个又一个形态各异但内核相似的烟花——"事"被用来表现出不同人物的相同"意气"，在一场又一场的盛大"焰火"中颂扬着"虽千万人吾往矣"的主题。《天龙八部》将人物完全置于故事环境中，例如段誉最初离家出走是因为对家教的厌恶，以及他为救钟灵被迫前往万劫谷遇到四大恶人，然后机缘巧合之下习得逍遥派绝学。《天龙八部》中角色行为的原动力大多源自迫人的形势，很大程度上消解了人物的主观能动性，强化了故事中"事与愿违"的不可抗拒的宿命感。《雪中》则更强调面对事物时人物自身的意志与选择，在叙述过程中有着大量关于角色内心想法的自白或者其他角色的转述，这些说明性的文字让小说中"事在人为"的意味显得更为浓厚，但也给文本带来了浓重的说教意味，很容易引起读者的反感。本文认为《雪中》就其文本质量来说，原本可以追赶《天龙八部》这样武侠经典，但遗憾的是它有太多不可忽视的问题，导致它的评价并不算特别高。也许烽火戏诸侯在创作小说的过程中并没有怀着很强的敬畏心，是以比较随性的心态去写的，故而整部小说也给人很随意的感觉，以至于在与风格近似的《天龙八部》对比时，虽然有其闪光点，但总体上仍相去甚远。但正是因为烽火戏诸侯创作的随性，才有了我们看到的甚是洒脱的《雪中》。

综上所述，在玄幻小说大行其道的网文圈子，《雪中》以一种"虽千万人吾往矣"的姿态，在武侠近乎成为历史的烟尘中，为众多武侠迷延续了一场江湖梦，在承袭前辈珠玉之光的基础上又作出了革新，也许这样的尝试在很多人眼中并不完美，但足以被称为一部佳作。

（三）化整为零及倒错时序的叙述策略

《雪中》高达458万字的文本体量以及多种叙述策略的灵活运用使其有效避免了叙事单调、不够灵动的问题，起到了弥补叙述单一、推动叙事进程、深化人物形象和促进故事情节发展等作用。其中又以化整为零的叙述方式、倒叙与预叙的叙述策略最为突出。

1. 背景故事的化整为零

烽火戏诸侯借鉴历史上层出不穷的乱世格局，为《雪中》安排了颇具典型性的"春秋不义战"这一历史背景。书中大多数事件都能与之一一对应，许多情节也与这段历史有着千丝万缕的联系，读者在阅读主线故事的同时也能领略到"故事中的故事"的美妙，这种"故事中的故事"在小说的许多地方以化整为零的叙述方式呈现出来。下面以文本中被多次提及、对后期凉莽局势起到深远影响的"洪嘉北奔"为例进行说明。

"洪嘉北奔"是小说中春秋四大谋士联手布局、互相博弈形成的局面。纵横家黄龙士牵头，他挑唆春秋九国乱战，以激化各国矛盾迅速结束九国割据，然后将九国所有世家气运散入江湖，同时打破世家格局重新洗牌天下局势，为之后张巨鹿科举提供可能。若江湖豪杰辈出，必引得离阳为保证长治久安而马踏江湖，致使江湖锐气尽失，最后气运衰竭全部散入民间，还政于民。黄龙士不属于也不曾效忠于任何一方势力，只为天下谋，而他又预见到了未来天下的"无聊"，所以他也庆幸活在这样一个时代。

忠心离阳的谋士袁本溪审时度势，安排了这件事。他的本意是让南方文人世族离开自己的家乡，然后让徐骁和韩家关上北方门户。本文对其行为是这样理解的：春秋九国士族势力盘根错节，多数的士族并不会因为王朝的覆灭而一并覆灭，很多士族依然会在新的王朝维持相当的势力，而这种情况对新王朝的长治久安十分不利。所以袁本溪希望通过驱赶、拔掉各士族在原驻地势力的方式，使这些家族不得不在其他地方重新发展，并且通过长途迁徙进一步消耗这些士族，不断削弱这些春秋遗民对离阳这个新王朝的威胁。同时，让韩家和徐骁在北部拦截，将剩下的这些"读书人"赶回京畿一带后为赵家所用，而京畿也是整个王朝控制力最强之地，可以最大程度地消解新王朝的不稳定因素。另一方面，燕剌王和北凉王作为整个春秋国战中战功最显赫的亲王和异姓王，已经功高震主。无论是让燕剌王以屠杀之名驱赶春秋遗民还是让徐骁拦截屠杀北奔遗民，都会让两人在士族之中民心尽失，只给燕剌王留下一个南疆空壳。两人如果拒绝那就说明他们有不臣之心，这便是对其进行制裁的最好借口。

燕剌王赵炳的谋士纳兰右慈在意识到袁本溪的意图后，让燕剌王将计就计，提前宣扬屠城计划，让南疆士族及早北奔。一方面，提前部署不会留给离阳皇帝过于明显的把柄，另一方面，空空如也的南疆虽然百废待兴，但也更方便燕剌王入主并做出一些政绩，甚至省去了与当地士族权贵虚与委蛇、安抚稳定的功夫，而士族口中的所谓"民心"在春秋国战中几乎丧失殆尽。综合上述因素来看，对于那些连逃走都很困难的贫民来说，这样非但不会让他们厌恶，还可能获取他们的一些认同，利于整个南疆更快整合成燕剌王的私地。而且越早让南方士族动身北奔，就能让被堵回到京畿的有用之士越少，也算得上是破坏了离阳皇室的计划，为之后谋反埋下伏笔。

而为徐骁谋划的李义山猜到了袁本溪和纳兰右慈的用意后，向徐骁谏言，让其结束春秋国战后尽量缓慢地返回北凉，慢到恰好能把大量的流民驱逐向流州而不是堵回到京畿一带。同时不必过多阻拦他们，这样不至于让春秋遗民与北凉旧恨未去又添新仇，并且在一定程度上可以缓和双方矛盾，而相对消极的阻拦必定会造成大量的春秋遗民逃入北莽。徐骁的悠哉北归以及不过分阻拦的计策也能为李义山留下足够的时间安排后手，在北奔遗民中安插大量的暗棋，为日后必定会到来的凉莽大战埋下伏笔。虽然春秋遗民的大量涌入会强化北莽的战力，比如带来大量的攻城步卒、攻城器械、相对完善的朝堂组织形式等，但在长期的民族交融中读书人带去的文化、习性将同化北莽，在很大程度上消解了这些游牧民族的野性，改变了他们的勇猛善战的习性，致使北莽权贵染上附庸风雅的陋习，最终于无形中削弱北莽士卒的战力和斗志。而在春秋遗民进入凉地后，李义山又让徐骁迅速出兵，将大量春秋遗民驱赶入流州境内成为流民，迫使他们不得不在丛林法则下生存，自然淘汰并保持血性。直到临近凉莽大战，再以赦令和入主管理的方式瞬间拥有流州广袤的战略纵深空间，同时获得数十万兵力。

相比于其他一些文学作品，《雪中》的"故事中的故事"有其独特之处。不同于《哈姆雷特》中"戏中戏"的形式，即在剧中其他人物的注视下通过主角的表演重现了一场与该剧故事相似的戏剧，以起到激起小高潮的叙事作用；不同于《一千零一夜》里以"故事中的故事"形式、连环包孕式的框架结构来进行叙述；也不同于中国套盒、俄罗斯套娃式的框架结构，并非是通过"主要故事生发出另外一个或者几个派生出来的故事"[1]，来达到对主线故事进行增殖的目的。《雪中》的"春秋不义战""洪嘉北奔"等事件在整个故事中虽说极为重要，但是这些"故事"或是隐藏于人物间的对话中，或者是存在于只言片语的插叙中，并没有大段的正面描写。恰如薛雪《一瓢诗话》中的描述，"水中著盐，饮水乃知"[2]，这些"故事"巧妙地融于《雪中》的主线故事之中，达到"但知盐味，不见盐质"的表现效果，以化整为零的形式变成了主线故事的背景。可以说，这种在故事中讲故事，但又将"故事"化整为零地融入整个《雪中》主线故事的叙述方式，自然而不突兀，并且使故事更加丰富，在一定情况下也起到了制造悬念、推动叙事进程的作用。同时，由于这一整个事件的背景故事、细节设定过于庞大驳杂，如果拿出大段完整的章节来讲述，将会造成主线故事的脱节，而这种叙述方式正好避免了这一问题。

但这种化整为零的叙述方式确实也造成了叙事上的零散化与碎片化，打乱了主线故事的时间顺序——这就需要读者自己构建逻辑顺序，以还原故事的来龙去脉。因此也出现了两种情况：一种情况是，部分读者在深入文本、整理并重新还原故事面貌的过程中，逐渐享受把零散的细节重组、衔接起来的感觉——这不仅直接延长了读者的审美时间，也使其在这一过程中获得了前所未有的满足与快感。而另一种情况则是，大部分读者对这

---

[1] 巴尔加斯·略萨著，赵德明译：《中国套盒——致一位青年小说家》，天津，百花文艺出版社，2000年，第88页。

[2] 薛雪：《一瓢诗话》，见郭绍虞主编《中国古典文学理论批评专著选辑》，人民文学出版社，1979年，第135页。

种叙述方式感到不满,因为它不仅暂时性地阻断了主线故事的叙述顺序,给他们一种杂乱感,同时也使他们在厘清故事全貌时不得不花费大量时间与精力,造成了很大的阅读压力。在较短篇幅的文本中,想要把零散化、碎片化的叙事内容收集起来、厘清其逻辑顺序并不太难。但是,由于《雪中》的文本非常庞大,"洪嘉北奔"等事件的相关叙述跨度也较大,读者如果想把整个"洪嘉北奔"事件拼接、连贯成一个完整的故事,化零为整并掌握全貌,确实会耗费许多时间和精力,感到极大的阅读压力。大部分读者看网络小说不过是当作一种娱乐和消遣,当他们面对零散的、碎片的作品信息所带来的困难时,自然很难像对待纯文学作品一样对其文本进行细读。虽然《雪中》大多数时候对"故事中的故事"进行叙述后能够自然而然地回到故事主线,不至于过多地影响读者的理解,但是总的来说,这种化整为零的写法确实不符合大部分读者的阅读习惯。这种叙述手法容易导致大量的文本细节被忽略,造成大部分的读者对各种事件一知半解。像这种化整为零的叙述方式还体现在"甘露南渡""永徽之春"等事件中,以及"黄龙士""陈芝豹"等人物身上。由于叙述得过于零碎,缺乏正面描写,不少读者在读完故事后仍然一头雾水,对作品中通过这种写法塑造出来的相关角色也难有太多深入的理解。

2. 灵活多变的叙事时序

如果说叙事是讲述一个故事,那么叙事策略所关涉的就是怎样讲好这个故事,而探讨叙事策略就不得不提到"叙事时序"的问题。"叙事时序"是叙事的时间顺序的简称,即故事情节的排列次序,为叙事学研究中很重要的一部分。在对小说叙事进行研究时,常常会发现许多文本具有双重时间性质,表现为"故事时间"和"话语时间"两个层面,而且经常出现两者不对等的现象。根据申丹在《西方叙事学》中的说明:"20 世纪 70 年代,热奈特在《叙述话语》一书中,首次对于'故事时间'和'话语时间'之间的关系进行了理论阐述,其中,'故事时间'指故事中时间连续发生过程显现的时间顺序,'话语时间'指故事事件在叙事中的'伪时序'。"[①]据此可以看到"故事时间"是事件本身发生所需要的时间,也就是事件发生过程中的自然顺序,而"话语时间"其实是叙述这一事件的时间。在小说中,"故事时序是固定不变的,叙事时序则可以变化不定",换言之,整部小说中各种情节的发生始终是向前推进的,而读者所读到的文本则是根据作者的创作意图所专门展现出来的。在叙事过程中,作者有时按照"自然时序"进行叙事,有时也会通过重构小说文本的"话语时间",打破自然的"故事时间",进行"逆时序"的文本叙述。具体的叙事策略大致上有顺叙、倒叙、预叙等。小说文本尤其是长篇小说文本多以这几种叙述方式的穿插交替来实现作者的写作思路,达到特定的艺术效果。

积累了大量创作经验,烽火戏诸侯显然很明白叙事时序的重要性。他不仅能够熟练地运用各种叙事时序,而且在持续创作过程中对其逐渐有了更深入的理解。所以《雪中》故事情节的叙述时序相对于他早期的《陈二狗的妖孽人生》等作品,更曲折精彩、灵活多变。以下将结合文本对其叙事时序进行梳理和分析。

《雪中》的文本大体上以顺叙的形式展开,从主角徐凤年第一次游历完江湖开始,进而写他第二次、第三次游历,然后继承藩王爵位带兵镇守中原大门,以其经历串联起一段段小的故事情节,构建成整个文本。虽然《雪中》基本符合了顺叙的叙事逻辑,但是单纯的顺叙会让整部小说显得呆板僵硬。因此作者在顺叙的基础上大量运用了倒叙和预叙,打乱事件发生的时间,穿插多元情节来弥补单线叙述的不足,尽量使情节生动,保持叙事时序上的新鲜感,增强其艺术表现力。

首先看倒叙。《雪中》对于倒叙的大量使用主要分以下两种情况。第一种是外倒叙,即叙述的是"第一叙事"的时间起点之前的故事。这种倒叙有对所叙述故事的过往进行补充说明和描述的作用,让读者能够有一个较为清晰全面的了解,为下文中某些情节提前做好铺垫。例如《雪中》第

[①] 申丹、王丽亚:《西方叙事学:经典与后经典》,北京大学出版社,2010年,第112页。

一章中对于徐家铁骑的描写引入：

> 只见城门处冲出一群铁骑，绵延成两条黑线，仿佛没个尽头。尘土飞扬中，高头大马，俱是北凉境内以一当百名动天下的重甲骁骑，看那为首扛旗将军手中所拿的王旗，鲜艳如血，上书一字，"徐"！
> 乖乖，北凉王麾下的嫡系军。
> 天下间，谁能与驰骋辗转过王朝南北十三州的北凉铁骑争锋？
> 以往，西楚王朝觉得它的十二万大战士敢逆其锋芒，可结果呢，景河一战，全军覆没，降卒悉数坑杀，哀嚎如雷。
> 两百精锐铁骑冲刺而出，浩浩荡荡，气势如虹。（《雪中悍刀行》第一卷第一章《小二上酒》）

寥寥几句介绍，首先表明了北凉铁骑的身份，然后透露了北凉铁骑马踏中原的过往，最后通过与西楚军队的对比说明北凉铁骑的强大。这样写不仅使徐家铁骑威猛的形象跃然纸上，让读者初步感受到了徐家坐拥 30 万铁骑的威慑力，更使后文关于徐家及其铁骑的情节可以更从容地铺展开。

《雪中》大量使用的还有补充倒叙，即在讲述事件时为了保持叙事的完整与流畅，插入对于相关事件、人物、情节的补充说明，让读者有整体性的把控，更好地接受当前所叙述的内容。例如洪洗象在觉醒前世记忆后，对于徐脂虎的情感由今世的喜欢转变成多世累积的深爱，如果作者不对前世之事做补充交代，这种情感的转变就会显得相当突兀、不合常理。进行倒叙补充后，读者更能对洪洗象这一人物产生共情，领会到作者塑造这一角色时的褒扬之意。

除了使用了大量的倒叙之外，烽火戏诸侯还运用了相当多的预叙。叙事学理论中，在某一事件尚未发生之前，就将其提到前面来讲述的手法就叫"预叙"。预叙的使用显然是基于作者的全知全能，作者出于某种意图提前告知读者某一即将出现的情节。预叙有暗示与明示之分，"明示性的预叙则是直接清楚地交代出某一具体时间之后发生的某一件事。"① 这种方法在《雪中》里得到了非常多的运用，例如凉莽大战，先以"两国之战，先死谍子。两地之战，先死斥候。凉莽之战，谍子斥候皆死"（《雪中悍刀行》，第四卷《共逐鹿》，第313章《秋风未起人先死》）清晰地交代了两国谍子、斥候之间交锋的结果，再回到顺叙中来具体展开这一情节。《雪中》里的明示性预叙最令人印象深刻的当数齐当国战死的情节：

还有老凉王徐骁的义子齐当国战死。（《雪中悍刀行》，第四卷《共逐鹿》第315章《一桩娃娃亲》）

在齐当国已经能够看到远方战场的硝烟四起之时，这员北凉猛将突然转头大声道："诸位，我铁浮屠昔年原身满甲营，如今既已满甲，当如何？"（《雪中悍刀行》，第四卷《共逐鹿》第318章《满甲营已满甲》）

齐当国一枪贯穿柔然铁骑一名百夫长的胸膛，怒喝一声，竟是就那么继续笔直向前撞去，不但将那名百夫长的尸体带飞马背，枪杆沾满鲜血的铁枪更是再度刺入后一骑的胸口！势不可挡……铁浮屠主将齐当国倒在地上，身上铁甲尽碎，鲜血不断涌出……这辈子最后的力气，只是想要让那个年轻人不要为了他去北方，死也不愿松手。年轻人反手轻轻握住那个死人的手，安安静静，面无表情，无悲无喜。（《雪中悍刀行》，第四卷《共逐鹿》第319章《北凉扛纛之人》）

上文的例子中，作者在第315章早早给出"齐当国战死"的结局，接着在第318章描述齐当国满甲营即将出战，然后在第319章详细描写了齐当国的战斗经过，写到他被重创倒地，最终断气而亡。作者在这一完整的事件中采用明示性预叙的叙事策略，清楚明白地让读者提前知道了结果，虽然在情节上必然会极大地消解故事的悬念，使读者丧失了对结局的好奇

---

① 王平：《论〈红楼梦〉的预叙方式及其功能》，载《红楼梦学刊》2001年第4期。

心，但这种叙事方式也会使读者产生诸如"齐当国为什么会死""齐当国是怎么战死的"之类的新疑感。在这种新疑问的裹挟之下，读者再去读齐当国战死这一段故事情节，就能够体会到一种更吸引人的紧张感。因为提前知道了齐当国会死，所以读到他在战场中英勇杀敌时，读者会自然而然地产生惋惜之感。在阅读中始终会有一份紧张和担忧的感觉萦绕着，因为这个充满魅力的人物可能下一段就会倒下。终于，当读到其战死的具体叙述时，读者才恍然大悟"原来他是这么死的"，同时又将之前既有的惋惜悲怆之感推上顶峰——他就这么死了。经过前文情节调动读者情绪的铺垫，之后徐凤年为其报仇的行动还会使读者积淀的悲怆之情再次引爆，得到宣泄。所以相对于顺叙来说，明示性预叙在此处的运用更能增强故事情节在读者脑海中的印象，能为读者带来更强的震动与冲击感，让读者更能理解其后主角为其报仇的那份情绪。

预叙也有内在式预叙与外在式预叙之别。"外在式预叙的主要功能是交代延伸到第一叙事时间之外的人物或事件的最终结局。"① 《雪中》除了大量应用倒叙、明示预叙以外，还在许多地方运用了外在式预叙，大多也体现在对人物命运的交代上。例如对于严池集结局的部分交代如下：

> 很多很多年后……刚刚婉拒新君挽留、卸任门下省左仆射的迟暮老人……在宦海生涯中是权臣，未来在青史上更是名臣的年迈读书人……被朝野上下誉为坦坦翁第二的老人。（《雪中悍刀行》第四卷《共逐鹿》收官章一《无他无中原》）

可以看出，有关严池集命运的结局的叙述明显在徐凤年离京寻得温华归隐江湖之后——即在第一叙事时间之外。

作者经常会在《雪中》文本里一部分故事的结尾处以寥寥几笔交代故事中人物的结局，这其中也包括很多小人物的结局，使故事的完整性得到

---

① 王平：《论〈红楼梦〉的预叙方式及其功能》，载《红楼梦学刊》2001 年第 4 期。

了一定的提升，并且为读者营造了一种感伤的氛围以博取眼泪。然而众所周知的是，烽火戏诸侯写网文最被读者诟病的一点就是其作品的"太监式"结局，因此也许可以认为他在作品中大量运用外在式预叙是为了尽可能"填坑"，但是就结果来看似乎收效甚微。作者在小说中展开了堪称恐怖的长线铺垫，但因为笔力的欠缺，其中存在着大量无法填补的漏洞。为了尽力去填补一个个大坑以推进故事情节的发展，于是得不断地引入新的人物来达成这个目的。然而当目的达成后又必须给这些人物一个交代，所以外在式预叙就成了最简单、直接、有效的方法。偶尔一两处还好，大量的使用却只会让多数读者难以接受这种敷衍了事的做法。发行方虽然宣传《雪中》是烽火戏诸侯"第一本完美收官的小说"，但是作品中依然有大量的空白或者说未填上的坑。这种情况可以说是《雪中》乃至烽火戏诸侯所有作品中最大的缺陷。

四、侠义精神的回归

《雪中》同期网文的主题多偏向于世俗价值观的表达，包括对于权力、美色、金钱、地位等事物的追求，这些东西之所以能够成功吸引读者的眼球，是因为读者可以在小说中达成自己在现实中无法达成的目的，小说作为中介帮助读者完成各种"白日梦"。这一时期无论是什么题材的文本，主题内容都趋于同质化，最终指向欲望的满足和享受。在这样的环境下，《雪中》既没有受到上述网文主题潮流的裹挟，也不像同期的《将夜》《神墓》等作品去尝试更新颖的主题，而是重拾已经式微的武侠主题，对其进行追寻、借鉴与改写，不仅获得了武侠迷的青睐，同时也调和了玄幻读者的口味，取得好成绩也就是理所当然的了。

（一）侠义主题的涅槃

侠义几乎可以说是独属于中国文化的概念，最早可以追溯到春秋战国时期的墨家，经过后世不断地演化，最终在金庸一辈的武侠作家笔下定型。自金庸小说中"侠之大者，为国为民"的定义出现后，这样的侠客形象让无数读者为之向往，但也正因如此，其他小说在侠义主题上似乎已经难以实现超越和突破。而且由于"侠之大者"的形象虽令人崇敬，却是过于理想化人格的象征，与现实隔得太远，并不能引起所有读者的共情。这种只存在于理想中的精神偶像，在早期网文中与武侠小说最为相像的仙侠类小说中都有所弱化，自然不用提在幻想程度上更胜一筹的玄幻类小说中的体现了。如早期《凡人修仙传》中的韩立，已经没有了如同郭靖那样行侠仗义、一诺千金的侠义精神，反而陷入世俗欲望之中，以提升实力获取地位为最终目的。早期的仙侠小说已经摒弃了武侠的精神内核，而以想象世界的丰富性取悦读者。玄幻小说紧跟其后，诸如《斗罗大陆》《斗破苍穹》等一系列白文，只注重于奇幻世界与主角故事的书写，甚至可以说没有任何稍具深刻意蕴的主题。它们往往只是一些单纯靠情节堆积出来的故事，无法衍生出足够的意义或主题，无法让人从中获得爽感之外的精神层面的审美体验。

从侠义精神的角度看，《雪中》在很大程度上背离了早期那些仙侠小说和玄幻小说。那些作品中难得一见具有侠义品格的人物，大多是在利益驱动下才会被动地对抗某些固有利益集团以及规则制度。至于与《雪中》同期的玄幻小说，比如以抗天话题贯穿始终的《神墓》和以种族矛盾作为主要内容的《遮天》等作品，可以说逐渐有了对主题的追寻。不过有网友评价几乎同期完结的《将夜》与《雪中》虽文本体量相近，但其精神内核却相差甚远。《将夜》的主角仍旧以自身利益为行动导向，而在《雪中》这部小说中，主角徐凤年的品性虽然无可比拟金庸笔下的郭靖，但其"为中原守国门"的觉悟却与郭靖几无差距，这就是宏观上的"大义"主题。在具体的主题设置上，烽火戏诸侯所表达的理念与金庸并不完全相同，一者为"国"，一者为"中原"，但这些差别并不影响本文的判断，烽火戏诸侯的创作在一定程度上有着对金庸武侠的继承，因为二人在各自作品中都有对于"侠义"主题的探讨。

在《雪中》发布的时期，大多玄幻作品都在尝试着对宏大主题的描写,如《神墓》的核心主题是对抗天道,《遮天》的核心主题是种族对抗,《星辰变》《天珠变》也基本如此。在这样的网文环境中,《雪中》立足于人世间的侠义主题显得尤为可贵。前文提到的《将夜》虽然在故事中期提到了家国情怀,但并没有过多展开与渲染,最终的话题仍旧是与同期作品类似的对抗天道,相比之下《雪中》最独特之处正是对逝去的武侠精神的追忆与回溯。

烽火戏诸侯在《雪中》里已经意识到了武侠之骨在侠不在武,他也试图表达更高层面的侠义精神以超越仅停留于感官刺激的武打场景。但这样的主题设置却未能广泛深入人心,究其原因,也许是侠义主题不再符合时代的潮流。侠义精神的失落体现在社会生活的方方面面,拜金利己之风盛行的时代并不具备滋养侠客精神的条件与空间。随着国内经济的迅速膨胀以及种种"一步登天"的诱惑,越来越多的人汲汲于社会地位的上升,越来越少的人能像当年的平江不肖生一般说出"不再煮字疗饥",也几乎不会有人在意大众文化产品中是否包含深刻的主题。在金庸的年代曾经有多少人幻想仗剑天涯,在烽火戏诸侯的年代就有多少人幻想一夜暴富。由于时代追求的不同,这样的侠义主题也就失去了让人共情的可能。其实从当时的网民数据来看:低年龄(10－30岁)的网民约占比55%,低学历(本科以下)的网民占比高达90%,低收入(5000元以下)的网民占比高达80%[①]——显然,《雪中》的阅读门槛阻挡了一批只适应阅读白文的读者。即使暂且抛开阅读门槛不提,仅就当时阅读网络文学作品的大部分网民的生存状态与社会风气来看,《雪中》的侠客精神的立意也不符合他们的需求与期待。现实生活往往带给他们不如意、不满足之感,他们更希望从网文世界中寻求爽感体验,从而获得对现实生活的想象性补偿。《雪中》里诸如"侠之大者,为国为民"、牺牲自我成就他人的种种高尚情义,很显然不能满足这种补偿机制,因此侠义主题在彼时无法发挥其精神作用,甚至远不及那些给读者带来更多直接爽感的白文。

---

① 参见中国互联网络中心:《中国互联网络发展状况统计报告》,http://www.cnnic.net.cn/hlwfzyj/hlwxzbg/,访问日期:2021年3月2日。

近些年国内经济得到了长足的发展,尽管仍有部分矛盾尚未解决,但总体上国民心态趋于平稳,再加上文化资本与生产机制的相对稳定等因素,使得网文读者的文学接受观念的改变成为可能——他们抛弃了原本狭隘、浅显的审美快感理念,转向对于精神境界的探求。《雪中》的侠义观在此时萌发了新的生机,程白霜的读书人脊骨、曹长卿的潇洒风流、江湖游侠温不胜的光耀与真挚,都在读者心中化作一个个拥有着崇高精神的形象,唤醒读者心中尘封已久的侠义情怀。

在传统武侠小说中,金庸沉稳古朴、精雕细琢的写作常给人以大气磅礴、气势恢宏之感,古典且新颖;古龙的创作则凸显了节奏快、脑洞多,给人捉摸不定、无限可能的意外之感,潇洒又缥缈;温瑞安的节奏随性而变,在多变的思路及多变的文风之下仍不失细腻风雅,兼有诗意之美。尽管风格各不相同,但是包括梁羽生在内的"金古温梁"四人确实创造了一座叫作"武侠"的高峰。被誉为"穿越小说鼻祖"的黄易,为了突破"金古温梁"的武侠束缚也改变了自己的创作题材,从而开创了更加缥缈的体系,给出了"玄幻"的定义。传统武侠中已被写到尽头的功法神通、心境意念,在这里终于有了新的突破。不过黄易的小说只是在世界定义、概念等方面作了突破,其内核仍旧是武侠。后来的许多作者在突破武侠小说传统限制的过程中,愈来愈着迷于力量体系的变更而忽略了武侠小说的核心所在。这就导致玄幻小说从初期尚有武侠风貌,逐步过渡到后期那种广而浅的玄幻世界架构中,再后来更是进入一个追求力量的漩涡而无法自拔。

相较于前期的仙侠小说与当时的玄幻小说,《雪中》在追求力量的网文主题大肆流行时能够做出这样的突破,既是思想上的超越,也是逆时代的先锋。抛开虚无缥缈的幻想,小说中所蕴含的侠义精神与风骨,正是其受到一些读者强烈认同的原因之一。

(二)审美需求的嬗变

最早在报纸上连载武侠小说的那些作家大多是迫于生活的压力而执笔,他们虽处较底层,却仍在一定程度上保持着文人的清高,最典型的比如被誉为中国第一部正宗武侠小说的《江湖奇侠传》的作者平江不肖生,内心并不屑于卖字充饥,并以此为耻;但随着时代的发展,武侠小说创作逐渐成为与主流文学创作性质相当的事,更多作家开始愿意提笔去书写江湖上的风风雨雨,从阴阳五行、太极八卦,到三教九流、武林门派,这些武侠作家具有一定的深度和底蕴,同时又仿佛扎根于江湖中,笔下的人物自江湖中来,到江湖中去,点燃了那一个时代的江湖魂。与此同时,有了一定的写作基础之后,以金庸为代表的一众武侠作家——无论是否有意如此——也在促成武侠小说文学地位的提高。武侠小说经过沉淀与发展确实在不断提高,来到了接近传统文学的位置,并在那一代读者的心中留下了武侠的根。什么是武侠的根呢?自由而洒脱,德行与名望并举。这是国人历来追求和向往的理想生存状态,因此有那么一批愿意"仗剑走天涯"的读者,始终保持着对武侠小说的高度认可和狂热追捧。武侠小说几乎成为一个时期最流行、最具代表性的文学类型,引领了新的文学阅读风潮。尽管武侠小说曾经有着如此庞大的阅读基础,在当下却日渐式微。以起点中文网为例,玄幻频道的作品数量超出武侠频道十倍甚至百倍。《雪中》发布的时候,前一批武侠读者仍然存在,但作家的整体写作环境发生了巨变,创作主流转向玄幻,导致武侠作品数量的萎缩。

虽然玄幻小说如今在社会上呈现出了一种蓬勃发展的态势,获得了不少年轻读者的喜爱与认同,但在《雪中》的那个时期,也曾一度走向舆论的深渊。那时的玄幻小说受到舆论指责是有因可究的:玄幻小说作为网络文学的一种类型,首先是以一种通俗文化的身份进入大众视野的,在发展过程中不可避免地出现了写作的功利化、娱乐化与商品化等问题。并且由于其一味迎合读者较低的审美趣味,造成作品思想内涵的缺失,甚至部分作品对青少年人生价值观的错误引导等弊病。这些问题、弊病不仅阻碍了玄幻小说的持续发展,也使其难以得到主流文化的认同。因此,玄幻小说在许多人眼中被归为"文化糟粕",是不能够与主流文学相提并论的。可见,玄幻小说与武侠小说在各自流行的时代所受到的评价、所得到的待遇是相仿的。虽然玄幻小说的发展历程与武侠小说有一定的相似之处,但是作者的态度并不完全相同。在玄幻小说发展初期,一部分小说作者获得了非常可观的经济收益,但他们没有止步于此,反而有了思想上的觉醒,开始着手为自身的行业以及身份谋求新的可能，并试图像金庸拔高武侠小说的地位一样地将玄幻小说提升到完全不同于当下的位置上去。奈何有心者多，成功者少，情况并没有得到真正改进，大量优质、新颖的玄幻小说还是消失在强调追求世俗力量和地位的套路化网文洪流下，泯灭在滚滚利益的产业泥淖中。

烽火戏诸侯敏锐地意识到这个问题，并有意地进行创新。在写作动机上，他的观念更趋多元，其创作内驱力不再只局限于"卖文谋生"的需求，也因此能够更客观地看待创作本身，以突破性的态度进行创作，推进玄幻网文的发展。在刻画能力和主题深度上，他远远超出了一众网文作者。尽管长篇叙述的笔力不足导致其作品难以到达更高处——也就不足以真正实现玄幻小说地位的提升——但是他也为玄幻小说的发展作出了不容忽视的贡献。此外，《雪中》的创作亦多有参照《红楼梦》，有人曾用"抄袭"的名义去抹黑这部作品。可事实并非如此，倒不如说这是作者对经典的借鉴与致敬。《雪中》的庙堂之高、江湖之远、情义之深，带着逝去的武侠时代的味道。这部作品一方面是逆时代而为的，它的题材已不适应当今社会的广泛阅读需求；另一方面又是顺应读者的，其实从前庞大的武侠读者基础并未消失，烽火戏诸侯抓住了那批读者的阅读需求。武侠气质和侠义精神是那一时期读者的长久追求，同时是烽火戏诸侯作为新时期作者的写作定位。

但是，在逆时代的背景下所进行的这种主题创作，难度远远高于顺应潮流的写法。与此同时，作者本身追求的主题高度并不足以掩盖他在全书布局上的缺陷：对过大主题的一味追求、激情创作的失控、主角单调而没有吸引力、故事情节走向散乱，等等。不过瑕不掩瑜，极其庞大的读者基础，以及作者在浮躁年代中的精神追求，足以让这部作品从主流玄幻小说中脱颖而出——虽然很难真正做到像金庸对武侠小说的贡献一般，将玄幻小说推到能够追赶主流文学的高度上去。总体而言，这一时期玄幻小说作者创作观念的提升和对作品要求的提升，与当初武侠小说流行时期的状态相仿，如今网文读者的阅读追求也正如当初武侠迷的追求一样。时代变迁，读者与作者都在改变，也足以由此预见到玄幻小说的不断嬗变。

(三)"新玄幻"的时代追求

20世纪90年代开始有人提出以玄幻来区分建立在玄学基础上的幻想小说这一类别,至21世纪初"玄幻"一词指涉的扩大化,不能归属于科幻、武侠、魔幻等类别的小说被统统归为玄幻作品。本文在此将玄幻小说自起步发展到今天的过程大致分为以下五个阶段:(1)最早期从黄易的《寻秦记》开始,以稍晚于金庸的那一批武侠作者为主,这一批作者致力于突破武侠小说已经固化的模式及其形成的桎梏,进入题材的新发展阶段。在这一时期,玄幻小说有了一个初步的定义,即"建立在玄学基础上的幻想小说"。但其在世界架构上并未对武侠小说原有的模式进行突破,仍然是在一个真实的历史背景下进行创作,比如因具有穿越元素而被后人列为玄幻小说的《寻秦记》。相较于稍晚一些的玄幻小说而言,这些小说中还未出现玄奇的力量设定,所以只是武侠小说过渡至玄幻小说的第一个阶段。(2)这之后是"九州时期"的来临,与前一批玄幻小说的不同之处在于,同样庞大的世界背景架构之下,这一批小说的幻想成分更重。(3)到了第三个阶段,《凡人修仙传》《诛仙》《仙逆》等玄幻经典开始涌现,玄幻小说在世界架构和力量体系的基础设定之上,又与道家修真、玄学等传统文化进行了探索性融合。(4)而之后的玄幻小说,更应该称之为"东方幻想类小说",例如《斗破苍穹》《斗罗大陆》等,它们已经逐步背离了玄学的基础,转而朝着幻想方向极端化地发展。这时网文整体进入了第四个阶段,也就是创新性最少的产业化写作时期。在这一阶段,大量白文呈产业化生产态势,模式化和套路化泛滥。(5)但到了《雪中》时,烽火戏诸侯完成了"玄幻"这一概念的回归。对于之前的武侠小说有所模仿又有所改变,与同期小说具有明显的差异,这也正是该作品的独特性所在。

新时期的东方幻想类小说与黄易提出的"旧玄幻"(早期玄幻)小说相比,具有更开阔的幻想视野。《雪中》少量地借鉴了东方幻想类小说的幻想因素,但在幻想程度上仍旧更偏向于"旧玄幻"的低幻想性,更像是对"旧玄幻"的追寻。而其明显不同于"旧玄幻"的是,作品引入了较为系统的力量体系与架空世界,故而本文称《雪中》为"新玄幻"小说。本文认为,"新玄幻"的定义不仅仅限于《雪中》这一部作品、一种风格,而是指所有区别于产业化写作时期采用的写作套路或模板的玄幻小说。"新"体现在相对于产业化写作而言,那些作品都有其独特之处,在世界、人物、主题等方面进行了重新建构。"新玄幻"的出现有相当大的价值,体现了网络文学不断追求创新的内在要求。玄幻小说经历了数十年的演变,已经从初期不成熟的"旧玄幻"小说类型逐步蜕变到成熟、有意义、有追求的"新玄幻"小说类型。

在烽火戏诸侯创作《雪中》时,同样有一批优秀的作者着力于提高自己作品的文学性,写出了符合"新玄幻"定义的网络小说,比如《遮天》《完美世界》《将夜》《择天记》等。在这些小说中,作者对于主题意义的追寻慢慢从宏大而缥缈向务实而深刻的方向转变,走出了各自的"新玄幻"发展方向,玄幻小说走上了像武侠小说一样的多元发展道路。比如猫腻的作品《将夜》《择天记》等,更像是"玄幻"与"仙侠"两种体裁的融合;而辰东这类擅长宏大世界叙事的作家,在幻想的领域走得更远,比如其作品《遮天》《完美世界》等。烽火戏诸侯的创作回归于武侠、仙侠的风格类型,他以自身广泛的阅读量、扎实的写作能力作为支撑,以大量忠实的武侠、仙侠书迷为接受对象,走出了属于他自己的"新玄幻"之路。

在世界设定上,《雪中》有着比许多早期武侠更巧妙的安排,其世界背景取材于真实历史并加以变形处理,对于历史事件的挪用和重构更为隐晦,可以避开有关政策对于历史题材的限制。这是烽火戏诸侯作品不同于其他玄幻小说的一大特征,让作品更加富有底蕴和内涵。同期多数玄幻小说的世界设定在创作发展过程中逐渐摒弃了"玄"的部分,更偏向于"幻",可以算作是"旧玄幻"的另类突破,但其发展逐渐固化,形成了新的狭隘的"玄幻"定义,比如千篇一律的位面设定和花哨的国度划分等。这样的玄幻小说如无根之萍,文本质量和思想高度得不到保障。因此,玄幻小说在那个时期急需求"新",《雪中》在这方面的尝试恰恰为"新玄幻"小说的世界设定提供了一条可行的路径。

不论是哪一条路线的"新玄幻",都代表了当时顶尖网文作家的探索,是网文多元发展的合理现象,也体现出玄幻小说走上追求文学高度的路途。侠义这种有一定思想高度的主题并不是每一个读者都乐意接受的,以至于网上对《雪中》的评论出现了严重的两极分化,有褒有贬,褒者不少,贬者甚多,甚至连号称脱离了"小白"而以"老白"自称的"龙空书友",也以相当庞大体量的评论表达了对这部作品的不满。但总体来看,各类评论中对于世界观、人物、剧情设计等方面的批判各不相同,究其根本还是因为《雪中》的叙述模式难以符合当代读者的阅读习惯,对于习惯了白文的读者而言有一定的阅读障碍。但随着读者文学素养的提高,白文无法满足读者的需求后终将会被淘汰,读者更愿意去接触有一定阅读挑战的作品,这是文学活动发展的必然现象。相信在未来的某一天,《雪中》这类文本的价值会被重新估量。

  作为"新玄幻"小说的代表作,《雪中》之后没有出现优秀的仿作,烽火戏诸侯也没有继续创作相似的作品。这足以说明它作为一个时期的先驱还是有明显不足的,只是促成了暂时性的武侠主题返场现象,却没有真正地改变武侠主题小说的境遇,甚至没有改变向武侠题材靠拢的"新玄幻"文学的境遇。总而言之,从文本和主题表达来看,《雪中》有其独特的价值,是成功的;从创作和接受的影响来说,《雪中》并没有达到作者最终的期待。无论怎样,还是要以平和包容的态度面对那些力图创新的作品,只有在这样的环境中作家才能更好地创作,为读者提供更多审美价值和精神满足。最后,本文也从一个纯粹读者的角度,对烽火戏诸侯和《雪中悍刀行》致以敬意。

与天斗，其乐无穷[①]
——《将夜》细评

撰　稿：钟依菲　肖依晨　朱哲娴　钱书逸
定　稿：刘　欣

[①] 此处的"天"指《将夜》中的昊天。道家思想中的天是世界运行的客观规律的集合，主张天人合一，人需要服从于天。西方哲学中天是客观、无生命的存在，人与天互相独立。昊天与中西方对天的传统定义均不相同，小说将昊天设定为人类所认识到的世界规则的集合，是为人类所选择的、需要依赖人类信仰而存在的事物，昊天不但具有规律本身的客观性，还具有生命意识，因害怕未知所以有意识地设置带有自私自利性质的永夜，从而能够让它的封闭世界运行下去。昊天这一设定，决定了具有探索精神的人类永远不能与其和谐相处下去，从而像夫子、柯浩然、莲生以及宁缺这样的人物就要打破"昊天"，与其斗争。

《将夜》
♯故事梗概♯

异世界的一抹灵魂来到了这个世界宣威将军府的一个小男孩身上。在这个男孩4岁时,宣威将军府被满门抄斩,只有这个小男孩逃了出来。当天夜里,对面的通议大夫府邸有一个小妾生的女儿被抛弃,小男孩在路上捡到了被抛弃在死人堆里的小妾之女和一把大黑伞,两人一伞从此相依为命。小男孩名叫宁缺,小女孩名叫桑桑。

宁缺和桑桑在渭城长大,宁缺获得了军部的推荐信并且通过了初试,拥有了参加书院入院试的资格。正好在此时,远嫁王庭但因政变逃回大唐的李渔公主来到渭城,宁缺成为他们的向导,他和桑桑就这样离开了渭城去往唐国长安城。

来到长安之后,宁缺和桑桑在临四十七巷开了一间铺子。临四十七巷受鱼龙帮管辖,宁缺与鱼龙帮老大朝小树结识。宁缺还遇到了童年伙伴小黑子,小黑子给了他复仇名单,宁缺在长安开始了他的复仇之旅。宁缺首先不动声色地杀死了张贻琦,成功进入书院后,宁缺一边在旧书楼二楼学习并结识了陈皮皮,一边杀死了陈子贤。在杀剑师颜肃卿时,宁缺受了重伤倒在了朱雀大街上。在宁缺将要被朱雀绘像释放出来的火焰烧死之时,大黑伞释放出阴寒之气救了他。宁缺醒来后直接去往书院,在旧书楼二楼之上,陈皮皮看到将死的宁缺,给他喂下了一颗通天丸,宁缺的雪山气海因此被打开,成为一个可以修行之人。

书院二层楼的选拔正式开始,宁缺先于隆庆皇子登顶,成为夫子今年唯一的学生，神符师颜瑟也要收宁缺作为他的传人，最终宁缺同时成为夫子和颜瑟的徒弟。进入二层楼不久，宁缺便奉旨带领书院学生去往北方试炼，在远行之前宁缺和师兄师姐一起制造出了元十三箭。在试炼中宁缺结识了书痴莫山山。宁缺此行的一个更重要的任务就是先于神殿找到天书"明卷"，他和莫山山一同前往魔宗山门寻找天书。在魔宗山门前，宁缺又遇隆庆，二人达成破境之约。宁缺先破境然后一箭穿过隆庆心脏，使他变成了一个废人。之后宁缺和莫山山二人遇到了叶红鱼，三人的战斗到达白热化时，莫山山使出半道神符，大明湖被打开，三人进入柯浩然布下的块垒阵中，一直走进去便到达了魔宗山门。在魔宗山门里三人遇到了莲生大师，三人被莲生大师所伤，在生死攸关的时刻宁缺意外获得浩然气打败了莲生，但他也因此入魔。三人从魔宗山门出来后，夏侯想从宁缺身上抢夺天书，大师兄及时赶到救下宁缺，宁缺和大师兄正式见面。夏侯是魔宗叛徒，唐一直在追杀他。此时从桃山上逃出来的卫光明来到了长安，他被桑桑的纯净打动收其为徒并久留长安，但身为大唐敌人的卫光明最终与颜瑟大师在战斗中同归于尽。

宁缺与大师兄相遇后，和夏侯一同去往土阳城。大师兄劝夏侯归老，夏侯答允，但仍计划让谷溪杀了宁缺。最终宁缺一拳打死了谷溪，复仇名单上的人又少了一位。此时身在长安的桑桑找到了自己的亲生父母。宁缺回到长安后，已被认定是书院的天下行走。不久后，书院后山举行宁缺的拜师礼，宁缺正式拜见了夫子。夫子知道宁缺入魔的事，让他在后崖闭关思过调养浩然气。宁缺在崖洞中成功领悟出关后，杀死了复仇名单上的最后一个人，并开始准备复仇计划的最后一步——杀死夏侯。

夏侯将要归老，此时宁缺出现在城门外向其发出决斗邀请。决斗的地点在雁鸣湖畔，宁缺早已在雁鸣湖畔安排好了他的复仇计划，并且他已经通过叶红鱼习得了柳白大河剑的部分剑意。夏侯在雁鸣湖畔被符纸、铁壶、元十三箭不断交替攻击，力量被不断消耗，但最终还是来到了宁缺的身前。在宁缺将要被打败的时候，桑桑发出神辉传递给宁缺。在昊天神辉的作用下，夏侯终于战败而亡，宁缺大仇得报。

复仇成功后，桑桑的病却加剧了。夫子建议二人去烂柯山找岐山大师治病，宁缺和桑桑启程。途中在红莲寺遇到了习得灰眼功法的隆庆和堕落骑士。打败隆庆一行人后他们去到齐国，桑桑获得了叶红鱼昊天神辉的帮助。马车行进，宁缺和桑桑来到瓦山，二人通过考验之后，岐山大师带着桑桑学习佛法，并且给了宁缺一本佛祖笔记。不久后举行的盂兰节上，曲妮玛娣带来了宝山大师要杀"冥王之子"宁缺，但盂兰铃显示桑桑才是冥王的子女。在宁缺和桑桑命悬一线时，岐山大师牺牲了自己让二人躲进佛祖棋盘中。一年后，宁缺和桑桑从佛祖棋盘中出来，此时他们身处悬空寺，从此之后，二人开始逃亡之旅，从悬空寺开始，依次去到荒原、朝阳城、泥塘和渭城，最后回到荒原。此时荒原上西陵神殿正在向荒人发起圣战，西陵掌教也来到了这里。当宁缺和桑桑被发现后，掌教准备杀死桑桑，此时桑桑体内的阴寒之气已经苏醒。突然天空中出现雷声，天门打开后出现了光明神将，他准备把桑桑带走。此时夫子借了柳白的人间之剑击退了光明神将并在桑桑的体内灌注了人间之力。桑桑得救后，夫子带着宁缺和桑桑游玩人间并让他们成亲洞房。随着时间的推移，桑桑为昊天化身的身份逐渐显现，而夫子再也无法隐藏在人间之中，夫子和昊天桑桑必然有一战，这场战斗的结果是二人登天，夫子化为这个世界天空中的一轮明月。夫子登天后，大唐天子驾崩，举世伐唐。为平定这场战乱，唐国和书院都付出了极大的代价。陈某离开南海来到长安城准备一举灭唐，但被宁缺写在天空上的"人"字符打败，伐唐战争也由此结束。

桑桑在登天后不久就回来了，此时的桑桑是白胖的，来到人间后，本体为昊天的桑桑变得越来越虚弱，于是她准备在西陵神殿举行光明祭重回昊天。宁缺通过酒徒的话猜测桑桑回来了，他鼓起勇气离开长安城去到桃山。光明祭当天，柳白和人间之剑化为一体尝试杀死昊天桑桑但失败了。宁缺突出重围登上桃山见桑桑，但桑桑此时已是无情的昊天。宁缺面对桑桑无法改变的冷漠，他终于感到绝望而跳下深渊，桑桑随后也跳下深渊救了宁缺。二人走出深渊来到世间，中途遇到了在陋巷传播新教的叶苏。来到人间的桑桑更虚弱了，最后宁缺把桑桑带回了书院，在书院中二人决定去找佛祖。二人来到悬空寺，进入佛祖棋盘寻找佛祖。在棋盘中，桑桑中贪嗔痴三毒，宁缺被打开慧眼之后终于明白身边的一切都是佛祖的局，二人开始在棋盘中逃亡,最后宁缺把"佛山"修成桑桑的模样,桑桑成为棋盘里的佛,二人成功逃出棋盘。出棋盘后,桑桑体内的红尘意已解,桑桑利用宁缺、借佛祖的局破了书院的局,她奖励信徒,利用人们的信仰凝成的大船回归昊天神国。

叶苏的新教越来越壮大,开始向世界各地传播。酒徒和屠夫向昊天投降,神殿准备消灭新教,道门最终派隆庆把叶苏绑在十字架上烧死。这时候的叶苏和隆庆才明白观主的最终目的是让自己成为这个世界的"天"。

桑桑并没有成功回到神国,因为她怀上了宁缺的孩子。观主此时在寻找桑桑,知道了此事的宁缺也开始寻找桑桑。途中他遇到了隆庆,这对一生之敌的最后一场战斗以隆庆的失败告终,宁缺也受了重伤。宁缺在极北的荒原找到桑桑后,打算带着桑桑回长安。途中遇到了酒徒和观主,大师兄以拼死阻挠观主让宁缺和桑桑脱困。桑桑在贺兰城负伤打开传送阵,但在传送过程中与宁缺分开了,后又在宋国生下了一对子女。不久后,桑桑、宁缺、朝小树和酒徒在宋燕交境处遇见,酒徒准备杀朝小树,却不料被藏在朝小树身体中的柳白剑意重伤,接着宁缺射出铁箭,酒徒死去。三人通过土阳城的传送阵回到长安。书院其余的人和莫山山越过屠夫来到桃山,道门投降,赵南海和熊初墨被杀。

观主甩掉大师兄来到书院,集齐七卷天书准备夺取桑桑神格。宁缺借人间意志、用前人留下来的墨在人间大地上写出了"人"字符。在观主的开天和宁缺的辟地相持不下时,夫子化身而成的月亮挡住了太阳,陈某失去了力量的本源,再也没有力量能够阻挡宁缺的辟地,新世界开始慢慢出现,同时桑桑破开了昊天的世界,最终地球出现在了宇宙中。在此之后,不断有修行者向大气层外部飞去,人类开始了自己新的旅程。人类的征途,本来就是星辰大海。

《将夜》
♯细评目录♯

- 一、从俗世到修行界：中国性的架空世界
  - （一）"反常化"的架空世界
  - （二）俗世世界：中国地理元素的集合
  - （三）修行者世界：幻想与中国传统文化的融合
- 二、宏大叙事、日常生活及语言问题
  - （一）宏大叙事：伏笔、隐藏故事线及场景宏大化
  - （二）日常叙事与宏大叙事的碰撞
  - （三）语言的考究与失控
- 三、人物塑造中的伦理学
  - （一）欲望书写中主角的功利主义伦理观
  - （二）性别伦理观下的两性关系
  - （三）自由主义与权威主义的政治伦理观念的壁垒
- 四、"人道"与"天道"的二元对立
  - （一）对"天"的客观性的消解
  - （二）当代语境下的"君子人格"
  - （三）"我佛慈悲"的幌子
  - （四）"人"的书写

猫腻创作的网络小说《将夜》是连载于起点中文网的一部玄幻小说，于2015年获得首届网络文学双年奖金奖，2017年7月12日，在《2017年猫片胡润原创文学IP价值榜》中排名第四，并从2018年开始由杨阳执导，陆续被改编成电视剧《将夜1》《将夜2》。作者猫腻在小说中塑造了一个极具中国色彩的世界，以其成熟的写作笔法塑造了一群具有个性的人物，带领读者感受举世战斗的宏大场面，但同时不乏"饮食男女"日常生活的书写。最终作者以小说建立了一个宏大的世界架构，世界之外仍有世界，而具有好奇心和探索力的人们，是推动世界进步的重要力量。针对《将夜》的文本，我们将立足小说本身，从世界设定、叙事手法、人物设定、主题思想4个板块展开讨论。

▽ 一、从俗世到修行界：中国性的架空世界

作者猫腻曾在《将夜》获奖时说道："这本小说的根骨在于古代的中国，我们最熟悉的那个中国，越是民族的就越是世界的。"[①] 作为一部极具中国色彩的玄幻小说，其中国性首先就体现在它的世界设定中，表现在中国地理元素的使用、中国传统文化的地理分布和极具中国特质的能量体系设定这三大方面。同时小说通过对自然客观物质的重构、时空能量形态的变形建构了一个"反常化"的架空世界，使小说世界成为一个中国性的架空世界。从宏观的角度来看，在整个扭曲而封闭的世界中，小说可以分为俗世世界和修行者世界，俗世世界和修行者世界在小说中呈现一种交织的状态，两者的互相切换推动了故事情节的发展，同时这两者的设定都离不开"中国性"这一根本特征。

俗世世界一部分是由各大国家势力构成，比如大唐、燕国、南晋、金

---

① 腾讯文化：《2015年腾讯书院文学奖年度小说家猫腻》，https：//cul.qq.com/a/20150617/041244.htm，访问日期：2021年2月7日。

帐王庭等，其中大唐帝国是小说多条故事线的汇合地，是小说世界中设置的一个重要的地点，借用"唐"这个被民族化了的空间使俗世世界带有"中国性"；另一部分是由各种中国地理景观构成的，比如岷山、青峡、大泽等，其中的岷山、青峡、渭城自古以来同属于中国疆域，这些携带着中国文化表征的自然地理景观也是"中国性"的体现。修行者世界中"中国性"主要体现在四大不可知之地和能量体系的设置上。四大不可知之地是大部分修行者的活动空间，知守观、书院二层楼、悬空寺、魔宗山门四大不可知之地的分布同样也是道家思想、儒家元素、佛教元素、少林武术理念的分布，在"文化地理学"中地理景观文化属性的体现可以通过"文化的地理分布"体现出来，四大不可知之地的地理分布就是中国文化属性在小说世界设定中的体现；能量体系也属于世界设定，在《将夜》中，修行者初始修行理念中的"窍"和"雪山气海"，处于五境内可以感知运用的天地元气以及理念来源于"老庄"的无距境和清静境都含有对中国思想文化的借鉴。

（一）"反常化"的架空世界

在幻想小说的写作中，"架空世界"是一种常用的手法，架空世界是作者虚构世界观的具现。从中国古代的志怪小说如《搜神记》，到明清时期的小说如《聊斋志异》《红楼梦》，再到当代的玄幻小说，架空世界的手法一直在被运用。中国一部分小说架空世界的方式是基于现实或历史的架空，作者截取中国古代的一段历史或者当代现实生活的一部分，加上自己丰富的想象重构一个新的世界，这个世界会带有一部分我们已知的历史或者现实世界的特征，读者在阅读时可以获得一种与已知经验相似而又相悖的阅读快感；另一部分小说是完全的架空世界，小说中故事发生的背景在从古至今的历史长河中找不到它的对应参照系。[1] 在完全架空的小说世界

---

[1] 吴绪蒂：《东西方文化及网络游戏对中国网络玄幻小说的影响》，华东理工大学硕士论文，2016年，第11-12页。据中国知网（CNKI）：https://nxgp.cnki.net/kcms/detail?dbcode=CMFD&dbname=CMFD201602&filename=1016758369.nh&v=MDQxMDNMdXhZUzdEaDFUM3FUcldNMUZyQ1VSN3VmWmVacUZ5dmdXcnJJMVZkYyNkdE1UZlGdExLcHBFYlJJUjhlWDE=。

设定中，有些作者会借用一些中国古代的地名、国名等，但是有些作者连小说中的地理名称都是虚构的。猫腻的《庆余年》就属于第二种，小说中的地球世界是一代人类文明毁灭后的又一个阶段，"庆国"这个作者虚构的国家建立在具有前一阶段文明残留的世界当中。猫腻的《将夜》则属于第一种。

《将夜》的世界设定是完全架空的，作者虽然在小说中借用了中国古代的国名例如大唐、晋、燕国，借用了中国古代的地名例如岷山、渭城、青峡，但这些读者似曾相识的国名、地名只是作为作者建构的玄幻小说世界中的一个元素，作者不必按照历史的特定走向来安置这些元素，他可以将它们随心所欲排列组合，最终构成一个属于这部小说的世界地理，属于这部小说中人物的世界舞台，这个世界舞台又为人物的行为、情节的推动服务。架空世界在网络玄幻小说的世界设定中是极为普遍的现象，但是《将夜》的架空世界与其他网络玄幻小说中的架空世界相比，又具有"反常化"的特征。这个"反常化"的特征在《将夜》世界中体现为两方面。

一方面是对物质上的现实客观事物进行的"奇异化"重构。小说《将夜》中人类所处的世界类似一个泡，"这个泡因为某种原因，与外面的世界并不相通，稳定、自洽、独立，甚至可以说是完美，可以这样永远地生存下去"。这个世界只是类似于一个泡，因此它不是球体，同样它也不是平的，它是一个扭曲的封闭世界。小说将现实中的太阳进行"重构"，一颗作为自然界客观事物而存在的恒星变成了规则的化身，它没有自然科学规律可言，从而小说世界中的昼夜交替、四季变换并不是地球自转和围绕太阳公转的结果，太阳仍是光和热等能量的来源，但它只是众生信仰的昊天"赐予"人类光和热等能量的一个工具，简单来说，就像是昊天在世界图纸外"画出来"的一个物体，而人类永远无法突破这张图纸触碰到它。

现实生活中作为我们黑夜的光源的月亮，在小说前半部分中作者直接将它舍去，使小说世界变成了一个没有月亮的世界，人类只知道"月"的能指，却不知道"月"的所指。后面小说中出现的月亮也同样不是围绕着地球转的那颗卫星，而是夫子的化身，"天不生夫子，万古如长夜"。即便是后来出现了月亮，这轮月亮也是超越了读者的形象层期待视野的，既然小说中的太阳都是假的，那么也没有"月亮的光亮来自于太阳的反射"这一说，小说中月亮具有明暗变化，但其明暗变化只是取决于夫子与昊天战斗的情况，这就类似于游戏中 HP 生命值的变化。只有"月"字而没有"月"的世界已经带给读者一定的冲击，后来出现的月亮又被作者"重构"成为类似游戏中血量条 HP 一样的存在，使世界设定的新颖性又进一步提升。对现实世界中客观事物"日"和"月"的"奇异化"重构将读者对客观存在的自动化认识变得"陌生化"①，这些重构的事物让读者产生了陌生感、新鲜感，增加了对小说文本艺术感受的强度，从而使他们的阅读快感得到提升。

另一方面是对于规则上的时空和能量的"反常化"变形。小说中的世界被天地元气覆盖，天地元气之间具有分层，与现实世界中大气的对流层、平流层等分层相仿，但因为世界是扭曲的，于是分层的天气元气中出现了扭曲的通道，也就是可以不受昊天规则控制的时空。在爱因斯坦提出的相对论中，时空的确不是平坦的，在时空中的质量和能量的分布会使它弯曲。小说中的时空模仿爱因斯坦所提出的时空，但简化并改变了扭曲时空形成的原理。同时，在小说中提及的扭曲通道也是作者为无距境瞬移铺设的伏笔，扭曲通道脱离规则而存在，时空被作者简单地划分为充满天地元气的扭曲时空和空白的时空通道，然而现实宇宙中的物质由粒子构成，至今发现的最小粒子为夸克，现实世界中无法出现一个完全空白、不受粒子之间力的制约的时空。在现实世界扭曲时空的基础上作者对其进行了变形，改变了扭曲时空的原理并开设空白时空通道，这是作者虚构的昊天规则下小说世界不同于现实世界的表现之一。

小说世界中的能量并不是守恒的，如果一个系统处于没有能量传入或传出的孤立环境，能量守恒定律认为孤立的系统能量保持不变。小说中的世界不与外界交流，等于是一个孤立封闭的世界，但与能量守恒定律所表达的不同的是，"熵"和热力学的定律在这个世界中并不适用，这个世界

---

① 此处的"陌生化"并不是俄国形式主义中所说的陌生化手法，只是借用了这一固有名词，表达小说中不同于现实世界的日月可以使人产生陌生感的效果。

是完全封闭的，它无法得到外界能量的补充，世界中的能量却会被不断消耗而减少，因此作为世界规则的昊天需要得到能量补给，补充能量的方式就是"吃"修行者。

> 夫子摇头说道："依据我的猜测，昊天的生命补充，来源于天地元气，而它无法直接食用天地元气，就像羊不能直接吃泥土和阳光，狼不能直接吃草，所以他也需要一个过渡环节，那就是人。"（第四卷《垂暮之年》第66章）

而贯穿小说的"永夜"设定，其实就是昊天通过停止"赐予"人类世界光和热而降低能耗的一种方式，就像现实世界中不可能存在永动机一样，昊天世界也不可能一直消耗能量运转下去。可以说作者不仅对小说世界中物质上的客观事物进行了"奇异化"重构，还对规则上的时空、能量进行了"反常化"变形，相比于大部分架空世界的玄幻小说，它又具有了创造性的突破。

（二）俗世世界：中国地理元素的集合

如果说"西方的视角是通过类比东方建立起来的，而东方也正是在这种西方类比东方中存在的"[①]，那么"中国性"视角也是通过类比西方建立起来的。在西方的奇幻文学中，托尔金是上承古代神话、下启现代奇幻文学的一位作家，《魔戒》中的精灵和矮人与北欧神话中的精灵族和矮人族基本相同，"魔戒"这个元素的使用也是来源于北欧神话中给予主神奥丁无穷法力的魔戒，小说世界设定元素的来源大部分都是欧洲神话。随着国外的《魔戒》《哈利·波特》《罗得斯岛战记》等作品进入中国，其世界设定的特征对中国网络玄幻小说有很大影响，比如今何在的被称为"中国版魔戒"的《若星汉天空》、说不得大师的《佣兵天下》，这些虽然都是中国的网络玄幻小说，但是小说中作为世界架构的元素多来源于西方神话，

---

① 参见迈克·克朗：《文化地理学》，南京大学出版社，2003年，第78页。

并不具有显著的"中国性"特征。《将夜》的"中国性"身份归属则充分体现在地理元素中。

首先,作者借用了"大唐"这个被民族化了的空间。"唐"作为定义"中国性"身份的特征之一,作者选择它是有一定原因的,大唐是我们历史中的一个朝代,就唐代社会在我国历史发展长河中所处的地位来看,似乎可以认定这是古代封建社会关系和社会制度发生部分质变的时期。在这个时期,劳动者不再是毫无独立人格的附属品,朝廷设立科举制度为庶民进入仕途提供了机会,商品经济发展以及市民阶级形成,唐国统治者对外来文化采取兼容政策等等。更重要的是,在唐代,封建礼教相对松弛,人的主观精神昂扬奋发,任侠的风气从而出现了高潮。唐人不仅赞扬任侠精神,还喜欢以侠士自命,任侠已经被唐代士大夫视作一种英雄气质。① 现代的读者已经没有机会通过亲眼所见感受唐代和其中人、事、物的形象,我们对其的了解大多是通过各种媒介,因此文学作品和史书在很大程度上帮助塑造了这些地理人文景观。唐代的思想文化受儒释道文化的影响,并且在中原与少数民族的精神文化交融中形成了文化的开放性和多元性,在这样的文化语境下书写的唐代文学作品和史书使"唐"这个空间逐渐民族化。

其次,作者借用了中国存在过或仍存在的地名作为世界设定的地理景观原型。小说中大唐帝国周围三个地理景观——渭城、青峡、岷山,都是来源于中国境内。唐代的王维曾写过:"渭城朝雨浥轻尘,客舍青青柳色新。劝君更尽一杯酒,西出阳关无故人。"渭城本秦都咸阳县,汉王元年改为新城县,七年废入长安县,元鼎三年复置,改为渭城县,东汉废,约今陕西咸阳一带。在我国的历史上,虽然没有青峡,但是有青山峡这样一处地方,《水经注·河水》曾记载:"北过北地富平县西,河侧有两山相对,水出其间,即上河峡也。世谓之为青山峡。河水历峡北注,枝分东出"②,现在位于我国宁夏青铜峡市南青铜峡。而岷山则是一直位于我国境内的,它是自中国甘肃省西南部延伸至四川省北部的一褶皱山脉,在

---

① 陈伯海:《唐诗学引论》,东方出版中心,2007年,第32-47页。
② 郦道元:《水经注》,商务印书馆,1958年,第39页。

《山海经·中山经》中记载："又东北三百里，曰岷山，江水出焉，冬流注于大江"①。《将夜》这部作品中的世界设定可以直接让我们感受到来自中国传统的风土人情，作者并没有对这些地理景观含有的意义作出表述，而是借用中国境内的地名、借鉴文学作品中出现过的地区原型以及运用写作技巧使读者对小说中描写的地理区域产生情感共鸣。渭城、青峡和岷山这些地理景观不仅仅是自然景观，它还是一个个带有价值观念的象征元素，它们都具有一个共同的特征——在中国境内存在过或仍存在着。"文化可以利用地理使空间被赋予特定意义"②，作者猫腻就借用这些地理景观使小说中的空间被赋予"中国性"的特定意义，从而达到作者本人的文化情感态度得以表现的目的。

"大唐"这个极具中国传统色彩的地理空间和渭城、青峡、岷山这三个中国疆域内的地理原型的使用，使小说俗世世界的设定与读者阅读经验中已有的人文地理景观形象体验相接壤，因而读者在接受文本时更能体会到中国性特征。

(三) 修行者世界：幻想与中国传统文化的融合

网络玄幻小说与中国神话、佛教、道教等密不可分，同时其中还包括了修炼成神或成仙的观念、途径与方法，修行者的世界在很多玄幻小说的世界设定中成为不可缺少的一部分。

在《将夜》的修行者世界中，最具有神秘色彩的就是修行界的四大不可知之地。位于西陵桃山后选择昊天作为世界规则的知守观，是道家文化的体现，这里收藏着"日落沙明天倒开"七卷天书，观主陈某修行境界极高；位于唐国的书院二层楼，借用了儒家"孔子"和"私塾"的原型，住着一群只相信人本身的人，他们只做自己喜欢的事；位于荒原地底世界的悬空寺，是佛祖为了让后代度过末法时代而建，虽然小说中的佛宗与中国传统的佛教并不相同，但佛教元素的使用让这里也表现出中国性的特点；而魔宗山门中修行者的魔宗功法——运气入体而使身体坚强无比，借鉴了

---

① 袁珂译：《山海经》，华东师范大学出版社，2016年，第91页。
② 迈克·克朗：《文化地理学》，南京大学出版社，2003年，第40页。

少林内功的理念。小说中魔宗的思想上承道门、下接书院二层楼,在小说的整体思想转变中起过渡作用,使小说思想从"顺应昊天"到"破天"的过程循序渐进而不显得突兀,是不可缺少的一环。不可知之地中有一群不可知之人,修行者世界中的修行能量体系以"窍"和"雪山气海"为基础,以天地元气为能量媒介,以老庄思想为无距、清静境界理念的来源,在中国传统文化中都能找到概念的来源,丰富了小说的中国性内涵。

1. 具有中国性的文化地理分布

《将夜》的世界中除了俗世世界,还有修行者的世界。而在修行者的世界中最为神秘的就是四大不可知之地。不可知之地是指俗世之外的神秘地域,很少有人能够亲眼看到这些地方,就算去过的人出来以后也很少会提及。千百年来,只有一些关于不可知之地的传说在修行界里流传。这四大不可知之地分别是:知守观、书院二层楼、悬空寺和魔宗山门。地理人文景观总是与特定的文化相连,世界设定中不同的文化分布可以通过地理景观的设置表现出来。① 四大不可知之地都是借用了中国文化中的某一部分而形成的,它们的分布就体现了中国文化在《将夜》世界中的分布。

首先,是道家文化的分布,在小说中以道门修行地最为突出,对应的地点是道门不可知之地——知守观。知守观位于西陵神殿一座桃山的后面,"知守"是"知其进,守其退,以退为进"的意思。知守观的第一任观主,在修道之前是一个赌棍,修道之后他创立道门、自悟清净,因为怜惜世人,他代替人类选择了昊天成为信仰,从那一刻起,人间便成为昊天的世界,这是道门代表人类进行的一场赌博。一方面,从"知守观"的命名来看:

> "这座道观的名称,来自于西陵教典里的一段真言。知其雄,守其雌,为天下溪……在西陵教典那段真言里,还有这样几句话,知其黑,守其白,为天下式;知其荣,守其辱,为天下谷。这是昊天的世界,能知世间的一切,便能守世间的一切,无论是力量,还是本心。

---

① 迈克·克朗:《文化地理学》,南京大学出版社,2003年,第40页。

这便是知守的真义。"(第四卷《垂暮之年》第159章)

"知其雄,守其雌,便是知守观,知其进,守其退,以退为进,才是知守观。"(第五卷《神来之笔》第31章)

进入知守观的方法是"七进十三出"。进入知守观首先要倒退而上六级台阶,然后下六级台阶,最后重新倒退再上七级台阶,此时会发现自己已经在观中了。总结来说知守观的文化内蕴就是"以退为进"。小说中西陵神殿的真言原话来自于《庄子》:"知其雄,守其雌,为天下溪。知其白,守其辱,为天下谷。"[1] 意思是一个人知道如何才是强大的、光明的,但是他甘于像溪水一样柔弱、像山谷一样身处黑暗,"尖则毁矣,锐则挫矣"[2],因此"以柔克刚,以退为进"才是中国古代道家所推崇的法则。作者将道门取名"知守观",其"知守"的文化内涵与道家思想相符。另一方面,从小说中道门的作用来看,是道门选择了昊天,从而确立了人间的规则,也就是确立了"天道"。中国传统文化中对于"道"的意义最初的解释就是宇宙依以运行的轨,现象的道是从创造以至化灭的历程,现在通用的术语就是时间与空间,在古道家的名辞里叫作"造化"。[3] 道的威力非常大,"道生一,一生二,二生三,三生万物"[4],自然与人间的一切活动都离不开它。《老子》里提到过天道,天在中国是宗教崇拜的最高对象,天有意志,能接受人间的祭祀,天命是超乎人间能力所能左右的命运,宇宙间的秩序就是来自于天道。[5] 作者将道门作为人类选择信仰的代表,昊天是道门选择的"天道",并且设置了"知守观"这一地理人文景观,是中国传统道家文化在小说地理景观设置中的具体表现。且需要指出的是,观主作为知守观中的人物,从隐居南海到入世试图取代"人格化"了的昊天,其中就体现出了他"甘于为天下溪"却不失"雄"的气质。这

---

[1] 王先谦集解:《庄子》,上海古籍出版社,2009年,第346页。
[2] 王先谦集解:《庄子》,上海古籍出版社,2009年,第346页。
[3] 许地山:《道教史》,上海古籍出版社,2019年,第13页。
[4] 老子:《老子》,上海古籍出版社,2016年,第148页。
[5] 许地山:《道教史》,上海古籍出版社,2019年,第35页。

是知守观真义,更是道家"以柔克刚,以退为进"的真义。由此可以看出,作者猫腻在设置知守观这个具有道家文化的地理景观时,保持了其内部文化的同一性,是他对于道家文化有深入理解的体现。

其次,是儒家文化元素、佛教元素和地理景观的融合,这分别体现在书院二层楼和悬空寺这两个地理景观的安排中。

书院二层楼的夫子是以历史上的孔夫子为原型"变形"而来的。小说中的夫子在1000多年前生于鲁国,3岁时和母亲被迫离开族中,30多岁开始看书修行。因光明大神官盗天书"明"字卷一事发生,夫子随后也离开神殿,开始在乡间教书,教授的是仁爱和礼法。之后,夫子应大唐开国皇帝的邀请建立长安城、造惊神阵,最重要的是在城南建立了书院。历史上的孔子周游列国,发现许多人的受教育水平都很低下,于是他创立私塾授课,思想核心是"仁",成为我国历史上一个伟大的教育家,两者相互对应。在书院二层楼中,夫子也是像历史上的孔子一样,讲究"因材施教",比如九师兄北宫未央喜欢吹箫,十师兄西门不惑喜欢抚琴,十一师兄王持喜欢花和药理等等。看到二层楼中"温而厉,威而不猛,恭而安"的夫子和各有个性的弟子们,读者仿佛就看到了春秋时期孔子私塾中的景象。小说中对夫子的形容是"天不生夫子,万古如长夜",在历史上朱熹也曾用类似的一句"天不生仲尼,万古如长夜"[①]赞扬孔子。"孔子"和"私塾"这些儒家的重要文化元素被作者使用在书院二层楼的设定中,使书院二层楼这个地理景观带有中国传统儒家的文化内蕴。

悬空寺处在大荒的地底世界之中。地底世界有很多座山峰,山峰里有无数座寺庙,山峰之下有许多部落,这些部落一直实行的是奴隶制度,数百万农夫世代供养着山上的僧人们。这样的地底世界是佛祖为了让僧人们度过末法时代而建。地底世界里有很多座山,但只有一座真正的山,这座山是佛祖的遗骸,叫做般若山。在地底世界之外有一棵菩提树,相传佛祖在此涅槃。地底世界"山"的设定与佛教世界观有关,在佛教的世界观中,同一个日月所照的世界为一小世界,1000个小世界为一中千世界,

---

① 黄士毅编:《朱子语类汇校》,上海古籍出版社,第2355页。

1000个中世界为一大千世界,整个宇宙是由小、中、大三千世界组成,总称为大三千世界,简称大千世界。大千世界以须弥山为中心,四面山腰有四峰,各有一天王。① 在传统佛教文化中,佛祖是佛教的创始人,名为释迦牟尼,他在菩提树下进入禅定,经过了七七四十九天,睹明星而悟道。"般若"一词来自梵语,是一个宗教术语,为佛法的其中一大分支。作者将佛教中的世界观理念和"般若""菩提""涅槃"等这些可以定义身份的特征元素融入到了悬空寺的设定之中。

书院二层楼和悬空寺的文化与中国传统历史上的儒家和佛教文化还是有一定距离的,作者对于二者的建构都只是使用了这些中国传统文化中的一部分元素或原型,但这些元素或原型在定义这些文化的身份特征时都起到了重要的作用。简单来说,就是这些文化的重要表征,使用这些重要表征的不可知之地的地理建构也具有丰富的"中国性"。

最后,是蕴含在魔宗功法中的少林武术理念。魔宗山门位于极北荒原,当年拿着天书"明卷"的光明大神官来到荒原,发现荒人身体超于常人的坚硬这一特质和他开创的功法理念极其吻合,于是开始在荒原传道。魔宗功法不是与天地元气相呼应,而是试图把天地元气纳入体内并加以使用,因此修炼魔宗功法的人身体都很强悍,只要身体能够承受,就可以不停地纳入天地元气并使用。从魔宗功法的特点来看,它其中蕴涵着少林武术中外功与内功的理念。少林功夫大致可分为内功与外功两种,外功专练刚劲,比如铁臂膊;内功是运行"气"入膜,以充实全体,比如易筋经。虽然少林外功和内功的理念是受道家阴阳相合的启发,但是少林和道家的内功是不同的,道家练法重在使运气、凝神、聚精三者相互结合,讲求阴阳二气的融会贯通;少林武术主旨在于以神役气、以气使力、以力凝神,三者循环往复、周行不息,自此达到身健而肉坚。② 魔宗功法吸收天地元气,天地元气进入身体后便转化为自己的力量,可以通过经络传向身体的各个部位,这正是少林内功功法所追求的"气至之处,筋肉如铁,非但拳

---

① 王祥:《网络文学创作原理》,中国人民大学出版社,2015年,第186页。
② 田建强:《少林内功真经》,安徽科学技术出版社,2010年,第3页。

打脚踢,所不能伤,即剑刺斧劈,亦所不惧,以气充于内也"①的境界。

综上所述,笔者认为,在小说的四大不可知之地中,知守观在思想渊源、规章行事上都延续了道家的传统理念;书院二层楼和悬空寺分别吸收儒家和佛教文化的重要元素,从而具有"中国性"的特点;魔宗山门中魔宗修行者所传承的魔宗功法则可以追溯到中国少林武术中的内外功法,四大不可知之地的分布即是中国传统文化在小说世界版图中的分布。作者对于传统文化的使用游刃有余,懂得融合与取舍,从而使小说的世界设定整体具有浓厚的"中国性"特征。

2. 来自中国传统的能量体系

网络小说的世界设定包括能量体系。萧潜的《飘邈之旅》是网络修真小说的发端,它借鉴了道教和神魔小说的修炼传统,建立了自己的修真体系和修真世界。可以说,从《飘邈之旅》开始,网络小说真正开始创设了一个东方修炼体系。②《将夜》中修行者的修炼等级:首先是初识、感知、不惑、洞玄、知命五境,五境之上第六层为天启、寂灭、无量、天魔、无距,原著中的第六层各大境界各有所长不分强弱,接下来的第七层是魔宗之不朽、书院之超凡、道门之羽化、佛门之涅槃,第八层为清静境,最后一层是无矩境,小说中真正能达到无矩境的只有夫子一人。

> 所谓修行,乃是将意念融于胸前之雪山,腰后之气海,雪山气海周缘有十七气窍,就如钟离山底之千繁洞,洞穴迎风纳水,呜咽作响奏一妙曲,上有呼者下有应者,如此方能令天地通晓你我之意,从而互相呼应。(第 21 章《三分两分画里桃花》)

《将夜》中初始修行的理念设定可以追溯到中国传统文化中的"窍"和武侠小说中的"打通任督二脉"。小说中雪山气海周围的"窍"的解释,

---

① 田建强:《少林内功真经》,安徽科学技术出版社,2010 年,第 3 页。
② 王祥:《网络文学创作原理》,中国人民大学出版社,2015 年,第 199 页。

有"孔，洞"之意，即"空也"。① "窍"是一个极具中国传统文化特色的概念，比干就有一颗七窍玲珑心，曹雪芹称林黛玉"心比比干多一窍"②。李涵虚是清代的一位潜修数载的人，号长乙山人。他在他的著作《道窍谈》中指出："乘其动而引，不必着力开，而关自开；不必着力展，而窍自展。真气一升于泥丸，于是而河车之路可通。"③ 他在书中的第22章还提道："两孔穴法，丹家有一穴，一穴有两孔，空其中，而窍其两端，故称为两空穴，师所传口对口，窍对窍者，即此境界也，为任督交合之地。"④ 由此可见，"窍"在中国自古以来的修道体系中就已经存在。修行者修行要打通雪山气海的说法也与中国传统武侠小说中的"打通任督二脉"一说相似，作者曾在采访中提到自己的写作在一定程度上受到了金庸的影响。⑤ 在金庸的武侠小说中，"打通任督二脉"一说时有出现，张无忌在布袋和尚的布袋里打通了任督二脉，狄云在雪地里打通了任督二脉，在《太玄经》中打通任督二脉可以达到天人合一，《易筋经》中打通任督二脉可以激发人的潜能。由此看来，作者在小说中建立的"窍""打通雪山气海"的初始修行理念与中国文化下的修道体系、武侠小说息息相关。

修行境界分级	修行者对应的能力
初识	此时可以明悟天地之息的存在。
感知	可以触碰到天地之间的元气并且可以和它和谐相处甚至是交流。
不惑	可以初步明白天地元气流动的规律并且加以利用。
洞玄	可以把自己的意识与天地元气融为一体。
知命	在这个境界的修行者已经从本质上掌握了天地元气的运行规律。

---

① 许慎撰，段玉裁注：《说文解字注》，上海古籍出版社，1981年，第344页。
② 曹雪芹：《红楼梦》，江西高校出版社，2008年，第26页。
③ 李涵虚：《道窍谈》，上海古籍出版社，1990年，第15页。
④ 李涵虚：《道窍谈》，上海古籍出版社，1990年，第50-51页。
⑤ 邵燕君：《以"爽文"写"情怀"——专访著名网络作家猫腻》，载《南方文坛》2015年第5期。

贯穿于修行者雪山气海的"窍"之间的天地元气也是借鉴了中国自古以来"气"的理念。天地元气的"气"一说在中国古代早已出现,在神话故事中,天地本是混沌一体的,用道家的话来说就是"太一",混沌初开的时候,轻而清的气成为天,重而浊的气成为地,中国古代所推想的生命元素是形、神、精,形是肉体,神是情感,精是环境,"形不动则精不流,精不流则气郁",生命的维持就在于精气与形气的流动,气就是合形、神、精而成的生命体①。宇宙是流动的"气"构成的,万物具有"气"之后就把各自的特能显示出来,《吕氏春秋》中有:"精气之集也,必有入也,集于羽鸟,与为飞扬;集于走兽,与为流行;集于珠玉,与为精朗;集于树木,与为茂长;集于圣人,与为夐明。②""气"存在于物体里面,无论这个物体是生物还是非生物,都能发挥他的机能或能力,因此万物都有特殊的"气",作者在小说中所设定的天地元气的概念也是如此:

天地元气充斥在世间哪怕最微小的空间里,一颗顽石一株枯柳一泊湖水里面都有它们自身的天地元气。(第一卷《清晨的帝国》第127章)

于是修行者就可以感知万物的"气",然后试着以天地元气为桥梁将自身的念力传递到物体之上从而引发物体内部的天地元气振动。作者将中国古代传统文化中源远流长的"气"这一概念,转化为《将夜》中修行者可以从世间万物中感知到然后以其为桥梁传递信念的"天地元气",天地元气作为修行者修行的重要能量媒介,自此这个能量体系设定的理念来源就与中国传统文化密不可分了。

中国传统文化中的老庄思想在能量体系中的影响体现在五境以上的境界中。修行者到达了无距境界之后,意念所至就能到达千里之外,从心所欲而无距,书院大师兄李慢慢和观主陈某在小说中都多次使用过无距境界

---

① 许地山:《道教史》,上海古籍出版社,2019年,第127页。
② 吕不韦:《吕氏春秋》,上海古籍出版社,1989年,第27页。

的瞬间移动。天启境和无距境虽然同属第六层境界,但是天启境仍然需要昊天光辉的能量加持,而无距境可以进入天地气息的空间夹层。作者猫腻用"画中画"来形容观主陈某在进入无距境战斗时的情景,画中画就是空间中的空间,像陈某这等境界的修行者能够在昊天的规则里找到属于自己生存的夹层。笔者认为,无距境界的设定与庄子及其门人的思想有关。庄子"逍遥游"的思想继承了杨朱的"全性保真,不以物累形"的思想①,《逍遥游》中有"乘天地之正,而御六气之辩,以游无穷者"②的境界。庄子认为要达到这个境界,只有至人、神人和圣人才有资格。小说中能够达到无距境界的人也就类似于庄子所讲到的至人。至人是知道者,有超越的心境,不会被外物所累,能够离开民众而注重个人内心修养,这正符合小说中观主陈某飘然远离尘世的修道形象带给我们的感受。同样,无距境的修行者对于昊天世界中时空的把握也与庄子门人的理念相似。庄子的门人在观察现象界变化历程时,认为事物的种子是相同的,所差的只是时间和空间的关系而已,而自我和形体的关系就是"彼来则我与之来,彼往则我与之往,彼强阳则我与之强阳",如影随形。③像陈某这样的修行者一旦达到无距的境界,就可以看破天地元气中的时空形态,身随心动,脱离外物的束缚,无视外部世界距离的长短,实现瞬间移动,从而达到庄子《逍遥游》中"无所待"的境界。清静境是老子思想的外化。修行者进入清静界之后,世间的一切力量对于他来说都成为绝对的外物,这种境界能够真正被称为绝世。观主陈某不仅精通无量、寂灭、天启、无距,他还早已进入清静境。"清静"二字来源于老子的"清静"之旨。老子主张清静无为,在《道德经》第16章中有:"致虚极,守静笃,万物并作,吾以观复。夫物芸芸,各复归其根。归根曰静,是谓复命;复命曰常,知常曰明。"④当人进入了"致虚""守静"的境界,就可以看透万事万物的本

---

① 许地山:《道教史》,上海古籍出版社,2019年,第59页。
② 王先谦集解:《庄子》,上海古籍出版社,2009年,第4页。
③ 许地山:《道教史》,上海古籍出版社,2019年,第93页。
④ 刘文典撰:《淮南鸿烈集解·上》,中华书局,2013年,第496页。

源，虽然万事万物复杂众多，但最终还是要回到它们的本源。回到本源叫作"静"，也叫作"复命"，这时候的人也可以真正回归自己，做到清净无为。《将夜》境界设定中的清静境所提到的"绝世"的特征，也正是老子"归根""复命"等回归本我的思想在本部小说中的外化。当人做到了清静无为，自然可以将外界的一切力量约束视为绝对的外物。

《将夜》能量体系中的最高境界就是第九层无矩境，修行者到达无矩境以后可以无视昊天的规则，超越规则。这是"大自由"的境界，是人类修行能够走到的最后一步。小说中只有夫子一人到达了无矩境，而观主陈某永远无法到达无矩境，因为他有对道门的信仰，对道门的信仰就是对"天道"的信仰，在这样的信仰之下，他永远无法真正无视天道的规则从而逃脱规则的制约。小说在道家"天道"的精神覆盖下的世界中设定无矩这样一个超越"天道"的境界，是与主人公实现"破天"愿望的行动任务相契合，与夫子的形象相契合，使小说的情节成为一个经得起推敲的闭环。

因此，除为"破天"的行动服务的无矩境外，在《将夜》的修炼体系中包含了：以"窍"来认定未来修行情况和打通"雪山气海"的初始修行理念；借用并转化自古以来的"气"的概念为修行者提供的能量媒介——天地元气；借用老庄思想来展现"超越外物束缚而无敌"这一理念的无距境与清静境。这一整套的能量体系都具有中国古代思想理念的加成，作者从中国古代思想理念中取自己所需，将其融于境界设定之中而不显突兀与矛盾，加深了小说世界设定中的"中国性"色彩。

▽ 二、宏大叙事、日常生活及语言问题

"与天斗"是整部小说的主线，在这个大主题下，猫腻以史诗性的话语与叙事方式编织他想写的故事。而在叙事的宏大框架下，也存在着"喧哗"的民间叙事，聚焦日常生活场景、叙写世俗的小人物，展现出猫腻的

草根情怀。在语言层面，猫腻以文艺的底色诠释了"文青型"网络写手的样貌，但在考究的语言下也存在"躁动"的因子，表现在对语言的掌握偶有失控上。

（一）宏大叙事：伏笔、隐藏故事线及场景宏大化

在谈论《将夜》的宏大叙事时，我们先要明确宏大叙事在本文中的含义。有学者认为："宏大叙事从内容结构上说主要包括：国家、民族、集体主义、信仰、宗教、理想、历史等大概念、大问题的构成。"[1] 而洪子诚基本上将宏大叙事等同于史诗性："中国现当代小说的这种宏大叙事的艺术趋向，在30年代就已存在。……'史诗性'在当代的长篇小说中，主要表现为揭示'历史本质'的目标，在结构上的宏阔时空跨度与规模，重大历史事实对艺术虚构的加入，以及英雄形象的创造和英雄主义的基调。"[2] 他举了《保卫延安》《红日》《红旗谱》等例子。邵燕君则认为："所谓'宏大叙事'是指以其宏大的建制表现宏大的历史、现实内容，由此给定历史与现实存在的形式和内在意义，是一种追求完整性和目的性的现代性叙述方式。"[3] 她给的定义就模糊了许多。

但正如马德生所说，"宏大叙事作为文学叙事传统，是一种不断变化、开放包容的叙事模式。……作为时代文明精神内核的反映，真正的宏大叙事并不是封闭的僵死的，而是处于历史的演进变化过程之中"[4]。从某些程度上讲，宏大叙事的内涵不是固定的，也会有所改变。既然宏大叙事的概念是模糊的，在学者口中也有所不同。那么我们不能拿以往文学史的定义去看"宏大叙事"，而是在时代的发展的背景下，给予其新的内涵。所以，将《将夜》的叙事手法视为宏大叙事不无道理。

在本文里分析的宏大叙事，首先表现在极长伏笔线的拉取，其次表现

---

[1] 邓平祥：《宏大叙事——历史和当代》，载《美术》，2010年第2期。
[2] 洪子诚：《中国当代文学史》，北京大学出版社，2007年，第96页。
[3] 邵燕君：《"宏大叙事"解体后如何进行"宏大的叙事"？——近年长篇创作的"史诗化"追求及其困境》，载《南方文坛》，2006年第6期。
[4] 马德生：《论新世纪长篇小说对宏大叙事的重构与超越》，载《文艺评论》，2014年第5期。

在故事线的隐藏，最后表现在场景宏大化。

1. 千里设伏

《将夜》的"千里设伏"，是在一个串联全篇的大伏笔下设置了许多串联几百章的其他小伏笔。大伏笔在开篇便埋下——三个不可知之地的三位少年来到荒原，看到了一道黑壑，远看像是一条黑线，直抵天际。三人极度恐惧，认为这是冥王的化身，不敢跨越一步。而在他们离开时，一位书生才看了一眼长安方向，安乐地离去。在那时的长安，宣威将军府被灭门，一位高大的男子站在高山上感叹："风起雨落夜将至"。开篇便是极宏大的叙述，引出了男主人公宁缺的身世，这道黑壑的由来、将军府被灭门的原因、书生和高大的男子身份的疑惑，也将在小说下文逐渐解开。

庄庸说："这大概是《将夜》在开篇中埋下的一个核心伏笔。犹如'草蛇灰线'，游行千里，等到几十万字甚至上百万字，才逐点揭开谜底。"① 确实如此。《将夜》的叙事手法与金圣叹在《读第五才子书法》中写《水浒传》的"草蛇灰线法"有所相似："如景阳冈勤叙许多哨棒字，紫石街连写若干'帘子'字是也。骤看之，有如无物，及至细寻，其中便有一条线索拽之通体俱动"②，看似细微的着墨，却会在后文带来巨大的影响，牵一发而动全身。小说读到将近一半之处，读者必然会以为宁缺的使命是复仇，即"与人斗"，不料在战胜"大 boss"夏侯之后，故事并没有结束。笔锋一转，宁缺开始了新的征程——"与天斗"。小说展开了崭新的一卷，令人眼前一亮。而为其做铺垫的，就是荒原上的"黑线"。荒原出现黑线这一件事，等到故事写到近三分之一，第二卷第 111 章叶苏遇到大师兄李慢慢的时候才再次解释了这件事。"黑线"预示着冥王之子的降世，预示着极夜的来临，预示着昊天来到人间，也预示着一种超现实、超逻辑的自然之力。也是这道"黑线"，为宁缺"与天斗"埋下了伏笔，

---

① 庄庸：《奇迹男孩：论〈将夜〉与〈哈利·波特〉的故事思维》，载《网络文学评论》2019 年第 4 期。
② 金圣叹：《读第五才子书法》，见施耐庵著、金圣叹评《水浒传注评本（3）》，上海古籍出版社，2015 年，第 1002 页。

打开了"破天"之旅的大门。

魔宗宗主"二十三年蝉"林雾,即宁缺的三师姐——余帘,是小说中的其他伏笔,第一章便深深埋下:"徒弟就这么厉害,他那个师傅又会强大到什么程度?听说他师傅这些年一直在修二十三年蝉……"(第一章《开头》)对于宗主的强大,猫腻着墨颇多,所以当温和安静地抄着簪花小楷的女教授三师姐出现时,谁都不会将她与魔宗现任宗主联系在一起。但当第四卷第116章,小说进行到大半时,三师姐终于表明身份,与道门巅峰熊初墨一战并获胜。联系先前的种种暗示——清修20余年、看不出年龄、介绍强者为师、指导宁缺时深不可测等等,这一修行界最神秘的人物是她也并不奇怪了。当三师姐终于现出真身,大惊世人,也震撼了读者。再如第五卷第35章,朝小树向剑圣柳白借剑,而后废了雪山七海,一直化身平民生活在酒徒屠夫身边。等到第六卷第119章,朝小树才发挥了藏剑于身的真正作用,用自己身负重伤的代价杀了酒徒,使得灭西陵的局势大获逆转。在第四卷第204章,宁缺坚定地割让了向晚原给金帐王庭,导致大唐铁骑力量的削弱。而到了第六卷第70章,小师叔的黑驴领着一大群野马奔来,使唐军一举剿灭金帐王庭大部队,唐国军民才明白了宁缺的深远用意:以马匹不足诱敌深入中原,而后将敌军全部杀光。这时,读者才明白猫腻的精心设计,以为寻到死路,不想却是绝处逢生。

莲生留给宁缺的意识碎片,则是"外挂"般的伏笔,这个"外挂"在宁缺遇到不测的时候百试百灵。正如小师叔的浩然剑和柳白的剑意,是宁缺与叶红鱼战斗时的"外挂";莫山山在魔宗山门外悟出的块垒大阵,是她的"外挂"。莲生的意识碎片是最"玄乎"的外挂。大师的记忆帮他战胜夏侯,帮他唤起饕餮大法战胜隆庆,帮他参悟佛门四大真手印,帮他战胜金帐国师,帮他战胜观主。这个意识碎片也解决了叙述者写作时不时遇到的因男主人公宁缺太弱而难以战胜敌人的问题。

串联全篇的极长伏笔线以及横亘几百章的其他小伏笔是《将夜》的一大特点,千里设伏,之后令读者恍然大悟。

2. 隐藏故事线

在"破天"这个大伏笔下,有许多隐藏故事线。三位不可知之地的传人因为那道黑线发生了巨大的变化。三个人是书中的重要人物，都有改变故事走向的能力，但他们的踪迹都是极其神秘的，在小说开头，叶苏勘破死关，魔宗传人唐隐入大漠，悬空寺传人七念嚼碎舌头开始修闭口禅、不再说话。在十余年后他们的隐藏故事线才发挥作用，他们又一次出现：叶苏和唐旁观了宁缺与隆庆的生死争夺，七念于宁缺与夏侯的决战中再次出现，想释出闭口禅但因为三师姐的压制而开不了口。三位天下行走各有不同的追求，也因此走向不同的道路。

宁缺穿越的身世，笔者认为是《将夜》中最具神秘色彩的谜团，也是隐藏故事线之一。穿越性的玄幻小说其实并不少见，比如《斗罗大陆》《斗破苍穹》《元龙》等。这样的小说可以分为两类，一是穿越的部分能带来很大作用的小说，比如《斗罗大陆》里的唐三，穿越前为唐门外门弟子，穿越后来到了一个新的大陆，将唐门暗器也带到了新的世界，前世的技能与记忆在穿越后发挥了重要作用，成为男主人公战斗的秘门；二是将穿越性的描写削减到少之不能再少的小说，比如《斗破苍穹》，只在第二章里提到了"穿越"这回事，写了三小段在地球上的日子，便再也没有提过萧炎的这段经历，有如一个被永久埋藏的秘密。《将夜》也是这第二类小说，但这个隐藏故事线在小说中有着特别的意义。它是隐匿的，同时又能推进剧情，使"主角光环"多了一层合理性。猫腻刻意隐匿了穿越的情节，让《将夜》少了绝大部分穿越色彩。仅有的对穿越的叙写大概有这些：光明大神官与夫子看到了宁缺的"生而知之"；宁缺在穿越前过得并不快乐，自行车、少年宫大概是他仅存的记忆；月亮是宁缺特别想念的东西，这也是现代世界的代表物；宁缺企图讲基督教历史让观主改变想法时，前世对宗教改革的学习发挥了作用。可以看出，带有和现代人相同记忆的宁缺不是《将夜》世界的人，这一情节作者并没有直接指出，而是靠读者从种种线索里推理出来。这样把"穿越"作为隐藏故事线的写法，有很多作用：宁缺魂穿是过去与现在的联结，也是推进故事发展的一大要素——宁缺穿越而来，告诉夫子另一个世界有月亮，于是夫子后来化身成了月亮，串联起了天与地，从此人间有了月亮，也标志着昊天的逐渐虚弱，人类打破固有规则，开始探求广阔宇宙；宁缺的"生而知之"，使他具有先天性的一些玄妙力量,"男主的光环"也很大程度上源于他的"生而知之";穿越的隐性描写,可以减少现代感对小说氛围的影响。从读者的接受立场看,"穿越"这一元素能引起读者的好奇,但在思维逻辑上,猫腻隐匿了穿越元素的叙事方式也可能带来一些读者的疑惑。小说到了最后,一些思维的漏洞仍然存在,猫腻也没有对一些问题作出解释,仿佛埋下一个坑,却没有进行填补。比如,宁缺穿越之后,没有怀疑、反抗过的原因;宁缺没有尝试再穿越回现代的原因;现代世界给宁缺的记忆只有补习班与月亮的原因等等。

小师叔轲浩然与莲生一样,都是上个时代掀起血雨腥风的人物。但正因为是上一代的人,他们的故事成为《将夜》里的叙事空缺。轲浩然虽在多年前遭天谴而死,但持剑行走天下的勇气永远留在人们的记忆里。就如同《庆余年》里的叶轻眉,人已不在世间,但世间仍然流传着她的传说。小师叔是《将夜》里最"虚"的一笔,全靠现存人的回忆拼凑出来。但他的故事线又是那样丰满、那样传奇。单剑灭魔宗、一法通万法皆通、修浩然气、与昊天为敌,他的故事时不时在其他人口中提起,使小说叙事增加了"过去式"的新向度。

如果说读《将夜》像在走迷宫,那么这个迷宫里的每一条岔路都通往终点。因为隐藏的故事线并不是"死路",而是使故事、情节更丰富的"活路",每一条路上都是作者早早埋下的"惊喜"。这不仅仅归功于猫腻在开文前便拟定的写作大纲与他天生缜密的逻辑思维,也依赖于网文的更新机制。作为几乎每天都更新的网文,有了"不可知",才会激起读者好奇感,让读者有了"追更"的可能。读者欲罢不能地想要知道问题的答案:宁缺到底从哪里来?他的穿越身份能给他带来什么?小师叔怎么总是寥寥几笔带过,他到底是什么身世?从"不可知"到恍然大悟的"可知",是极具快感的阅读体验。

3. 场景宏大化

《将夜》里的场景宏大化,表现在宏大的规模、详尽的地理因素以及多线并行的叙事手法。

"在很久很久以前,有很多不可知之地,在那些不可知之地里,有很多不可知之人。"在很多很多"不可知"里,《将夜》便这样开篇。"不可知"可以说是《将夜》的一大特点。宏大的地理观人物观世界观,使得《将夜》的全部无法一开始展现在读者面前,于是有了许多"不可知"。不仅仅是四个不可知之地,还有不可知之人、不可知之事,都在阅读过程中慢慢地揭开面纱。猫腻预设了宏大的结构与规模,"不可知"便是《将夜》史诗性叙事的表现。从大唐的一个边陲小镇渭城开始,宁缺与桑桑出现。再到大唐公主李渔遇到追杀,宁缺护送她前往长安城,路途中经过了北山道口等地,又通过吕清臣之口,讲述了修行界的几乎所有知识,为读者刻画了修行界的基本样貌。到了长安,叙事版图便扩大到了唐国的中心地区。在长安,宁缺遇见了皇帝、朝小树、简大家、小草、水珠儿、张贻琦等人。他成功考进书院,"解锁"了第一个不可知之地——书院,也遇到了一生之敌隆庆。有着各不相同的个性与才能的书院十二个师兄师姐也出现了。而后第二卷凛冬之湖,随着宁缺带领书院弟子入荒原实修,又开辟了新的版图——极北荒原。在荒原上的宁缺遇见了神秘的三痴——书痴莫山山、花痴陆晨迦、道痴叶红鱼,而后又接触了莲生三十二、曲妮玛娣姑姑、唐小棠、夏侯等人,他和莫山山、叶红鱼机缘巧合进入了魔宗山门,"解锁"了第二个"不可知之地"。西陵神国也渐渐现出了面目,各个大神官、神座、司座、执事,人物如排山倒海般涌来。到了第三卷"多事之秋",宁缺带桑桑前往月轮国的瓦山治病,岐山大师给予指点,再往西便是第三个不可知之地——悬空寺。悬空寺讲经首座、七枚、宝树大师、剑阁的众人纷纷出现,站在了宁缺的对立面。也是第三卷,隆庆在知守观修行,最后一个的不可知之地知守观终于揭开了神秘面纱。最后,修行者们升天,版图甚至拓展到了昊天世界的外围——广阔宇宙中。猫腻以广阔的视角叙写,仿佛自己站在昊天的顶上,俯视天地的一切。每当读者以为有所穷尽之时,新的地点、新的修行者便会涌现出来,不得不佩服他设置的宏大叙事构架。最后,遍地都是修行界的高手,"不可知"之人层出不穷,神隐的高手不断出现。如第五卷才出现的赵南海、金帐国师,最后一章才出现的神殿天才横木立人、金帐王庭最著名的年轻勇士阿打、境界飞升的柳亦青等等。人物构架顺着错综复杂的情节逐一现出,极尽铺设、上天入地的地图展现出史诗般的样态。

在战斗中，也能看见猫腻宏大的世界观，比如借助空间性描写勾画出的宏大战斗场景。颜瑟大师临死前施展的井字符，是极尽利用空间性的典范："磅礴的气息、神圣的光明、无畏的天地、横亘的符意，它们彼此切割着、伤害着，依偎着、挣扎着，空间压缩着光辉，光辉突破着空间，最终压缩凝练化作满天漆黑夜穹上的星辰，变成荒原上寂寥的流火，化为露珠上的映出的春意。"（第二卷《凛冬之湖》第203章）临死前，颜瑟终于超越了五境，达到了符道的极致境界。虽然井字符看起来是最简单的线条切割，但它能往极细微处切割下去，使岩石、草树、雪花、寒风等都碎为齑粉。因为它有切割空间的力量，它能切割世间万物，从而切割天地，使光明也支离破碎。这是联结了天地的、规模宏大的战斗叙写。

除了宏大庞杂的规模，《将夜》的宏大不只是整个世界的"大"。相信大多玄幻小说都能做到写世界的"大"，《将夜》的"大"更在于对于世界各处地理因素的极详尽描写。黄沙纷飞的荒原、佛光普照的月轮国、重女轻男的大河国、被剑阁护佑的南晋、有富春江色彩的清河郡、肃穆庄严的西陵神殿、处在极北寒域但常年不冻的热海、草原上的金帐、贫瘠的小国燕国，甚至是温暖的南海，猫腻的叙述都是极为写实的。不是虚晃一枪，告诉你这个世界上有什么，而是让人物在各种地方走一遭，写在各地发生的各种故事，其中还穿插各地的风景气候、风土人情、饮食服饰等。无论是雪原、草原还是荒原，小说家总有办法让人物经过并串联故事情节。并且使每个场景都带有各自的特色，可谓将中华的历史文化揉进了一部小说里，极见功力。

"作为涉及内容众多的史诗性文学作品，能否巧妙地运用结构上的设置将想要表达的内容完美地展示出来也是评判此类文学作品的一大标准。

一般来讲,多条线索并行是被大多数史诗小说作家所采用的结构模式。"①《将夜》里人物与场景的极尽铺设,现出庞大的叙事体系,也带来了多支线并行叙事的可能。这一点在第四卷里"举世伐唐"的阶段体现得淋漓尽致。在一众国家攻击唐国时,在同一时间,不同地点,都发生着轰轰烈烈的战斗。宁缺和大师兄、三师姐、莫山山在长安城与观主鏖战,镇北军与金帐王庭在向晚原厮杀,朝小树领导骁骑营的骑兵在东疆战斗,大唐西军在舒成将军的指挥下与月轮国僧人战斗,镇南军向北急行军赶往青峡,而青峡前的书院诸弟子苦苦守护着这个关乎唐国生死的重要关隘。多场战斗在同时开始,先以青峡之战为主线,后以宁缺在长安城的战斗为主线,展开了多条支线;而支线中发生的事,又相互呼应,集合成唐人不屈、坚毅的精神内核。多支线并行,展现出猫腻强大的叙事功力,也使场景在瞬时铺设开来。

宏大叙事使小说在极大框架下展开,使多样的人物、地理因素以及多条线索、多个伏笔的叙写得以实现,也展现了大体量玄幻小说的特有魅力。正如狠狠红的评论:"典型的中国式话本、传奇的写作方式,加上尚存的宏大叙事,这让猫腻成为网络小说作者里独树一帜的存在。"②

(二) 日常叙事与宏大叙事的碰撞

《将夜》里除了宏大的、史诗性的叙事手法,猫腻还将视角转向民间、转向世俗。不仅有对于市井场景、街头巷尾的生动叙写,还有对小人物精神气质、生活状态的细腻观照。宏大叙事与日常叙事的对撞,产生了奇妙的火花。

---

① 孔天琪:《当代关中文学叙事的史诗性研究——以〈创业史〉〈白鹿原〉〈村子〉为例》,西北大学硕士学位论文,2019 年,第 16 页。据中国博硕士学位论文数据库: https://elkssl4b2b6087c6e2aad167762a803e7e2642it.casb.hznu.edu.cn/kcms/detail?dbcode=CMFD&dbname=CMFD202001&filename=1020609029.nh&v=MjMxMzVUcldNMUZyQ1VSN3VmWmVacEZDcmxWcjdCVkYyNUhyVzRGOUhPcHBFYlBJUjhlWDFFMdXhZUzdEaDFFUM3E=

② 狠狠红:《"最文青网络作家"猫腻的新旅途》,https://cul.qq.com/a/20140609/029667.htm,访问日期:2021 年 2 月 6 日。

1. 众声喧哗的民间叙事

《将夜》里的民间叙事是极为突出的特点,在宏大的史诗性叙事下,民间的小叙事呈现出耀眼的火花,展现出众声喧哗的世俗情调。

邵燕君在"腾讯书院文学奖"给猫腻"类型小说年度作家"的授奖词中提到,猫腻"以坚定的草根立场肯定了中国文化中'饮食男女'的世俗情怀"[①],笔者以为这样的评价是极其中肯的。猫腻的民间叙事体现在对世俗、市井场景的钟爱,以及对草根、小人物的细腻书写上。首先是市井场景,最能体现这方面的便是对长安的描写。第二卷中写道:

> 巷口多了一家烧烤摊,吴老板养了一条老狗,每天的清晨和黄昏都会遛狗,以此排遣寂寞和老板娘给予的压力。随着天气渐凉,早晚寒意入侵,遛狗从两次变成了一次,时间也变成了中午。
>
> 西城的赌坊依然生意兴隆,齐四爷穿着绸缎长衫,手中转着铁球,像富家翁般矜持接受着街坊们的恭维,想着朝二哥究竟什么时候回来。
>
> 朱雀街上那家道观表演符术的道人病了,道观却被修葺一新,于是前来虔诚颂经拜天的信徒要比往年多了不少。
>
> 无论时间流逝,季节变化,长安城里的唐人们如同过往那样平静而喜乐地生活着,街巷里的爽朗笑声从来没有断绝过。(第二卷《凛冬之湖》第258章)

酸辣面片汤、陈锦记的脂粉、松鹤楼的席面、热闹非凡的红袖招、东城的菜市场,对长安街头巷尾的叙写,使文字有了烟火气与暖意。

《将夜》中对美食的书写也体现出世俗气息。书中"最高"、实力最强的夫子,居然最喜欢吃东西,对食物颇有研究,也自称"美食家",这样的对比不免戏剧感十足。他是书院里饭量最大的人,在热海吃冰化了七分

---

① 邵燕君、猫腻:《以"爽文"写"情怀"——专访著名网络文学作家猫腻》,载《南方文坛》2015年第5期。

的切成蝉翼般薄的牡丹鱼，喝最正宗的固山郡九江爽蒸，带着桑桑去荒原吃烤羊腿、到宋国吃考究精致的十八碟、到桃山下吃黄红软糯的烤红薯、吃草原最鲜美的涮羊肉，对美食的描写令人垂涎三尺。最厉害特别的人，也离不开人类最根本的欲求——食物。在饮食的描述中，小说不再是浮于元气的对决，而是向下沉，沉入了世俗，使小说带上了柴米油盐的底色，更加"接地气"了。再如书院弟子在青峡战斗时候的表现，紧张的、关乎生死的战斗氛围下，师兄师姐们仍然不忘好好生活。马上就要开战了，十一师兄王持姗姗来迟，"手里拿着数株青草，怀里揣着几个果子，嘴里还衔着一朵不知名的野花"，缺席"闪耀登场"的原因只是以为怕药草被埋绝种。一天艰难的战斗完了，众人吃上了热腾腾的晚饭，还因为饭烧糊了互相拌嘴赌气。早起，众人混着原野间浓郁的血腥味，喝着香浓的小米粥，低头呼啦啦地"喝得气壮山河"。无论前方多么危险，生活还是要继续。在大战前的日常之态，带来轻松、热闹之感，消解了紧张的氛围，给读者以一定缓冲时间，阅读状态也可以稍显轻松，不再一直紧绷着关注人物的生死，引起阅读疲劳感。邵燕君说《将夜》有温暖的喜感，从充满烟火气的叙述中看，确实如此。

其次，在对"草根"的书写上，《将夜》对小人物显示出细致而温柔的关照，小说家站在民间立场而不是上帝般的立场，姿态与底层人们保持着相同高度。

如临四十七巷假古董店的吴老板和吴婶，每日此起彼伏地上演家庭闹剧，吃醋拌嘴充满市井气。宁缺不在老笔斋的时候，国师带人审验宁缺的字画，把铺面弄得一片狼藉。但古董店老板娘跟宁缺说，不要急，什么都没丢，因为她帮忙看了一夜。宁缺给了她一个热情的拥抱表示感谢。老板醋意大发："感谢也别抱啊！那是我媳妇儿！"两人常常上演着家庭闹剧，展现了琐屑的日常生活。猫腻对中国普通百姓的生活方式与观念进行了如实的表现，虽然老百姓是普通的，但也具有特有的生动气息，使日常生活有了审美化的向度。

再如杨二喜，他是《将夜》里着墨颇多的一个小人物。他是个普通农夫，但活得很恣意，也很"用力"。他是大唐普通国民的一个小小化身。

在第三卷第16章中，杨二喜首次出现。宁缺的大黑马偷吃了他的一大盆粥，但他反倒邀请宁缺到家中歇息。他把唐律看得很重，让宁缺开始有了为唐国抛头颅洒热血的冲动。第四卷第111章后，他又出现在小说中，在公学里刷墙漆。偶然得知东北边军身处险境，这位退伍的边军毅然决然辞别一家老小，背着弓箭扛着草叉只身前往东疆。后来他成了民间组织义勇军的一员，杀敌无数，不为功勋，只为了保护自己的国家，为了心中的胜利。在身边农户觉得"事不关己高高挂起"的时候，冒着生命危险去实践自己的大义——保家卫国，杨二喜这个普通人，带给我们平凡的感动。猫腻在第五卷第10章的最后写道："杨二喜和他儿女的那段对话，是《将夜》里，我自己最喜欢的，我每每写到杨二喜一家的时候，我就止不住地高兴，我骨子里果然还是喜欢乡土文学的。"对话就是儿女问杨二喜去哪里、做什么，杨二喜说"去东边""去打仗哩""当然会打赢"，语气平常得像去井边打水一般。平常人的生活本就没有什么惊心动魄，死便死了，但杨二喜的行为，却带来不一般的波澜壮阔。猫腻以民间的姿态，靠近社会最底层最普通的小人物，将唐人的风骨在小人物中体现，赞美了普通人在纷繁芜杂的世界中不懈拼搏、勤劳善良、智慧幽默的优良品质。

又如张三李四王五，虽然名字淹没在人海，但都确有其人。张三李四是市井最普通的两个少年，因为看到观主在长安战无不胜，眼看都城就要被毁灭，萌生了巨大的勇气，提着菜刀与柴刀，拿着守瓜田的钢叉，颤抖着大哭着冲向敌人。他们不要命的奔跑使长安人民也鼓起了勇气，开始对抗看起来永远无法战胜的敌人。尽管是再普通的张三和李四，也能成为世间最勇敢的人，但两人之后被家长一番教训，小说又回到了日常的生活书写。王五是镇南军斥候营的一位普通战士，这一军营的战士都和他一样失去了自己的坐骑。失去了坐骑的战士便如同狗一般，但他为了大唐，哪怕是望不到胜利的战斗，也要拼死战斗到底。

庄庸认为小主题在大格局下是有穿透力的，宁缺所做的一切，也是一个缺爱的孩子在"寻找爱、拯救爱、守护爱"[①]。在猫腻从容的民间叙事中,我们能看到温暖、朴素的爱,在冷血的打斗情节之后传递了温度。猫腻写小人物,写得有趣、接地气,相比于紧张严肃的修行者的打斗,小人物身上体现出的是日常生活的趣味性与真实性,回归现实的烟火气也有利于减少与读者的隔阂感,增强与读者的"黏度"。

2. 两种叙事的碰撞

在《将夜》里,猫腻将宏大叙事与日常叙事紧密结合,使其碰撞出强烈火花。

首先,是宏大叙事与日常叙事的融合互通。镜头般的叙事场景使得视角可以拉大到昊天,也可以拉小到一小户人家。昊天选择来到人间,于是学士府诞下一个女婴,天与人便这样联结,宏大叙事变成了小叙事。宁缺与桑桑相遇,他们互相成了对方的本命,后来成为夫妻,天人交战、天人合一最终都演绎成了小夫妻在一起过日子的状态。在小说的后半段,桑桑时而变成冷漠的昊天,对宁缺冷眼相待,时而与宁缺像往常一样相处。所以叙述视角时而上升到天与人,桑桑可以控制或毁灭整个人间,成为宏大叙事;时而又是人间甜蜜小夫妻的恩爱状态,宁缺与桑桑就如同普通的夫妇,你做饭洗衣,我抱着狗到处溜,成为日常叙事。两个人的关系,便是宏大叙事与日常叙事的关系,可以轻松转换与融合。这样的设计,演绎出了"天人合一"的哲学色彩。昊天的化身也有软肋,被人世间的烟火气感染,也带上了人的气息。当天与人结合的桑桑既有了冷漠地控制世界的能力,也有了温和的世俗气质,艺术张力也就因此显现。

其次,是日常叙事与宏大叙事的转换。草根、小人物的集合也能集结成巨大的力量,从而改变世界,使日常叙事转化成宏大叙事。"王侯将相宁有种乎",再普通的人,也可以有巨大的能量。连主人公宁缺自己的故事,都是一段草根崛起史。他不过是门房的儿子,他所执着的不过就是一句"凭什么":"凭什么将军的儿子要活着,门房的儿子就要去死?"欧阳

---

① 庄庸:《奇迹男孩:论〈将夜〉与〈哈利·波特〉的故事思维》,载《网络文学评论》2019年第4期。

友权、邵燕君、庄庸等在分析《将夜》时都提到了"草根"这个词。宁缺的确是草根,他的出身确实是极平凡的,但他的经历使他变得异常强大,不信命、不信天。对他的叙写,既有对平凡人的日常性叙写,又有对男主角强大力量的宏大叙写。再如"人字符"的形成,便是千千万万的人的集合。千万人的渴望,在一起便转化成了整个人间的力量。在国家将破之时,长安城里小人物的绝望与愤怒化成了力量,明知守不住还是要守,冲向观主壮烈赴死。茶博士、豆腐摊女老板、顽童、泼皮、青衣汉子、羽林军、老妇人等纷纷用行动践行着对长安的守护之心。特别是对瘦道人、楚老太君、朝老太爷内心活动与行为举动的叙写,以小见大,展现出唐人不屈的精魂。无数人知道没有意义,却还是奔向观主,因为不甘心,所以宁死不从,他们用渺小的力量展现自己的反抗精神。而宁缺感受到了这股力量,这时他也对自己的渺小产生了敬畏与向往,因为他是这道力量的一部分,而这道力量来自于无数个渺小的人。他终于明悟了那个字,写出了"人"字符,小叙事又变成了大叙事,集合了万人之力的刀在天空中写出大字,起于荒原北方,一笔落于东南,一笔落于北,于长安城相会。每个人的力量,汇聚成了一股湍流,凝聚起天地间最强大的力量。这样的叙事转换,以小见大,显示出长安唐人的不屈。小与大的对比,也能形成反差感。

宏大叙事与日常叙事的对撞,有如喧哗中的一声惊叫,既增强了《将夜》的史诗性,又使其具备了贴近生活的美感。不仅在叙事上带来极具张力的审美体验,又在思想上带来英雄情怀、家国情怀等精神的升华。

但这样的结合也会导致一些问题。邵燕君曾提道:"至为遗憾的是,小说在四分之三处遭遇瓶颈,'开天辟地'的宏大格局最终冲破了原初的人物、情节设定——以红尘意破昊天辉确是'神来之笔',但以男女之争演天人之战、以凡人之爱完回天之功,终显力不从心——对原初设定的固守使小说未能在最高潮处收尾。"① 故事逻辑不够圆洽是猫腻一直有的问

---

① 邵燕君:《"大师级网文作家"最成熟的代表作——评猫腻〈将夜〉》,载《中国当代文学研究》2019年第2期。

题。尽管《将夜》里"天人合一"这一点是极大的创新、是"神来之笔",但昊天和桑桑的关系还是比较模糊的,导致小说的叙述难以自圆其说,没能将两者的关系说明白。在举世伐唐、青峡之战之后,叙述明显疲软了下来,可能是故事设定复杂、难度太高所致。

这也导致结尾逐渐归向落寞。对比猫腻写《间客》的最后一天,"写得太嗨了、收不住了"①,《将夜》的结尾大概是收尾得比较平淡的一类。修行者纷纷升天,昊天的气泡破了,人类开启了新的征程,往大气层飞去,显得过于魔幻。但也许,这令人难以接受的结局也是鸿篇巨作的最好结局,非狂欢化的落幕,印证了精彩归于平淡的规律。往未知宇宙飞去,也呼应了宁缺说的"人类的征途,本来就应该是星辰大海"。

(三)语言的考究与失控

猫腻的文笔总体是优美动人的,在一众网络小说家中,他也被奉为"最文青的之一"②。《将夜》的语言没有脱离"文青"的特色,极为考究。但作为网络小说,平静与美好下总会有一丝不和谐因素。

1. 语言的考究度

语言的考究度是《将夜》的一大特色。一些描写、一些词句能看出猫腻的再三斟酌。虽说不至于名留青史,但也可以列入记叙文的典范了。

《将夜》语言的考究,与猫腻的文学底蕴不可分割。猫腻就读于四川大学,虽没有毕业,但可以称为"学院派",他也被誉为"文青类"作者。猫腻在《择天记》的新书发布会上也自认了"文青":"如果文青是一种病,我是不愿意治的。"③ 这里的"文青",笔者认为是情怀与思想的结合,加上细腻的笔调,达到了读者对文艺方面的阅读需要。

《将夜》比较讲究炼字,常常能看见形象化的表达、多样的战斗叙写

---

① 邵燕君、猫腻:《以"爽文"写"情怀"——专访著名网络文学作家猫腻》,载《南方文坛》2015年第5期。
② 狠狠红:《猫腻无猫腻》,https://www.weibo.com/1680689664/InFE-gypXF?wvr=6&mod=weibotime&type=comment,访问日期:2021年2月6日。
③ 孟德才:《猫腻:"最文青网络作家"的情怀与力量》,载《南方文坛》2015年第5期。

与化用而成的极具韵味的语句。猫腻在第三卷第 16 章最后说:"《将夜》这书肯定有这样那样的不足,但如果要说好,和我前几本比起来的话,《将夜》基本上不落闲笔,这算是一个进步,我还是花了一点点心血的。"从考究的语句看来,猫腻在《将夜》上花的心血是毋庸置疑的。

第一体现在形象化的表达。猫腻讲求精确的表达,常常使用一些生动的动词,让文字增添了独特的文学性。比如"切""逸""贪"等动词,别具新意。在第一卷第 72 章写春雨"切下"桃花,这个"切"字用得灵动,写出了古代的风味。第一卷第 108 章写"此时那只粗陋笨大的茶杯才重重摔落在地,摔出满地黑红色的陶砾泥片,热水混着茶叶呈放射状四处抛散,白色的热气惊恐地夺路而逸",将颜肃卿放招后热气的散开写成"惊恐地夺路而逸","逸"即写出热气飞散的样态,"夺路"也营造了紧张可怖的氛围。第一卷第 136 章写"啪的一声轻响,一只通体漆黑只有尾部染着艳红的鱼儿,欢快地从水草间游出,跃出水面,贪了一口星光,然后重新落入池中,浑然不知先前发生过什么",这个"贪"字用得很妙,"贪"的是星光,不仅有拟人的生动感,还增强了奇幻的美感。

猫腻还善于用巧妙的修辞,使语言更加形象。猫腻活用比喻等修辞手法,具象生动又不失新奇。比如将书院学生登楼晕倒的瞬间比作"秋日枝头熟透了的果子落在泥地上";将陈皮皮看了一晚上书的头发比作"被鸡扒拉过的草堆";将草原上的蓝天出现白云比作"被一只无形的巨手直接撕烂了蓝色的画布,渗出了后面的白色颜料";将花瓣透过棉袄造成伤害、流出鲜血比作"溢出碗沿的酸辣面片红汤般渗了出来"。再如:"'此去长安,要是混不出个人样儿,我就不回来了!'此言一落,就像说书先生落下开戏的响木,又像一颗血糊糊的人头摔落尘埃,道旁的民众齐声叫起好来"(第一卷《清晨的帝国》第七章),将一句话比作响木是读者比较熟悉的,而比作一个血糊糊的人头摔落,尤为新奇。仔细斟酌,不失为一个好的比喻,血糊糊的人头,不仅比响木更加惊心,还十分贴合渭城人民粗犷的生存状态,也呼应了下一句"民众齐声叫好"的情景。还有这一句:"数百名考生安静站在宽大的石坪之上,踮着脚仰着脖子看着那面空无一物的影墙,就像数百只饿了数日的大鹅伸着长长的脖子,等着被人喂食",

写书院放榜，一般写手可能会写"百名考生望着墙"，而猫腻别出心裁地将考生比作饿了数日的大鹅，而且伸着长长的脖子，让人眼前浮现鹅寻找食物的样态，确乎是新奇的比喻。

第二体现在生动多样的战斗叙写。《将夜》里的战斗描写是有其艺术性的，使宁缺等人的人物形象更加丰满。在战斗场面中，修行者召唤、调动天地元气进行战斗，"元气"捉摸不透，它会体现在各种凭借物上，如墨、符、花、鱼、棋等，而这些凭借物有不同的形态与特有的攻击方式，在对战之时各具美感，制造了非凡的艺术张力。与其他玄幻小说相比，其他小说在写战斗时，多用武器、魂力、元气等进行战斗，比如《斗罗大陆》里，魂师根据魂力的强弱从低到高分别为魂士、魂师、大魂师、魂尊、魂宗、魂王、魂帝、魂圣、魂斗罗和封号斗罗。魂力每到十级为一个进阶，魂师的发展是与魂兽密切相关的，魂力的增加要依靠猎杀魂兽、吸收魂环来实现。人们主要用魂环和暗器进行打斗，比拼魂力、魂兽、武魂真身等，总的来讲战斗场景还是比较糅杂且抽象的。而《斗破苍穹》是通过升级斗之气、练就斗技来进行战斗，还通过服用各式各样的丹药来提升自己的境界。而《将夜》里调动各种凭借物，关注的不仅是主人公的对决状态，还有凭借物的多样表现形式，并用生动的语言展现出艺术化的战斗效果。具体可见下表：

人物	凭借物	表现方式
王书圣	墨	书圣以念力为笔，于风中蘸天地元气为墨，在云上写了一篇大狂草。而后云上的墨水如雨一般落了下来，一个个草书字潦草且恐怖。而后，书圣抓云泼墨，将符意释放从而扭曲空间，展现出联结天地间、水墨飘飞的符意。
隆庆	桃花	桃花的花瓣落下，是释放天地元气，桃花的绽放、聚散，都是战斗的方式。飘舞的花瓣是杀人利器。黑化后胸口幽暗的黑色桃花，有保护他的作用。

续表

人物	凭借物	表现方式
叶红鱼	鱼状水束	透明水束呈鱼状，能射出极明亮的光线，经由水鱼表面无数鳞片的折射，大放光明，产生奇异的道法效果。湖水化作的虚鱼还能在关键时刻挡住宁缺的符箭，化作满天水滴落入湖中，如同下了一场暴雨。
四师兄	河山盘里的细沙	河山盘是一个细白沙铺成的沙盘，所谓"一沙一世界"，里面是极壮美的世界。发动时，黄沙漫天飞舞，能将一切都变成黄沙。沙流能让人寻找不到方向，也能将人吞噬。因为壮阔、因为宏大，所以也能抵御对手极强的攻击。
五师兄和八师兄	棋盘与棋子	棋盘能控制天地元气，唤起阵阵杀意。黑白棋子能凝聚天地元气，化作兵卒，杀伐果断。
九师兄和十一师兄	乐声	他们每日吹箫弄琴，便把琴声与箫声变成了武器，"大音希声"，两人发出无声的乐声，却胜有声。琴箫声能化作无数把锋利的刀子，将敌人的意识割成无数碎片。

《将夜》借用各种外物，召唤利用自然或非自然的元素进行战斗，美妙的语言给战斗增添了美感，艺术性的叙写既使情节内容丰富又使人物特点鲜明，可谓一箭双雕。

第三是猫腻化用而成的极具韵味的语句，使小说的文学性整体得到提升。正如猫腻自己在第五卷第20章所说，他的很多句子都是有出处的："《将夜》里面有些很漂亮的词句，都是我在各处看到的句子，原作者我实在找不到，所以没有注明，只能说明出处，比如鱼跃此时海，花开彼岸天，比如那年春，我把桃花切几斤，比如以后会用的且把时光炖了，这些以前便报告过，不敢冒领这种荣誉，但有些读者可能没注意到，所以再次向大家报告，原作者们才牛，我是勤劳的搬运工。"

考究的语言难免会有借鉴的痕迹。第一卷第25章中，宁缺的心理活动"正所谓如果没有希望，自然无所谓失望，若一开始就绝望，那一开始的希望就根本不会出现了"这句话化用鲁迅的散文诗《希望》里的"绝望之为虚妄，正与希望相同"；书院师兄师姐们说的话，许多都是化用儒家经典，多来自于《论语》，如"以直报怨""子不语怪力乱神""士而怀居，不足以称士""君子死，冠不免"等；猫腻写"春风绿了枝丫草叶然后染上车轮与马蹄，时时惹来几只蝴蝶追逐不息"这一句，"绿"是化用王安石的"春风又绿江南岸"，虽为化用，但写春风"染上车轮和马蹄"是创新的，不仅呼应了绿色，还将春意延伸到物件上去，营造了温暖祥和的氛围，显示出赶路途中闲适的状态；猫腻写宁缺盯着亲王李沛言时"睫毛剪断春风"，这一句的"剪断春风"是来自于"二月春风似剪刀"，但用睫毛剪断的方式倒是少见，不仅写出了眨眼的动作，还表现出宁缺眼神里的杀意；"鱼跃此时海，花开彼岸天"这句化用的话在《将夜》里重复出现，可以说是串联了小说的很大一部分。这么一句话既是朝小树的人生写照，也是《将夜》里许多人物的生命历程。比如宁缺离开渭城，在长安城活得很辛苦，但也在长安城找到了自己的方向与热爱；叶红鱼负伤，遭受冷眼与不公，毅然离开裁决神殿，叛离西陵，苦苦修行，因柳白借剑、在宁缺家中休养后境界大升，终于回到桃山杀死了裁决神座；莫山山在荒原遇到宁缺，以为自己遇见了爱情，后来在长安看到桑桑才是宁缺的本命，爱情碰壁落寞离去，但她回到大河国后，潜心修道，明悟了块垒阵法，晋入知命境界，写出了完整的神符，也成为最年轻的神符师。一个对仗工整的诗句，却可以说是概括了小说中许多人物的经历，令人回味悠长。

毋庸置疑，很多得体的表达是猫腻从各方借鉴而来，但这不能否定他语言的得体与考究。猫腻忘记了出处的句子，在写作时浮现于脑海，也要归功于他的文学积淀与庞大阅读量。猫腻化用语言的能力实属了得，姑且将"勤劳的搬运工"理解为他的自谦吧。

2. 失控的必然性

作为一部网络小说，尽管语言整体上是考究的，但也会存在"躁动"的地方。网络小说大部分都是"爽文"，面对着巨大的、特定的受众，其文学性时常会被一些口语化粗俗化的语言而削减。但这很难避免，所以应该用客观、发展的眼光来看待。

首先是小说叙述中一些不太得体的表达，多出现于人物的对话中。比如第一卷里陈皮皮的话:"不管她是大河国的圣女还是西陵神殿里的叶红鱼,不去想不去问不献花不弹琴,直接上去简单粗暴……"(第一卷《清晨的帝国》第89章),尽管后面陈皮皮又解释道"话虽粗俗理却不粗,只希望你不要被这些话弄到走火入魔才好",但上一句话还是让人有一些难以接受。《将夜》作为一部男频小说,从男性视角出发,这样的句子也许会使男性读者喜闻乐见,但对于一些女性读者可能就不太友好了。而且,陈皮皮的性格是软弱温和的。书中多次提到,他乐天而知命:"夫子当年说过,陈皮皮心思纯净,乐天所以知命。"他重情重义、心地纯良、大义凛然、恭谦孝顺,不会使阴谋诡计与手段,可以说他身上全都是美好的品质,是书中的一抹暖色。但猫腻给他加了如此粗暴的台词,与后面他与唐小棠的相处模式大相径庭,所以是不妥的。而此类粗俗的话语用在宁缺身上,则相对来讲合适些,因为他本身就是底层出身的粗人。再比如第一卷第120章里"这时陈皮皮像处女奉上贞操一般奉上了一颗通天丸",也是典型的男性视角的写作。这里不是陈皮皮的话语,而是作者的客观叙述,不需要符合人物形象,而直接显现了小说家的观念。

其次,由于小说创作的战线过长,在日更的创作方式上,小说叙述语言的重复性使小说的完成度与读者预期有一些差距。有读者评论道,将《将夜》刷了好多遍之后的结局是——情节与结构、叙事模式越读越拍案叫绝,有些地方的语言确实禁不起推敲。猫腻自己在第五卷第60章最后也说:"发现有很多章写得很烂,真的很烂,借口都找不到,我有些不甘心,便去看《将夜》最开始,发现第一卷写得要好些,但开头的那几章,原来是那样的沉闷陈腐。又去看第二卷入魔,发现居然是那么的冗长,我还是不甘心,便看自己最喜欢的青峡之战,才发现君陌和柳白打得那么麻烦。我居然用了那么多该死的短句,那么多重复的词。"猫腻的反思是很彻底的,确实如此。语句的重复、招式的赘述,写到最后,读者发现还是老的模式,也开始审美疲劳。比如,莲生留给宁缺的"意识碎片"至少在5处对决中出现过,虽然使宁缺多次化险为夷,但被使用得太多也会让这一技能显得苍白无力;在青峡之战中描写君陌与柳白的战斗时使用短句过多,而且十几个字就能成一段,仿佛在看组诗一般,将战斗写得极拖沓;

小说中出现的大黑伞也是"外挂"般的存在,百试不爽,一直到第六卷第111章(倒数第10章)都还在使用,不免让人审美疲劳;宁缺拿元十三箭射人,一开始射伤隆庆时能给读者带来巨大震撼力,其杀伤力不言而喻,但之后被频繁使用,使其慢慢失去了亮点,武器的强大掩盖了宁缺自身的强大,也削减了读者的阅读期待。

一些"失控"的地方在这里指出,并不是说这就是小说的缺陷,只能说是猫腻的风格使然或者是网络小说的特色所在。300多万字的巨型小说,难免会有疏漏之处。猫腻自己也在《将夜》中说:"的确,我写小说就是为了挣钱,我写的就是商业小说。"他也提道:

> 《将夜》设计的时候,我就和很多人说过,我要写我心目中的爽文。(第一卷《清晨的帝国》第182章)
>
> 王小波在《红拂夜奔》开头还是哪里说过一句话,每本书都应该有趣,对一些书,有趣是它存在的理由,对于另一些书,有趣是它应该达到的标准。(总第677章)
>
> 无论喜不喜欢,请您喜欢吧,因为我是用让这个世界都开心的理念在写这本书呀。(第一卷《清晨的帝国》第186章)
>
> 让我们大家一起继续正经地写书,不正经地看书吧。(总书第301章)

"'爽文'是手段,'情怀'也不是目的。尤其是在商业小说创作中,'爽文'还是基础,因为商业小说归根到底是要给读者提供基本的阅读快感,这是前提。"[①] 在猫腻眼中,他的小说有趣和爽感是第一位的。他不觉得"爽文"是对玄幻小说的暗贬,反倒非常坦然。写爽文,并把爽文写好,大概是他的追求。他预设的隐含读者,是一群"不正经看书"的读者,也没有想过自己近乎疯狂的码字成文,会被人拿来这样正经地一字一

---

① 邵燕君、猫腻:《以"爽文"写"情怀"——专访著名网络文学作家猫腻》,载《南方文坛》2015年第5期。

句研究。可能为了文学性，为了他眼中的快乐，猫腻愿意失去合理性，包括一些语句的不当、语言的重复而导致的完成度的不足。

事实上，因为猫腻语言的考究与深远的思想内涵，使得《将夜》并不是纯粹的爽文，而添了其他的价值。这也是这部小说收割的粉丝众多、尽管后期因猫腻身体原因常常断更却仍能获得很大关注度的原因之一。

三、人物塑造中的伦理学

"数千年来的艺术实践说明，大众文艺在基本的伦理判断上，给出明确的答案，或者解释伦理表达的新课题，是文艺争取大众欢迎的基本策略。"①《将夜》中的人物塑造基于大众所普遍认同的伦理观，将一般人物形象捏碎并加入作者个人意志与对读者市场的价值取向判断，重铸构造出新式主角形象与不同的两性关系。不论是在主角个人意识中的伦理观念，还是在情感范畴中的伦理感情，或者是贯穿整个文本的主题伦理思想，都是作者在个人价值判断基础上，对当前读者即网络文学市场进行的伦理安置的结果，提供了对当前社会的伦理导向。《将夜》不同于其他网络文学的亮点在于它出乎意料的主角形象及其情感变化，以及对两性关系的重构，符合当下大众文艺逐渐开始注重个人欲望书写的现状，彰显了现代爱情观转变的前进方向，为网络文学的发展提供了新出口。

（一）欲望书写中主角的功利主义伦理观

"欲望书写的意图在于突破道德伦理的禁区，脱掉文明的外衣，褪去道德礼教的矫饰。"② 在这样的前提下创作出的人物形象往往具有较强的

---

① 王祥：《海上牧场：网络文学研究论文集》，作家出版社，2019年，第73页。
② 张嘉茵：《"禁锢"与"出走"——黎紫书小说欲望书写的两种空间维度》，载《汕头大学学报》（人文社会科学版）2020年第5期。

代表性，并且与世俗生活有交叉点，能够更好地使读者产生共情心理、理解文学创作的内涵与深意。《将夜》中的宁缺这一主人公形象就是典型的欲望书写下创作的人物，其行为往往具有较强的动机引导。从复仇驱使到感情驱使，在宁缺串联起的这一条主要故事线中，我们能够较为清晰地看到主人公个人意识中存在的功利主义伦理观色彩，但也能在文本情节发展中捕捉到人物情感导向的变化。"奇幻、玄幻文艺的主角会带着超能、长生、成神成仙的愿望，去修炼战斗，与修炼相关的人物会成为盟友或者敌人，而这些愿望是否能够实现，正是人们最为关心的问题，所以创设人物，明晰他们的愿望—动机是前置性的工作"①。与经典文学创作不同，网络文学具有叙事与人物形象刻画上的局限性，也就是不可避免地存在着直白的欲望叙事和严重的主角偏向。例如在《凡人修仙传》中，人与人之间的关系大多是互相的利用、交易等，男主自始至终为了个人利益不断战斗升级，将个人欲望作为指引其所有行动的唯一标准。但与《凡人修仙传》不同的是，《将夜》作为一篇男频文，大男主建构下的主角形象呈现复杂的"圆形人物"特点。在多条故事线的交织中，宁缺的人物情感在"愿望—动机"的推动下发生了变化。值得注意的是，在《将夜》中"愿望—动机"的作用被无限放大，不仅是带动情节动感发展的重要因子，更是主角宁缺所有行动的内在动力。其故事构成就是一个典型的欲望书写，情节发展后期的破天、世界重构，都是在这样的基础上建立起来的。在《将夜》之中，猫腻并没有去利用道德伦理的绑架、各种礼教道义来隐藏宁缺的这些欲望，反而是利用其自私、冷漠的性格去放大他本质内心的渴求。虽然网络文学存在欲望叙述的溢出，但合适的欲望书写也正体现了网络文学与当代经典文学作品之间的区别。当代各类文艺作品曾很长时间作为"传声筒"的形式存在，往往忽略了个体的发声、对人性的细微观察。塑造这样的主角形象既有别于一般的网络作品表现出的单一的人物形象特点，也与经典作品刻意审美化的欲望叙事不同，建构了一种具有张力的叙事模式。

---

① 王祥：《网络文学创作原理》，中国人民大学出版社，2015年，第114页。

欲望叙事带来的快感体验使读者依赖于这一模式,并且将自己与主角的生命情感体验相融合,对主角愿望的实现产生快感,在这个快感产生的过程中,也实现了网络文学的伦理表达。网络文学的伦理判断总是通过快感奖赏机制来实现,"作者的伦理判断正是通过给予人物成功圆满的快感,以及人群的赞誉,以奖赏作者认可的人物品性、行为,这就是伦理表达的快感奖赏机制"[①]。

宁缺从在渭城开始就钻研如何能够复仇,四处搜罗小道消息,身上常背的三把刀也是因为夏侯麾下的刺客组惯常是三个人一起行动而配置的。在童年好友小黑子告诉他当年参与宣威将军府被灭门和燕国边境村子被屠的凶手名单之后,宁缺就开始了他的复仇之旅。他一步一步地推进他的复仇计划,直到最后在雁鸣湖畔打败夏侯。宁缺达成自己复仇之愿,主角的欲望得到满足,传递了作者对于人物形象及其愿望动机的肯定。门房的儿子报仇成功,《将夜》利用主角的卑微出身放大了后天奋斗对人生路径的作用,肯定了宁缺对命运的抗争。这样的快感奖赏机制不同于一般类型的"王子复仇记",用反差极大的"命运的颠覆性"来构成故事,读者在不知道主角是门房的儿子的前提下,感受其破除万难的复仇之路,更具冲击性与同理心。这也正是《将夜》中不同于一般欲望书写的地方,由"门房的儿子"发起这场对欲望的追逐,使"愿望-动机"下的快感奖赏机制更受读者的追捧。

纵观网络文学发展的脉络,具有"超能力"的主角形象经久不衰,深受读者喜爱。作者猫腻本人创作的《庆余年》也塑造了一个金手指式的人物形象——范闲,并且他有着猫腻给予他的大量庇护,比如是皇帝的私生子,母亲是叶轻眉,便宜老爹是皇上发小等等。与《庆余年》相同的是,宁缺在从渭城出来之后也开始渐渐拥有了这样一套一直庇护着他的繁密关系网。但如果《将夜》与《庆余年》相同,只是将人物塑造停留在了拥有着这个世界眷顾的欲望主角形象,就会使《将夜》的人物塑造局限于简单

---

① 王祥:《海上牧场:网络文学研究论文集》,作家出版社,2019年,第200页。

地利用"超能力"升级打怪的欲望书写模式。作者在欲望与伦理的关系中塑造了一个欲望书写下的带有功利主义伦理观的男主形象。可以发现宁缺的身上带有一定的利己主义色彩也就是他个人的情感特点，宁缺为了桑桑或者自己可以杀无数的人，为了达成自己的目的不顾一切，他自私冷漠，大肆报复性杀戮，并且漠视其他的无辜生命。例如文中宁缺对待何明池的家人，他平静地说道："对于大唐来说，有些人是必死的……早死晚死都要死，何明池和他的家人都在此列，既然如此，当然要死。"（第六卷《忽然之间》第 26 章）结合宁缺的身世背景，作为门房的儿子，其出身的低微与被压迫的悲惨都可以解释宁缺在后文中显现出的独断、利己，因为这是其在纷争世界中追求幸福的不二法门。在伦理道德与人类欲望之间的"撕扯"之中，体现了宁缺这一人物性格中有着既定命运下难以改变的功利主义伦理观的渗入。功利主义思想雏形出现在古希腊的快乐主义伦理学之中，哲学系统中的功利主义伦理观是由英国哲学家兼经济学家边沁和密尔提出。边沁的功利主义理论思想首先基于苦乐理论，判定人的功利主义行为是一种向善的行为。他还提出个人利益是社会利益的基础，个人利益的总和构成了社会利益，社会利益是虚构的、抽象的，只有个人的利益才是具体的、实际的，不了解个人利益是什么而空谈社会利益是无益的[①]。"边泌反对个人利益服从社会利益，反对个人为社会牺牲自己的利益。如果承认第一个人应当为他人牺牲自己的幸福，那么也应当承认第二个、第三个为他人牺牲自己的幸福，要是这样，也就不存在个人的幸福。因此，他强调个人是唯一的现实的。所谓功利主义，就是凡事要考虑个人利益，要把个人利益当作一切行动的出发点，并不能因社会利益而放弃个人的利益。"[②] 因为社会是由个人组成的社会，社会利益也是由个人利益所组成的，而功利主义伦理理论最根本上追求的并不是个人的成功，而是最大多

---

① 表永一：《边沁功利主义伦理思想探微》，西南大学硕士论文，2014 年，第 8-9 页。据中国知网：https：//elksslcc0eb1c56d2d940cf2d0186445b0c858it.casb.hznu.edu.cn/KCMS/detail/detail.aspx？dbname=CMFD201501&filename=1014261444.nh。

② 边沁著，沈叔平等译：《政府片论》，商务印书馆，1995 年，第 92 页。

数人的最大幸福，象征着集体的幸福和快乐，所以这两者并不冲突。在《将夜》中，猫腻就塑造了一个典型的带有功利主义伦理观的主角形象，他自私自利，但又在追求自身功利的同时，逐渐融个人利益于社会利益之中，在追求个人幸福的过程中，满足了全人类的命运幸福。

宁缺性格上有既定命运所带来的自私、功利，这都是读者和作者普遍认同的。在这样的特殊型主角形象身上，可以看出功利主义伦理观带来的问题与对人物形象善恶刻画的作用。"苦乐理论作为边沁的功利主义伦理思想的基石，其主要描述了苦乐在人的行为中的支配地位，其道德标准就是快乐与痛苦，行为动机即趋乐避害。"① 宁缺是一个穿越到达《将夜》这个故事情境的外来人，他本就不属于这个世界体系，也正是穿越这个因素的存在，使宁缺对这个世界有着自己的认知，在他穿越来之前就已经形成了较为成熟的世界观、人生观和价值观，他的思想中留着另一个世界的意识残骸，这使他更加难以甘于接受本就悲惨的人生命运，从而加重了功利主义伦理观在他身上的体现。

> 李渔怔怔看着火堆旁的主仆二人，忽然蹙眉问道："那个老猎户……怎么死的？"
> 宁缺抬起头来，平静地回答道："我杀的，用刀杀的。"（第一卷《清晨的帝国》第17章）

老猎户的死事实上很能体现宁缺人物形象的形成与评价，在后文中有提及，老猎户的死很大程度上是因为他对桑桑的不轨之心。杀老猎户是为了拯救桑桑，是宁缺对幸福的追求，对快乐的渴望，以及其对痛苦（桑桑被老猎户骚扰）的逃离。"谋杀"这一词在现实中是极致的"恶"，但在网

---

① 表永一：《边沁功利主义伦理思想探微》，西南大学硕士论文，2014年，第15页。据中国知网：https：//elksslcc0eb1c56d2d940cf2d0186445b0c858it.casb.hznu.edu.cn/KCMS/detail/detail.aspx?dbname=CMFD201501&filename=1014261444.nh。

络小说特别是玄幻小说之中，这更多体现的是作者伦理思想上的判断。宁缺形象中的自私、自利符合边沁功利主义伦理思想中苦乐理论的原则，这符合人的本性，符合对快乐与痛苦的道德判断，实际上就是一种功利主义的"向善"行为。这也就解释了为什么《将夜》主角性格特征虽然与一般网络小说不同，但依然收获广大读者的热捧与追求。宁缺将感性欲望无限放大，在理性经验的限制下，完成了复仇与最后的破天。门房的儿子复仇成功，这样的设定可以给予存在于当今社会骨感现实中的人们在网络文学所构造的世界中喘息的机会，"快乐和痛苦是决定人们行为应该如何的标准，人类的一切行为动机以及合理性依据都根源于快乐和痛苦，因而，追求快乐或是避免痛苦就成为人类行为的最深层动机和最终目的"①。

"人们生来是自私的。人类窥见了社会关系中基本的对称性和逻辑性，在人们有了更充分的理解之后，人们的政治见解当会重新获得活力，并对心理学的科学研究提供理论上的支柱。在这一过程中，人们也必将对自己受苦受难的许多根源有一个更深刻的理解。"②很多网络小说为达到使读者耳目一新、有不一样的情感体验的目的，往往过度地张扬这份"自私的基因"。《凡人修真传》这部小说中的主角极度克制，脑子中只有"修仙"这一个想法，总是一个人在战斗，自私冷漠，放肆地展开自己的杀戮。在整部小说中，"孤独"是主角身上最大的特点，没有亲情爱情友情，也没有门派之间的同门之情，体现了极端的功利主义思想。而《将夜》中的宁缺与其有着极大的不同，首先，宁缺在故事发展后期对世事的态度发生了极大的变化，他不再是曾经那个渭城冷血无情的士兵，他的身上渐渐流露出对长安城的责任感、对书院的归属感：

叶苏说道："当年周游诸国勘破生死的那场试炼，我依然是以旁

---

① 表永一：《边沁功利主义伦理思想探微》，西南大学硕士论文，2014年，第8页。据中国知网：https：//elksslcc0eb1c56d2d940cf2d0186445b0c858it.casb.hznu.edu.cn/KCMS/detail/detail.aspx？dbname＝CMFD201501&filename＝1014261444.nh。

② 理查德·道金斯：《自私的基因·序言》，中信出版社，2012年。

观者的心态看人间的百态，然而如今变成废人，重新回到人间，来到临康城的这片破烂街巷里，我才从旁观者变成了参与者。"

宁缺想着自己在长安城墙上看街巷如线，百姓如蚁，在大泽客船上看舱内麻木的旅客时的心情，才发现原来自己还是没有摆脱旁观者的立场。（第五卷《神来之笔》第17章）

这段话是宁缺与叶苏在讨论"信仰"时进行的交流，宁缺发觉自己仍然是以一种旁观者的角度去看待信仰这个话题。强者用强者的思维去思考这个世界，而普通百姓只是用最简单的想法去考量，只有深入到普通百姓中去，脱离旁观者的身份，在观念中深刻认定百姓不是蝼蚁一般的存在而是身边活生生的个体，才能够将信仰传递给每一个人。宁缺这一人物在思想观念上的转变是巨大的，宁缺从一开始的只为自己和桑桑着想，到后来被书院感动，开始慢慢卸下武装的孤独，如果单单将他定义为一个自私、冷酷的主角形象失之偏颇，他这样的转变也体现了《将夜》中跨越单纯的屠杀、报仇、功利，迈向社会公平合作的价值伦理观，展现了功利主义伦理观思想下对于社会幸福的追求。

虽然功利主义伦理思想在21世纪社会存在着极大的局限性，其没有意识到幸福在每个人身上的分配是不同的，幸福也不应该是人在道德上的唯一标准，在很多方面上不能符合当下共同进步的时代语境中的伦理观念，但作者营造如此一个主角形象肯定了功利主义思想中的价值所在，也是其对世俗的伦理秩序、审美标准以及虚伪道德的反击。功利主义伦理思想本就符合人的本性，其在人物身上的体现彰显着个人欲望，也引发了人们对于小说内容以及主角人物形象的深刻思考，"大众文艺的伦理表达机制会迟到，却不会缺席，人类文明早就跨过了丛林社会的阶段，大众最终会倾向公平均等的，能保护大众的伦理法则，因为大众永远不是丛林社会的胜利者，获得快感体验是一种欲望，获得生存安全是更现实的欲求，一个社会为了自己的长治久安，也会用合作互利价值观来运作社会实践，对文艺领域进行奖惩安排"①。强者为胜、弱肉强食确实是生物进化、社会发展的基本法则，但基于时代的发展，公平和谐的思想正在渗透进人们的思想生活，如果一味地追求"独孤求败"这样的主角形象，会使网络文学的发展陷入丛林法则的泥潭，人性的发展与变化不能得以体现。在《将夜》中，作者通过将主角放置在功利主义的起点而后期迈向合作互利的价值观这样的行文路径，杜绝了网络文学容易犯的主角偏向以及暗黑风格的丛林叙事描写错误，一方面，克制了读者快感体验占上风式的阅读，减少了无价值的"颅内高潮"，摆正了读者市场；另一方面，合理地进行伦理安置即后期淡化宁缺的自私、功利属性，放大其对感情的重视，使网络文学风向朝着社会进步的方向发展，丢弃糟粕杂质，提高了小说内涵意义。

（二）性别伦理观下的两性关系

《将夜》这部小说中对爱情的描写占据了较大的笔墨，而其中桑桑与宁缺之间的关系也是整本书探讨的热点与亮点，其不同于亲情与爱情的感情关系贯穿文本，不仅是主角行动的趋向动力更是推动文章情节发展的首要因素。猫腻通过重构两性关系产生的基础，重述两性间的相处模式，将其个人意志即对婚姻生活的构想渗透入桑桑与宁缺两人的关系与相处之中。在与当代婚姻观的对比下，反映出当代年轻人对于爱情观、婚姻观产生的变化，不再拘泥于"爱"这一个字，而是将其发展为信任、责任、依赖等等。作为一部以大众为读者群体的网络文学作品，猫腻构造这样的两性关系很大程度上也代表了当下社会中婚姻观的伦理取向。在主角的故事线占有极大的比重，而作为一部大男主小说的《将夜》中，多个女性人物形象的出现从侧面凸显了主角性格与作者想表达的两性关系。

1. 宁缺与桑桑之间的情感属性

猫腻自己谈及宁缺与桑桑之间的情感时这样说道："《将夜》开书之前就做了很多的设计。很多年前我就跟读者说，我要写一个我心目中的爱情。桑桑和宁缺的关系，是我能想象出来的最完美的男女模式。就是这

---

① 王祥：《海上牧场：网络文学研究论文集》，作家出版社，2019年，第85页。

样,他们在书里面呈现出来的,从头到尾都是这样。"① 在作者的眼里,宁缺和桑桑呈现出了不离不弃、相濡以沫、彼此之间紧紧贴合的关系。宁缺与桑桑这一对恋人具有的独特性,也一直是书友们热议的对象。他们之间的情感与一般恋人的情感基础不同,存在的意义也不一样,剖析两人之间婚姻的性质与其情感属性,首先要以婚姻观为探析的基础。大众所一致偏向的婚姻观一般会随着时代背景的变化、地域的不同、时代风潮的引导等等原因发生变化。中国较早时期的婚姻讲究门当户对,讲求阶层、地位、金钱上的匹配,后期的婚姻发展较为功利。而当下青年,越来越多人选择裸婚、闪婚等等,他们不再将自己的婚姻对象限定在传统婚姻观的门当户对中,而是更注重价值观的匹配程度、个人的品格行为。并且婚姻中男女角色的转变也是当下社会的现实,在《将夜》中,桑桑和宁缺之间的婚姻关系是在尊重性别差异的前提下,对婚姻观的新定义,升华了旧时代男耕女织的固定思想,发展了在信任、责任下的新型社会关系。

桑桑是宁缺从死人堆里捡回来的一个婴儿,他们自幼相依为命,在血海尸山前艰难求生存,一个杀人一个磨刀。桑桑体寒,每一个晚上宁缺将她的小脚揣在自己的胸口,为她常备着酒。宁缺爱吃面条,桑桑每天做"放了四颗花椒、三十粒葱花的汤面"。这样的情感纠葛使读者不禁产生怀疑,这究竟是"亲情"还是"爱情"?亲情是有血缘关系的人之间存在的特殊感情,不管对方怎样也会爱对方,无论贫穷或富有,无论健康或疾病,甚至无论善恶。在宁缺和桑桑身上,隐藏的"血缘关系"即是宁缺在乱尸堆中捡起桑桑这个小婴儿,并且陪伴她成长,无论什么情况下,桑桑都是宁缺的最后一道底线。但莫山山的出现,迫使宁缺去认真地思考他与桑桑之间的关系。桑桑离家出走,宁缺深夜在雁鸣湖下骂湖,他们之间都用自己的办法告诉内心也告诉对方他们的爱。宁缺与桑桑之间的感情不能单单用亲情或者是爱情来进行定义。在遇见桑桑之前,宁缺是一个穿越之人,在全新的环境之中作为异乡之客的孤独感、紧张感使他不安,宣威将

---

① 邵燕君:《以"爽文"写"情怀"——专访著名网络作家猫腻》,载《南方文坛》2015 年第 5 期。

军府灭门案和燕境屠村案让他有了活下去的理由——复仇。桑桑的出现，对于一个男性而言，是在绝望的境地里有了走下去的想法，在吊桥效应的作用下，桑桑对于宁缺来说是悬崖边的绳索、海洋中的孤舟。有趣的是，一开始桑桑管宁缺叫少爷，宁缺管桑桑叫丫头，桑桑负责宁缺的衣食住行，一丝一毫都不曾落下，而宁缺将桑桑抚养成人，从这里我们就可以发现，事实上宁缺与桑桑的感情一开始就不是纯粹的亲情，他们之间有生死相依的伴侣情感，有命运注定的互为天命的宿命。在文中，"鸡汤帖"的存在不仅是旷世之作，还象征了两人之间的关系。鸡汤帖的内容是："桑桑少爷我今天喝醉了就不回来睡了你记得把锅上炖的剩鸡汤喝掉。"（第一卷《清晨的帝国》第99章）而桑桑有个小黑匣子特别宝贝，走哪儿去都带着，装的不是她最爱的银子，是宁缺有时丢掉、但她知道他过后会后悔的东西。一方面，情爱大多脆弱，心动也可能在无数个瞬间对无数的人出现，而鸡汤帖的存在将桑桑与宁缺之间的情感升华了，字里行间都能透露出两人之间的亲密、信任，以及宁缺对桑桑的关心。比爱情更珍贵的是能毫无保留的信任，作者没有将桑桑与宁缺之间的情感拘泥于爱情或者是亲情这样稀松平常的命题中，而是用双方之间不可替代的信任来表达两人的情感，将其上升至"互为天命"的伦理价值观中，重新定义了两性关系。另一方面，作者在采访中说道："有一点我可能并不擅长写爱情，因为确实这方面的经验不多，写家庭写婚姻就比较有经验了。"也确实是因为作者这样的写作习惯，两人之间爱情的成分在文中体现得极少，而体现现实夫妻生活实况的两人生活起居上互相扶持的情节则较多。

"文学作为人类意识形态的诗性表达，必然承担着与历史进化相对应的沉重的道德义务。"在社会发展狂流下，对两性关系的认知在年轻一代的脑海里越来越模糊，缺乏对自由和谐两性关系的理解。创造和谐两性关系的关键在于清楚认识到性别差异，然后跨越性别差异实现人的个体发展，这也是现代人婚姻观的基石。宁缺与桑桑在文中体现出的以信任为基础的爱情观，给予了当代青年人伦理感情上正确的引导，强调两性关系的根本是在性别伦理观下的三观符合、相互信任、不离不弃。在文本的前半部分，宁缺在这样的婚姻关系中展现的是男人对外的一面，而桑桑一直扮演着一个侍女的身份：他们一个在外面打交道杀人赚钱，一个做女红操持家务管钱看铺子；一个负责守卫家国杀马贼挣钱，一个负责洗衣服做饭。这虽然带有旧时代女主内男主外的封建思想，但性别差异毕竟存在，男性女性之间的人格体能不同，也决定了其社会功能的不同。而后在长安城，宁缺考上书院考上二层楼成为十三先生，桑桑成为光明大神官的徒弟，轻松学会昊天神辉，能够利用自己超强的感知、记忆能力学会棋艺，体现了追求自由平等的两性关系。虽然《将夜》是一篇大男主文章，但理解全文后，我们能够发现，事实上桑桑才是"安排"着宁缺的人：

> 这么多年了，从你会说话开始，我什么都在听你的，在别人眼里，你是我的小侍女，天天服侍我，我说往东你不敢往西，我说吃干饭，你绝对不敢把饭煮稀，但真实情况是什么样，你自己应该很清楚，我说往东之前你先往东边看了一眼，我说吃干饭那是头天夜里你把剩的稀饭全倒了！（第五卷《神来之笔》第 119 章）

这样的男女形象对换展现出男女平等是在承认男女性别差异的基础上实现的。男女性别有其自然属性和现实需要的不同，女子生来温文如水、男子生来带有雄性的阳刚之气决定了文中"男主内，女主外"这一设定。而通过分析文本可以发现"桑桑才是安排着宁缺的人"，文中这一隐含的设定打破了一直以来惯有的男尊女卑思想，从男女性别差异的角度诠释了男女平等。综上，宁缺和桑桑之间的感情是对两性关系认知的进一步拓展，在尊重性别差异的基础上超越性别差异，各自进行发展。文学作品中对情感的描述与感知对人类社会的道德评判、伦理价值有着指导性的作用，"在理性判断和感性化的情感行为之间存在着某种相似和相应的关系，即每种行为都有正反相对的两极：对符合人类公德和文明准则的否定自然呈现为恨与不愉悦这类否定性的情感行为和态度；而文学创作的道德允诺和关注从伦理学角度着眼就是伦理价值的肯定与否定问题"[①]，作者将这种伦理价值通过人物形象渗透到作品之中，形成情感态度指导读者的伦理判断趋向。

2. 男性原始基因遗传策略下的两性关系

网络文学伦理表达的核心是欲望与伦理的关系。人类的爱情随着文明的不断发展，渐渐地趋向一对一的伦理道德标准，因为这不仅能够保护和提高女性在婚姻中的地位，还能平均资源进而维护社会的稳定。但事实上，从动物进化论的角度来看，个体总是在基因的驱使下，发挥自己的本能去竞争去发展更多的对象，相比于实行一妻多夫制，实行一夫多妻制度则有更多的优势，因为它能较为充分地利用男性的生育资源。《将夜》是一本男性向的小说，文中的宁缺不可避免地会受男性原始基因遗传策略的影响，与文中各种不同的功能性女配角展开支线的故事，比如刚从渭城出来的时候遇上的李渔公主，在火堆旁，宁缺给李渔公主讲"丑小鸭"的故事："因为四周的伤员们在沉睡，所以讲故事的声音压得有些低，因为要听清楚故事，所以听故事的人必须凑得更近一些，因为所以，他们很自然地坐在了一起，肩与肩并着。"（第一卷《清晨的帝国》第 19 章）宁缺与李渔之间不只有情愫蔓延，还有利益上的互相利用。后来遇到了书痴莫山山，她温文尔雅、知书达理，宁缺确实喜欢她但也只是喜欢而已。而道痴叶红鱼对于宁缺来讲，更多的是对手的身份，但在对手的身份下，隐藏着的是对对方的欣赏，两人多次约战，暗地里互相赞赏对方的战法。桑桑前文已经提到过，就不再赘余。在这么多的感情线中，男性原始基因遗传策略对于宁缺这个人物形象的影响显而易见，每当其遇上一个适龄女子，他们之间都会产生不一样的情愫，这体现了男性在基因的决定下不自主地进行对异性的追求。但与一般的网络种马小说不同的是，作者在描写宁缺与其他几位配角的支线故事时，采用了隐蔽的写法，将他们之间的微妙情感变化隐含在动作描写、神态描写、语言描写等等之中，宁缺对其他几个女

---

① 杨经建：《"乱伦"母题与中外叙事文学》，载《外国文学评论》2000 年第 4 期。

孩也都止步于审美性的两性关系幻想,就算是"白月光"莫山山,他们有过牵手漫步,有过在长安城的环游,但当遇到桑桑与山山的抉择之时,宁缺仍然扔了莫山山的书信,选择了桑桑。这里的原因可以分为以下几点:首先,宁缺作为一个穿越到达这个世界的人,虽然他穿越的时间大致在青少年时期,但在成长的过程中自然拥有着最基本的对爱情的认知,即 21 世纪男女平等、一夫一妻制的思想观念,这使他在遇到桑桑以外的其他女人时,虽然内心有所波澜,但在道德观念的约束下他控制住了自己的情感。其次,宁缺在文中以一个自私自利的形象出现,桑桑于他而言是本命和必需品,生命的每一时刻没有桑桑的陪伴都无法度过,宁缺对于桑桑的专一不仅来自于朝朝暮暮相处下产生的情感,还来自于其理性思考下的两人互相需要的功利心态,以及两人构成的独立小世界所具有的排外特质。

相比于《鹿鼎记》,韦小宝不断地追逐各种类型的美女,并且均成功获得,主人公在历史情境的掩盖下躲过了现代爱情伦理的覆盖,达成男性基因遗传下的本能需求,在读者心中形成了欲望叙事下的快感体验。这样看来,《将夜》中的对于两性关系的公共伦理更加符合当前社会文明的发展,达成了小说内部伦理的平衡。这样的伦理安置方法是值得网络文学创作所学习的。但从另一方面来看,猫腻在描写宁缺与其他女性人物之间的关系时,缺少了金庸描写暧昧关系时的笔力,虽然在神态、动作等的描写中暗含着两人之间不可言说的情感纠葛,却无法打动读者,仅仅是停留在叙述关系这一层面,这也是猫腻在描写多对人物感情时的不足之处。

(三) 自由主义与权威主义的政治伦理观念间的壁垒

猫腻在总结《将夜》这本书时提到过两个关键词:自由与爱情。爱情是桑桑与宁缺之间"饮食男女"相互取暖、互为本命的超越性别差异的两性关系,而自由则是小说从始至终所贯穿的主题即人类命运的自我救赎,对自由意志的追寻。对比起猫腻的另一部作品《间客》,《将夜》重在写积极的自由、自我实现的自由。书中佛宗、道门、魔宗、书院四大势力并存,其中佛宗一直在做他们认为应该做的事,道门是在做他们认为正确的事,魔宗则是为了反对而反对,只要道佛两宗想做什么,便反其道而行之。从不同政治伦理的观念上来看，书院和新教代表了自由主义的政治思想，而佛教和西陵则代表了权威主义的政治思想。下文从这两个对立的政治伦理观念入手剖析其代表人物，建构不同政治立场下的人物群像。

1. 向往自由的书院——夫子、君陌

书院的自由主义政治伦理思想体现在书院每一个具体人物的身上，书院自身就构成了一个多种多样的人物群像体系。在本篇论述中，主要选取较有代表性的两个人——夫子和二师兄君陌。

《将夜》中的自由主义在一直为自由而战的宁缺、大师兄、二师兄等人身上有所表现，而领导着这群人与天为敌的是那个最终化作月亮、为这个世界走向自由作出巨大贡献的夫子。猫腻在描写夫子的人物形象时往往采取侧面描写，使这个神秘而又重要的人虽然没有一直以实体形式频繁出现在各个打斗现场，但却是整部《将夜》离不开的主线，贯穿了整部作品。

夫子人物形象中的自由主义体现在多个方面。第一，夫子对徒弟选择的潇洒。在书院的二层楼中有着性格迥异、极富人格魅力的13位弟子，有温柔敦厚却身手不凡的大师兄李慢慢、看似高傲冷漠却十分护短的二师兄君陌、心如止水的"白月光"先生余帘，有痴迷下棋的、有醉心于书本的、有沉醉于音乐的等等，夫子对于收徒没有特定的要求，也没有特定的标准，只要是他认可的人即可。其二，夫子为了师弟斩满山桃花。他代师收徒，收了一个小师弟，小师弟是宁缺等人的小师叔，也是从未在书中正面出场过但是风头几乎盖过所有人的小师叔柯浩然。当小师叔单剑灭魔宗后挑战昊天而死，夫子对西陵很愤怒，独自上桃山斩尽满山桃花。知守观观主陈某带领佛门、道门的强者阻挡夫子，夫子一棒子将修行高深的陈某打到南海，并且夫子提出没有他的许可陈某不得靠岸。夫子为了自己的同门，为了自己所认可的道理，独自上西陵，怒砍桃花，体现了其自由主义的精神，即坚定地做自己所认可的事。其三，夫子敢于与昊天战斗并化作月亮。夫子的一生都在与昊天进行对抗，他作为先驱者站在高处，看破了永夜的本质，在察觉了桑桑的身份之后，他带着桑桑和宁缺游历世界各地，吃遍人间美食，希望昊天能够知晓人间的美好，而不是对桑桑赶尽杀绝。在《将夜》中，每个派别每个人对于永夜的态度都有所不同，有的人逃避永夜，有的人对抗永夜，还有人想利用永夜，而在夫子的理念里，他不希望以消灭桑桑为代价消灭永夜，于是借剑阁柳白的人间之剑斩断神国之门，把桑桑挡在了人间。最后桑桑被注入人间之力，永坠人间；夫子登天化身为月，跟昊天战斗。这就是夫子追求自由主义的态度，在保护人的基础上，使全人类获得幸福，对桑桑的态度体现夫子自由主义中的宽容、对人的爱。昊天在人间找了夫子千百年，夫子将自己隐于人间千百年。在与天斗的过程中，夫子化为月亮这一点正是自由主义的体现。在天书"明"字卷中有预言过后世天空中将会有月亮的存在，夫子虽然看过七卷天书，但他一直都不知道月是什么，当他登天时才发现月便是破解永夜的方法。在与天斗的过程中，夫子一直不以破坏昊天为破解之法，而是化为月亮，照亮永夜，这也是"天不生夫子，万古如长夜"这一句话的由来。自由主义的仁爱与包容在对桑桑的态度中体现了出来，而向往自由的渴望贯穿夫子对昊天的态度以及在与天斗的过程中。

君陌作为书院的二师兄，是一个极其骄傲的人，但他也有着骄傲的资本。复杂的人物形象吸引读者的眼球，多面的人物性格引发人们深思，而君陌所呈现出的人物形象却是一个简单的英雄人物形象，没有过多内心的蜿蜒曲折，但正是这样简单的人物形象，更加容易击中读者"爽点"。宁缺第一次见到二师兄的场景令人印象深刻：

> 但二师兄头顶那根高高耸起像极了洗衣棒槌的古冠，实在是……太吸引目光了。
>
> ……
>
> 与这顶棒槌般的高高古冠相比，二师兄的面貌要显得正常很多，但同样也很有自己的特色。二师兄眉直鼻挺唇薄，谈不上英俊，却是挑不出半点毛病，黑发被梳得整整齐齐，一丝不苟垂在身后，不向左倾一分，也不向右倾一分。至于他的两条眉毛一模一样对称，甚至给人一种感觉，两边眉毛的根数都完全一样。平静有神的眸子也是如此，挑不出来任何毛病，整个人给人一种无法赞美却也无法挑毛病的无奈感觉。（第一卷《清晨的帝国》第167章）

儒家的"自由主义"可以具体表现为孔子所说的"从心所欲不逾矩"。君陌身上的自由主义伦理思想一方面体现在他的骄傲上，作者在描写他的相貌时，利用其极端对称的、一丝不苟的特点从侧面反映出了君陌的不容忤逆，有强迫症的特质，这其中的严谨、骄傲有一部分源于他的礼法即夫子所传授的"矩"，另一部分来自于他对书院的信任、对自己的信任，在君陌的眼里书院只做想做的事情，那么他做的一切都是有道理的；另一方面体现在他每一次战斗上，君陌在宁缺决战夏侯时，孤身一人于桥头拦住镇国大将军许世带领的御林军，在烂柯寺一战展露强大实力，迫使七念动用闭口禅，斩悬空寺戒律堂首座，并一剑劈毁瓦山佛像等等。而最能体现其自由主义思想的事件则是带领农奴追求自由解放，"地底世界开始流传这支叛军的消息，一起流传的，还有叛军找到通往真正极乐世界方法的传说，对自由的先天渴望，对疾苦与不平等的先天憎恨，让这支叛军拥有了越来越多的同情者，甚至有人开始响应"（第五卷　神来之笔　第122章）。从文本中可以看出，二师兄给了地底世界的农奴们明确的目标，"自由的先天渴望""对疾苦与不平等的先天憎恨"等等，君陌在农奴解放这一事件中不断地坚持传授他的理念，向农奴传达对自由的渴望，给佛宗的强者带来了极大的冲击。这既反映了农奴们在没有二师兄带领下时被压迫生活的痛苦，也反映了君陌自由主义思想对解放人的作用。而农奴们真正想要的东西即自由，这也正是君陌个人自由主义的极大体现。

正如"一个人只有在他对人生的意义有清楚的自觉，对生命的资源有清楚的自知的时候，才能享有自由。根据这些资源在人生中才能以自由意志获致道德的尊严，这是从内在的观点来界定自由"[①]所说，君陌明白他内心的坚守，他坚持自己所想并且坚持自己想的就是他对自己的人生意义清楚的认知，在这样的基础上，他就可以"从心所欲"。

2. 权威主义下的佛宗——七念

不同于书院，佛宗在小说中展现出的是典型的权威主义，并且佛宗所

---

① 林毓生：《民主自由与中国的创造转化》，见《中国传统的创造性转化》，三联书店，2011年，第325页。

展示出的权威主义并不是现代化社会的权威主义,而是传统型权威,它来自于自古就流传下来的神圣传统,人们对此类权威的服从是遵循世代相传的、从祖先那里承继下来的神圣规则。佛宗通过古老传统的神圣性强迫凡人,与夫子的强大不同,佛祖强大的只是个人的实力,丝毫没有救济天下苍生的念头。佛宗中最具有代表性的人物就是七念,他汲取佛理中的信念,让自己变得更加强大,但他口中的我佛慈悲,不过是他压榨世人的一个幌子罢了。

七念是佛门的天下行走,在全文中对宁缺的破天起了极大的阻碍,其为达成佛宗目的所做出的不道德的行为以及在面对农奴起义时对生命的漠视,都是佛宗权威主义的体现。宁缺说:"二师兄说,和尚都该死。"原文中的这句话已经体现出了佛宗在《将夜》的世界设定中所处的形势与地位。佛宗在文中代表的不可知之地乃是悬空寺,宁缺在逃亡的过程中曾经到过悬空寺:

> 根据看到的片刻画面,他简推算出,悬空寺里大概有逾千名僧人,天坑底部极大片的原野上至少生活着十余万人,那些肤色黝黑,衣衫褴褛的农夫,负责为峰间悬空寺提供生活所需物资,想必还要承担很多沉重的劳役。
>
> 悬空寺存在了多少年,想必那些凡人便在天坑底部生活了多少年,不知有多少代就在不见天日的潮湿阴暗地底,辛苦地劳作,任劳任怨地生活,才能维系悬空寺的存在。宁缺相信,哪怕是再虔诚的佛门信徒,也不可能永世承受这样的折磨,悬空寺里的僧人,肯定自有手段像驱使牲畜般驱使这些农夫,从这个意义上来说,那些农夫更像是中原早已废除的农奴。(第三卷《多事之秋》第111章)

悬空寺中的农奴场景暗示了佛宗对凡人的欺压。权威主义盛行下的佛宗,无论是代表佛宗作为天下行走的七念,还是佛宗的创始人佛祖,实际上未曾对世人有过怜悯。而佛祖建立佛宗的主要目的只是汲取世人信仰之力,开辟了棋盘世界,也就是他的佛国,众多手段只是为了自己能逃离昊天的监视而活下去。

结合佛宗在《将夜》中的定位，七念的人物形象将会更加清晰。下面从两个角度剖析七念的人物形象。首先，七念偷入长安想要妨碍宁缺与夏侯之间的复仇之战，被三师姐用大雪将其压在湖边的树林，虽然苦修十年的闭口禅但不敢为此发声。七念在事后假意邀请大师兄共同商讨冥王入侵一事，以烂柯寺岐山大师为桑桑看病为由，邀宁缺入局。文中叶苏对七念的评价是："没想到，自莲生之后，佛宗又出了你这样一位大阴谋家，真是可惜可敬可叹。"（第三卷 多事之秋 第97章）七念在烂柯寺看病一事中不仅仅体现出"大阴谋家"这样简单的人品问题，更加体现了他为了他所信奉的佛宗的欲求可以无视他人生命的理念，以佛宗的神圣传统为施压前提，对人的生命造成威胁，体现了其权威主义，利用个人权利无视道德伦理，随意地利用他人达成目的。把佛宗对桑桑存在的态度与书院保护的态度进行对比，就能够明显地感知自由主义与权威主义之间的不同。其次，七念在后期对农奴反抗时所表现出的态度，体现出他头脑中根深蒂固的佛道思想与其贯彻始终的权威主义思想，能够看出佛宗统治农奴时人性的泯灭。

> 曾经的佛国，已经变成了战场，曾经虔诚的信徒，早已变成了嗜血的修罗，然而如果杀人便是罪孽，其实这里一直都是修罗场。百余名僧兵手持铁棍，来到这片血腥惨烈的战场外围，缓缓停下前进的脚步，坐骑渐分，四名戴着笠帽的僧人走了出来。为首的那名僧人面容质朴，神情坚毅，即便是笠帽的阴影，也无法掩去他眼睛里的宁静禅意，正是佛宗行走七念。（第五卷《神来之笔》第121章）

在君陌的带领下，农奴追求着自由，想要摆脱佛宗传统教义下的"我佛慈悲"，去追寻在压迫下他们根本没有资格获得的人生。七念作为佛宗的天下行走，看着战场上如此的血腥和惨烈，却依然可以面无表情地诵读着"我佛慈悲"。在权威主义的笼罩下，七念毫不关心世人的安危，在"士不可以不弘毅"的厉喝下，被君陌打败。这也就证明了，佛宗权威主义的虚伪与不堪一击。

四、"人道"与"天道"的二元对立

作者猫腻曾在《将夜》中明确表示过要在这部小说中构建完整的世界观：

> 我以前的小说有设定，但世界观是做得很糙的，能躲就躲了，这本《将夜》从一开始我就没有躲过，我觉得这种做法真的很有勇气，很生猛，而且我坚信这个虚妄的世界是能自圆其说的。（第一卷《清晨的帝国》第 171 章）

从中可以看出作者对于这部小说的世界观设定的决心和用心，这也正是《将夜》在海量网络文学小说中出彩的重要原因之一。世界观的建构并非易事，对此猫腻选择以儒释道的思想为出发点。猫腻曾评价《将夜》："单以审美来说，《将夜》是我最喜欢的，也是我自认做得最好的，因为这本小说的根骨在于古代的中国，我们最熟悉的那个中国。"[①]《将夜》的根骨中最主要的部分便是儒释道这三家根植于每个中国人观念里的传统思想。基于小说中"昊天"与"人"的对立、规则与自由的对立这两个最大的矛盾冲突点，作者从三种思想中吸取能为体现小说主题所用的部分，通过对书院、西陵神殿、知守观和佛宗各派别的设定，展现出小说对儒释道的教义学理的阐释、变形、利用，同时融入西方哲学思想，其中最为突出的是将西方个人主义和中国传统集体主义两者结合，由此完成对儒释道思想的重构。而重构的结果，也就是重构的目的，便是构建了一个无视人自

---

① 腾讯文化：《2015 年腾讯书院文学奖年度小说家猫腻》，https://cul.qq.com/a/20150617/041244.htm，访问日期：2020 年 11 月 13 日。

身价值、力量和人性的"天道",一个以"人本主义"和自由精神相结合的"人道",再通过两者斗争并且最终后者战胜前者的设定展现出小说中宣扬"人道"思想的世界观。

(一)对"天"的客观性的消解

自古以来人们就热衷于对"天"进行探讨。中国人对天的认识是一个逐步演化的过程。在文明起源时期,由于人们的认识能力处在刚起步的阶段,对大自然主要是抱着畏惧之情,人将天视为万物的主宰,认为天是神秘不可测的。随着人们对大自然的认识逐渐深入,天在人们眼中则由命运的主宰者渐渐趋向自然的一部分。"人法地,地法天,天法道,道法自然。"[①] 老子这句话中的"天"已经不具备什么神秘色彩了,而是指外在于我们的自然界。老子认为自然界的运行是有其自身的客观规律的,人类如果认识到自然的规律并且合理地利用它,不仅能与天地、自然和谐相处,而且有利于人类自身的发展。同时老子还认为人是大自然的一部分,是大自然发展的衍生物,所以人不能与自然分离,更别提凌驾于自然之上,天和地和人是一个有机联系的系统。反观西方哲学,在其观念中天和人是主客对立、互相分离的关系,天是无生命的存在,人才是世间万物的尺度,应当成为自然的主宰。由此可知,中西方的天人观念存在着巨大的差异。

在《将夜》中,西陵神殿是昊天最为虔诚的信徒,他们坚信昊天崇高的地位,视自己为传达昊天意志的使者,他们自认为他们所做的一切都是遵循着昊天的规则,同时也要求世人恪守昊天的规则。他们的观念和道家的观念相同的地方在于,他们都认为昊天的本质是世界的客观规律,且人是应该服从一切规律的。同时两者之间的观念也存在明显的不同之处,因为西陵神殿将自己的角色定位为昊天在人间的使者、执行者、监管者,但他们贯彻的、执行的并不是真正的客观的世界规律,而是他们所认为的正确的规律,这也是西陵神殿最终走上歧路的原因。当西陵神殿将自己作为

---

① 老子:《道德经》,凤凰出版社,2019年,第63页。

昊天和世人的连接者时,人类自私和趋利的本性使他们很容易将昊天的意志解读成有利于自己的条约,然后利用这一套条约去压制、剥削世人,获取自身的利益,甚至去迫害无辜的人,以此巩固自身的地位和权力。隆庆皇子是西陵神殿最具代表性的人物,他在一开始坚定地认为自己是昊天的儿子,是天选之子,他坚信着光明,也一直做着自己认为能让整个人间充满光明的事情。他和宁缺在书院考试的最后一关中,面对着幻境中光明和黑暗的选择,两个人的态度完全不同,宁缺的决定是不选择,若真要选择那便"身在黑暗,心向光明";隆庆皇子则是为了他渴望至极的光明,不惜杀死自己的未婚妻花痴陆晨迦,为了谨遵昊天的意志,杀死了道痴叶红鱼和叶苏。他实力越来越强大,杀人越来越平静,但他为此付出的代价是他没有了心:"连心都没有了,自然不会再有恐惧。隆庆皇子代替了那个红裙女子的位置,沐浴在圣洁的神辉之中,秉持着昊天的伟大意志行走于天下,四处驱逐毁灭着黑暗。"(第一卷《清晨的帝国》第 157 章)于是,撕碎湮灭所有黑暗的信念在他心中更为坚定:"不知道过去了多少年,世上的所有的黑暗都被他湮灭,周遭再也没有什么敌人,没有什么罪孽,只剩下最纯洁的光明,无边无际笼罩四野的光明。"(第一卷《清晨的帝国》第 157 章)可就是在这时候,他却发现绝对的光明其实代表着绝对的黑暗,因为他为了绝对的光明在持续不断地进行杀戮,光明是通过鲜血、无情、残忍、暴虐换来的,到处都是光明便意味到处都是黑暗,由此产生自我怀疑的隆庆毫无疑问输给了宁缺。书院考试后接二连三的失败更是直接让隆庆投身于彻底的黑暗,最终在自我身份始终得不到认可的情况下,隆庆皇子在和宁缺的决斗中死去。西陵神殿也是如同隆庆皇子一般,由一开始的辉煌、万人景仰,到后来一步步走向堕落、黑暗,最终毁灭。世界运行规律其实只是西陵神殿的一个幌子,内里的本质是虚伪的道德感,道德感越强,对人性的认识就越扭曲,暴力也就随之而来。这种情况下,天不再是道家所认为的万物之规律,人不再是循天道,而是身处高位之人将天作为谋利的工具,逼迫剩下的人成为天的奴隶、成为被剥削者。作者正是通过这一点的改变,将道家的思想重构为带有强烈的伪善性质的"天人论",重构为泯灭人性的"天道"。

虽然西陵神殿是知守观在世俗的代言人，在一定程度上代表知守观的立场，知守观后来也和西陵神殿一样，因为追求绝对的光明反而堕入了绝对的黑暗，但两者还是存在一定差别的。西陵神殿强调、维护昊天至高无上的地位，很大一部分是为了从中获取利益，扩大自身的权力，但知守观单纯是为了让昊天的那一套规则能在人间永远正常运行。正因如此，当知守观观主陈某发现昊天在人间的化身桑桑越来越人性化，按规律运行万物的能力随之衰退时，他选择了一种令所有人都感到无比震惊的方式去解决这一问题——杀死原先的昊天，让自己成为新的昊天。只要夺取了桑桑的神格，他便能让人间继续被昊天笼罩，昊天的规则依然能正常地运行。这就涉及到了《将夜》中"昊天"的设定。《将夜》中的"昊天"与我们常识中的"天"是有区别的，昊天并不是在自然世界形成时就有的存在，而是知守观的第一任观主在修道大成、创建道门后代替人类选择的信仰，从那一刻起，人间便成为昊天的世界。后来夫子和轲浩然在修行的过程中发现并证明了昊天是类似于人类且高于人类的一种生命形式，它的生命补充来源于天地元气，只不过它无法直接食用天地元气，而是需要通过人类修行将天地元气转化为昊天需要的养分，昊天发动"永夜"正是想以此吸取修行者体内的天地元气。除此以外，知守观和书院都意识到了："因为人是所有社会关系的集合，那么世界便是所有人意识的集合，人是怎样想的，世界便是怎样构成的，昊天也便是如此产生的。"（第六卷 忽然之间第125章）昊天虽然是被第一任观主选择的，但并不是第一任观主的意志的载体，它是人类所认识到的世界规则的集合，人类所认识到的规则是具有客观性的，其运行也是具有客观性的，从这个角度上看昊天确实是一个独立的存在且具有一定的客观性。不过同时它的存在又离不开人类，因为人类对其的信仰是它存在的必要前提，当人类修行至越五境，开始拥有自己的世界，创建自己的规则时，就意味着他们对昊天的信仰已经产生了动摇，那么昊天就需要发动永夜消灭这些威胁并从中获取能量。而小说最后宁缺的人字符之所以能破天，就是因为几乎所有的世人都不想再被动接受"永夜"带来的毁灭，都不想再受昊天规则的束缚，想要去更广阔的天地寻求不同的生存方式。当世人都选择与昊天抗争的时候，当世人的意志都汇集到人字符中的时候,天就被破了。可以说,小说中对昊天的设定是对道家关于天的本质和天人关系的观点的最明显的解构。在"天"的本质方面,小说中的"天"的内涵确实是世界规律,但"天"的存在不再是自然所决定的,而是由人决定,且依赖人对其的信仰。在天人关系方面,道家观念中的"天人合一"主要是为了强调人对于自然的依赖和顺从,天终究是不会为人所改变的,但小说为了解构这样的观点,特意将世界设定为一个曲面,由昊天这层膜笼罩人间,昊天并非是现实世界中真正的天,它并非是我们普遍认为的客观的存在,而是人类认识世界的规则,是人类认识世界的产物,所以天可以随着人类的认识而改变,随着人类的认识一道成长。小说中这一思想不仅体现在小说结尾,在明确亮出这一观点前,作者就已经为这一思想作了众多的铺垫。桑桑作为昊天在人间的化身,她在宁缺的照顾下长大,跟着宁缺见到了许多人间的景象,尝到了人间情感的滋味,被灌输了许多人类的思想,身为昊天的她本该是按照冷冰冰的规则行事,但由于她在神格觉醒后摆脱不掉人的意识,所以行事中总是带着人的感情色彩,最终在宁缺的影响下成为一个真正的人。况且她还是宁缺的本命,两人在生理上是共生死、同存亡的关系,在心理上是心意相通、感受相同的关系。可以说桑桑和宁缺的结合是小说中"天人合一"的最直观的体现,是"天人合一"的具象化。由此可见,知守观和书院的"天人合一"的观点强调的是人的主观意志对天的影响,体现了西方哲学中"人是万物的尺度"的思想色彩。

总的来看,在《将夜》的世界观中,"天"依然是世界规则集合的象征,但和道家思想中客观的规则不同,《将夜》里的"天"被视为人类认识世界的产物,"天"的存在需要依靠人的意志,小说中"天人合一"的观点在体现天人之间密不可分的联系的基础上也更加突出了人对天的影响。所以,《将夜》以道家对"天"的本质和天人关系为基础,融入西方哲学对天人关系的看法,重构出小说中的"天人论"。

(二)当代语境下的"君子人格"

在《将夜》的世界观中,儒家思想是主要的推崇对象。小说中重点刻画的书院人物和书院精神，处处都体现着鲜明的儒家思想特色。在儒家的学说中，"君子"是一个高频率出现的词。虽然这个词早在先秦就被广泛使用，但孔子赋予了这个词更多新的内涵。儒家的"君子"可以被视为孔子塑造的完美的理想形象。在品德方面，君子首要的条件是"仁"，"仁"既是孔子思想的核心也是君子的立身之本，"弟子入则孝，出则悌，谨而信，泛爱众，而亲仁"①，笔者认为孔子所说的"仁爱"虽然在表面上是分关系亲疏的，但孔子的这句阐述其实可以看作是一个循序渐进的过程，孔子最终还是希望君子能做到不是只爱关系亲近之人，而是不分关系亲疏、身份地位的高低，爱天下人；其次重要的品质是"义"，"君子喻于义，小人喻于利"②，即说明在孔子看来，君子应该是"重义轻利"，为人处世道义为先，而不是利字当头；君子还需要具备"勇"，此处的"勇"并非是血气之勇，而是合乎道义和礼仪的"勇"；除了"三达德"之外，要想成为君子，还需要具备一定的智慧，拥有理性判断、理性认知的能力。君子所具备的美好、高尚品质远不止以上涉及的几点，此处就不过多赘述了。纵观《将夜》这部小说，确实也刻画了几个儒家正统的"君子"的代表。书院大师兄李慢慢和二师兄君陌就是两个典型。李慢慢心怀仁爱，对待夫子如同父亲一般敬爱，对所有的师弟师妹都关心爱护有加，虽然天资非凡、对世间万物几乎样样精通，但待人极为谦逊和蔼，虽然境界高深，但在举世伐唐之前因为爱人所以不曾杀过人，也不会杀人，这样的大师兄无疑是像颜回一样的君子。君陌则是"礼"最坚定的守护者，他不仅自己行事谨守古礼、持身甚正，同时也要求万事万物都能方正守礼。同时他也具备"勇"，举世伐唐时，他带领一众师弟师妹死守青峡，扛住了西陵骑兵的一次次冲锋，击败了知守观的天下行走叶苏和南晋剑圣柳白，就算失去了一条手臂，受了极重的伤，也依然整理好衣冠，握紧手中方正的铁剑，以绝对的自信和骄傲面对人数众多的敌军。在看到悬空寺地底世界的百姓受尽压迫、剥削时，毅然决然带领民众起义，日复一日地与悬空

---

① 杨伯峻：《论语译注》，中华书局，2006年，第5页。
② 杨伯峻：《论语译注》，中华书局，2006年，第42页。

寺的僧侣厮杀，最终成功推翻了悬空寺对地底世界的统治，君陌正是在用他的"礼"和"勇"守护着他心中的道义，俨然是君子的作风。

但小说中的"君子"的内涵不仅限于儒家正统的阐述。首先，即使是李慢慢和君陌这样的儒家正统"君子"的代表，其表现出来的思想中依然有非儒家正统的部分。李慢慢和君陌受夫子的影响，对于"昊天"的态度并不是如儒家那般，认为一定要严格遵守天的准则，尊重、维护天对人间的主宰地位。他们在夫子升天后，继续着夫子的斗天大业，尽他们的全力保护人间免受永夜的摧残。其次，小说也刻画了许多非儒家正统的"君子"形象，虽然在儒家的观念中，那些人物并不同时具备仁义礼智信，算不上是君子，但是如果从现代思想的角度去评判，他们也是令人尊敬的"君子"。宁缺就是非典型君子的代表，从小他就不是一个心怀仁爱之人，他5岁时手上就沾染过鲜血，为了让自己活下去吃过死人的肉，在渭城时为了挣得更多的钱财对马贼赶尽杀绝，因为杀人太多还得了个梳碧湖砍柴人的称号，成为所有马贼的噩梦，他不在意别人的生活过得如何，他只关心自己和桑桑能否更好地活下去；宁缺也不是一个将道义视为最高准则的人，如何将利益最大化，如何保住自己的性命，才是他一贯以来的行事中最看重的问题，比如在战斗中他会选择偷袭、使诈，面对打不过的敌人时会不要脸面地求饶，为了避免后患会无情杀害求降的敌人等等，所以小说中很多人看不上宁缺的作派，认为宁缺是一个无耻之徒。但宁缺为人处世其实是有独属于他自己的一套是非判断的标准，他并不会去做真正丧尽天良之事。夫子在书院考试中专门留给宁缺的启示是"君子不器"。对于"君子不器"的含义历来有多种说法，较为常见的有三种：第一种说法认为"君子不器"是指君子应该博才多学；第二种说法认为"君子不器"是指君子不应该只执着于才艺，更应该拥有良好的德行；第三种说法则是认为君子应该德才兼备。[①] 小说中作者没有采取以上任何一种说法作为"君子不器"的解释，而是将这四字重新定义为人不拘泥于一些固有的规则。

---

① 胡振坤：《"君子不器"新探——基于先秦儒家"文""质"关系的一种可能性解读》，载《泰山学院学报》2019年第6期。

宁缺就极其符合这一特点,他破除了制作修行武器的普遍规则,成功造出了前所未有的元十三箭。宁缺在战斗中采取的很多策略也是超出人们脑海中的固有规则,对天的反抗更是直接打破了世界的规则。所以宁缺看似不可思议的想法和言行举止其实只是打破了一些固有的规则,规则并不代表道义,宁缺只是在用自己独特的方式去追求自己心中的道义。宁缺也并非将冷漠自私贯穿整部小说,当他感受到来自马将军、皇帝、朝小树、书院后山诸人、师父颜瑟等人对他的关爱和信任后,他也会拼尽全力去保护这些人。当他被长安城民众的热血所感染时,负伤严重的他也会站出来,以一己之力承担起保护都城的责任。他的心里从一开始的只有自己和桑桑,到有了很多周围关心他的人,再到有了长安城和长安城的百姓,有唐国和所有唐国的人民,最后到有了整个人间。这是一个逐渐递进的过程,而且在过程中宁缺有时也依然会将自己和桑桑的生命、利益置于最重要的地位。正是这样的一个成长变化过程,将宁缺身上人性的真实和君子式的仁爱和谐地结合在一起,展现出一个符合现代思想的君子形象。

在当代语境中,个人的欲望、诉求得到了很高的重视,人们不再以天生的欲求感到羞愧,而是正视人的天性,以此更好地认识人的本质,并且宣扬解放人的天性,宣扬人应该具有觉醒、反抗意识。而儒家的君子人格事实上是一种集体性人格,仁义礼智信等这些品质都需要君子通过"君、臣、父、子、亲、友"等群体性角色才能得以体现,所以君子人格归根结底都是要在群体环境中才能成立,属于一种群体性的规范。君子主要是通过个人放弃自身的理想追求,将大众共同理想完全视为个人目标,改善自身、感化同伴,时刻不忘利于他人、利于社会,从而实现君子人格的价值意义。① 这样过度完美的无私奉献精神自然会被当代语境中的人们贴上不真实、过度理想化的标签。当代语境下的君子人格不再是一个完美的理想人格,而是一个具有强烈个人意识和个人特性,同时又不缺真正的道德坚守和在关键时刻能肩负大任的形象,这也正是小说中"人道"思想的一

① 朱哲恒:《传统与当代语境下的"君子人格"及其现代性构建》,载《合肥工业大学学报(社会科学版)》2019年第3期。

方面。

(三)"我佛慈悲"的幌子

慈悲是佛教的根本思想。《大智度论》说:"大慈与一切众生乐,大悲拔一切众生苦;大慈以喜乐因缘与众生,大悲以离苦因缘与众生。"① 此处"慈"的意思为与乐,"悲"的意思为拔苦。但《大般涅槃经》和《无量寿经优婆提舍愿生偈注》中对"慈""悲"两者含义的阐释正好与《大智度论》中的相反,认为"慈"是拔苦、"悲"是与乐。② 不论两种解释孰是孰非,我们仍然可以由此得出结论——"慈悲"一词确实是与乐拔苦之义。"慈悲思想的哲学基础是缘起论,认为众缘和合是万事万物的产生原因,和合而生,和合而灭,均没有自性。由此得出人生无常、一切皆苦以及众生平等的价值理念,进而发展出慈悲思想,成为佛教弘法度生的理论基础。"③ 由此可知,"众生皆苦"的思想可以视为"慈悲思想"产生的一个前提。

《将夜》中的佛宗也以"慈悲思想"为核心思想,"我佛慈悲"是小说中的僧侣、大师常挂嘴边之语。但本应慈悲为怀的人却做着最黑暗、残忍的事。当宁缺来到佛宗的不可知之地悬空寺时,他看到了尸横遍野的景象,看到吃穿用度极为奢靡的贵人在随意践踏少女,到处都充满着污秽和血腥:

> "无论是哪个部落,贵人的身旁总是站着很多强悍的汉子,那些汉子的手里拿着皮鞭与锋利的刀子,皮鞭有时候落在牛羊的身上,更多的时候是落在女奴的身上,锋利的刀子有时候用来切羊肉,更多的时候是捅进女奴男人或老父亲的胸膛里,鲜血和美酒混杂在一起,贵

---

① 龙树菩萨著,鸠摩罗什译:《大智度论》,宗教文化出版社,2014年,第537页。
② 彭瑞花:《菩萨戒与佛教慈悲思想研究》,载《世界宗教研究》2020年第2期。
③ 彭瑞花:《菩萨戒与佛教慈悲思想研究》,载《世界宗教研究》2020年第2期。

人们显得那样的欢愉，那些怯懦而麻木的农奴们，只能对着山峰里的寺庙不停跪拜，像极了无用的蚂蚁。

怯懦也就罢了，麻木也能理解，然而当那些农奴们用双手把最珍贵的金银和最贞洁的女儿奉献给僧侣时，神情竟然显得那样欣喜。

原野里的僧侣人数不多，拥有贵人都难以想象的地位，他们坐在温暖的毡房里，手掌轻轻落在信徒的头顶，或是落在跪在身旁的少女的身上，画面显得有些诡异，神圣与淫亵混在一起，很是神秘但依然肮脏。"（第五卷《神来之笔》第109章）

从这一小段描写中我们就足以体会到悬空寺地底世界的黑暗，这里充满着暴虐、血腥、剥削、压迫，有着明显的等级分化，从高到低分别是僧侣、贵人、农奴，前两者完全把农奴当作发泄扭曲的欲望的工具和淫富生活的来源，与佛宗所言的慈悲完全背道而驰。而农奴们就像是任人宰割的牛羊，但他们不仅怯懦、麻木，甚至乐于接受所有的苦难，因为农奴们一直以来都被灌输一种观念——他们天生带有深厚的罪孽，只有对佛祖怀有虔诚之心，用自己的一切供奉僧侣和贵人，才有可能洗刷罪恶，在死后进入佛祖的西方极乐世界。

同样具有矛盾的还有佛宗天下行走七念对于人的认识。在小说的开篇七念与知守观天下行走叶苏有一场关于蚂蚁的辩难，当时七念坚持认为蚂蚁是有追求的，在接受一定的教化、启蒙后是能飞向天空的，但在叶苏看来蚂蚁是极其渺小的："会飞的蚂蚁最终还是会掉下来，它们永远触不到天空。"（第一章《开头》）七念反驳他："蚂蚁会飞也会掉，但它们更擅长攀爬，擅长为同伴做基础，不惧牺牲，一个一个蚂蚁垒积起来，只要数量足够多，那么肯定能堆成一个足以触到天穹的蚂蚁堆。"（第一章《开头》）不难看出这场辩难中的"蚂蚁"实际上隐喻着人类。由此可知，最初的七念也是相信人的力量的，且认为当全体人类的力量集合起来时是可以与天相抗衡的。然而在面对二师兄带领悬空寺地底世界的农奴起义时，七念却说出了与开篇观点完全相反的话语："难道你指望依靠这些人来乱我佛国？不要忘记，这些愚昧之辈，便如蝼蚁一般，岂能飞天？"（第五卷

《神来之笔》第124章）当二师兄质问他是否要抹灭自己之前的想法时，七念狡辩道："这些人有罪，所以愚痴。"（第五卷《神来之笔》第124章）由此可以得知，佛宗之所以嘴上说着"我佛慈悲"却干尽毫无人性之事，七念之所以对人的认识有着前后完全不同的差别，都是因为在七念等佛宗子弟看来，这些农奴的苦来源于他们天生的罪恶，因为这些农奴的祖先是强盗、强奸犯，所以他们无辜的子孙应当接受永世为奴的惩罚。这反映出佛宗对"慈悲"的利用，对"人"认识的不彻底性和错误性。真正的佛教的"慈悲"是不因社会等级、出身等而异的，旨在普度众生、教化众生，但是小说中的佛宗却因为农奴的出身而认为他们天生就带有原罪，应该用一辈子的苦难洗刷罪恶。在物质方面，农奴过着贫贱的生活，遭受着最惨无人道的践踏；在精神方面，农奴们从出生起就被洗脑，对佛祖坚信不疑，对自身的莫须有的罪孽深信不疑，佛祖还立下戒律，严禁寺中僧人传授他们文字，更不准他们学习佛法，因为佛祖很清楚，只有真正愚昧的人才会对佛宗怀有真正坚定的信仰，他要的就是这些农奴愚昧痴傻，唯有如此他才能造出并维系西方极乐世界。物质上的贫瘠不是最可怕的，最可怕的是精神上的愚昧，剥夺人们思想的自由才是最极致的残忍。

虽然佛宗并不奉行西陵神殿和知守观的"昊天之道"，但是在他们的思想观念中，佛祖就是恰如昊天一般的世间最高准则的存在，佛祖就是佛宗弟子信奉的"天道"。由此可知，作者只是借用了佛教慈悲观这一思想名号，只是采用了佛教的一些元素，实际上是由此重构出表面慈悲、内里残暴的佛宗，对这种使人愚昧、禁锢人的思想自由的伪善的宗教信仰给予了强烈的抨击。

（四）"人"的书写

《将夜》中的"人道"思想不仅体现在对儒释道的重构上，其独特之处更在于对个体的尊重和对自由精神的张扬。

对个体的尊重首先体现在对个体存在的尊重。唐国和书院便是最为典型的代表。小说中的唐国作为盛世大国，其繁荣昌盛不仅体现在国家的经济、军事实力，更主要是通过小说描写的形形色色的唐国人反映出来的。

唐国接纳每个个体的存在，也承认每个个体的存在。书院更是如此，后山上的每个弟子都有独特的个性，这其实也是夫子收他们为徒时的有意为之。也正是因此，书院才能在各个方面都有精通的人才，整体实力才会如此强大。书院对个体的尊重还体现在对桑桑的接纳上。昊天一直想灭掉夫子，在人间化身为桑桑也正是为了寻找到夫子的踪迹。夫子在最初见到桑桑时其实很快就知晓了桑桑的真实身份，但面对这个尚未觉醒的敌人，夫子并没有试图趁机杀死她，而是选择接纳她，用人间的美好和温暖去感化她。夫子想破天，并不是单纯为了将昊天消灭，而是希望将昊天同化，让人世的每个个体都能免遭永夜的毁灭。小说对于主角宁缺的设定也体现了这一思想。不同于读者熟悉的"王子复仇记"，宁缺出身低微，只是一个门房的儿子，同时宁缺也不同于常见的天资过人的主角，他最初气海雪山一窍不通，迟迟不能修行。作者选择反套路的情节安排其实也是一种对于普通个体存在的尊重，对个体价值的肯定。小说正是想以此反映出每个个体都有其存在的必要和价值，众多类型个体的存在也正是构成人世的完整性的必要基础。

对个体的尊重其次体现在对个体欲望的尊重。不难发现《将夜》中的主要人物大多数都是圆形人物，他们有各自高尚、美好的品质，但同时也有最真实、最赤裸的欲望和本性；有属于自己的高光时刻，但同时也有属于人的最平凡的一面。宁缺作为男主角自然最典型。宁缺的性格与寻常的小说主角有很大的不同，冷漠、无情、自私在宁缺的性格里占有很大的比重，并且他从来不掩饰自己的野心和欲望，大部分事情都是在有利可图的前提下才会去做。正是这样的宁缺，才会有异于常人的坚定的意志，才会在一次次艰苦卓绝的战斗中凭借着对生的极度渴望活下去。作者塑造这样的一个主人公，正是出于对具体个体独特生命存在形式的尊重，对其欲望的尊重。小说刻画的夫子形象也是如此，夫子和孔子一样，具有"温而厉，威而不猛，恭而安"[①]的性格特点，但相较于孔子在后世人们心目中的完美无缺、犹如圣人般的形象，夫子身上则具有极浓的凡俗气息，比如

---

① 杨伯峻：《论语译注》，中华书局，2006年，第88页。

小说中的夫子极其喜爱美食，会不顾形象在弟子面前发脾气，会和弟子们开世俗的玩笑等等。拥有很多普通人欲望的夫子才会显得更真实，也正是因为他自己本身具有真实的人性，所以他才能对世人感同身受，才会对世人产生真正的大爱，他才会真正心怀人间，一直默默守护着人间。书院后山的诸位弟子平时的生活也是极为散漫随性，性格中有许多异于常人的古怪之处，有各自独特的喜好，但这并不妨碍他们在举世伐唐或者人间遇到危机的时刻挺身而出，和他们的老师一样，拼尽一己之力保护唐国，守卫人间。除了修行者，小说中描写的普通人更是具有许多常见的人欲，他们在乎权力、吃穿用度、各自的小家庭等。比如上官扬羽，骨子里的贪婪使他在当司法参军的时候时常会受贿枉法，做长安府尹时为了避免给自己招来麻烦会假装生病，善于见风使舵。又比如杨二喜，他不识字，爱喝酒，是一个再平凡不过的退伍军人，退伍后在村里娶妻生子，平日除了务农就是粉刷墙皮，满足于有腊猪腿作下酒菜、有妻子孩子围绕在身边的生活。只要是人就会有欲望，有欲望并不是一件可耻的事，相反，正是因为在人本能的欲望中有着利己、享乐的部分，当人为了国家和大众的安危暂时舍弃自身的欲望时，才会更令人动容，才更能体现人性中光辉的一面。上官扬羽在长安城面临前所未有的危机时并没有像以往遇到棘手的事情那样自顾自地逃命或者当缩头乌龟，而是主动承担起他应负的责任，在自己的能力范围内积极寻求解救长安城和百姓的方法。平日里极其不起眼的杨二喜，当东北边军败给燕国的军队时，毫不犹豫地背着弓箭、扛着草叉，独自一人去支援东疆。举世伐唐时像杨二喜这样的人还有很多：

> 有很多农夫离开田园，离开自己的家，自己拿着路费，带着行李和当年从军中带回家乡的刀或弓箭，前往遥远的东疆。
>
> 那时朝廷的征兵令还没有抵达他们的家乡，他们便提前动身，按道理这种做法并不理智，因为他们没有组织，连战场在哪里都不知道。
>
> 但这场战争不同，这是关系到大唐存亡的战争。所以外敌入侵的消息便是军令，便是征兵令，在道路上和山林里遇见一个人，看到他

腰间的旧刀或是老弓，便能确认是同伴，于是便能组织成为强大的力量。

至于战场在哪里？敌人在哪里，哪里就是战场。

这就是杨二喜的想法，也是他的那些同伴的想法。

据战后统计，仅仅大唐中部州郡，便有超过两万名退伍的唐军，在征兵令到达之前，自发加入到东疆抵御入侵者的战争中。

这群大唐最早的、最可爱的反击者，最后能够回到家乡的不到半数。（第四卷《垂暮之年》第113章）

虽然他们在小说中是一群无名无姓的人，但是却让人看到了大唐真正的力量。在举世伐唐的部分，作者塑造了很多为了国家舍生取义的人，上至书院、唐国将领，下至军队的小兵小卒和普通百姓，每个人都为了保护唐国拼尽全力，将自己个人的生死置一边于不顾。无所谓修行境界的高低，无所谓社会地位的高低，无所谓贫富贵贱，只要他是一个人，那么他就会有人的欲望，就会有人最原始的本性，但这并不妨碍人同时具有崇高的品质，为了国家和自己的同胞舍弃个人的利益。唐国之所以能拥有如此庞大的民众力量，能成为实力雄厚的大国，就是因为唐国的统治者并不会为了满足自己的欲望而去否定民众的欲望，而是尊重民众的欲望，并通过自身的治国政策尽量满足民众的正当欲望，使百姓过上安居乐业的生活，这样民众自然会发自内心地爱自己所居住的国家，爱自己所处的社会。

人的欲望是人间的生机活力的体现，只要是人就不可能做到无欲无求，人如果真的做到无欲无求也就完全失去了存在的意义，欲望会使人变得贪婪、卑劣、残忍、血腥，但同时也会使人变得美好、崇高。因为小说中人性美好、崇高的那一面基本都是在集体事件中得以体现的，所以作者在小说中并不是完全宣扬西方纯粹的个人主义，而是将西方的个人主义和中国传统的集体主义相结合，既肯定个人的欲望和存在，又看到了"人"作为一个集体时产生的力量。作者在小说中还认为人最坚定的信念不是源于对昊天和佛祖的崇拜、敬仰、感恩，而是来源于生活本身，来源于人本身。叶苏创建的新教正是把人们对昊天的信仰回归到了对人本身的认识，二师兄君陌带领地底世界的农奴们起义正是把他们对佛祖的信奉回归到了对人力量的认识。这种生机活力和坚定的信念就是作者所认为的人间之力，虽然来源于最平凡的世人，却有着超乎想象的能量。正如宁缺第一次写出人字符时感悟到的那样："这种力量可以改天换地。这种力量可以战胜时间。这种力量最普通也最不普通，最耀眼也最不起眼，是包子铺的热雾或城墙里的一块青砖，但也是智慧的传承和不屈的反抗。"（第四卷《垂暮之年》第 177 章）宁缺第二次在人间的大地上写出人字符时，仍又想起了街畔蒸包子铺的热气和青石板上的脚印。守住长安城的不只是宁缺，更是整个长安城的百姓；守住人间的不只是宁缺，更是所有世人。

所以，小说构建的"人道"思想的重要内涵便是尊重每一个独特的生命，尊重其生存本身及其欲望，信仰人自身，只有这样才能充分发挥人的作用和力量，与"天道"相抗衡。

小说中"人道"思想的另一重要内涵便是对自由精神的认可。人类对于自由的向往也是古来有之，这也是人的欲望中的一种。中国的道家文化中有很重要的一部分是自由精神，最具代表性的就是庄子。他强调人对世界的超越，比如对生死和俗世情感的超越，他在丧妻时鼓盆而歌，认为人的生死只是天地元气的一种轮回方式，妻子去世并不代表真正的消失，反而是归于安然；比如对功名利禄的超越，他宁愿生活在"泥潭"里，也不愿接受君王的邀请出仕；比如对自然规律的超越，他幻想自己能乘风遨游。西方哲学中的自由主义则更为突出，一方面体现在对个人权利的重视和强调，另一方面体现在对世界、自然的探索，与中国传统文化对"天"的探寻不同，西方对"天"的探讨不是为了更好地顺应自然，而是掌握自然规律，利用自然规律，然后再去发现更多的规律，去探索更广阔的宇宙。

《将夜》中的自由主要体现在"破天"这一事件中。小说中"人道"与"天道"抗争的根本原因正是人的天性里对未知的好奇和对自由的向往，这也是人间之力中最强大的一部分力量，世人因为有了这一强烈的意愿才最终得以破天。越是实力强大的人，越想探寻世界的本质和真相，比如人间第一的夫子一直想求得永夜的真相，他为此多次走遍人间，同时他也想知道天书里提到的月究竟是个什么样的事物。轲浩然对于昊天也是存在着深深的质疑，希望找寻到昊天的真相。他也正是因此被昊天所杀，成为最具传奇色彩的人物。不仅是修行者，普通民众也想阻止永夜的发动，对生的渴望促使他们必须反抗昊天，对自由的向往又使他们想挣脱昊天这一"囚笼"。在小说结尾，宁缺最终破了天，在与天的战斗里获得胜利，这场战争获胜的最重要的原因就是那个人字符里蕴含着每个世人强烈的充满渴望的意愿，人字符其实也就是自由之符。人类的自由精神背后其实也是对"人"本身的重视和认可。人们向往自由，是希望人的天性能够得到解放，是希望人的认知能更加丰富，是希望人能拥有更广阔的生存空间，所以自由的张扬是小说所建构的"人道"中不可或缺的一部分。

综上所述，《将夜》正是通过对个人存在本身及其欲望的尊重，通过对自由精神的书写，凸显出重视"人"本体这一主题思想。其反映出的"人道"主义正是因为具有这一独特之处，才能在与"天道"的对抗中获得最后的胜利。

放牧诸神的变法宏图
——《牧神记》细评

撰 稿：俞汶宜 沈依阳 杨金之 王佳源
定 稿：陈海燕 单小曦

《牧神记》
♯故事梗概♯

大墟的祖训说，天黑，别出门，可是听到婴儿哭声的司婆婆和马爷在天黑出了门，于是他们带回来一个婴儿——秦牧。他在大墟的残老村中逐渐长大。作为残老村中唯一健全的人，他给残老村的老弱病残们带来了新的希望。在众人的殷切期待与教导下，觉醒"霸体"，走上凡体即霸体的道路。然而，平静的大墟生活很快被打破，秦牧进入死者生界寻找自己的身世，闯过360楼成为天魔少教主，通过九关考验离开大墟开始了前往延康的历练。

离开大墟的秦牧进入了延康，结识了变法的核心人物——延康国师江白圭与延丰帝，由此卷入延康变法，逐步成为变法革命的有力推动者，走上神为人用的延康变法之路。在延康变法的进行中，秦牧不断探索个人身世，在冥谷深渊见到被困的父亲秦汉珍，得知母亲身在幽都，知晓自己是开皇第107世孙秦凤青，幽都神子的身份初见端倪。

延康变法进行时，反对延康变法的上苍想要降下天灾、覆灭延康，此时，天图真相暴露，反抗天庭的天盟由此成立，老人皇村长携老一辈强者阻截上苍，秦牧以新人皇的身份，肩负起了与上苍抗争、拯救苍生的人皇使命。其后，延康的世界壁垒破坏，域外魔族入侵威胁延康。秦牧在稳定西土时穿越到了上皇时代，遇到上皇的白璆儿，萌发了人命大于天的信仰。回到延康后，秦牧和国师拜师樵夫圣人，接过了改革变法的担子。

随后，秦牧和初祖人皇结交赤明时代的遗民，在大皇天携罗浮天坠落时率领百姓逃往大墟,一同应对掉落的世界,由此进入天阴界,在天阴界中复活天阴娘娘,使得天地大道变化。随后,秦牧以哥哥幽都神子的身份在幽都土伯处初见阴天子,在樵夫的设计下,引诱并奇袭阴天子,以牵魂引神通使遇难的百姓复生,延康变法得以稳定继续。

在涌江处,秦牧与开皇时代的牛三多再次穿越,回到龙汉时代古神天庭初创时期,巧遇同样穿越而来的开皇秦业,两人凭借后世神通与开创神藏修炼体系的七天尊合称为九天尊。此时,变革领袖御天尊被杀,凶手昊天尊意图夺取名利,秦牧为求公平,假扮御天尊公布成神之法,并将御天尊的棺椁托付给幽天尊,联合其他天尊再建天盟,为后天生灵谋划未来。回归延康时代后,秦牧前往幽都复活失忆的御天尊蓝御田,并混入玉锁关寻找母亲。随后,蓝御田重新悟道,秦牧为变法神藏体系试验开辟26种第七神藏。

为了争取更多发展的时间,秦牧误上鬼船,参悟到凌天尊的不易神通,随后,在拜访道院时得知天图的真相,道院被迫站队延康,回归延康后,秦牧打响延康霸体凶名,大闹北方诸天后,再遇白璆儿怦然心动。与此同时,大师兄魏随风穿越过去留下地图,秦牧在寻图救人的途中回溯历史见到凌天尊被困的情景,决心救人。此时,天庭派下最强武器"御天尊"来覆灭延康,延康历劫无力回天,众人纷纷逃亡。大尊班公措临危领命,以身护佑百姓而死;秦牧失去魂魄沦为废人;古神天帝成为最终赢家,天图重新笼罩,延丰帝和延康国师被囚。延康由此改制,变法力量蛰伏制定反攻计划。

延康巨变后,秦牧重整实力,以牧天尊身份进入天庭,将天庭针对的焦点放在个人身上,被迫卷入古神、半神、造物主等多方势力的争斗中,在应对阴谋暗算中,大力张扬延康变法的成果,使天庭变法动荡。随后,靠着打败无忧乡的开皇秦业,秦牧激起开皇子民的反抗斗志和改革变法的精神信念,开皇走出无忧乡,秦牧重回延康,延康变法小心前行。

为探寻造物主祖庭,秦牧与师兄魏随风补齐鬼船神通,借助鬼船的轮回性质,四次穿越过去。第一次回到远古霄汉天庭初建时期,见证云、昊天尊分道扬镳,半神天庭与人族天庭成立,奠定人族独立未来。第二次回到龙汉时代，恰逢土伯转世身阿丑应劫，秦牧趁乱偷到古神太始之卵。第三次回霄汉天庭去救南帝，秦牧血拼大鸿。第四次回到龙汉天庭分家时期，见证龙汉革命失败，赤明时代崛起，秦牧得到古神卵太素。

回归延康后，天庭为破变法格局大举出兵，无忧乡与造物主联手抵御，在大战中天庭破碎，祖庭封印由此打开。祖庭大黑山中，秦牧见到古神太易，古神太素受秦牧影响，穿越上个宇宙际，被迫破卵而出，其成道契机被秦牧破坏，报复心起。

其后，秦牧乘鬼船穿越上皇时代，见证月天尊重伤隐居桃园，决心救人。重回延康后，秦牧学习变法本领，携众人兵分二路前往太虚幽都战场抵御天庭。

天庭战场上，昊天尊和太帝两败俱伤相继逃亡，太素借机拉拢昊天尊。大黑山中，太易揭开大黑山中宇宙年的秘密。祖庭内，秦牧卷入祖神王与古神之争，设计暗算太帝。太虚中，蓝御田走上圣人之路，与虚生花进入祖庭寻成道契机，偶遇太易，得到太初原石。秦牧与太帝在大战中对抗，身受重伤，药师成就医道天宫，医治秦牧、月天尊。月天尊康复后战胜并放逐了晓天尊，秦牧紧接着十箭毙其转世身。此时，因晓天尊失踪，元界重回无主之地，诸神割据时代开始，古神成为隐患。为除灭天公，天盟开会，秦牧携手开皇、月天尊，将杀害天公之名甩锅给祖神王，天盟形势由此变化。十天尊为除天公尔虞我诈，天公向死而生、悟到天心，由此超脱天道。

讨伐天公后，秦牧先在祖庭内感悟大道，完善天官体系，后重返延康寻找初心，学习变法本领。与此同时，帝后与太极古神结盟，太极出世；御天尊缺失的魂魄重归蓝御田，弥罗宫初现。当此时，大黑山生出世界树幼苗，蓝御田在树下传道，秦牧炼化世界树苗，一切步入正轨。于是，太易向秦牧托付大黑山，前往拜见弥罗宫主人，被打落沦陷至第四个宇宙际。失去太易的守护后，大黑山中史前强者挣脱，瘸子守护秦牧身死。其后，秦牧只身奔赴玉京，渡混沌河，想要寻找弥罗宫与太易。在混沌河上，秦牧遇到十天尊和弥罗宫三、四公子，见到了弥罗宫主人，意识到自己是弥罗宫七公子。此时，太极古神用盟友帝后进行试验失败，帝后、元姆融合成了疯子。

回归无忧乡后，秦牧帮助开皇成就剑道，杀出无忧乡，救下凌天尊。大战中，牧、凌天尊相遇又分手，牧、云天尊久别重逢。其后，昊天尊扮猪吃虎，以力成道，杀太素、宫鎏。与此同时，开皇秦业见到了弥罗宫混沌殿的七公子秦牧，得知自身死讯和未来安排。归墟大渊中，秦牧参悟红绳结扣，镇压融合后的帝后、元姆。

大战继续，秦牧再救云天尊，云、火天尊重逢理念却发生分歧；秦凤青加冕土伯，土伯得到超脱，幽都大战打响；弥罗宫三、四公子介入，开皇身死，秦牧道心震荡；昊天尊救母元姆，登基天帝，大杀功臣。

此时，天庭形势大好，为求人族生存空间，秦牧假装颓废，举办大婚，沉溺世俗。在麻痹天庭的同时沉淀道心。与此同时，延康长期的运作成果见效，天币体系瓦解，灵能对迁桥断去，天庭沦为孤岛，诸天大乱。

大战一触即发，昊天尊献祭诸天迎接弥罗宫殿主降临。人族天师孟云归为人族生存叛出天庭，诸天万界造反声渐起。随着无忧乡大胜天庭，延康携变法大势，拉开天庭与元界、先天神魔与后天生灵大战的序幕，延康局势大好。

多线战斗的决战打响，天庭和延康死者众多，最后，秦牧以祖庭囚笼封印祖庭，祖庭成为成道历练场。随着古神半神等先天强者被封印在祖庭，诸天世界后天生灵崛起，于是，延康建立天庭，稳定诸天乱象，人族强盛的时代到来。35亿年后，众人陆续成道，延康变法之争成为历史。此时，所有成道者集合祖庭，理念之争迎来最后决战，延康获胜。但是成道者的增加加快了宇宙的寂灭，为寻找解决大墟空寂灭的方法，秦牧回到过去成道混沌，与弥罗宫一起经历16个宇宙际历史。

8000亿年后，秦牧回到已经寂灭的第十七际，黑暗的虚空中，只剩几点光芒……

《牧神记》
♯细评目录♯

▽ 一、传统文化元素加持下的"东方玄幻"
　　（一）远古时代的神话幻想——中西方文化的碰撞与融合
　　（二）书中儒道释背景及其博弈与融合
　　（三）武侠小说的江湖意味和侠骨情怀
▽ 二、类型化下的叙事沿革
　　（一）"莲花地图"下的"千层饼"式历史叙事
　　（二）莫比乌斯环式的叙事结构
　　（三）成长叙事的模式改良
　　（四）先弛后张的"慢引入"叙事节奏
▽ 三、神为人用的思想内核
　　（一）改革变法的历史映射
　　（二）变革中的思想与精神辨析
▽ 四、压抑与狂欢的审美创作
　　（一）套路化书写中的严肃内核
　　（二）快感奖励机制的压抑与狂欢
　　（三）期待投射的审美创作

《牧神记》从 2017 年 6 月 20 日开始在起点文学网连载，于 2019 年 8 月 31 日完结，历时两年零三个月左右，全书 588.95 万字，为第四届橙瓜网络文学奖年度百强作品，并被国家图书馆作为百部优秀网文作品永久典藏，而作者宅猪也因本书一跃成为起点文学网白金作家。小说基于玄幻题材的设定，以"改革变法"为主线，融合了儒、释、道等诸多中国特色传统文化元素，在对以往类型化叙事模式的沿革之下，呈现了压抑与狂欢双重式的审美体验。

一、传统文化元素加持下的"东方玄幻"

神祇垂首，妖魔乱舞，《牧神记》文本中包含着大量、瑰奇的想象，从大墟可怖无光的暗夜、危险破碎的虚空，到光中有影的天庭，遍地宝藏的祖庭，一个个板块间糅合神话的影子。一方阵营是黑暗的远古祭祀与强大的古神、半神，与之对峙的是如火如荼开展改革、试图借此推翻天庭的人类，在一切寂灭前是众生喧嚣，在黑暗坠落之前是光明涌动。与虚幻对应的是真实，《牧神记》虽然披着"玄幻"的外衣，但仍然不失为一部有血有肉、富有现实精神的佳作，正是因为它在天马行空的奇思妙想之上融合了许多传统文化细节。行走在瑰奇幻想之中的人物们，同时又脚踏实地奋斗在人世间，有人的地方就有信仰和江湖，故事里既有居庙堂之高，又有游江湖之远，更兼儒释道三家齐驱并驾，改革的目标更映射着各个时代不同的现实问题。正因为《牧神记》在放飞想象中融入了对于现实的反思，有网友盛赞它已经是"入道之作"。

（一）远古时代的神话幻想——中西方文化的碰撞与融合

1. 造物主文化——世界起源的想象

任何一种文化与文明，必定有"创世的影子"，创世者在科学降临前曾是宇宙间最神秘的存在，其文化可以说是最早的幻想瑰宝。所谓造物主,即创造万物的主神,文明是它不经意间播撒的种子。甚至人类各个宗教之间的分歧,或者说每个宗教各个宗派之间的分歧,其根本原因便是造物主载体产生分歧。《牧神记》作为文化知识体系融入最多的小说之一,同时受到一些西方作品如《异形》前传《普罗米修斯》的影响,将造物主文化融入文章,成为故事里不可或缺的一环。文中描述:

> 浮雕中古怪的是,这些镶嵌了菱形晶体的巨人,他们眉心的晶体眼睛也在发光,不仅如此,秦牧还看到光芒中有各种各样稀奇古怪的东西!
>
> 有的光芒中是一头史前巨兽,有的是一盘美食,也有的是刀枪棍棒之类的东西!
>
> 甚至有些巨人"第三只眼"的光芒中是一个美丽的女子!(第909章《史前造物主》)

《牧神记》中的造物主形象类似于美国印第安神话的相关描述,他们以已经创设出宇宙为前提,单个的神祇能力强大,可以通过眉心的眼睛与晶石炼制出强如古神的灵体,虚空造物,建立文明,这样的设定俨然就是创世神了。

由于造物主是未可知的,所以它的形象千变万化。就中国来说,古人融合儒家文学、道家文学和民间信仰而形成了独特的造物主文化,然而不同版本之间的叙述往往会有冲突的情况出现,对于谁是中国神话中的"第一人",根据时代的先后就出现了天、天吴、毕方、据比、竖亥、烛龙、女娲、盘古、三清和玉皇大帝等多种说法,而西方则主要分演出了希腊罗马神系、北欧神系和巨人族等说法,各有代表的领袖与造物主,由于基督教的传播,最流行的即为上帝创世说。《牧神记》中则简化了创世过程,转为造物主由他们的想象力加工,再由精神力观想出一切事物。

《牧神记》中造物主创造世界的能力被作者剥夺,其本无敌的实力也大打折扣而出现了被推翻的可能。造物主们凭借自己的能力创造古神、观想出古神。古神各司其职,他们一方面被造物主束缚,是造物主所创造的工具，但另一方面又被不断强化，以至于能够背叛并推翻造物主，将其逼进无忧乡，使自身成为新的世界主宰者。

文中初次介绍造物主时，就介绍到了祭祀文化。这是本能反应，远古绕不开祭祀文化和图腾文明：

> 秦牧停下脚步，只见"天公"光芒迸发的地方是一个规模宏伟的祭坛，祭坛四周是巨大的尸骨，围绕祭坛，里三重外三重，数量极多。
>
> 刚才他在试图入梦时，突然有极为洪亮的祭祀声涌来，涌入他的脑海中，祭祀声蕴藏力量，形成可怕的干扰，无量劫经根本无法化作梦中世界。（第908章《三眼危机》）

现代的造物主神话大多经过改编后和蔼可亲，热爱他们的子民，而远古时期的造物主形象则十分残酷，祭祀神灵常常以献出礼物为代价，甚至要付出生命。人祭，不仅在原始宗教中有过，而且在往后发展阶段的宗教中也有过，这是宗教史上最黑暗的一页。人祭起源于原始社会的部落战争。那时生产力水平低下，人的价值不能体现。战争中的俘虏，女性可以供人玩弄，儿童可能被收养入族，而成年男子都被杀祭神灵。商代的人祭之风炽盛，其用人之多、手段之残，不仅有大量卜辞记述，而且有考古遗迹证明。《左传》记载：鲁国季平子"用人于亳社"，《史记》说秦穆公"将以晋君祠上帝"，《陈涉世家》也称："为坛而盟，祭以尉首"。同时期，这种风俗在美洲、两河流域，及印度文化中也极为盛行，不同神灵祭祀还有不同要求。

《牧神记》补足了现代传说中过度美化或模糊远古时代的缺点，其前后还有多处提到过人祭。这个时代是极为黑暗、蒙昧而混沌的，造物主们凭借自己的能力创造古神，观想出的古神因此能力大涨却也为道所束缚，古神各司其职，他们被造物主束缚，是造物主为自己创造的工具，但同时又被不断强化，这也为之后古神背叛并推翻造物主，造物主被逼进无忧乡作铺垫。

2. 中国传说与西方神怪结合——神佛神话

讲到造物主文化，就不能不提到各路神灵。神祇的形象飘渺难寻，留下的故事也壮丽震撼，一般统称为神话。"昔者初民，见天地万物，变异不常，其诸现象，又出于人力所能以上，则自造众说以解释之：凡所解释，今谓之神话。"① 神话是最古老的故事之一，其后人们的幻想里总带有神话的影子。神话中神的形象，大多具有非常强大的力量，是原始人类的愿望的理想化。可以说它是根据原始人类根据的自身形象、生产需求以及对自然强大力量敬畏而幻想出来的。沿海地区多呼风唤雨、行于水利的龙王庙；山路崎岖处多沉稳大气、执掌一山的山神祠；草原广袤处有自由游猎之神；桑田百顷间也多奉蚕娘娘；而像造车船的皇帝与执农业之牛耳的炎帝更被奉为天下共主。神话中的英雄智力超群，但征途也多有阻遏，这也反映了神话幻想的现实制约性。透过神话幻想性的折射，从神话人物的形象，可以看到先民们同自然作斗争的影子。

《牧神记》正是在神话叙事的背景下展开的。荣格神话—原型批评认为文学是神话仪式的表现，是神话的再生与复活。《牧神记》有许多形象甚至能直接从神话中找到原型，譬如第645章中的火鸦神人，正是标准的三足金乌形象：

> 秦牧趴在窗户边，竭力催动九重天开眼法，一鼓作气打开玉霄天眼，向追赶楼船的红线看去，勉强能够看到火光中是燃烧着火焰散发着光芒的神人，长着赤红色的羽翼。待到那些神人飞得近一些，他终于能看清其面容，这些神人长着黑色的乌鸦头，遍体流火，火中流光，手中抱着一口口大葫芦，三条腿的爪子抓着一张张弓！（第645章《大破火鸦阵》）

《牧神记》中的古神早期原型大都有书可稽考，像土伯，完全符合传说中虎头牛身、利角九曲的样子。还有化身有九头的齐九巍，则是《山海

---

① 鲁迅：《中国小说史略》，商务印书馆，2011年，第16页。

经》中北极天拒的九凤。同样的还有佛祖、天帝、天公、地母元君（即传说中后土的别称），甚至天尊这个称呼，他们的原型都可稽考。

在传承中国传统文化的同时，《牧神记》也兼容了西方神话元素，如尸行者，即来源于《克苏鲁神话》等。克苏鲁文化的背景即为宇宙中隐藏着许多超乎想象、不可名状的强大存在，然而这些存在对人类却毫无兴趣——除非是怀有某种目的进行利用。它诠释了人类在宇宙中的微不足道和对未知的恐惧，正如作者本人所述："人类最古老、最强烈的情感是恐惧；而最古老、最强烈的恐惧，是对未知的恐惧。"远古时期将神灵的形象制成图腾，其中有很多形象并不美好的构设，例如蛇、虫，甚至僵尸，有浓浓的恐惧氛围。尸行者没有情感，强大，他们可以是对规则的守护，也可以代表毁灭。

《牧神记》有更多的素材取源于怪物传说。比如赤明时代的人很像《法苑珠林》里三头八臂，易怒好斗且骁勇善战的恶神阿修罗；大日星君"身材高大魁梧，像一头人形巨鸟，三目张开"则像《山海经》中的人面鸟；而"天魔众"的八种怪物里，鱼鳞蛙蹼的怪物即是从《山海经》河伯引出，日本《百鬼夜行》改编后的"皮肤上长着鳞甲，手和脚上长有类似青蛙的蹼"的河童。这是因为中国上古神话中的尚德精神不仅仅体现为大神们不食人间烟火的高尚以及伟大的献身精神，同时也体现在他们"保民佑民的责任感"上。在中国人的心目中，既然是被人们所敬奉的神，就应该尽到保民佑民的职责，而《牧神记》中诸神后期的形象与之是相悖的。宅猪笔下的诸神，在东方神的外表下也有西方神的特点，他们更具有人性的特征，有形形色色的各种欲望，也会犯错。因此，《牧神记》中的神不能用简单的是非来评价，古神刚开始都接近于道，天公、土伯都超脱，但后来地母元君因为太接近红尘而生出干涉之心。古神也有贪婪的地方，他们掠食活人，剥削百姓，甚至因为实力、智慧上的绝对优势衍生出了不可推翻的阶级，就好像中国从奴隶制时期渐渐过渡到封建时期，而之后的天尊，就如同《牧神记》书里所说：

屠龙的勇士也会成长为恶龙。

曾经誓死守护人族的人类终于推翻了神的统治

也成为新的神,

继续奴役供奉他们的众生,

他们站得太高太远,

以血肉为食,酒池肉林。(第1086章《当勇士变成恶龙》)

就像每个旧王朝的开端都推陈出新、积进向上,后一个王朝的结尾总有挥之不去的暮气,没有什么是永恒的,历史只有不断改革向前才能找到新的出路,这也说明了一场改革迫在眉睫。

(二)书中儒道释背景及其博弈与融合

1. 道教——天地五劫的背景、承续与创新

《牧神记》书中第十七纪的时序主要分为五个年代,对应道教五劫。五劫源于道教《上清宝诰》,原指道教所划分"天地未分、既分及化生万物"的五大劫号名,为宇宙万物生成演化的五个阶段,亦称五祖劫。《双槐岁钞》:老氏之书曰:"天地之数有五劫。东方起自子,曰龙汉,为始劫。南方起自寅,曰赤明,为成劫。中央起自卯,曰上皇,北方起自午,曰开皇,俱为住劫。西方起自酉终于戌,曰延康,为坏劫。"《牧神记》中的五劫顺序与此书相符,以龙汉为开始,"元始真气化盘古开天地,万物发生由元始天尊创生";对应龙汉年间法道修炼体系初生,人的修炼文明步入伊始;过渡到赤明,"赤明元年,上清真气分化宇宙阴阳,天地之中产生神魔及人类,真气于山林中结为灵宝天尊教化万类",对应赤明年间修炼发展,赤明神人诞生,"上皇神庭不存,七大道尊与天尊对鸿钧道尊身侧两位男女施以重任……登临尊位"对应新天庭诞生,"开皇元年,太上神气经种种教化经历,使人成为灵明之长,又化为人师-帝师",对应开皇年间风云人物辈出,立教化被提出;到延康则到了五劫最末,一切又归于寂灭,这五劫其实各自都是从建立到兴盛再到毁灭,又相应轮回,体现出道教对于宇宙往复循环的认知。

晋末"八王之乱""五胡乱华",战火纷飞之下,百姓流离失所,道家

希望能解除灾难，使人人皆可以长寿，百姓能安居乐业，人们可以过上安康幸福的生活。这也是乱世人们对于和平的向往。

《牧神记》中融入许多道教的思维理念，例如残老村中的哑巴教秦牧打铁时说："修炼如打铁，要注意文火与旺火，除了文火与旺火之外，还有便是淬火，要用水来淬炼"（第24章《破心中神》），这就暗含了道教阴阳调和的理论；秦牧常说，有大风险的地方就有大机遇，这是道教福祸相倚的道理；同时秦牧最初学习的剑法口诀便包有道教中的"赤子之心"：

  何谓丹心？丹是赤，是无瑕美玉，是九转灵丹，丹心便是赤诚之心，无瑕而玲珑剔透之心，九转纯净没有半分杂念之心。这门控剑术，讲究的是心灵纯净，有赤子之心，以赤子之心控剑，心到剑到，无往而不利！天下控剑之法，无能出中乎其右！炼丹心的第一步：心似火，炉在田，心火炼真元，炉田耕阡陌，火种栽埂间！敢教阳神十日出，骄阳圣火耀心燔……（第49章《一片丹心》）

道教的"赤子之心"来源于对儒道两家理论的沿袭，孟子曾说："大人者，不失其赤子之心者也"，将赤子之心作为能够获取成就的必备条件，认为拥有赤子之心的人，即可以像孩子一样不带任何偏见地看待世界，从而获得更加清晰的世界认知，发现问题的本质。赤子之心即不带先见的"空白"，这就意味着一种可能性。道家同样将赤子之心作为发现问题本质的重要条件，更将其作为养生的根本所在。老子说："含德之厚，比于赤子。""常德不离，复归于婴儿。"书中对秦牧赤子之心的描写，除了是剑诀之类的理论教导，还将其巧妙地设置为一个特殊的共生婴儿——秦凤青，这个人物的行为喜恶都出于孩童心性，与秦牧在早期之时的灵魂共存即是对主人公另一面赤子之心的呈现。

而《牧神记》的创新也是显而易见的，它在玄幻中融入了科学思维与理念。道教的设定打破了人们对传统道教的既定印象，与科学思维紧密结合。如秦牧所感悟的：

> "运便是符文阵法的序列,演变,变化,规律,有了符文阵法序列演变,变化规律才有了算。而算盘是最为基础的运算,顶珠下珠的移动代表着最为简单的阵法序列。"(第 169 章《圣教主的癖好》)

每一种功法神通,都有最基础的符文构造。太玄算经对应的是广义相对论,太微算经对应量子理论。而凌天尊提出的:"时间或许本身并不存在,只是人的某种感知物体运动的规律。回到过去,不过是用神通将物质打回最开始的时候"也是一种对于科学的大胆猜想与设想。

术数,是《牧神记》道教的特点,提升晋级也离不开计算,秦牧五曜破壁就要先算星位,星位对应金木水火土五曜,每个人都有自己不同的星位要计算。

> 秦牧翻开纸张,只见纸上写得密密麻麻都是算式,他用的是元解的方法来解算五曜位置,这些日子他已经算到了尾声。算盘啪啪响个不停,等到日上三竿,秦牧舒了个懒腰,站起身来,活动活动身体。桌上第一页纸被他画上了一颗心脏,旁边是密密麻麻的文字算式,分出了五条线,围绕心脏画出一个等边五角,每一个角都标注着金木水火土的属性。秦牧将生克之道变成了数字,计算出星位,终于算出了他的绛宫确切的位置。(第 112 章《五曜破壁》)

不仅提高进阶要提升术数,要提升功法神通的修炼水平,也离不开术数,例如阵法,并不是简单构造的,而是用术数计算而成,想要解开阵法,就要精于计算且失之毫厘,差之千里。《牧神记》里提道:

> 传送神通,其实是一个由术数建立起来的神通,传送的方向不同,地点不同,距离空间不同,便需要计算符文的各种排列顺序与规则。每确立一个传送点,都需要大量的运算。(第 169 章《圣教主的癖好》)

文中还有不少算经，并包含二进制、十进制、十六进制等，复杂难以想象。不仅如此，牧神中的术数也并非无根之水，可以说是将实践贯彻到底，开创各地学宫即为实证。学宫集太学与私塾的优势为一体，既为官方举办，又分布广泛用人不拘一格。道门道主，道门学宫的林轩就是精通术数、创新研究的典型例子。

2. 儒家——天下逐鹿，心怀天下的出世精神

如果说道教思想在《牧神记》中是最为重要的背景设置，那么儒家思想在全书中则是贯穿始终的思想支撑。儒家在汉武帝"罢黜百家，独尊儒术"后成立了"独尊"的正统地位。受其地位和政治影响，小说中必然绕不开儒家的爱国、入世精神与等级观念。《牧神记》变法进程中的儒家是热血的、朝气蓬勃的。

《牧神记》是以改革为主线的小说，吸收了传统儒家文化的价值取向，既有对理想人格和理想社会的向往，也有经世致用、积极进取的个人精神。先秦儒家的精神内核可以归纳为：

> 以个人的精神修养为立足点建立新的社会秩序和价值体系的主张。这一主张可以称为"内圣外王"，《大学》准确地概括为"明明德、亲民、止于至善"的三纲目，和"格物、致知、正心、诚意、修身、齐家、治国、平天下"等八条目。①

而延丰天才例如延丰帝亲民善任，在是非上黑白分明，修身治国，勇于尝试进取，就很符合这一理念。改革之路注定历尽艰难险阻，需要大无畏的精神和勇往直前的勇气，无论是主角秦牧、历代人皇、还是延康变法的先行者们，都有一种敢与天斗、与人斗的精神。而儒家有着明确的"道济天下之溺"的社会责任感，有"知其不可而为之"治世救世的奋斗精神，积极面对现实矛盾，在遵循社会规则的基础上加以改革，这就是人们

---

① 郑淑媛：《先秦儒家精神修养模式的社会指向与启示》，载《渤海大学学报》2015年第5期。

常说的"经世"精神。

《牧神记》中，延康的天才吸收了这种经世精神，将救民救人作为自己重要的责任，担负了关心时政、关注国事、针砭时弊，甚至救国于危难之中的使命。主角秦牧只是个修成霸体的普通人，然而，他的抱负却是：

> 是让人尽其才，物尽其用！每个人都可以得到充足的教育，广办小学大学，将道法神通传授出去，让草莽变成英雄少了诸多坎坷与陷阱，让每个人的潜力和才能都能发挥出来！……人可以隔着万里之遥对话，可以上九天揽月，下五洋捉鳖，可以尽情释放自己的才能！他们会建造富丽堂皇的建筑，会沟通一个个诸天，一个个世界，会有华丽多彩的艺术，会有数不清的人贡献自己的聪明才智让人们生活得更好！（第819章《一起干吧》）

这在当时几乎是不可能的，延康自身还笼罩在危机下，但是他，明知不可为而为之。连上一代天才魏随风都佩服他不屈不挠的精神，表明自己不如他。

延丰帝与延康国师江白圭并称延康双雄，共同缔造了一个新的盛世："延康国师主持变法，改革军政，打破门派之见，打破三大流派之间的隔阂，建立小学大学太学，设立士子制度。"（第171章《狐狸尾巴》）他就像驱车人一样鞭策社会前进，也不计较自己的得失，只论天下兴亡。而延丰帝既是延康国师江白圭的明主，也是他最强的后盾。初见秦牧时小秦将军大呼秦牧是弃民，延丰帝却不以为意，极有天下明主的风范，接纳大墟之人，庇护他们，认为他们是不应当被抛弃的。

他们其实都是儒家精神关照下的理想化了的执政者，如《孔子家语》中记载，"上敬老则下益孝，上尊齿则下益悌，上乐施则下益宽，上亲贤则下择友，上好德则下不隐，上恶贪则下耻争，上廉让则下耻节"，将"七教"发扬光大也是《牧神记》中延康改革最初的动力源。

同时，文中最亮眼的理论还有樵夫圣人提出的"三不朽"，即"立德，立功，立言"，化用了儒家的最高追求，也是经世致用的核心与最高目标，利用自己的能力实现自己的人生价值。《左传》中有言："立德,谓创制垂法,博施济众;立功,谓拯厄除难,功济于时;立言,谓言得其要,理足可传。"这种儒家精神也在《牧神记》得到了很好的体现。

3. 佛教——佛教的真实教义与悲悯精神

说起佛教,寺院深深、青竹幽窗、梵音琅琅、古佛寂寂大概是人们的第一印象,《牧神记》中有浓厚的宗教色彩,佛教与神魔并为最重要的流派。

作为世界三大宗教之一,佛教诞生距今已有2500多年,是由古印度迦毗罗卫国(今尼泊尔境内)王子乔达摩·悉达多所创。传入中国后,由于中华文化的社会环境和人文根性,汉传佛教主流为菩萨乘佛教(又称大乘佛教),其主张即为普度众生,与自我完善解脱的小乘佛教相区别。

之所以借《牧神记》谈佛教的真实教义,不仅仅是因为佛教在《牧神记》中多次出现、意义重大,而且佛教教义也由故事发展慢慢延伸、完善。现实中有很多人,甚至僧人只看到了佛教的字面意义,一味追求佛教中的超凡脱俗、修成正果,而忽视了佛教的真正宗旨。

《牧神记》第250章《言杀》中的僧人就是一位解读佛经的代表,他们浮于文字表面"只会逞口舌之能",舌灿莲花却不知今夕何夕时事如何,所以马爷才说:

> 道理说得再好也是道理,最终还是要看怎么做。这世间,真的没有几个真和尚,多数都是假的,张嘴便是天花乱坠引经据典的,都是假的,只会卖弄不会做。一百里面有一个是真的,都是得天之幸了。(第252章《和尚明心》)

弘一大师提出:"真正的佛教教义是念佛不忘家国。"佛教无用吗?理论无用吗?并不是,但是理论只停留在嘴上光说不用一定是苍白无用的。金刚也有怒目之时,永嘉大师云:"圆顿教。没人情。有疑不决直须争。"《殊胜具戒经》也说:"尔时佛告诸善男子言。汝善男子。应共魔斗寻求圣位。若修行菩萨。成熟众生之时。先共邪魔斗战。令其变化相应善行。不求余师。是为法行！"要与魔斗义，与恶斗法。

《牧神记》中，明心第一次下山来到延康，他原以为山下百姓有佛宗庇佑不至于如何受苦，看到雪灾影响未消除，灾民四处逃散，强盗打家劫舍，人们易子而食，"一盆人肉摆在面前，明心和尚怔然，突然间只觉自己头脑中的那尊佛塌了，崩了"。明心顿悟，光看书找不到真正佛法，也不能解救天下苍生，所以他也踏上旅途，创立了禅宗。

佛教教义远不止洒脱超然，还有舍己救人、救苦救难的慈悲精神。释迦牟尼说："我不入地狱谁入地狱。"以佛教救苦救难的教义为主，辅以行动就会产生强大难以估量的宗教力量，而佛家也说，禅无处不在，所以宋代大慧宗杲禅师就提倡以"忠义之心"入世，欲激励人们救国家于危难之中，很多士大夫因此与之交游。巨赞法师，也是我国著名的爱国抗日高僧。抗战爆发后，巨赞法师奔走于福建、香港等地，组织佛教徒参加抗日救国活动。他也是唯一参加了开国典礼的法师，周恩来曾亲笔为巨赞法师题词："上马杀敌，下马念佛"。

4. 三教合流——博弈与融合

在《牧神记》中每个人都特色鲜明，每一个人从某种方面来说都想以自己的方式稳固、拯救这个世界，就连终极反派火天尊都觉得自己没有错误。由于他们见闻不同，各种思想碰撞博弈。从延康一派来说，他们是以儒道通过符合人性的内在追求来反对非人性的统治以获得自由，就像牧神，它本身的含义就是要通过改革变法打开新天地，推倒神的统治使神为人用。而火天尊，他希望恢复一个原始社会，反对启迪民智，只是灌输思想，"是民无知无欲"以稳固统治也取材于道教思想。佛教则通过对内心世界的追求去达到自由，但《牧神记》中显然有所改动，既承认了佛教的慈悲为怀但也希望能走向外部世界，代表人物为明心。

儒释道固然三家分立，但在《牧神记》中儒道释也传承了隋唐形成的三教合流。对于本书来说，儒家最重要的指导思想就是积极入世。崇信"忠""义""勇""中庸"则为其行事原则。《牧神记》中的多数人都属于"儒侠"。道家的阴阳学说、天下五劫等，显然也给《牧神记》提供了玄幻招数的幻想空间。除此以外，道家自老庄"出世别俗"后，便崇信脱离尘世，不求获取也不愿为之承担责任，以"无为"为其宗旨。[①] 其实就是明哲保身，逃避现实。在《牧神记》中也多有典型。而佛教的因果循环则贯穿了整个故事。他们认为事物是处在无始无终、无边无际的因果网络之中，缘生缘灭，往复循环。还认为贪、嗔、痴为人性"三毒"，令人生而不得解脱。人性三毒在武侠小说中是惯用套路，在《牧神记》中，十天尊对权力的追求，阴天子对地位的渴望，帝译月对爱情的向往……组成了复杂的江湖纷争。儒家影响道德意识，道教影响背景文化，佛教则影响人格个性，在文化的融合中他们也不再界限分明，反倒交融，一同道出恩怨纠缠。

不过，《牧神记》的文本中夹杂太多内容，东西方文化糅合、儒道混合，知识点太多，过度炫技，致使思想、知识繁多而零散，不成体系，成为一个重大缺憾。

（三）武侠小说的江湖意味和侠骨情怀

1. 残老村设定与其他借鉴

宅猪的武侠梦在《牧神记》，其中不仅表现为全书的武侠设定，还表现在多处对于金庸、古龙等经典武侠小说场景的刻意模仿与语言文字的套用，体现了网络小说中常见的"致敬经典"的手法。在金庸老先生去世的时候，宅猪曾经发表祭文，说自己的第一篇满分作文就是短篇武侠小说，《牧神记》中有一段文字："在下父女二人牛家村人，路经贵地，一不求名，二不为利，只为小女年已及笄，尚未许得婆家，因此比武招亲，愿寻得个武艺超群的好汉……"这段文字直接摘自金庸先生的《射雕英雄传》，并出现了两遍。除此以外还有天魔教陆天王死前默念的：熊熊圣火，焚我残躯，也是出自金庸的《倚天屠龙记》，表达了作者"致敬经典"的意思。

[①] 卫婷：《网络传媒中的中国武侠玄幻文化》，苏州大学硕士论文，2008年，第6页。据中国知网 https://kns.cnki.net/kcms/detail/detail.aspx?dbcode=CMFD&dbname=CMFD2008&filename=2008121132.nh&v=Guvu68U0lJ8B239％25mmd2BcIpf HeLrQnGoYL7GplWAGNRh9VFFZxB％25mmd2B％25mmd2BtJgFWvnpjabTktH。

书中对于场景的设定也有刻意模仿经典的用意,如秦牧长大的场所"残老村",这一设定类似于古龙《绝代双骄》中的"恶人谷",如同"恶人谷"一样,"残老村"的九位村民,都曾经是江湖上或正或邪让人闻风丧胆的人物。

残老村村长是全村最强的人,他无手无脚,平时坐在担架上面,同时也是上一个时代最强的人皇,连大墟的黑暗都杀不死他。他剑法通神,即使残疾,依旧实力强大。司幼幽,是上一任天魔教教主夫人。她在文初化妆为一名老妇,但文章里又说她美得惊心动魄,对秦牧极好,不论何时都为着秦牧着想,是秦牧嘴硬心软的司婆婆。马爷是大雷音寺现如来座下弟子,做事谨慎,擅长拳法,拳音有雷声。瘸子是个神偷,只有一条腿,他的腿已经练到了神的境界,运转如风。村中药师没有脸但他曾经是玉面毒王,用药用毒都是天下第一,甚至可以毒倒一位神。哑巴是铁匠,也是最后一个天工,教导秦牧锻造之术,常常装作憨厚,战力深藏不露。瞎子是枪神。即使没有眼睛,他的眼力仍然是天下最好的、最亮的。屠户又称天刀,刀中之神,曾经向天挥刀,被神砍断了下半身,力大无比。聋子是天图国太子,因沉迷绘画不闻世事导致国家被灭,当醒悟过来时,只剩一人,于是切掉了自己的耳朵,刺破了耳膜,用死去百姓的血作画,画了十八层地狱,杀掉了敌国百万大军。

他们教导秦牧各种本事,教给他为人处世的方法,又竭尽全力地守护着秦牧的一颗赤子之心。这与《绝代双骄》中的"恶人谷"的设定大体相同:教导小鱼儿的实力高强的"血手"杜杀,素有疯名的"不吃人头"李大嘴,笑里藏刀的"笑弥陀"哈哈儿,善于易容的"不男不女"屠娇娇,长于装扮的"半人半鬼"阴九幽和医术高超的药师万春流,他们与小鱼儿没有血缘关系,一身本事亦正亦邪,却都悉数传授给了抱养的孩子。不同的是,《绝代双骄》中的恶人被逼上梁山的少,真恶人多,属于亚平衡态的体制,当面对共同敌人时,他们将会联合起来,但平衡态体制一旦出现倾斜,将失去平衡,土崩瓦解,故而十大恶人到最后内讧而死;而《牧神记》中的九老固然手上都有人命但却依旧带着一颗赤诚之心,他们团结友爱、互为依靠,其关系已经接近于亲情,村长与药师是好友,司婆婆作为唯一的女人调和村里的关系，瘸子和马爷是好搭档，屠夫能听懂瞎子的诗，哑巴瞎比画大家也都能看懂，这也为巩固延康变法，增强延康凝聚力作了铺垫。

除了《绝代双骄》《射雕英雄传》《倚天屠龙记》等中国传统武侠小说，和神话传说（详见前文）之外，《牧神记》还借鉴了一些外国影视历史文化，比如秦牧的穿越借鉴了《盗梦空间》，无忧乡则借鉴了苏联的状态等等，在此不再赘述。

2. 长歌烈酒的武侠情怀

传统文化中的侠客，个性张扬又义薄云天，《牧神记》继承了这种侠义精神，并将侠义的光环融入天马行空的玄幻小说之中。

《牧神记》中有许多人物是可歌可泣的，它相对于传统武侠显得轻松幽默，相对于其他玄幻小说的升级打怪又多了一丝凝重。作者努力体现个人生命价值的最大化，表现众人甘愿为天下大道的奉献。例如在延康应劫时，绫璟道人要以生命为延康争取时间，秦牧涩声道：

"绫璟道人，你和祖师为延康赴死，阻截上苍，然而延康的百姓没有人知道你是守护他们的英雄。"

绫璟道人荡着舟穿过一重重白骨山，笑道："但我知道，我是英雄。我要跟着我的心去走，去做事。你到岸了，下次再来时，渡船上的人，可能不是我。"

一句"我虽死，延康犹在"振聋发聩，一代宗师的气魄尽显。

主角秦牧是很立体的人物，他"善于钻营"，既精明，又无赖，把残老村里的本事学了十成十，大尊都觉得秦牧是坏蛋，从来不吃亏；但偏偏他又很豪迈，哲华黎与秦牧初次相见时的情形即写得豪情万丈、动人心魄：

抬头看去，只见秦牧正背对着他，举着一剑迎着火光审视自己的手艺与他的严谨不同，他看到那个少年有着如缚日罗一般的恣情放纵的豪气。那个少年举起剑的身影,别有一番豪壮的风情,火前赏剑,是他学不来的豪情。

秦牧很勤奋,自创了一条"凡人即霸体"的路,在大局面前又很有担当。他本可以在无忧乡里无忧无虑,在一方世界里面称王称霸,在幽都作威作福,甚至可以成为那个古神,那个最有地位最有权势的后天生灵。可是他放弃了一切的"荣华富贵",将自己作为神之弃民,以天下为己任。秦牧拯救延康,帮助太皇天,一句"我是霸体"从刚开始的玩笑,到最后催人泪下,书里的秦牧永不言败,充分体现了金庸"侠之大者,为国为民"的侠义精神。显然,《牧神记》不仅继承了传统武侠的侠义精神,还有所发展与超越,它摆脱了传统武侠小说中水火不相容、善恶对立的人物形象刻画,武功也不再仅仅只是"行侠仗义"的手段,也没有盲目跟风网络玄幻小说,对欲望和人性黑暗面极度标榜追求,弱化道德追求,而是尝试自创武侠世界,在玄幻的世界重新建构信仰体系。

▽ 二、类型化下的叙事沿革

"网络文学从自发写作到类型写作的演化是新世纪网络文学发展的客观事实。"[①] 初创期具有"广博杂糅的文化背景、强烈的平民立场和自由书写的狂欢快感,为读者带来另类阅读体验"[②],网络小说在网络阅读分众化、小众化付费阅读等网站阅读模式的兴起之后,逐步发展为一种类型化写作模式,类型小说大行其道。这种类型化的网络写作生态,虽扩大了小说表现题材,但也在一定层面上限制了网络小说的创新空间。作为大众

---

① 何志钧:《网络文学类型化写作管窥》,载《学习与探索》2010年第3期。
② 欧阳友权:《中国网络文学二十年》,江苏凤凰文艺出版社,2019年,第125页。

文学商业化的最终结果,每一种类型小说的市场都只针对特定的消费读者群或潜在读者,以迎合这一部分读者的阅读期待为生产目标,而非面向整个大众群体。在这种写作目标下,"类型"小说本身所具有的规律性,也就演变为一种套路化、形式化的写作模板。"网络化的艺术审美是机械复制的'类像'符号审美,它运用数字技术'虚拟现实'以拼合,形成可复制的无穷摹本,使艺术和自然的原初关系被数字化技术所取代,从而导致艺术创作风格从个性风格的表达向机械复制转变。"①

作为网络文学的一种,玄幻小说也和其他类型小说一样,在发展过程中逐步形成了特有的"套路化"写作模式:主人公从一个无名小卒,平凡之辈,意外得到"金手指",经历种种不平凡的机缘巧合,一路打怪升级,最终成为异世界中的"第一人"。尽管近几年来,作家吸收各种思想文化元素,对玄幻小说进行创作革新,在总体内容或修炼体系的设定上都有所发展和创新,但小说的基本叙事模式仍旧带有极强的类型性。而令人惊喜的是,《牧神记》在套路化类型写作的同时,在叙事上完成了一定程度的改良和创新,使其小说仅是在叙事层面就具有有别于其他小说的闪光之处。

(一)"莲花地图"下的"千层饼"② 式历史叙事

在网络玄幻小说中,"地图"是其标志性的类型元素,主人公的升级之路往往从初级的"新手村"开始,因为某种原因或自身内心追求,踏上前往外部世界之路,正式开启"打怪升级"之路,每一块地方(也就是所谓的"地图")都会被作家精心设置一定的阻碍或机缘,类似于游戏闯关设定,主角在这块地图内获得修炼境界一定程度的提升,直到他打赢作家设置的"大 boss"之后,这张地图也就完成了它的历史使命,另一张地图

---

① 欧阳友权:《网络文学本体论纲》,载《文学评论》2004 年第 6 期。
② "莲花地图""千层饼"的说法并非笔者所创,来自于作家的访谈,见许旸《玄幻网络作家宅猪:刘慈欣〈三体〉给我写〈牧神记〉带来灵感》,"文汇"公众号 2019 年 5 月 18 日稿。http://blog.sina.cn/dpool/blog/s/blog_7222c0c00102yh0s.html。

随之出现在主角成长道路上,促使其一步步走上最后的"成神封圣"。这种地图设置根据作家创建的异世界大陆格局不同可以分为两种模式:横向和纵向,即前者是主人公从边缘到中心的横向跨越,后者是从下层大陆向上层大陆的纵向"飞升"。统一的是,两者都是主人公逐步靠近高阶修炼者聚集之地也就是高级权力话语中心再最后战胜终极 boss,完成对这个世界规则秩序某种意义上的超脱。

有别于其他玄幻小说的线性升级之路,《牧神记》抓住题材精髓,率先开辟了网状的"莲花地图模式",实现了类型化地图写作趋势下的创新。地图场景从"一用就废"的背景板和简单凸显世界观的元素,转而成为构建小说叙事和主题的关键性元素之一,用一张完整又复杂的地图支撑了整体的几百万字,作家宅猪在接受采访时将其解释为"莲花地图":

> 如同莲花一般,一片一片又一层一层,在同一张地图上镶嵌了无数段历史,"我将故事核心区域大墟设定成莲花花蕊,在升级过程中,主角秦牧以花蕊为中心展开故事地图,成为莲花花瓣。大墟外面延伸的第一个地图是延康,延康外面再延伸西土,然后延伸到草原,再延伸到更多的地图上面去。主角每一次都要回到主地图上面,通过主地图慢慢地揭秘,把故事的背景架构一点一点地揭开"①。

可以看到,孤儿秦牧走出大墟闯荡,以凡体之资在不同世界进行闯荡,但他最终要回到的都是主地图——大墟,初期的目的是回大墟过年,中期则是在两个世界之间建立"灵能对迁桥",连接彼世界与大墟或是延康,后期与妻子灵毓秀在大墟的短暂归隐岁月……如果将传统玄幻小说"升级换地图"的结构模式所呈现的主人公生活环境变化视为游牧民族"随遇而安"的生活方式,《牧神记》采用"莲花地图法"而构建的最终要

---

① 许旸:《玄幻网络作家宅猪:刘慈欣〈三体〉给我写〈牧神记〉带来灵感》,"文汇"公众号 2019 年 5 月 18 日稿。http://blog.sina.cn/dpool/blog/s/blog_7222c0c00102yh0s.html。

回归"起点"的地图模式则更具有东方玄幻的意味,展现的是主人公心中始终留存的对家乡故土的眷恋,也就是中华民族特有的家国情怀。显然,这正是采用"莲花地图法"的一大优点,回归故乡面对的不仅是熟悉的生活环境,更重要的还是至亲好友的相伴。通常的网络玄幻小说中,地图的更新换代在迎来一批新角色的同时亦送走了一批旧角色,尤其是与主人公有血缘之亲的父母长辈,往往是在小说情节发展中被刻意完结的第一批人物,最多是在小说中期略有身影出现,但绝不可能像主人公亲密的恋人、伙伴一样陪伴主人公成就最后的"大道",他们往往是主人公一路成长中的"缺失性角色"。而在《牧神记》中,秦牧的外出闯荡更像是一次次游学旅行,总有回家的那一天。他将自我闯荡得来的经验全部告知家中长辈,促使他们在修炼境界上一起成长,并借他们完善发展后的系列功法来提升自身。这一行为在文中被戏谑地称为"啃老",这种相互促进的扶持模式达成了相伴走至最后的结局设定,是其他玄幻小说中不曾出现的。

网状的升级结构更有利于加强故事的完整性和情节凝聚力,能够使得故事每步发展前后呼应,构建出更加丰富的支线情节,也就不会产生场景频繁更换时的阅读断裂感,这应该也是宅猪精心设计"莲花地图法"最初的考量和目标。"十年前开始写小说,刚接触网文这一块时,大家的写法确实都是很雷同的。比如以仙侠小说为例,刚开始无非都是在凡间修炼修真,然后一步步往上爬,等到成为仙人,主人公就是飞升,离开了凡间,然后去了仙界,但这里就会有一个巨大的裂层,这种裂层会导致读者以为自己在读两个故事,而且是两个很割裂的故事。"[①] 而在"莲花地图法"的写作模式下,各个地图既像莲花花瓣一样单独处在一个个空间维度中而具有叙事独立性,其"底部"又同时围绕着"莲心"而具有黏连性,即共同服务于小说的中心主旨——改革变法。在高度降低场景更换割裂感

---

① 许旸:《玄幻网络作家宅猪:刘慈欣〈三体〉给我写〈牧神记〉带来灵感》,"文汇"公众号 2019 年 5 月 18 日稿。http://blog.sina.cn/dpool/blog/s/blog_7222c0c00102yh0s.html

的同时，其彼此之间仍然存在如莲花花瓣一样的粘连交叠部分，促使作家引入了众多的伏笔和铺垫，极大地增添了整篇小说的关联性和惊喜感。

"莲花地图"的另一个重要功用是配合"千层饼"式的历史揭秘手法，保留了《牧神记》的故事中心和过去历史的神秘感。在其他玄幻小说中，作者多是安排主人公从其他人物那里得到对过去历史的讲解以揭秘疑虑，但在《牧神记》中，秦牧所遇到的拥有更多人生履历和历史信息的"长辈"和"前辈"们因为各种原因而在一定程度上隐瞒了真实历史，只揭露小部分的真相，或是因自己的人生阅历并不曾涉及而无法告知，以至于促使秦牧自己穿梭在不同的"地图"中寻找渴望得知的"真相"——无忧乡的所在地，从而一步步达到了对整篇小说前期的历史背景以及中心内核的部分揭秘。值得注意的是，除了现时空的地图探索之外，《牧神记》中运用了大量的逆向时空穿越来进行历史揭秘，即通过秦牧一次次地穿越回原先的历史时空，进行短暂停留。小说聚焦于秦牧的视角来展示那一历史时段发生的关键人物与事件。一方面是秦牧亲身经历并造成影响、留下烙印的这一部分历史，与其他人物的点滴讲述交织，最终拼凑完成了整部小说所涉及的17世纪以来几百万年的历史时空版图；另一方面，逆向穿越回到的不同时空同样是一张小型地图，从纵向的时空层面完成了对整体"莲花地图"的扩充和完善。此外，秦牧借助凌天尊的神通完成一次次的逆向穿越而回到过去时空，也成为作者暗示小说的部分情节和故事走向的重要手段。停留在当前时间段的秦牧虽然还未在读者的眼皮子底下进行穿越，但对于那些从几百万年前生活至延康时代的人来说，秦牧的未来是他们的过去，他们与秦牧的再次相遇也就会涉及对一些过去事件的吐露，而这些正是未来秦牧要完成的事件和行为。例如秦牧在成为造物主圣婴前需要完成先灵们对他的最后一关考验时遇见了罗霄：

  秦牧与他的思维接触，顿时感受到一个宏大的声音，几位愤怒的声音："原来是你！"
  秦牧茫然："怎么原来是我？"

他们的思维接触，他的脑海中顿时看到一尊高大的年轻造物主，眉心镶嵌着一块太初原石。

这位造物主的面孔还有些稚气，应该年岁不大，一身筋肉很是结实，不过从长相来看，他已经是造物主一族的美男子了。

"你不认识我了？我是罗霄！"

那位先灵的思维愈发愤怒，愈发紊乱，怒气冲冲，万千思维神识疯狂向秦牧涌去："你骗我，你大爷的骗我！"（第957章《失控的先灵罗霄》）

从这段情节中，读者可以看到未来的秦牧在某一次的逆向穿越中结识了曾经的罗霄，并与他之间产生了一段恩怨纠葛，也就意味着后续的情节中一定会有对这段经历的揭示。类似的情节安排有很多，作家以预叙式的情节铺垫在完成历史叙事层面的暗示与铺设的同时建构了别样的叙事张力。

此外，"千层饼"式历史揭秘手法还表现为复数性叙述，即同一件事在反复几次的叙述中逐渐完整。作者跳出秦牧视角，用不同人的记忆经历去建构和还原一桩事件的原本完整面目，在一次次的重复来回中，对一个简单的故事片段进行丰富和升华，例如秦牧来到大墟并被司婆婆从涌江捡回残老村这一出场设定片段，在小说中反复出现了三次：第一次即小说开头所见，女尸沿江拖着摇篮直到秦牧被司婆婆捡到并确认安全之后才安心离去，当秦牧第一次走出大墟前往延康时，女尸再次前来确认他的安全与成长，这种密切的情感描写使得读者几乎都要将她认定为秦牧的亲生母亲，但这种认知却在接下来的描写中被推翻——无名女尸只是秦牧母亲身边的一个侍女；第二次再次写到这个情节，却引出在场的第三个人物白璎儿，其并未答应护送请求但也是在认证婴儿安全后才转身隐去；第三次再次引出这个片段，却惊奇于所有的一切都是在凌天尊的掌控中……读者的认知预判就在这样的情节循环和"重塑"中被一次次地颠覆、打破、重构。无法一锤定音的事件本相使叙事一再进入各种虚构的可能性状态，从而建构了一个广袤而不可思议的审美空间，尤其是凌天尊视角下的事件历史揭秘更有着因果循环的宿命意味,这一点将在后面的莫比乌斯环的叙事结构中作具体阐释。

总而言之,在多重伏笔和悬念下,各个地图既在读者面前展开,又像"莲花花瓣"的交叠那样半藏半蓄,以至于整个"谜底"——故事历史与中心内核,似乎到最后一刻才称得上是真正揭开,不免带给读者眼前一亮的阅读体验。反过来看,改革变法的思想内核也在一定程度上要求了作者在地图结构上需要建构"莲花地图"这样的模式以及对先前时代的历史有所揭示。在《牧神记》中,国家层面的统治制度改革最终指向了人神的对抗、人的独立与崛起,相比人类的发展历程而言,神的存在无疑更为久远,也就意味着在势力和实力上积累得更为雄厚,且在寿命上又远远不及古神、半神一族,这就决定了这种反抗和革命要取得成功必须是合众人之力,在小说中表现为各界各诸天最后对天庭对弥罗宫进行统一反抗,而以秦牧为首的延康变法人是这场变革之战中的核心力量但并不是绝对力量,在真正的战争面前,群众性的力量才是决定战争结果的关键,在这种情况下书中所展现的各个地图是不可能一用而废的,它存在最后统一"绽放"的必然性。同时,变革绝非一日之功,要打破原先固若金汤的世界统治秩序,人族必定要有一个世代累积力量的过程。改革最终能在秦牧这一代完成最终的成功,除却其本身的优秀与光环、各时代变革的遗留成果之外,还在于它几乎是将前几个时代的变法雄杰一起汇聚到延康时代以完成最后的成果突破,因此在历史层面上揭示这些重要人物形象的主要事迹,完成对大纲地图建构的时空性补充便显得尤为重要亦是顺理成章。尽管在一定程度上,宅猪所用的地图模式与之前玄幻小说中出现的"无限流"叙事的地图切换存在相似性,主角都在各个地图的探索中寻找和揭秘真相,地图也往往不是简单的一用就废,但"无限流"之所以名为"无限",与其地图从始至终一概不变的既定模式息息相关。而秦牧等人的行动既会对地图本身产生一定影响,又于最后几近将所有地图上的力量整合统一共同对抗敌人,这种"莲花地图"模式无疑是区别于"无限流"叙事的另一种创新与突破。

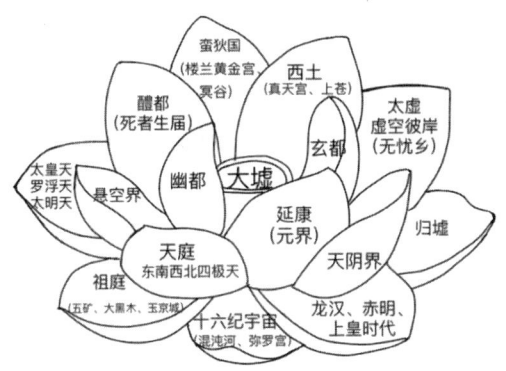

图 1 《牧神记》主要地图概览①

(二) 莫比乌斯环式的叙事结构

正如上面所提及的,《牧神记》中运用了大量的逆向时空穿越来完成对整体"莲花地图"的时空扩充以及达到"千层饼"式的历史揭秘手法要求,但其并不限于普通穿越小说所展示的主角穿越回过去,改变历史最终穿越回未来这样单一的线性叙事结构,而是使用了莫比乌斯环的叙事结构增添了整部小说的可读性,并成功避开了单纯的时空穿越可能造成的逻辑混乱,做到了时空运行逻辑的自圆其说。

莫比乌斯环最早由德国数学家莫比乌斯和约翰·李斯丁发现:一根纸带被扭转 180 度后再将两头粘接做成的纸带圈,只拥有一个单侧曲面,小虫可以不必跨过纸带边缘而爬满整个曲面。这样的纸带被称为"莫比乌斯带",也叫做"莫比乌斯环"。在叙事手法上,莫比乌斯环式的叙事结构多呈现为一种大环套小环的闭环逻辑。这种叙事结构在很早之前便被很多的国外经典电影和小说所应用:《恐怖游轮》中被困在游轮上遭遇时空无限轮回的女主,《源代码》中间于虚幻和现实之间的男主是否真实存在而形成的生命莫比乌斯环,《你们这些回魂尸》中所建构的神逻辑下的宿命循环……而在《牧神记》中,莫比乌斯环呈现为一种因果相交相接的闭环关

---

① 笔者阅读《牧神记》后自己总结绘制而成,上述所提为书中出现的主要地图,仅为粗略展示"莲花地图"的建构模式。

系，如爱默生所说，原因与结果、手段与目的、种子与果实是无法割裂开的，因为结果孕育在原因之中，目的事先存在于手段之中，果实隐含在种子之中。这种闭环关系又可以具体分为两种类型：一种是秦牧与凌天尊两者之间构成的闭环，一种是秦牧自身，即存在时间差的现时空秦牧与未来秦牧之间构成的闭环。

首先分析秦牧和凌天尊两者之间形成的闭环，秦牧穿越回过去的龙汉年代初期，同凌天尊结识，鼓励她继续研究"物质不易"的理论与神通，促使她在几百万年的岁月里潜心研究并获得成功，然后在恰当时机将男主秦牧送回过去与自己结识。也就是说，秦牧之所以发生穿越，恰恰是凌天尊为了秦牧能够回到过去鼓励自己而故意促成，两者互为因果。

另一种是秦牧自身构成的闭环。在小说中有两处呈现的地方：其一是秦牧第一次进入虚空无忧乡遇见造物主时得知他们所信奉的三个预言，正因为前两个预言都被证实，秦牧虽然身为人族但也安全地成为第三个预言中提及的原石圣婴，而后秦牧穿越回过去与罗霄相识并结拜为兄弟，尽管他知道罗霄在见到族人说完三个预言后便会死亡，会成为那位神志不清的疯癫先灵，他也必须保证罗霄能够带着这三个预言，活着回到太虚，以确保造物主一族能够留存，无忧乡能够建立以及秦牧自身能够顺利成为造物主一族的圣婴，因此他将三个预言告诉了造物主族的先灵并促成罗霄顺利带回三个预言到太虚；其二是开皇和太易的遭遇，开皇被未来成为七公子的秦牧告知自己将会在大战中死去并在42年后才会复活，因此不做任何对既定命运的反抗而心安理得地死去，太易莫名陷落在史前宇宙以至于秦牧一方在对抗弥罗宫和天尊势力时不可避免地处于劣势，损伤颇为惨重。后文谜底揭晓时却是七公子秦牧将自己拉入第四纪的混沌河中以造成其在大战中的缺席。与前一种闭环不同的是，男主是遭遇这些事件的亲历者，而未来的他又成为这些事件的推动者，使得原先时空的自己在不知情的情况下去经历这一切，这就形成了一个难以解开的莫比乌斯环。

这部小说中的莫比乌斯环叙事结构，还涉及对诺维科夫自洽性原则理论的应用。此原则指出，人可以回到过去，但是不能因此改变历史的进程。其基本含义为，我们的世界是已经被改变过的最终结局。在小说中，

秦牧曾试图去改变罗霄的命运,然而却一次次地发现他注定会有后来的那个结局,正像魏随风安慰秦牧时所说的:

> 历史就是这样,不会因为你的干涉和经历便会发生改变,你的一切努力,都将是过去的历史的一部分。(第1035章《罗霄之死》)

这种理论在《牧神记》中演化为认定时间是不存在的"物质不易"的神通和理论:时间是不存在的,有的只是物质的变化,穿越时空便可以实现,但也因为能量是守恒的,所以秦牧无法二度穿越到同一个过去时空,也无法改变历史。因此可以看到秦牧为拯救他人而有目的地穿越回过去时,并没有在其所处的那个时空干涉历史去完成对他的拯救,而是回到未来后再去将其复活,这也就符合了自洽原则下时空穿越中因果关系的事件允许发生(前面提及的两类莫比乌斯环),而矛盾关系的事件不允许发生的要求,即不会发生祖父悖论的事件,造成时空穿越类小说或影视中容易出现的时空运行逻辑错误。后期情节推动到弥罗宫、十六纪宇宙时,秦牧在混沌河上的数次穿越被不少读者认为是时空逻辑上的漏洞,但按作者设定,十六纪宇宙处于毁灭后的"混沌"状态,在非正常时空形态下数次横跨混沌河也就有可能发生。

此外,诺维科夫自洽性原则下所建构的莫比乌斯环式的叙事结构,在打破一般线性叙事结构单调乏味的叙事困局,使小说情节更具有悬疑感和宿命感之外,赋予小说更深层次的内涵。主人公秦牧不断进行逆向时空穿越,在彼时时空留下历史烙印,并参与或直接建构莫比乌斯环式的历史闭环,在这些体验中一遍遍加强自己与他人以及整个世界之间的联系,不断完善对生活与本我的认知与理解,进而获得心灵上的启迪与成长,更加坚定地踏上改革变法之路。在这本小说中,"改革变法"所强调的不仅是要去变革外在统治秩序的行为,更是指一种自我革新的精神,即对内自省变通、对外革新进步的一种思想内涵,读者在阅读时也会随着主人公的成长经历思考生活和现实,从而获得自身精神境界的提升,这正是小说深层内涵的所在。莫比乌斯环和诺维科夫自洽性原则同时还指向宿命论,在《牧神记》中表现为小说的命运主题,需要指出的是,这里的命运并不单单指向主人公秦牧所背负的带有命运意味完成改革变法、放牧诸神的责任与使命,而是指向全人类的共同命运:完成对诸神暴力残虐统治的反抗,完成对自我独立人格和地位的救赎。它展示了一种更高级、更玄奥且置于现实中同样含义深刻的宿命观。

(三) 成长叙事的模式改良

在各种文学书写主题中,"成长"因其独特魅力有着不输于"爱"与"生命"等主题的精彩光芒,与之相关的成长小说或成长主题小说也因此成为学者研究和大众阅读的热门文本。"任何关于成长的叙事,不管是成功的还是失败的,不管是顺利的还是曲折的,也不管是同胞的还是异族的,都具有广泛的吸引力,它满足了我们每个人对自主、自强、自由的渴望和冲动。成长,作为人类个体生命的重要体验,必然成为文学,尤其是小说,表现和探索的对象。"①《牧神记》中主人公秦牧从出生到成长、成人的一生,具有典型的成长小说尤其是网络玄幻小说追求爽感体验模式化套路的基本特征,但细究整个文本,这部小说并未囿于这个既有模式,而是在成长小说既定的美学规范中开辟出了新的成长叙事模式以实现套路下的模式改良与变革,形成了别具一格的成长叙事,主要表现在两个方面:成长叙事文本的内核创新与群像成长的叙事模式。值得注意的是,这两方面的创新与突围,与网络文学特有的文学特征和价值构建,即与其特殊的世界观设置和文本范式具有密切联系,因而难以被一般的传统成长小说或成长主题小说所实现。

1. 成长叙事的内核创新

成长小说是在特殊历史背景中诞生的,具有现代性表征的文体,其现代性的表征功能正是其之所以常写弥新并永恒经典的重要原因。这种现代性的表征功能主要表现为不同时代的作家自觉关注那些在快速更变的时代环境中陷入主体生成困境的年轻群体,以构建故事的方式来为其展现一种

---

① 芮渝萍:《美国成长小说研究》,中国社会科学出版社,2004年,第4页。

成长的可能性，从而帮助他们寻找自我主体性的确立方式。

成长小说于18世纪末期的德国初登文学舞台，歌德创作的《威廉·迈斯特的漫游时代》被认为是这一小说类型的原始模型。其传统在欧美各国几个世纪的迁徙流变至引入中国近代以后日臻成熟，但关于其概念的界定似乎至今仍是中外文艺批评界的一个研究难题。就国内而言，巴赫金描述并强调了成长小说动态性特点的定义得到了学者们的普遍接受，"主人公的形象不是静态的统一体，而是动态的统一体。主人公本身的性格在这一小说的共识中成了变数，主人公本身的变化被赋予情节意义，与此相关，小说的情节也从根本上得到了再认识再建构，时间进入人的内部，进入人物形象本身，极大地改变了人物命运及生活中一切因素所具有的意义。这一小说类型从最普遍涵义上说，可称为人的成长小说。"[①] "人的成长"被巴赫金认为是成长小说与其他小说区分的根本特征。纵观国内外各种成长小说的定义概念，尽管在一些类型划分、理解重点或形式界定等方面有所区别，但在内核本质上的定义却是清楚明确的，即成长小说的基本美学特征就是书写"人的成长"，作为成长主体的主人公通常是尚未成长的少年或儿童，缺乏或者根本没有社会阅历，在遭遇一些重大的人生挫折之后经历迷茫、困顿的思想斗争，"这种改变使他摆脱了童年的天真，并最终把他引向一个真实而复杂的成人世界"[②]，最终获得人生顿悟，长大成人，主体生成。为达到"处世和谐"的目的，经典意义的成长小说多以融入社会，或带有积极乐观情绪葆有希望地继续生活作为小说主人公的成长结局。相较于传统成长小说，后期在新的社会矛盾和小说理论发展下出现的多种姿态的成长小说例如"反成长小说""女性成长小说""战争成长小说""科幻成长小说"等一系列成长小说"变体"尽管有所创新，也只是在主题或艺术形式上对其进行了探索和创新，其内核依旧是"人的成长"。

成长小说以人为成长主体，以一个人或几个人的认知发展为叙事动

---

① 巴赫金著，白春仁、晓河译：《巴赫金全集（第三卷）》，河北教育出版社，1998年，第230页。

② 芮渝萍：《美国成长小说研究》，中国社会科学出版社，2004年，第6页。

力，重点表现主人公的思想观念或内在追求与外部社会之间的矛盾冲突，并以此两者的不平衡构建叙事张力。在某种程度上，成长小说除了"人的成长"这一内核之外，环境同样可以成为其重要的内核之一。但在其发展过程中，环境（这里的环境指的是社会环境，不指向主人公单纯的生活环境、生活条件的改变）的功能却并没有发生过重要改变，它制约着个人的发展成长，使人的成长或成功或夭折，或是陪伴着个人成长，即环境的变化带动了个人的成长，比如一些"文革"时期的小说。抗战文学虽然描写战争，但其目的在于讲述社会环境的改变，它往往缺少最终环境成长的结果。总体而言，环境是次要于个人成长的元素。《牧神记》超越以往小说实现成长叙事的模式创新便在于对外在环境的变化建构上，在改革变法主题的引导下，古神天庭被半神天庭所取代，再到以主人公为首的改革集团实现了"神为人用""放牧诸神"的变法，确立人的主体地位和生存尊严。人的成长带来的是最终整个世界体系的变化和成长，其变化和成长也正是人努力实现自身成长的目的，而这个环境成长又指向人神之间统治秩序的变更，这是以往成长小说所不具有的，也正是网络文学的特殊模式给予了其得以产生的可能。传统文学中的成长小说，都带有现实性的表征功能，现实环境是其取材的重点，反过来亦是制约其突破这个模式的囹圄，而网络文学则不一样，充分的自由度给予了作者想象驰骋的博大空间，异世界的建构成为其基本特征，也就使得作者有权力去决定如何对待这个人物成长的外部空间，是"初定"即"盖棺定论"，还是选择从"变"中建构整个世界体系，绝大多数网络文学都属于前者，因此主角最后仅仅成为当时话语秩序下的第一强者，但《牧神记》却从后者着手，实现了中国玄幻小说更是成长小说模式的一种突破。

2. "群像"成长的叙事模式

成长小说的魅力还在于其所营造的"代入感"体验。所谓"代入感"，即指读者在阅读作品的过程中，会自觉或不自觉地将自我代入到主人公或是其他书中重要的人物身上，伴随着他们一起经历整个故事中描述的种种遭遇，并在最终主角成为强者、收获美满生活式的明朗结局中获得自主、自强、自由等心灵深处的欲望安慰。代入的本质是"移情"，读者在阅读过程中自觉或不自觉地将自我欲望、个体情感转移到小说的人物身上,进而在"共鸣"的基础上满足情感需求或完成情感宣泄。网络小说读者对阅读爽感和快感的追求,更加要求作家能够在叙述趣味故事的同时营造良好的代入感,后者甚至成为网络文学的隐形竞争力。在这种情况下,作家要使"移情"顺利发生,吸引更多的读者阅读,就要在小说中创造能够引起读者"共鸣"的情节元素和人物设定,去激发普通年轻人在联想情节画面时产生与人物相似的情感体验,即利用情境、角色、气氛、节奏的设计来让读者融入故事本身,而成长叙事正是满足作家此种需求的最佳叙事范本。玄幻小说的主人公,多是平凡无奇的毛头小子,出生平凡,长相平凡,连资质也多是平凡无奇,尽管有些主人公的身世背景并不简单,但作者绝不会在开头就将其置于贵族般的生长环境中,而是将其平民化甚至贫民化,直至其成长到一定境界时再恰当地揭示身世。与基础条件相对的,是成长遭遇和自我精神的不平凡。为了营造戏剧真实,作家在创作网络玄幻小说的过程中会有意识地降低不平凡遭遇发生的偶然性,描写各种反派和外界压迫牵制来增加主人公人生道路上的曲折性,使其完成心灵认知上的成长,并通过设置伏笔、疑问等手段来达到"曲折"和"顺利"二者的相互融合,使得主人公的成长之路更加合情合理,顺利完成普遍化的大众共鸣。

如今的网络玄幻小说在成长小说基本套路的基础上有所创新而各具特色,在"人的成长"方面,人物的多元化实现了"群像"叙事,但大多描述的却仅仅是"一个人的成长",像唐家三少的《斗罗大陆》虽有着七人式的主角团,但读者的阅读视角,代入的情感体验主要就是主人公唐三一人;《九州缥缈录》中的"三人主角团"设定虽在一定程度上扩大了叙事视角和叙事范围,但也不能真正称为"群像"成长叙事,身为女主的羽然在叙事过程中被作家有意识地加以隐藏,也就无法实现像《牧神记》一样大范围的群像成长叙事。网络玄幻小说中之所以缺少群像叙事,可以从两方面得以解释:一是作者的笔力问题,网络作家的水平层次不等,一般作家难以有足够的能力去呈现群像成长叙事这种大工程;二是即便作者有足够的叙事能力,也会担心或产生频繁切换叙事视角导致读者难以获得良好的阅读体验。① 群像成长叙事模式并非简单等同于"群像＋成长",它要求的不仅是人物群像,亦是多种模式下的多位人物成长。作家要在一部作品中安排此种叙事,其叙事能力、逻辑性和记忆力皆是面临考验的要素。

但上述所讲的两类问题,在《牧神记》中得到了较好的解决。《牧神记》的"群像成长叙事"是在成长小说的美学规范下,将成长小说叙事与成长主题叙事完美结合的一种群像成长叙事模式。小说以主人公秦牧的成长为主一共展现了三种不同的成长叙事:虚生花、蓝御田等人的陪伴共成长模式,开皇、初祖、月天尊等人的涅槃重生式成长以及大尊班公措、星轩等人的弃暗投明式成长。

作为《牧神记》的主角,秦牧仍然具有一般网络玄幻小说的男主共有的特点,即足够平凡,能够让读者顺利"代入"自身,但他又有着非凡的潜质和遭遇,促使他一步步完成认知成长以及功法修炼,满足读者的阅读期待。在一开始,秦牧是四大灵体之外的一点都不具备修炼资质的凡体,但其后抚养他的残老村众人怕他没有自保能力,尤其是村长为了保留这群人的残存希望,用一个善意的谎言欺骗了秦牧和众人,即"霸体之论",且将寻常的吐纳之法称作是最强功法"霸体三丹功"传授给他,并不断用四灵兽之血和各种丹药来完成对秦牧身体强度的改造。而秦牧在强烈信念和自信进取精神的支持下,最终完成了变法改革的壮举,成为众人敬仰的"牧天尊"。虚生花、蓝御田的成长模式与秦牧有所不同,他们的最初生长环境与秦牧不同,但这群少年相遇之后,展现的却是一种陪伴的共成长模式,《牧神记》所强调的变法改革主题并不是一个人的事,而是一群人乃至整个社会的大事,变法既要变世界体系,亦要变修炼体系,变个人内心思想。以虚生花为例,虚生花本是上苍派来诛杀秦牧的年轻一辈,在此之前他也像刚出大墟的秦牧一样,没有什么社会阅历,思想完全是上苍灌输的。与秦牧相遇后,受其影响而转换了自己的思维方式和固有思想,开始进入世俗汲取生活经验,而后与蓝御田等人一起将秦牧提出的以及自行探

---

① 胡逸超:《〈牧神记〉:网络玄幻小说的转型之作》,载《青年文学家》2020年第8期。

索的多种修炼功法锤炼成熟，成长为秦牧之外年轻一代中的核心人物。虽然秦牧始终冲在前头，但其完美后盾是由虚生花等人以及他的长辈所建构的，而无论是功法还是思想上，秦牧和虚生花等人都是双向影响模式，也就形成了一种陪伴式的共成长叙事。这种陪伴成长更明显直接地表现在秦凤青身上，作者甚至精心为他设计了与秦牧一样的阶段式成长之路，从与秦牧各自独立为人到土伯、开皇之死，秦凤青完成了从一个"没心没肺"的混世魔王到一个勇担责任、恪守原则的幽都土伯的成长转变。

而在开皇、初祖、月天尊等人身上展现的则是精神上的涅槃重生，他们都曾经因为人生道路上的挫折磨难选择自我沉沦，成为逃兵而沉沦。幸而遇到了秦牧，在其点化下，开皇鼓起重新出发的勇气，前往延康学习新时代变法成果并最终成为新时代的领军人物。初祖在"延康劫"来临之际，奋起反抗，完成了一个逃兵到一位战士的华丽转变，月天尊重拾信心，帮助秦牧推翻了天庭的反派势力，成功建构了新的世界价值体系……

此外，小说还展现了大尊班公措和星轩这样人物的"弃暗投明"式成长，他们一开始都是以反派人物的形象出场，站在主人公阵营的对立面，虽然有着与普通人格格不入的价值理念，但却在反抗天庭诸神上与正义阵营的秦牧等人目标一致：大尊在延康劫中因保护普通民众对抗诸神而丧命，星轩为诛杀火天尊转世效力并帮助秦牧逃脱天庭所设的必杀局……在人类生存面前，大尊、星轩等人内心的正义与良心并没有完全泯灭，他们最终还是挺身而出，保护民众，反抗天界诸神。

可以看到，在命运及改革变法的主题下，正是全面化的群像成长才有足够的力度和张力去表现书中人物对命运的反抗，同时反映变法思想带来的人物精神世界的转变与境界提升。因此，即使在主人公没有出场的章节，读者的阅读也并不会产生阻泄之感，相反，其他人物视角下的情节呈现，不仅是全知视角的延展外化，亦带来了转换的惊喜，如上文曾提到的复数性叙述，便是借多个人物的讲述来揭示一件事情的不同面，即隐藏盲区。

其他成长主题小说纵使写群像成长也多是局限于第一种类型，即陪伴式的共成长叙事模式，当然也有作家完成了对多种类型成长叙事的书写，但往往是依靠系列作品的创作来实现，并不完全集中于一本小说之中。

《牧神记》以成长叙事为主线,讲述了以主人公秦牧为代表的一批人的成长,也正是这一批人的成长,改革变法才得以落在实处,延康国得以日益强大,最终完成了改革的终极目标——击败诸神,神为人用,确立人的主体地位。小说也因此真正达到了成长小说叙事模式与成长主题叙事模式的完美结合,呈现了别样的成长叙事魅力。

(四) 先弛后张的"慢引入"叙事节奏

叙事时间的速度和节奏作为叙事方法中的重要一环,不仅决定了故事过程的起始、发展、高潮、结局各个环节所在,还蕴含着叙述人的叙事意图,影响最终叙事效果的达成,是进行文本解读时的重要工具。叙述速度研究是指对虚构情节中的时间在虚构情节中占有的量的比例关系的研究,而叙述的快与慢,也就是虚构情节的速度差形成叙事文的叙事节奏。热拉尔·热奈特在其著作《叙事话语·新叙事话语》中用 TH 表示故事时间,TR 表示叙事的伪时间或约定时间,将叙事的速度与节奏分为以下四种类型:

停顿:$TR=n,TH=0$。故:$TR\infty>TH$

场景:$TR=TH$

概要:$TR<TH$

省略:$TR=0,TH=0$。故:$TR<\infty TH$[①]

在热奈特的叙事时间认知理论中,"概要"和"省略"是虚构情节加速前进,是作家达到加快叙述速度目的的重要手段,"场景"表示故事时间和叙事时间相等,是一种匀速叙事,而作为代表减速前进的慢叙虽有标出却被其本人否定,因为他认为这种形式并非标准,甚至没有在文学传统中得以真正实现过。但米克·巴尔却同样以《追忆似水年华》为例讲述叙事理论时指出减速前进的慢叙模式是存在的,只是并不经常被作家们使用。当叙事的速度适当减缓,出现 $TR>TH$ 时,文本中那一部分情节的

---

① 热拉尔·热奈特著,王文融译:《叙事话语·新叙事话语》,中国社会科学出版社,1990 年,第 60 页。

体验时间被延长，会相应地造成叙事容量的扩大。①

在《牧神记》中，"莲花地图法"的叙事结构、"千层饼"式的历史揭秘手法以及群像成长的叙事模式三者的结合应用，在很大程度上决定了整本小说宏观上的叙事节奏呈现为一种先弛后张的"慢引入"叙述模式。一方面，地图、历史的铺层，人物的前期成长，都需要一定量的时间得以完成，这也正是《牧神记》前期叙事节奏相对缓慢的直接原因，而当这些元素都积累到一定程度时，也就促成了后面多位人物的群像"展览"、多张地图的不停轮换，表现为后期叙事节奏的显著加快；另一方面，叙事节奏的缓慢给予了作者足够的展示平台去构思情节、铺叙细节、勾勒地图、人物出场以及成长模式等，建构一个更加完美的叙事文本。这本小说的诸多亮点如众多的铺垫与预叙、群像成长模式、严密的叙述逻辑、情节的承接与前后照应等等，都是慢叙艺术的一种表现。在这种慢叙模式下，除却功法境界上的提升，主人公秦牧精神层面的成长，作者试图借秦牧表达的人生观和价值观等都更加清晰地呈现在读者眼前，引发读者深思。相比其他大多数玄幻小说着重描写主人公为复仇或爱情等目标而不断修炼获得更高阶的功法和实力成长，在心理成长方面仅仅展现为一种变得更加老练和成熟的世俗化成长，其完美人格几乎是出生即存在，又或是有着认知领域的成长但多是通过经历事件获得启发，并不涉及具体的价值观引导，《牧神记》中对人生哲理的直接呈现以及最终指向的终极目标显然有着更高的审美意义与价值。例如文中借樵夫圣人之口表达天圣教的真正教义：

>"立教，是立教化。如何立教化？开教育，兴学院，广才能，做实事，研道法神通，用于百姓日用。"
>
>他轻声细语，一边炼着传送石柱，一边向秦牧道："国弱，则变法图强，以壮其国。"
>
>他的炼制手法并不比哑巴高明，但也极为迅捷，将传送神通的符

---

① 米克·巴尔著，谭君强译：《叙述学——叙事理论导论》，中国社会科学出版社，2005年，第125页。

文化作印记，烙印在一根根石柱上。

"民弱，则传道利民，以壮其民。"

"兵弱，则改革兵器，以壮其兵。"

"君昏聩，则一谏之，陈述厉害，劝君改之。君不听，二谏之，再不改，反立新君。"

"天无道，则一变法，改天法以顺天下。天不改，则变法求变道，再不改，伐天立道。"（第603章《传圣两万年》）

在小说中，作家在直观表明价值观点的同时对各种理念的展示并非是一步到位，而是一步一步地引导秦牧领悟，并最终导向具有人道主义色彩的"放牧诸神，人为本位"的思想价值理念。最早残老村九老教育秦牧做人立世的基本道理，指出"心残"才是个人的真正"残疾"，再到樵夫圣人将正确的圣人之道传授，再到龙汉革命失败经验的启示……整部书的价值理念也伴随着秦牧的成长逐渐成熟、完整。

慢叙模式还会带给读者更加深刻清晰的印象记忆，从而支撑读者在整个故事中心完全揭晓的那一刻获得别样的审美体验。米兰·昆德拉在其著作《慢》中探讨了人类一般经验中速度与记忆的关系：

> 在缓慢与记忆，快与遗忘之间有一个秘密联系。且说一个平常不过的情境：一个人在路上走。突然，他要回想什么事情，但就是记不起来。这时候他机械地放慢脚步。相反地，某人要想忘记他刚碰到的霉气事，不知不觉会加速走路的步伐，仿佛要快快躲开在时间上还离他很近的东西。在存在主义数学中，这样的事由两个基本方程式表示：慢的程度与记忆的强度直接成正比；快的程度与遗忘的强度直接成正比。[1]

---

[1] 米兰·昆德拉著，马振聘译：《慢》，上海译文出版社，2003年，第39页。

叙事节奏的放缓给予读者充足的审美空间和理解时间，叙述语句的有意间隔和停顿更能够在读者脑海中留下反复碰撞的痕迹和效果。《牧神记》的宏大世界观与主题建构在强调叙事丰富性，即通过"莲花地图结构""千层饼"式历史揭秘等手段实现叙事的广度和深度的同时，亦使得读者的记忆力受到挑战，暗示与伏笔被揭示时产生的瞬间审美满足感是有一定前提的，它需要建立在读者牢记前面铺垫时的情节设置这一基础之上，才能真正发挥出效力。

值得指出的是，这里所说的先弛后张的"慢"引入叙事节奏是整本小说宏观上表现为前期故事叙述速度比较慢、后期叙述加快的一种叙事节奏模式，同时作者又运用了一些叙事工具，在一定程度上调整了前后期叙事节奏，以在前后期内部实现张弛有度的叙事张力。这其中最重要的工具便是对战斗场面的描写。《牧神记》作为一部"理念之争"的小说，书中的人物并不是完全泾渭分明的正反派，与主角阵营不同，更多只是理念冲突的结果，而解决冲突的方法也很简单——两人对打一次。因为不涉及性命对立，同等级境界的两人公平决战便顺理成章，而在同等级下男主的实力毋庸置疑是最强的，这也就导致了前期的战斗场面除作家重点展示的几场以外，其他的战斗结束得极快。但到了小说后期，一方面是前期积累完成后，重要人物都已出场，人员纷杂；另一方面，这时候的斗争是真正为了统治权相争，天尊们想要维护自己的统治地位。秦牧等人则要实现人族的独立，实现"放牧诸神，神为人用"的终极目标，是实实在在的利益冲突，公平相争决战便不存在，且在秦牧一方实力远不及天尊一方时，如何实现以弱胜强，或是在战斗之时尽可能使自己落于不败之地，又实现挑起十天尊内讧的目的，以赢得人族自我发展的时间等。这些秦牧内心决策的外在表现，需要作者集中足够的笔力去加以细致呈现。这时期的战斗不仅仅只是打斗层面的，亦涉及人物思想智慧的博弈与斗争。与此同时，一场战斗的结束往往会在很大程度上影响剧情走向和情节发展，因为后期参战的几乎都是此本小说中的重要人物，而不像前期与秦牧相战的人有一些"路人"般的存在，其结果又是毫无意外的惨败，完全符合读者的阅读期待，也就没有必要过多地关注战斗过程和结果。实际上，后期的节奏调整从快速到缓慢的过程,在一定程度上是通过读者阅读速度的自觉放缓来完成的。

然而,美中不足的是,过多的战斗场面描写使全书一些打斗场面流于重复和套路,例如初次与虚生花的对战与稍后挑战刚成为班公措的大尊,两场战斗的方法竟然完全一致,都是一种"背后走路"的法子,不免会让读者产生审美疲劳。战斗场面描写的"雷声大、雨点小"是其另一缺陷,作家极力塑造战斗前期的紧张感,但实际过程的展现却较为平淡,低于读者的预期。读者凭借已有的阅读经验完全可以预料的结局,配以草草收场、缺乏进一步展开的打斗过程,在极大程度上降低了秦牧这个人物以及整部小说以改革变法为主题而应该有的厚重感。

另外,这种通过对宏大战斗场面的描写来对整体,尤其是后期的叙事节奏进行平衡和拉扯的设计,虽然起到了一定的作用,但仍有不足。考察这部小说的时长与速度,不难发现故事总体上以一种越来越快的加速度展开,最后甚至崩于一种过快的速度。4个月时间的完结承诺,造成的不仅是绝大多数读者期待落空的草率结局,亦是超出一般读者阅读承受力的叙事频率,高密度信息如狂风暴雨般倾泻而下,造成不可避免的叙事混乱,带来一定程度的阅读阻碍。虽然整篇小说在时空运行、复活机制等层面上不存在逻辑问题,但是后期错杂繁多的势力争斗,三魂七魄、元神、神识等要素共同建构同一个体,其行为活动又伴随着不断的复生死亡、时空穿越,以及随之而不断出现的时代地图转换,尤其是最后秦牧穿越混沌河回到史前十六纪的情节描写,都造成了在过快的叙事速度下难以避免的混乱不清,成为阻碍小说内核思想爆发的一大败笔。

▽ 三、神为人用的思想内核

《牧神记》作为一部网络小说,自然具有大众文艺的核心属性,即满足部分以娱乐为主的受众读者的需求。然而,在网文浩瀚如海的时代,

《牧神记》能够从中脱颖而出，说明它具有某些区别于普通网文的气质特征，其中最为突出的便是宏大主题的设定。作者宅猪曾在《牧神后记》这一章节里说："这个故事，写的是改革变法，是神为人用，是人命大于天，是圣人之道在于百姓日用。"在具体创作过程中，小说以"神为人用"的思想统领全文，塑造了以主人公秦牧为主的诸多变法者形象，并且讲述了他们改革变法的艰难历程。同时，这些小说人物和情节又印证了"神为人用"的思想。而"人命大于天""圣人之道在于百姓日用"皆是在"神为人用"这一思想的基础上发展而来的。由此可知，《牧神记》所表达的创作理念和思想内核，在相当程度上超越了部分网文低层次的欲望叙事，体现出作者的人文关怀，这于网络文学的发展而言具有一定研究价值。

（一）改革变法的历史映射

"文学实际上取决于或依赖于社会背景、社会变革和发展等方面的因素。总之，文学无论如何都脱离不了下面三方面的问题：作家的社会学、作品本身的社会内容以及文学对社会的影响等。"[①] 作家的创作动机往往源于其直接经验或间接经验。谈及《牧神记》的创作因缘，据作者自己坦言："最主要的就是古代的改革变法和现在的改革开放，这就是灵感来源。"[②] 因此，在进行文本创作时，作者有意识地将历史事实糅合到自己的小说当中进行改造创新。一方面充实了小说的故事内容，丰富了小说的故事内涵，有利于拉近读者和文本之间的距离，引起读者共鸣；另一方面，这在某些方面也与真实历史形成了映射关系。

1. 以王安石、张居正为原型的国师形象塑造

人物往往具有推动小说故事情节或传递思想价值观的作用。因此，人物形象的塑造显得十分重要。阿诺德·贝勒特甚至说过"优秀小说的基础

---

① 雷·韦勒克、奥·沃伦著，刘象愚、邢培明译：《文学理论》，三联书店出版，1984年，第94页。
② 第二次直播整理：宅猪的大秘密：https：//mp.weixin.qq.com/s?__biz=MjM5MzIxNTY5OQ==&mid=2649100973&idx=1&sn=098009074db4e4ee6.

就是人物塑造,此外再没有什么别的东西"①。在优秀的网络作品中,出彩的人物必不可少。一般网文作者在塑造人物形象时,大多只对主人公进行浓墨重彩的描写,其他人物形象则趋于扁平化、类型化。《牧神记》虽然人物众多,却少有简单的脸谱化描写,多数人物性格鲜明,各有特色。即使只是不足为道的小配角人物,作者也能用寥寥几语勾勒出具有个性化的人物形象。因而在分析《牧神记》的人物时,不能只聚焦于主人公身上。

在诸多配角中,导师型人物延康国师江白圭尤其关键。作为延康变法的三大主力之一,江白圭拉开了盛世的序幕。作者自述:"其实江白圭有两个原型,一个是王安石,一个是张居正,是两个人的综合体。"② 在传统文学中,"运用原型是进行典型化的方法之一"③。《牧神记》积极借鉴经典传统文学的创作手法,江白圭这个形象的成功塑造足以说明在网络文学中恰当地借鉴历史有利于人物形象丰富化和立体化。《牧神记》中运用历史人物原型的具体方法,主要表现在人物的形象和人物的行为动作两个方面。

首先是人物形象。江白圭,名江陵,字白圭。直接来源于张居正的籍贯和名字,因为张居正幼名张白圭,江陵人,时人又称张江陵。在文化素养上,王安石和张居正自幼聪颖好学,学识过人,张居正少时更有"神童"之称。《牧神记》中的江白圭亦是智慧非凡,被誉为五百年一遇的圣人。在官职上,王安石乃北宋时的宰相,张居正为明朝时的内阁首辅,江白圭是延康国师。国师同宰相、首辅只是称谓不同,但性质基本相似,都是当时辅佐皇帝处理政务的最高官职,可谓一人之下,万人之上。从外在形象看,王安石容貌不佳,评价多恶,而张居正的容貌比较俊美。《牧神

---

① 弗吉尼亚·伍尔夫著,瞿世镜译:《弗吉尼亚·伍尔夫文集:论小说与小说家》,上海译文出版社,2000年,第292-293页。
② 第二次直播整理:宅猪的大秘密:https://mp.weixin.qq.com/s?__biz=MjM5MzIxNTY5OQ==&mid=26 49100973&idx=1&sn=098009074db4e4ee6。
③ 王树人:《红色经典军事小说的人物"原型"》,载《军事史林》,2019年第9期。

记》中对于江白圭的外貌,没有过多描述。但是在主人公秦牧成为天圣教教主后,江白圭身为国师,曾来到太学院士子居与之交谈。借秦牧的视角,读者可以对国师的外在形象有大致了解:

> 这位震慑天下素有神下第一人之称的延康国师长相并不能说得上俊美,只能算是普通,但是他的面孔却有一种说不出的味道,越看便越是顺眼的那种。他的眼睛是他身上最为耀眼的部位,充满了智慧的眼睛,似乎带着点点的灵光,能够将天下的一切都收入眼底,作出最为明智的判断。(第177章《知行合一》)

与一般网文小说倾向于重要人物高颜值的描写不同,江白圭的外貌平平,但他有一双睿智的眼睛。而正是这双眼睛,展现了江白圭远超皮相外表的人格魅力。因而从外在来看,江白圭的平凡之貌恰好是折中了王安石、张居正两人的形象。从内在来看,江白圭则集合了两人的性格特征:其一,志向远大,爱国忧民,具有高度的社会责任感。王安石年轻时便立下了"矫世变俗"之志,为改变北宋"积贫积弱"的现象,实现富国强兵的目的,发起了一场社会改革运动。张居正亦有豪情壮志,为了挽救明朝危亡,振兴明王朝,抱着以身许国的决心进行了一系列改革。江白圭大公无私,以天下为己任,穷尽一生只为实现理想抱负,推动延康变法,增强国力,改善民生。其二,躬行节俭,为政清廉。宋朝士大夫多贪官视嗜财,发展到后期更是十官九贪。但是王安石"知道守正,不为利动",出行乘驴,入城乘小舫,居住的地方仅能躲避风雨,四处无人家,一生不为物欲名利所动,生活简朴。张居正身处商品经济高度发达的明代,虽生活讲究奢华,亦能保持为官的操守,拒绝受贿。江白圭比起两人,更具有超凡脱俗的气质,所作所为皆为国为民,毫无个人私欲。但正是这样一个位高权重的国师,吃穿用度却一切从简,连参加镇北王丧事备礼的钱都拿不出,甚至于家中可典当的东西都没有几件。他曾试图作画去卖,但作画一旦署名,又被江白圭认为买者是在变相贿赂他,只得作罢,最终向秦牧借了些钱。其三,激进执着,寡情重义。王安石、张居正、江白圭三人在改革变法中遇到了很多困难,但是他们的决心却没有改变,体现了对理想抱负的执着追求。但是王安石的性格中有刚愎自用、偏执的一面,他坚决打击混入变法阵营中的投机分子,并且竭力排挤对变法持反对意见的保守派成员。张居正则有过之而无不及,为了打击反对派,他推行"杀以止杀,刑期无刑""盗者必获,获而必诛"的主张,用暴力手段残酷无情地镇压摧毁任何不服从朝廷的反抗势力,以一杀而绝之,甚至任用酷吏治理边远地区。但是"他为人很讲义气……只要是知己之交或是他看中的人才,都能优容"①。《牧神记》中的江白圭亦是如此,对待敌人他从不手软,与之武者皆杀之。在他看来,必须彻底摧毁旧时代才能成就大事,且革命就是要流血的,就是得有千千万万的人头掉落。为了铲除异己,他假装身受重伤,引得皇室人员和各大门派纷纷造反,掀起了一场腥风血雨。但是他同张居正一样有容人之才,知道少年祖师和秦牧都是天圣教的人,也依旧任其在太学院任教,后来甚至因为情况特殊,自己也加入了天圣教。

其次是人物的行为动作。江白圭与王安石、张居正最大的相似之处在于他们都致力于改革变法。由于时代背景的差异,改革的具体理论和措施有所不同。但是,他们之所以进行改革,都是因为国家出现了重大的政治、经济、社会问题。唯有改革,才能缓解各种矛盾,稳定国家统治。他们的变法都没有来自皇帝的阻力,宋神宗因欣赏王安石才华而支持他变法,张居正因明神宗朱翊钧尚且年幼主持裁决一切军政大事,江白圭亦得到延丰帝的大力支持。然而,改革必然会触及一些封建贵族、官僚的利益。由于改革者地位权限和用人制度等原因,改革的结果也有所不同。王安石变法最终失败,张居正的改革得到全面推行。在《牧神记》中,延康国是由门派组成的国家,性质同我国古代的封建王朝十分相似,中央集权与地方分权、皇权(以拥护太子党灵夏玉为主的皇族)与相权对立,门派与门派、门派与普通百姓之间也存在阶级矛盾。江白圭深得延丰帝的信任,大刀阔斧地进行了一场变法改革。但是,这条变法改革之路却十分艰

---

① 刘志琴:《张居正的性格悲剧》,载《天津师范大学学报》(社会科学版)2005年第5期。

难。由于曾经得过天圣教少年祖师的指点，江白圭将天圣教的教义"圣人之道，无异于百姓日用，凡有异者，皆谓之异端"作为自己改革变法的宗旨。一方面打破了士族垄断，建立了小学大学太学制度，另一方面又改革了军政，大大提升了延康国的综合实力。但是，天圣教只是该教人士的自称，而其他人则称之为天魔教。在他们看来，天圣教是邪魔外道，天圣教的理念自然是邪魔歪理。江白圭身为国师，践行天圣教的教义去改革，不仅触犯了天下宗派的利益，引起各大门派的不满，也威胁到了皇权，使太子党等人颇为忌惮。虽然历经磨难，但延康变法最终也取得成功。需要注意的是，王安石变法和张居正改革的根本目的是维护封建王朝的统治，而不是减轻人民负担。而延康变法以人的利益为核心，改革内容皆是为了造福黎民百姓。综上可知，作者在运用原型时既借鉴了历史，也对历史有所改造创新。江白圭这个人物集中体现了作者对中国古代改革变法的反思，同时又成为创作主体"神为人用"思想行为的"代言人"。

2. 近现代改革的历史映射及思考

(1) 时代改革：对中国近现代历史的映射

《牧神记》里一共讲述了4个时代的革命变法。从赤明时代开始，人族就开始赤明革命，为的是证明人也可以像神一样强大。上皇革命，是要争夺人生存的权力，人的性命与神等同，人命大于天。开皇时代进行变法，是延续上皇革命的成果，既是人命大于天，也是神魔为人所用，把神魔的权力关在笼子里。至延康时代，则是延续开皇变法，为的是道归百姓。这4个时代革命变法的主体对象都是人族，展现了人族为实现独立富强而进行革命变法的艰难旅程。然而，纵观整个革命变法的过程，《牧神记》的变革史正映射了中国近现代史的发展历程，体现了新中国从站起来、富起来到强起来的历史飞跃。赤明时代和上皇时代对应晚清封建王朝：在天庭和上苍统治下，人对神心存崇拜和畏惧，反而丧失了权力。中国古代封建社会，人民亦是处在君主专制的统治下，深受剥削和压榨。尤其是在晚清时期，人民遭受西方帝国主义的侵略，面临着生存危机。一些先进分子和知识分子发起了变法和革命运动，最终将人从封建专制的压迫中解放出来，实现人民当家作主。开皇时代对应中国的改革开放时期：神之所以为人用,一方面肯定了人的主体地位,另一方面也传达了为民服务的思想,旨在提高人民的生活水平,推动国家发展。在改革开放时期,我国的主要矛盾是人民日益增长的物质文化需要同落后的社会生产之间的矛盾。实施正确的改革方针有益于提高社会生产力,促进经济社会发展,让中国人民富裕起来。延康时代对应中国特色社会主义新时代:延康变法以百姓日用为理念,在国家制度、宗派、道法神通等方面发生了一系列的革新,改变了人们的生活方式,提升了人民生活质量和国家综合实力。事实上,我国从改革开放以来,就一直保持着与时俱进、推陈出新,逐渐从大国变成了强国。在进入新时代后,我国的主要矛盾发生变化,国家实力有了质的飞跃。

(2) 无忧乡:对苏联社会体制改革的反思

《牧神记》中有一个非常重要的场景"无忧乡",作者宅猪曾在小说中明确提出这一设定的创作灵感来源。

> 其实无忧乡有一个现实世界中的类比,那就是苏联—俄罗斯。
> 有人拿无忧乡与台湾类比,然而无忧乡参照的是俄罗斯。
> 从苏联解体到而今的俄罗斯,展现出来的是比从开皇时代到无忧乡更加荒诞离奇却真实发生的故事,当年苏联时代革命老一辈在俄罗斯时代满腹牢骚,年轻一代花天酒地醉生梦死,普京空有改变现状的想法却无力改变现状。(《牧神记》关于无忧乡,答读者问)

作者还在此章节推送中附言,前两年红场阅兵的时候,中国的军队也去了莫斯科,当中国军队唱着《喀秋莎》从俄罗斯民众间穿过的时候,许多俄罗人老人哭得一塌糊涂。苏联是世界上第一个社会主义国家,鼎盛时期与美国并排为"超级大国",最终由于体质僵化、领导失职、西方和平演变原因而解体。现今的俄罗斯不复往日辉煌,改革变法也没能继续。小说中的开皇时代,是开皇秦业率领一众道友开启的一个新纪元,一个新的盛世。然而,由于域外天庭的侵袭,在深感不敌的忧虑下,开皇命令李悠然打造了无忧乡,带领残余部众逃亡到那里。无忧乡中没有外敌,仿佛世外桃源。《孟子》曾言："生于忧患，死于安乐。"身处无忧乡，开皇的道心渐渐消沉，丧失了昔日的雄心壮志。开皇时代的改革变法也因此结束，即使有人还在吹嘘变法，实质上也早已失去了精神活力。然而，当年随开皇来到无忧乡的不少高手，原本心怀抱负，最终却只能困在此处郁郁不得志。秦牧来到无忧乡，想要击败开皇唤醒他的斗志，在藏书楼处遇见了开皇麾下的太阳守炎日暖。炎日暖欲与秦牧比剑，却发现剑上锈迹斑斑，锈水染红了小溪，坐在溪边大哭。作者有感于苏联—俄罗斯的变化，将其投射在小说中的"无忧乡"之中，有叹惜之伤，亦有警醒世人的意味。

（3）改革变法的现实意义

就小说文本而言，赤明、开皇、延康时代的变法历史即是人对自身命运的反抗史。人作为后天生灵，比不上血脉里具有先天力量的古神、半神，也不如先天神识强大的造物主，更比不上横亘宇宙的弥罗宫与天都群体。自龙汉时代以来，人就是古神的口粮，还要心甘情愿地为神奉献自身。但是蒙昧的时代中总有先睁开眼睛的人，龙汉时代的九天尊便是最早的觉醒者，以御天尊、云天尊等为代表的一行人开始为人族谋划未来，人族反抗上天却失败的心酸历史在秦牧的穿越历程中展现得淋漓尽致。至延康时代，新一轮的变法早已置身在人族千万年反抗的长河中，通过联结历史时空与现时空，人从单薄的个体、孤独的反抗者汇聚成一个强大的集体，不断改革突破，以后天的努力超越先天的优势，最终取得胜利。虽然在现实社会里没有人与真神的残酷斗争，但是人与命运的抗争从未停止。无论是哪种改革变法，其主体都是人，人的存在构成了社会的历史。就改革变法本身而言，这种观念行为于时代是相对超前的，能够促进人的思想解放，推动社会向前发展。小说通过这种改革变法的历史叙述，容易引起读者共情。从中追忆中华民族曾经的灾难屈辱以及祖祖辈辈为胜利而作出的不懈努力，感受革命先辈的壮志豪情和舍身为国的英雄大义，从而激发爱国之情，增强民族认同感和民族自信感，凝聚起整个民族的力量，为实现民族的伟大复兴而继续奋斗。此外，改革变法是具有永恒性与现实性的。不难发现，即使是在科学高速发展的今天，也有相当部分人无法破除心中神，封建迷信，残存着一些陋习、恶习。因此，只要时代发展需要，改革就必不可少。

从小说文本的创作来看，《牧神记》既具有网文的欲望叙事快感，同时又因为有"改革变法"这样的宏大主题提升了小说的艺术审美价值，符合新时期主流文化意识形态对文艺作品传递正能量的需求，对网络文学的创作而言乃是一大进步。然而，也应当看到，虽然小说响应了主流意识形态对文化自信、爱国培养的要求，但是行文中难免有刻意为之的嫌疑，存在为说教而写作的意味。如何让价值观、正能量与网文的欲望叙事维持在一个合理的距离，这是广大网文作者需要不断思考的问题。正如朱光潜先生所说："在美感经验中，我们一方面要从实际生活中跳出来，一方面又不能脱尽实际生活；一方面要忘我，一方面又要拿我的经验来印证作品。"《牧神记》的创作，为平衡网络文学和政治的关系提供了一定的借鉴意义。网络文学创作的现实转向，也可以体现在玄幻小说之中，玄幻小说融入对于现实的关怀，对于当下的关照，不仅能够滋养人的思想精神，而且有利于网络文学的长久发展。

（二）变革中的思想与精神辨析

《牧神记》是一部改革变法的历史，体现了物质与意识的辩证关系。上文主要论述了改革变法的历史表象，下文将探究变革中的思想与精神。变革的核心思想是"神为人用"，源自赤明时代，但是在经历了上皇时代和延康时代后，其内涵和意义不断丰富发展，衍生出"人命大于天""圣人之道在于百姓日用"的新时代思想，经凝聚而形成一种生生不息的精神力量，呈现为一种强大的"牧神精神"。

1. 人命大于天

"人命大于天"作为南上皇天庭的治理理念，进一步颠覆了人与神的地位，肯定了人的地位。人不仅可以与神一样强大，甚至无需再敬畏神。诸神的存在，皆为了人而服务。这种理念深刻影响着上皇时代的龙族女剑神白璎儿，她甚至将这个理念传到了开皇时代，为开皇、延康的变法改革奠定了基石。当年，白璎儿曾指点过开皇时代的樵夫圣人，樵夫圣人以此理念进行变法改革。魏随风创立了天圣教后，又将樵夫圣人的理念融入天圣教教义中，传到了延康时代，推动国师、秦牧等人的变法革命。历经三个时代，人命大于天的理念不断传承发展，浅显却又深刻。在小说原文里，第一次明确出现这种理念是在域外天魔攻破北落师门时，班公错想要杀掉拖后腿的百隆城百姓。秦牧虽然没有同意杀人，却也感到力不从心。于是他提议将龙神珠给百姓，其他人则跟着他的箱子离开。这样一来，秦牧等人可安全逃命，但百隆城百姓的性命却处在危险当中。然而，白璆儿作为一个女子，却坚定地拒绝了。

秦牧看向白璆儿，沉声道："璆儿，你将龙神珠给这些人，其他人跟着我的箱子，我带你们离开，还有活命的机会。否则，我们真的会被这些百姓拖累！"

白璆儿摇头道："岂可为自己性命，弃百姓于不顾？白家没有这种人！牧哥哥，上皇天庭是为百姓而立，诸神为百姓而用。上皇说过，人命大于天！"

她的声音虽然很轻，但是却振聋发聩："倘若不能护住百姓，要诸神何用？上皇说，在人命面前，诸神都要靠边站。"（第489章《人命大于天》）

秦牧早在接触天圣教教义时，就明白了神为人用的道理。但是，这是第一次有人真切地告诉他，人命大于天。尤其是这个人还是一个看似柔弱却内心坚强的女子。秦牧的内心受到了强烈的震撼。白璆儿并不是他心仪的女子形象，但这个女子的人格魅力却超乎了他的想象，秦牧为她动情，而更重要的是，秦牧的灵魂亦受到了滋养。那一夜天魔袭击，他没有放弃百隆城的百姓，而是同众人一起战斗，他说，还是要在浊世上保持一点纯真和善良。天亮了，他们不得不离开这个时代，秦牧与白璆儿分别之际，用无忧剑在山崖的峭壁上留下了五个大字"人命大于天"。白璆儿从秦牧那里得到了莫大的力量和鼓舞，肩负起守护百隆城百姓的重任，后来更是成长为一代剑神。于秦牧来说，白璆儿对他的精神塑造亦有不小的作用。在从今往后的日子中，他心中一直牢记着这句话，信守这个理念。后来，当秦牧猜测到楼云曲准备用生死簿对付丽州时,他来到涌江学宫将此事告知给药师和聋子二人。药师作为一代玉面毒王,本事自是不凡,却也感到敌人的强大和可怕。他试图劝说秦牧回到大墟,大墟远比外界安全。虽然他们不能救所有人,但是可以保全自己。

> 药师定了定神,道:"我们远非对手,为何不离开这里返回大墟?我们救不了所有人,但可以救自己。"
>
> 秦牧展颜一笑:"可是药师爷爷自幼便教导我说,医者父母心,又说人命大于天,我们学医术求医道,不就是为了救更多的人吗?药师爷爷难道要有违初心?"(第705章《明月正圆》)

秦牧已然成长,他果断地拒绝了药师的提议,坚定地选择留下。他自信能够对付楼云曲,不能违背自己的初心,不能罔顾丽州百姓的性命。后来,延康在与天庭的对战中取得胜利,却还有个更强劲的对手弥罗宫。为了积蓄力量赢取最后的胜利,秦牧封印了祖庭并且在祖庭镇守了35亿年。时间会留下英雄的印记,但是当历史的长河无限延长时,曾经的烽火岁月终将淡出人们的记忆。然而英雄之所以称为英雄,不是因为他们故做好事而留名,而是因为他们坚守正道。残老村村长作为上一代人皇,没能担起人皇的重任。但是秦牧做到了,他战胜了天庭,战胜了弥罗宫,战胜了宇宙的终极冷寂,守护了千千万万生灵的性命,真正诠释了"人命大于天"的含义。

2. 圣人之道在于百姓日用

"圣人之道在于百姓日用"的思想是在"人命大于天"的基础上进一步发展而来,不仅肯定人的生命存在,而且强调人的价值地位,无论诸神还是道法神通,都是为百姓日用而服务的。大育天魔经的总纲开篇便写道:

> "圣人之道,无异于百姓日用,凡有异者,皆是异端!率性所行,纯任自然,便谓之道。"①

注：这段话出自儒家心学，由王艮、彦均提出，从王阳明的学说中发展而来，这两位是明代儒学大家。（第99章《圣人之道》）

天圣教以此理念为教义，并贯彻到实践当中。教中设360堂，每一堂分别从事不同的行业，皆融入世俗市井，与百姓日常生活相关，各司其职。如天旱时雨堂可降雨，风堂可施展法术化风为刃帮助收稻，耕种时水堂可管农田水利，法堂蛊堂皆可帮除农害。如此种种，数不胜数。国师江白圭曾得少年祖师指点，因而将天圣教的教义贯彻到延康变法当中，所作所为旨在造福百姓。秦牧继任天圣教的教主之位后，少年祖师也为其讲述开山祖师致力于三不朽成圣的故事。秦牧对教义的本源有了更深入的理解，也在努力践行"圣人之道无异于百姓日用"的理念。他增设学堂培养人才，同延丰帝、江白圭等人一起进行变法，唱响了延康时代的主旋律。

值得一提的是，作者宅猪经常在小说章节末为文中的某些内容添加注释，在提出"圣人之道在于百姓日用"一句的思想时亦表明这是出自明代儒学家王艮、彦均的观点。作者引用儒学家的学说观点并加以创新应用，将具有进步性与民主性的思想凝聚在小说之中，不仅加深了作品的思想内涵，而且提高了网络文学的格局。同时，在小说中添加适当的注释也有利于读者对文本的理解。王艮作为平民思想家，他认为只要用于百姓日常生活的学说就是圣人之道，其所提出的"百姓日用即为道"的思想是真正的百姓之道，以民为本，关注民生，体现出对封建礼教和正统权威的反叛。倘若清楚引文与王艮的思想学说相关，这句话的含义也就不难理解。宅猪在《牧神记》中将"学说"这一对象泛化，指向一切服务于百姓日常生活的道法神通。又将此圣人之道的思想行为化用为天圣教的教义，并作为改革变法的理念应用到具体的实践之中，亦展现出对百姓大众的真切关怀。但是，这样的理念和改革同王艮的学说一样，与社会主流意识形态相悖，因此天圣教被认为是天魔教，改革变法被认为是大逆不道，遭遇了诸多权贵和门派的反对。不过，需要注意的是，网络文学作为一种"快餐文化"，大部分读者都是不求甚解，作者执着于添加注释难免有卖弄文采的"油滑"之感。还有需要思考的一点，作者添加的注释是否妥当？如果不妥当,是否会误导读者?众所周知,网络小说读者的整体文化处于中下水平,读者的年龄日益低龄化,青少年读者占比在逐渐上升。当知识储备不足时,读者难以把握小说的思想文化内涵,注释不当反而容易误解。就宅猪所言,王艮观点是在王阳明心学中发展而来的。诚然,王艮曾师承王阳明,其思想确实受到过王阳明心学的影响。但是,王阳明作为士大夫阶层,与大多数理学家一样处在儒家等级秩序的桎梏之下,认为人是有区别的,他们认为士大夫当以"天下为己任",普通人却只能"思不出其位"。而王艮出生于社会底层,真正了解百姓的生活,认为人人都是平等的。他的学说,打破了"圣人"与"常人"的成分区别,提出"即事是学,即事是道""人人君子"等观点,意为百姓日用即是理、即是道,人人都可以成为圣人。王艮将百姓和圣人放在同等地位,认为"愚夫愚父"都"能知能行"。因此,在此意义上,王艮的思想和王阳明心学是有本质区别的。倘若读者不清楚其思想内涵,反而容易误解。不过就整体而言,将优秀的传统文化思想与网络小说创作相结合,无疑是有利于推动网络小说良性发展的。

3. 牧神精神

"人无精神则不立,国无精神则不强。"[1] 基于人物形象的塑造和主题思想的建设,《牧神记》展现出了一种区别于其他网络小说的精神气质——牧神精神。从狭义上说,《牧神记》即主人公秦牧从凡体修炼成神的记录,牧神精神则体现出一种自信飞扬的个体精神。从广义上说,《牧神记》即放牧诸神的事记。与狭义相比,广义的内涵更贴合小说核心思想。一般而言,放牧的施事对象是人,而受施对象则是牲口一类,这里将"神"作为放牧对象,有贬低神的地位而提高人的地位之意,同"神为人用"的思想相呼应。因此,牧神精神不仅代表个体的精神,还是对社会历史的缩影,展现出以"变法三杰"为代表的诸多变法者凝聚而成的不畏险阻、不畏牺牲、锐意进取、与时俱进、改革创新的时代精神。由于主人公

---

[1] 习近平. 在纪念红军长征胜利80周年大会上的讲话[EB/OL]. (2016-10-21). http://cpc.people.com.cn/n1/2016/1021/c64094-28798445.html.

秦牧堪称改革变法中的一大主力，故而通过分析秦牧的个体精神亦可把握时代精神的内涵。

作为改革变法的先驱者之一，秦牧担得起"英雄"二字。他在武功、医药、炼丹、画道等方面都造诣颇深，是同辈中数一数二的佼佼者。但是，秦牧并非天才，他的成就来自于坚持不懈的学习和努力。他始终坚信，如果自己不能获得成功，那一定是不够努力。

> 而秦牧确实用功，甚至完全可以说是天底下最刻苦修行的人，而且还有一股子无敌的信念，坚信自己就是超越别人的霸体，倘若自己不如别人，一定是自己不够努力。（第289章《道主》）
>
> "霸体，举世无双，若是我不能胜你，便是我不够努力！"（第351章《惊世之剑》）
>
> 他是霸体，最为强大的灵体！
>
> 倘若开不了神藏，肯定是自己不够努力，配不上霸体的名头！
> （第564章《幽都小魔王》）

小说开篇时，秦牧本只是一个无父无母、来历不明的孤儿，被残老村众人收养。他不属于当下时代的任何一种灵体，无法修炼时下流行的功法。当村长意识到秦牧只是普通凡体以后很可能活不下去时，为了鼓舞众人的生活信心，他谎称秦牧是独一无二的霸体。秦牧对此深信不疑，从此刻苦修炼霸体三丹功。而霸体三丹功法实际上只是开皇时代最基础的导引功。但是，正因为怀着对霸体无敌的坚定信念，秦牧勤学苦练，不仅灵胎破壁成功打开了神藏，更是在后续的修炼中集百家之长，融会贯通，举一反三，一次次超越了自我。在相同境界里，他几乎无敌手，成就了"凡体即霸体"的神话。也正是这种不服输、敢于拼搏、勇于学习上进的精神，铸就了秦牧非凡张扬的自信，彰显出独具一格的个性魅力。

这种自信，使得他的思想境界超越了许多普通人，达到一种"本来无一物，何处染尘埃"的超俗境界。早在大墟的时候，秦牧就已挣脱修行的局限，心中无佛无魔无神，他自己就是他的神。

过了片刻，秦牧缓缓站起身来，看向对面高高瘦瘦的小和尚，徐徐道："和尚，你心中有佛吗？"

明心双手合十，肃然道："我佛常在心中。"

呼——

秦牧吐出一口浊气，体内元气变得霸道而激烈，竟有一种无法无天的气概从他小小的身体中喷涌而出。

"我！"

他踏前一步，小小的身体中涌出的气势甚至给人一种豪情壮骨如神屹立的激昂之感，声音振聋发聩："心中无神、无佛、无魔！我就是神，就是佛，就是魔！"（第37章《振聋发聩》）

明心和尚身为大雷音寺的弟子，本事尚且不弱，但是心境却远远不能比及秦牧。秦牧悟性和心境之高，非常人所及，给予他无穷无尽的精神力量。跟随霸山祭酒前往楼兰黄金宫堵门时，面对一众法力高强的巫士，秦牧对霸山祭酒的坐骑青牛道：

"青牛，你家老爷需要100天才能打垮楼兰黄金宫。"

秦牧转身，目光漠然，扫向黄金台下的巫士："而我，只需要一天。"

他站在门下，声音如同雷霆轰鸣，在楼兰黄金宫中来回炸响："我只需要一天，就可以将黄金宫所有弟子的意志摧毁，将他们的自尊统统碾碎，将他们的尊严踩在脚下！"（第153章《我，霸体》）

黄金宫巫士用人来炼制邪术，极为残忍，秦牧的话虽然有几分少年狂气，却也体现了他强悍的自信心。自强不息的精神赋予秦牧自信，而他的自信又促进了他的飞跃式成长，让他在磨难中不断锤炼自己的人格。从一个单纯出大墟历练的少年成长为一代人皇，秦牧逐渐承担起历史的使命和责任，为芸芸众生而战。即使苦难重重，即使神的力量无比强大，即使失去了第三只眼睛，秦牧依然道心不改，坚定理想信念。虽然他的信念曾受到打击,但是跟在他身边的龙麒麟也会继续激励他:"教主,你是霸体,万古唯一。"秦牧从未真正放弃过,始终坚持初心,在穿越历史的长河中,他努力探索着拯救人类的方法而最终获得了成功。延康的改革变法,获得了前所未有的成功。在这条漫长的改革之路中,诸多个体逐渐超越了自我的意识局限,联合起来共同反抗天庭,拯救苍生,他们的个体精神凝结而成为整个延康的时代精神。

《牧神记》作为一本流行的网络小说,其娱乐性是显而易见的。但是它的主旨高于普通网文的低层次欲望叙事,小说情节和人物都要为这个主题服务,主人公的欲望需求整体上也是一个自我实现、自我超越的过程。秦牧从残老村少年到天圣教教主再到成为一代人皇,成为牧天尊,这不仅是身份的转变,更是伴随着主人公内心的成长、精神的成长。同时,小说整体的欲望叙事亦随着主人公的成长得到升华,以秦牧为代表的诸多变法者的欲望不再是基于个体存在需要,而是以集体主义、民族主义为核心的最高层次需求。他们秉持"神为人用"的思想,凝聚起强大的时代精神力量,推动变法改革,为保护人族而与上苍战斗,其以人为本的解放思想甚至蕴含着人道主义精神和启蒙的意味。

四、压抑与狂欢的审美创作

《牧神记》是一部玄幻小说,存在玄幻小说常见的人物设定、情爱书写、以弱胜强等套路化书写,但又寄寓变法改革的严肃内核。对这一严肃内核,宅猪通过快感奖赏机制对延康改革过程进行分解,使读者从主角冲破压抑困境、实现目标的套路化写作中得到奖励性的快感审美效果。同时,在读者期待与作者创作之间形成"推"与"拉""起"和"落"的跷跷板结构的文本建构模式,也使得网络文学的创作在从作家中心、文本中心向读者中心、接受中心转变的过程中把握创作的平衡与和谐。

（一）套路化书写中的严肃内核

"类型小说是指那些在题材选择、结构方式、人物造型、审美风格等方面有着比较定型的模式，读者对其有着固定的阅读期待的小说样式。"[①] 网络文学领域的类型小说是网络媒介参与下必然的结果。邵燕君提出："类型化倾向是文学创作的一种普遍特征。"[②] 作为一部玄幻小说，《牧神记》秉承玄幻类型小说创作的套路与模式。随着网络文学的创作主体逐渐从"作家中心"转向"读者中心"，由"自娱"变为"娱人"，创作主体与目的的改变推动网络文学从最初的作者自由表达走向为读者审美服务的功利性写作。于是，读者不同的阅读审美推动网络文学作家在创作中有意或无意集合了读者对小说的审美期待，由此形成了迎合读者阅读趣味的类型小说，并在顺应读者需求、市场流行的过程中逐渐形成了广受欢迎的类型小说的套路模板，造就了比较定型的模式。在《牧神记》的创作中，宅猪以类型小说的套路模式为基础去书写改革变法的严肃内核，在承接固有模式的基础上，又进行了一定的创新。

玄幻类型的小说往往以主角为叙事中心，通过主角的成长推动情节发展。在《牧神记》中，主角秦牧同样套用了玄幻小说的人物模式。如同大多数的主角一样，秦牧有着非凡而惊人的出身——开皇第107世孙、幽都神子，虽说是肉体凡胎，却在先天上更胜一筹。其中，开皇后代的身份是推动秦牧走出大墟，奔赴无忧乡，开启新的世界的动力之一，也是《牧神记》乃至很多玄幻小说推动故事情节的最初动力之一，即寻找自己的来源，这构成了小说前期的基本结构。但是主角又不能一味地出身不凡，有了先天优越的出身，一定也要有足够的后天压力推动主角努力奋斗，给主角的强大提供支点，这一后天压力在《牧神记》中具体表现为秦牧的幼年经历，即在出生后离开家族，成长于危机四伏的大墟之中。幼年时期大墟

[①] 欧阳友权：《中国网络文学二十年》，凤凰文艺出版社，2019年，第125页。

[②] 邵燕君：《网络文学的"网络性"与"经典性"》，载《网络文学研究》2015年第1期。

的黑暗危机、成长时期延康国内的理念之争、寻找出身解救父母的迫切焦急、强大时期改革变法的天庭压迫等诸多后天压力,促使秦牧从开皇后代成长,最终成为牧天尊。这正如很多小说中的主角套路一般,在还算强大的家族出生,在危机中成长,靠着找寻自己的来处,在小说前期成为优秀的人,并顺着自己的来处——人,这一原始身份,与神魔抗争,成为强大的能够影响世界、拯救众生的时代中心主角。

除了出身的套路化,秦牧早期幽都神子的身份和在残老村的成长等,也是与很多玄幻小说同质的金手指元素。秦牧本身并不是幽都神子,而是身为幽都神子的哥哥秦凤青被封印后诞生的另一个灵魂。但是凭借这一身份,他习得魔音,冲破凡体桎梏,觉醒"霸体"开始修炼。可以说,秦牧最初的修炼是依靠这一金手指的力量,而幽都神子所掌握的幽都神通更是秦牧早期与古神抗衡的利器。同时,秦牧在残老村的成长更是相当于玄幻小说为主人公早期成长提供的"金手指",这些金手指一般是指在主角尚处弱小时能够帮助其升级或提升能力,例如,戒指中的随身老爷爷、重生、系统等诸多金手指流派。而本书中秦牧早期最大的金手指便是残老村的九位老人。村长的剑、药师的药、屠夫的刀、瘸子的腿、马爷的拳、聋子的画、瞎子的眼、哑巴的锻造、司婆婆的天魔大法,九位本领高强的老人一起教导秦牧,使得秦牧从小说前期便成为同阶无敌的存在。可以说,秦牧的出身与最初的成长环境书写是网络文学常见的主角套路。

然而,宅猪的成功之处正在于对套路化写作的改革与突破。就如在《牧神记》中,一代代人进行改革与变法,推倒旧有,重塑新知,于是,这个世界中没有亘古不变的规则,也没有恒强的功法与人,没有不变的套路与模式。秦牧在延康变法的同时,也在创新类型小说的书写套路,具体体现在主角的出身与成长中。无论秦牧如何同阶无敌、越阶挑战,他始终是一个凡人。神秘的出身与强大的实力并不能掩盖他是一个本身没有天赋的普通人这一事实。主角的凡人天赋本该是玄幻小说凡人流写作的人物套路,但这篇小说却突破天赋体质的套路模式,让秦牧走出了天才流的成长道路。尽管他突破最初凡人或废柴身份的依靠是废柴流崛起的常用金手指——"幽都神子"的特殊体质,但是随着改革变法的进行,他将幽都神子的身份还给了哥哥,自己重新成为凡人,变革了自己身为主角的天赋设定,剥离了主角的金手指,却带来了更加突破常规的成长。可以说,秦牧的强大本质上来源于自我相信甚至"自恋"的信念,这一信念随着改革变法的继续不断增强,秦牧也因此不信神魔、不信传统、创新功法、改革境界、创造新的修炼体系……将改革变法视作理所应当,也因此实现了"凡体即霸体"的强悍之路,塑造了改革变法中人的自信与反抗意识。

与众多男频玄幻小说一样,《牧神记》中也涉及套路化的男女情爱书写,即主角身边从来不缺少美女相伴,并且随着实力的提升,遇到的美女大多对主角怀有爱意。但在改革变法的内核中,这种套路化的爱慕也蕴含了变法的严肃与压抑。书中,爱慕主角的女性形象可以分为三种类型。一是青梅竹马的相互陪伴与成长,具体表现为狐灵儿与灵毓秀。在大墟中,少年秦牧认识了白狐狐灵儿,狐灵儿由白狐化形而成,与秦牧一同成长,对秦牧充满依赖的爱恋之情。刚出大墟,秦牧遇到了未来的妻子——延康国七公主灵毓秀,从峥嵘未现的少年时代到互相守护的婚后岁月,从少年时轻松愉快的欢喜冤家到变法失败后各自扛起重任的变法延续者,他们是互相陪伴成长的青梅竹马,也是互相支撑共同前进的爱人。二是爱而未得的优秀女性,具体表现为白璎儿和阊浣神王。秦牧与她们的相遇是在错的时间遇到对的人。白璎儿是秦牧初次穿越上皇时代遇到的少女,在魔族入侵的威压下,白璎儿与秦牧一同带领百姓逃亡,也正是白璎儿让他明确了人命大于天的信仰。这段旅程对秦牧是奇妙的经历,对白璎儿却是"一眼四万年的等候,一见钟情于是不敢老去",而四万年后的重逢,秦牧虽然对她有过怦然心动却终归于平静。阊浣神王是造物主的领袖,美丽而智慧,符合秦牧对于女性最完美的想象。两人之间的爱恋是秦牧最先动心,却是阊浣最后动情。在种族巨变后,阊浣为了造物主族群的延续选择修炼无情道,出于族群领袖的责任而对秦牧表达的爱慕置之不理。但在秦牧选择放下后,无情的阊浣却"生"了一个叫作思秦的孩子,他们的爱情是错过。三是没有告白的沉默爱慕,就像沐映雪、禾依依,她们像崇拜英雄一样对秦牧怀有思慕之心,却没有表达,当然也不可能得到回应。这三类女性形象是网络小说对情爱书写的类型套路,而关于本书中众多女人爱上秦牧的原因，宅猪并没有给出合理的解释，大部分爱慕的产生都缺乏爱情基础，似乎只是为了迎合读者幻想的套路化书写，但是每一份爱慕都在改革变法的时代浪潮中产生，因时代的悲剧而错过，彰显着改革变法中时代责任大于私人爱恋的严肃内核。

（二）快感奖赏机制的压抑与狂欢

"网络文学的基本功能，就是满足读者情感体验与补偿，特别是快感体验与补偿的需求。"① 网络文学的大众审美倾向推动网络文学追求快感与美感，在快感经验的推动下收获愉悦，其追求的是一种在作者有意书写下通过实现一个个小目标来不断收获快感的审美取向。欧阳友权认为："文学观念上的变化突出表现为重新确立'自娱娱人'的功能范式。"② 自娱是作家写作的原初动力，娱人是网络文学商业化写作的目的与出发点，既然从网络文学中体验快感是现阶段多数人对于网络文学的选择和娱乐方式，那么快感奖赏机制的写作便有了生存的土壤。由于"艺术是一种精神的活动，要拿人的力量来弥补自然的缺陷，要替人生造出一个避风息凉的处所"③，网络文学正是以幻想的力量弥补自然人生的缺陷，以意淫的演绎营造精神栖息的处所，通过建构与现实生活不同的空间，满足人的欲望诉求。其中，读者对快感的娱乐与追求往往源于现实生活的缺乏，因而通过将自己代入主角视角，将个人情感追求投射到主角的情感追求上来收获快感的奖励与审美。"主角超越现实条件实现自身欲望的进程，就是故事的主体构成。"④《牧神记》便是通过秦牧对抗诸天神魔、拯救人族未来、护佑延康变法、求索宇宙生机的一系列行为，使读者收获了主角顶天立地的气魄，也满足了自身拯救苍生的英雄情结。当大众在现实生活中并不能够满足自身的情感欲望时，现实生活中贫乏的快感体验催生大众快感需求

---

① 王祥：《网络文学创作原理》，中国人民大学出版社，2015年，第9页。
② 荣跃明：《突破与转型，新世纪以来网络文学研究论文选》，东方出版中心，2018年，第99页。
③ 朱光潜：《文艺心理学》，安徽教育出版社，1996年，第29页。
④ 王祥：《网络文学创作原理》，中国人民大学出版社，2015年，第5页。

的焦虑，而玄幻小说凭借自身的快感奖赏写作机制成为抚慰空虚、治愈焦虑的良药。与此同时，这种焦虑也折射着时代的普遍焦虑，即生活中快感和愉悦的贫乏。在这种情况下，精神狂欢式的快感审美恰恰能够满足欲望，治愈焦虑，这体现了网络文学快感写作经久不衰的合理性，而支撑其历久弥新的原因在于作家对快感奖赏机制的借鉴与再创造。

《牧神记》的快感奖赏机制是指主角通过一系列努力，在困境、磨难的压抑下取得成功。这种来之不易的收获能够极大地满足读者对主角取得成功的认同与理解，也能将艰苦奋斗的成功体验奖励给读者，使读者收获审美上的快感。其中，人物命运是快感奖赏机制的典型代表。一方面，宅猪仍然采用主角必胜定律，让秦牧实现了同境界必胜、跨境界小胜的绝佳战绩，甚至让秦牧突破境界束缚，改革境界体系，这种以弱胜强的反转极大地刺激着读者的阅读感官。但与此同时，秦牧的成功也并非是全然的顺利，宅猪将秦牧置身于改革变法的前沿，其前方是有着悠久历史统治的强大天庭，其背后是一味求神保佑，甚至反抗变法的蒙昧群众，他的每一步都是缓慢而艰难的。这种艰难的变法过程原本会给人压抑感，但是宅猪在写作中有意识地将变法改革的主线拆解成一条条分支，通过秦牧面对困境完成一个个变法途中的小目标，奖励给读者每一次小目标成功后的快感。作者越是反复铺垫秦牧的平凡与勤奋、渲染对手的强大与天资，这种经历种种艰辛与努力后获胜的反差感能够极大满足读者对于战胜强者、克服困难、收获成功的本能欲望，这种快感奖赏机制使得小说在套路化中具有严肃的内核，也使得剧情在严肃的压抑中给人爆发突破的快感狂欢。除此之外，情场上的必胜定律也在严肃的改革内核中给读者快感的奖励。依据马斯洛需求层次学说对归属与爱的需要，在秦牧面对压迫与困境时，归属与爱给予他迎接困难的勇气，尽管基于现代社会一夫一妻制度的约束，秦牧只能娶妻灵毓秀一人，但是，在他的每一个成长阶段，都有女性的爱慕伴随，她们对秦牧的感情支撑起了读者在阅读改革困境时的快感体验，使得《牧神记》在压抑中给予读者快感的奖励。有一同致力变法改革的灵毓秀，有志同道合的知己凌天尊，有目标相同的伙伴阎浼，有一直信赖支持的友人狐灵儿……即便主角并没有同众多女性在一起，甚至还不一定清楚一些女性对他的爱慕，但是这些女子的爱慕依旧能够从精神上弥补读者代入主角时缺失的情欲体验，读者亦能够在想象中"拥有"这些女性，从而获得情感上被人所爱的愉悦与快感。可以说，她们的爱慕越不为人知，读者从中收获的快感越充分。很多男频小说正是通过套路化的女主设定与爱慕等写作，带给读者充分的快感体验。

另一方面，个性鲜明的群像塑造也带给读者强烈的快感体验，这种快感体验正是源于群像人物复杂的人物设定和悲惨的命运遭遇。残老村九老虽然作为秦牧的金手指出现，却是9个拥有鲜活个性的生命个体，经历悲惨而又身体残疾，实力高强却又避世隐居，玩世不恭、正邪莫辨，汇集了美强惨的人物设定，集中地让读者从中获得对弱者的优越感、对强者的崇敬感和隐秘的幻想欲望。这种开篇展现残老村悲惨现状的压抑描写，为之后重回巅峰形成了情绪起伏的快感奖励。其中，瘸子的身死正如玄幻小说中促使主角瞬间长大的长辈身死一般，虽为套路化的写作，但仍然带给读者悲剧的审美快感。天庭十天尊更是作为改革的对立面，从顽固破坏延康变法到隐蔽接受变法成果，再到如多数幻想小说对于反派命运的套路书写一般身死道消，他们的转变奖励了读者一种反派改邪归正的审美愉悦，和邪不压正的审美追求。

除开人物形象上的快感奖励，人族改革的整个变法历史也在死亡与失败的严肃书写中给人审美的快感。在秦牧最初进入延康迎接变法时，他们面对的是延康国拜神历史下的国内反抗，从延丰帝、延康国师的踽踽独行，到秦牧加入再到越来越多的人加入，改革队伍冲破民众愚昧反抗的胜利抗争给予读者启蒙者的快感奖励；在延康对抗天庭的改革抗争中，延康以弱小国家抵抗庞大天庭，以孱弱的人族对抗强大的神魔，以后天生灵战胜先天强者，双方的力量从一开始的完全不平衡到最后的势均力敌，这一系列对抗性的情节中又蕴含了冲破强大压迫的人的力量诉求，在一定程度上迎合了读者以弱胜强的审美追求，而延康变法中经历的几次劫难又刺激读者的同情与怜悯，在压抑中得到狂欢。按照亚里士多德在《诗学》中的解释，延康变法遭遇的悲剧，使人产生怜悯与恐惧，达到净化人的效果，这是悲剧的力量，也是读者能够从悲剧中收获的审美力量。

由于支撑快感奖赏机制的是快感的分解，宅猪在《牧神记》中便有意营造大量的困难。通过拆解变法的过程，不断增加新的关卡与人物，达到秦牧冲破一层困境又遇新的挑战，实现完成一个目标又有一个新目标的效果，并让秦牧随着地图的铺开、人物的增加、时空的穿越不断进入新的地图。这种关卡的拆解本来能够提供读者不断收获冲破困难、实现目标的快感奖励，但也带来了逻辑和阅读上的问题，即秦牧在不断推翻自己曾经的认知，推倒原有的成果。于是，原本作出的创新在改革后变成了陈旧。这具体可以反映在秦牧对修炼体系的不断推倒重来的试验上。修炼体系是延康改革的重要部分，但是仅秦牧一人便推翻了多次自己曾经的创新变法，更不用说如开皇、蓝御田等人的不断改革创新。然而，这种修炼体系的创新放在秦牧等人身上是不断依靠机缘推倒重来，而在延康接受变法成果的普通民众身上，修炼体系有所变动但却没有办法像秦牧等人一样推倒重来，于是，伴随着变法过程的推进、变法成果的不断收获，读者跟随秦牧的视角，不断收获突破旧有压迫、取得创新的快感奖励，却忽略了在拆解的变法过程和不断推倒创新的快感分解中，作为变法普及的大众难以成功接受改革变法成果的遭遇，这可能是宅猪在对快感奖励机制再创造中的炫技与遗憾。

（三）期待投射的审美创作

作为幻想小说，《牧神记》以快感奖赏机制满足大众对于快感的欲望追求，其根本原因在于文化资本与付费阅读模式构建的网络文学商业化市场导向，使读者期待能够通过粉丝经济参与网络文学文本的建构，使读者在改革变法的历史浪潮中投射自身的情感期待，并通过期待投射干预作者的创作与人物命运。

1. 情感干预："火天尊"的失败塑造

在阅读网络小说时，读者会不自觉地将自身的情感追求投射到书中的人物身上，对书中人物的命运寄寓个人期待，并随着粉丝经济等商业力量介入而参与文本的接受与创作，为后续情节中人物命运的期待提供情感基础。

在《牧神记》的创作中，宅猪并没有把握好读者参与创作的尺度，尤其体现在火天尊的塑造上。火天尊是《牧神记》中争议颇大的角色。无论是古神们站在昔日统治者立场，要稳固古神的强大形象、镇压作为口粮却意图造反的人族，还是半神们站在当今统治者立场，要维持半神天庭权威、覆灭妄图推翻它的人族变法，这些都是纯粹地站在不同立场的理念之争，而火天尊的所作所为，相当于整部小说唯一一个彻底的反派形象。一方面，他作为古神天庭的九天尊之一，开辟天人神藏，是天盟的创始者之一，为人族的崛起铺下基石，是人族的英雄；但另一方面，他身为人族天尊，却背叛当年理想而为半神天庭效力，在覆灭人族的屠杀中身先士卒、背叛人族，成为旧日统治者之一。在御天尊、云天尊等伙伴为人族的奋斗失败后，他一面说服自己投靠半神，一面又极力证明自己才是庇佑人族的伟人，瞧不起半神又依赖半神的权威，同情人族又大力贬低人的力量，这位自卑又自傲的火天尊受到了读者的口诛笔伐。宅猪在公众号中的《帝师人物评"火天尊"》一文中曾为其辩解，直接点明"秦牧在进入无忧乡之前，对秦天尊也是百般苛责的，火天尊的真面目，还没有揭开"[1]，试图让读者耐心等待火天尊在后期剧情中的反转，但是公众号和书评区的读者毫不留情地为火天尊定性，恨不得将之打入无底深渊，这使得作者也不得不迎合这一读者期待。最后，在火天尊死亡章节的结尾，作者表明："宅猪没有食言，火天尊死得彻底。"可以说，这是读者"参与"网络小说创作并影响剧情走向的明证。于是，火天尊从龙汉时代正直的英雄，沦为延康时代扭曲的坏人，死得毫无光彩。

然而，火天尊最后的结局其实并不能让人满意，虽然读者在书评区、公众号等平台口诛笔伐，全力促使宅猪写死火天尊，但是火天尊的死却只带来了一瞬间的狂欢，而留下了长久的遗憾。一方面，火天尊死得很仓促，作者没有交代清楚火天尊从英雄转变为恶人的心理动机，而直接让他过渡到反派愚蠢固执的形象上，这也与宅猪在前文为火天尊埋下的反转铺

---

[1] 宅猪：《帝师人物评"火天尊"》，https：//mp.weixin.qq.com/s/JgouYa65SBjZZBow-0ixsg。

垫脱节；另一方面，这与《牧神记》中其他反派形象的塑造格格不入，阴天子和班公措是在反派火天尊登场前有名的反面人物，但是却并不是彻底地邪恶，阴天子的爱情悲剧、班公措最后为守护百姓而死都为这两位反派的形象增添了闪光点，他们与秦牧相处时针锋相对又惺惺相惜的态度更是为两人赋予了戏谑色彩，而同样是反面角色的火天尊却显得格外严肃生硬，缺少闪光点，似乎在追逐天庭权势中完全沦为天庭的拥护者，人性也被湮没在权势之中。读者的欲望喜好成为影响作者创作的有力干预力量，宅猪试图反转火天尊的形象，却最终屈服于读者的期待，使得火天尊这个本该有着复杂面目的角色成为脸谱化的反派，成为《牧神记》的遗憾之一。

2. 期待回应：推与拉的建构模式

综合整部小说，宅猪对于读者期待的把握与回应期待的创作仍具有普遍的和谐与有效性。"一般事物对于我们都有一种'常态'，所谓'常态'就是糖是甜的，屋子是居住的，女人是生孩子的之类的意义，都是在实用经验中积累的。这种'常态'完全占住我们的意识，我们对于'常态'以外的形象便视而不见、听而不闻，经验日益丰富，视野也就日益窄隘。所以有人说，我们对于某种事物见的次数愈多，所见到的也就愈少。"① 当网络文学逐渐成为大众化的阅读时，过往的阅读经验使读者对网络文学产生了一种"常态"认知，也会产生对网文套路写作的猜测和对后续内容的期待。这种固态化的认知形成了对网文写作的偏见，但也使得网文创作有了新的突破口，即打破读者固有的常态认知，使读者对后续文本的期待"落空"。这里所说的"落空"并不是忽视读者的期待，而是顺应读者对文本的接受与创造，有意延长读者的期待感受，通过延宕与伏笔形成"推"与"拉""起"和"落"的跷跷板结构的文本建构模式，使得网络文学的创作在从作家中心、文本中心向读者中心、接受中心转变的过程中把握创作的平衡与和谐。

小说以"大墟的祖训说，天黑，别出门"为开头，简洁有力地营造了

---

① 朱光潜：《文艺心理学》，安徽教育出版社，1996年，第22页。

充满神秘的大墟世界。伴随秦牧在大墟的黑暗中被捡回残老村,以唯一健全的人的身份为残老村的老弱病残们带来希望的剧情书写,秦牧没有交代的身份、出现在人烟稀少大墟的原因、天黑不出门的神秘,残老村九老的怪异组合都在小说开篇留下悬念。于是,在对悬念有意的隐瞒与描写下,作者抛出一个又一个新鲜的蒙着面纱的人物设定,铺开《牧神记》的世界背景与文化底色,并以短促的语言吸引读者探索抛出的悬念,使读者无意识形成了对秦牧身份、大墟黑暗真相和残老村九老来历的好奇与期待,由此推动读者参与文本的推测、赏析与再创造。但是宅猪并未马上满足读者的期待,也不打算顺应读者的常态认知,而是通过继续铺开世界、打破大墟稳定生活的方式,将读者对开篇悬念的期待拉回到对主角离开大墟进入延康的期待上,在推拉中实现小说的伏笔铺设与剧情推进。

而在延康变法中,神为人用的变法理念始终受到挑战的书写也是推拉的创作模式。在初期,国内各大门派乃至百姓对此皆不认同,秦牧作为变法革命的支持者与推动者受到众多挑战。由于读者天然地对主角抱有好感与期待,希望秦牧能够冲破挑战,完成变法。此时,读者渴望参与文本创作的欲望高涨,而宅猪冷落读者对变法成功的高涨欲望,以一波三折的变法之路和不断穿越的时空之旅对以变法为核心的文本进行了延宕,将读者的期待拉回到直视改革变法的困境上,也让延康变法有了纵向上与赤明变法、开皇变法比较的可能。随着在历劫中重创,在失败后前行,读者得以从延康变法面临的挫折困境窥见人族崛起的困境,实现以小见大、管中窥豹的艺术效果。变法的重创给读者带来期待落空的失落,而秦牧的失败与无奈也给读者带来爽感欲望的落空与失望,这种情绪上的"落"为之后剧情给予读者快感情绪更多"起"的空间与弹性。

因此,随着秦牧身份的不断揭开,人族、古神、半神、造物主、弥罗宫、开天众等诸多势力依次登场,诸多时代的人物汇聚,读者对迎来决战的高度期待推动着决战进行,并在决战结束的瞬间实现了情绪的高潮。读者的期待在情绪的起落、剧情的推拉中实现对文本的积极接受与有效参与,作者也因此实现面向读者的高效写作。

本文从文化背景、叙事沿革、思想主旨、审美创作四个角度对《牧神记》展开研究。通过对比神话传说、传统文化和武侠小说，明确了《牧神记》的东方玄幻背景，并深入分析"莲花地图法"、千层饼叙事、"莫比乌斯环"在叙事上的延续与创新，指出《牧神记》先弛后张的叙事风格。此外，针对《牧神记》的欲望化写作与严肃性内核，围绕放牧诸神的变法宏图这一思想主旨，对比改革变法的历史原型，分析压抑与狂欢的审美创作，探究严肃内核下网络小说的创作模式。但是，就目前研究而言，本文缺少与同类型网络小说的对比研究，相关理论资料有所不足，在后续研究中有待补充。

隐喻书写下的回归与超越
——《诡秘之主》细评

撰 稿：殷湘云　许嘉璐　徐怡情　陈　曦
定 稿：周　冰　王樱子

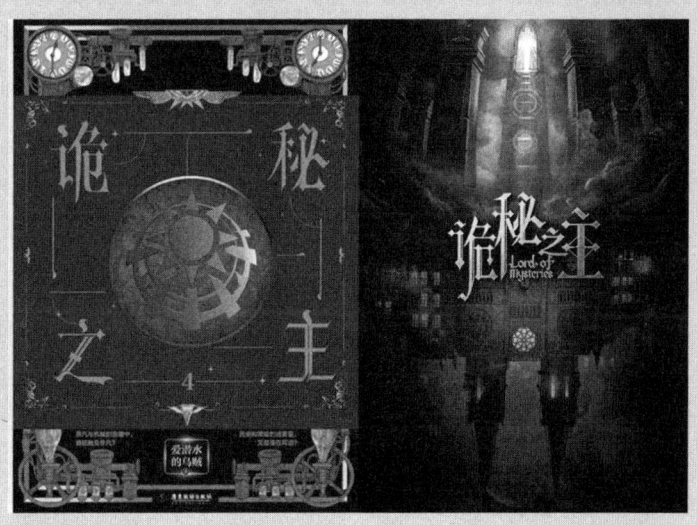

《诡秘之主》
♯故事梗概♯

　　周明瑞因转运仪式穿越至受安提哥努斯笔记影响自杀的克莱恩·莫雷蒂身上，进入非凡者世界。为回归故乡，克莱恩再次尝试转运仪式而误入灰雾，召唤"正义"奥黛丽与"倒吊人"阿尔杰组建秘密塔罗会，并陆续收集前穿越者罗塞尔日记以获取秘辛，试图寻找回到故乡的方式。

　　克莱恩受日记影响选择"占卜家"序列晋升，经历艾略特被绑架案、"首宿号"真凶案、围剿瑞尔·比伯案、古堡探寻案，逐渐发现极光会的阴谋。在调查其中奥秘询问霍伊大学阿兹克先生时，发现他身上迷雾重重，但阿兹克也并未隐瞒且寻求克莱恩帮助，希望能寻回他的记忆。同时，扩充白银城戴里克作为"太阳"进入塔罗会。值夜者小队内部老尼尔听信呓语失控，被克莱恩注意后联系队长，为避免失控将其抹杀。此时克莱恩已经借助扮演法消化魔药，但其晋升速度引起上层注意，为不泄露秘密不得不签订扮演法保密协议，并由此获得"小丑"魔药，完成晋级。真实造物主不可抵抗地降临，队长邓恩与克莱恩为力挽狂澜而牺牲。而这一切都是在逃主教因斯·赞格威尔和0-08封印物的安排。

　　受灰雾的神秘特性影响，克莱恩复活，化名为夏洛克·莫里亚蒂前往贝克兰德，从事私家侦探工作，并在此过程中扩充新的塔罗会成员"魔术师"佛尔思和"审判"休。经贝克朗案件认识"怨灵"莎伦，一同探索地下建筑，得到第四纪贵族秘辛。受名侦探艾辛格邀请调查连环杀人案，在"罗塞尔纪念展"获得"黑皇帝"亵渎之牌。

克莱恩接受委托，长期调查东区，并救了流浪汉老科勒作为东区线人。随后，为晋级扮演，克莱恩涉入围杀"玫瑰学派"、水银之蛇噩运事件、解救吸血鬼埃姆林（后成为塔罗会成员"月亮"）、东区人口失踪案，以更好地理解"魔术师"在获得足够材料后晋级"无面人"。与此同时，奥黛丽加入心理炼金会发展；"太阳"被阿蒙分身附身引发克莱恩的危机感，还跟随小队探索了远古太阳神神庙。之后，克莱恩因友人塔利姆的死亡卷进特莉丝与王子的爱情纠葛，重入0—08的视野，遭受死亡威胁的克莱恩向阿兹克先生求助。逃亡过程中误入极光会交易现场，得知贝克兰德大雾霾的爆发，再次打乱真实造物主降临仪式。官方非凡者介入后，克莱恩逃离贝兰克德，阿兹克先生也将之前从齐林格斯身上缴获的"蠕动的饥饿"封印改造赠予克莱恩后离开。等雾霾事件过去偷偷返回贝克兰德，以祭奠在这件事中去世的老科勒等，然后克莱恩再次离开。

克莱恩开启新的身份戈尔曼·斯帕罗，表面上是想前往海上冒险以求暴富的疯子，而实则是以"狩猎罪恶"为晋升手段的猎人。在"无面人"阶段，克莱恩变成新的"海神"，重新整顿和发展了海神教会。他从"魔术师"得到的电报，联系上了"最忠实"的仆人"魔镜"阿罗德斯，找到自己的信使雷妮特·缇尼克尔，并且把被知识追逐，即将失控的"星之上将"嘉德丽雅变为座下的"隐者"牌。在消化完"无面人"魔药后，克莱恩遇到罗塞尔的长女——"神秘女王"贝尔纳德，围绕罗塞尔大帝的日记展开一系列合作，并被告知其命运在霍纳奇斯山脉的主峰。在晋升"秘偶大师"后，克莱恩接触到能够吸纳非凡者的《格罗塞尔游记》。

之后，克莱恩回到贝克兰德，化身为一位信仰黑夜女神的神秘富翁道恩·唐泰斯，展开了一系列的上层社会交往活动。在这一过程中，克莱恩为获取"诡法师"的魔药配方被送入一座隔绝灰雾，与霍纳奇斯山脉的古代遗迹相类似的迷雾小镇，查拉图逃出。克莱恩成功脱身后回到贝克兰德，发现了下水道里的"偷盗者"途径半神正藏在朋友女儿海柔尔家里，并用梦境的方式影响"魔术师"，但由此却也让他被"渎神者"阿蒙盯上。为了避免阿蒙的调查，他不得不以卖军火到西拜朗为由，暂时离开贝克兰德。这导致克莱恩意外发现"地狱上将"的死神戒指和铜哨，它们能够帮助阿兹克先生在狂暴海找到当初死神陨落的地方，于是克莱恩联系了阿兹克先生，展开了一系列探寻。在探寻中阿兹克先生灵魂一分为二，而受另一半灵魂的吸引，即将融合为一体的阿兹克被"黑夜女神"所救，选择继续过循环的生活，从而降级序列二"死亡执政官"。

在亚当的计划之下，克莱恩猎杀了因斯·赞格威尔，终于为值夜者小队"报仇雪恨"，且晋升为"诡法师"。亚当拿走了"0—08"。晋升为半神的克莱恩，通过灰雾变长的阶梯发现自己遗民的身份，且一直追寻的地球一直就在脚下，无法回去。

克莱恩陷入了自身情绪"内卷"之中，他开始迷茫自己想要追求的是什么，多次寻求正义小姐的帮助进行心理治疗。此时，前值夜者小队且知道他身份的伦纳德以"星星"作为代号加入塔罗会。为救好友的魔术师引荐休念诵"愚者"名讳，以"审判"之名进入塔罗会。克莱恩因为人造死神问题前去调查列车祭祀事件，发现女神并未掌握此教派的唯一性。但此时阿蒙已经完全盯上克莱恩，污染了海柔尔全家对克莱恩进行追踪，所幸克莱恩早有准备借助水银之蛇的能力逃脱。随后克莱恩发现心理炼金会，派正义潜入，并发现黄昏隐士会这一强大组织成员，念其名讳即被注视。

经过多次心理咨询，克莱恩摆脱困扰后发现梦境深处的空想世界。克莱恩为寻第四纪元秘辛，邀请正义星星一同前往《格罗塞尔游记》里的空想世界。后塔罗会各个成员各自发展晋升，因亚当戏弄历史妄想发动神战。与此同时，身处白银城的太阳多次探寻巨人王庭。贝尔纳黛托付隐者在塔罗会上交付一整本罗塞尔日记，发现罗塞尔陵寝。另一边巨人王庭的探寻发现救赎蔷薇与真实造物主之间的联系。克莱恩晋升诡法师后阿蒙感受到源堡，进行追踪。克莱恩阻止乔治三世成神，打断亚当计划后逃回贝克兰德，但被早有准备的阿蒙擒获。

阿蒙领着克莱恩前往神弃之地，克莱恩多次套话消化古代学者魔药。而塔罗会成员也陆续发现克莱恩消失，借着祈祷之力克莱恩短暂逃脱。但探寻诺斯古城后，发现历史遗迹中的阿蒙们，克莱恩随后成功逃脱，前往月城发现灰雾之墙，发展月城民众信仰"愚者"，且获得乌黯魔狼非凡材料。深入了解神弃之地的历史后发现了诸神之间的关系，譬如远古太阳神将自己的肋骨制成亚当，亚当将自己一为二，另一半是真实造物主。

在帮助白银城走出神弃之地后克莱恩晋升为"奇迹师"。为了消化魔药，他伪装成流浪魔术师，游走在战后之地帮他人实现愿望，并制造了"愿望许愿机"。在此期间，他和贝尔纳黛共同来到存在黑皇帝陵寝的神秘岛，唤醒了被外神欲望母神污染的罗塞尔，并得知了更多的真相。为了晋升"诡秘侍者"，克莱恩建立了一个密偶城市乌托邦。与此同时，阿蒙窃取了门先生的成神仪式，成为序列 0 的真神"错误"，并毁灭了乌托邦。克莱恩在稳定了自身人性后，在同盟的神祇帮助下也勉强晋升了"愚者"，并与阿蒙在"源堡"内进行终极对决。阿蒙战败离开地球去了星空流浪，克莱恩在安排好塔罗会众人的任务后，为了能更好地与福生玄黄天尊争夺身体的控制权，陷入了沉睡。

《诡秘之主》
♯细评目录♯

- 一、西幻神秘学：非凡世界的杂糅架构
  - （一）克苏鲁神话的解构与重组
  - （二）序列体系的冲突与和解
- 二、媒介性叙事：面向互联网的写作精神与理念
  - （一）叙事的媒介化倾向
  - （二）作为叙事的关键物："塔罗会"的功能化妙用
  - （三）非线性叙事的巧现
- 三、各有身份：次要人物的塑造技巧
  - （一）"特性＋细节"模式的人物塑造
  - （二）"人设＋类型"的纸片人物模式
  - （三）"扁平＋发展"模式的人物意义
- 四、"诗人的天职是返乡"：《诡秘之主》的回归与超越
  - （一）"故乡"的潜入与共鸣
  - （二）现实人生的扮演与体验
- 余论：《诡秘之主》的出圈与精品化趋势

《诡秘之主》是阅文集团白金作家爱潜水的乌贼（下称乌贼）于2018年4月至2020年5月间在起点中文网连载创作的玄幻类小说。该小说所获成就斐然，位列2020年度网络小说排行榜榜首，获得"2020年首届上海国际文学周"最受欢迎翻译作品等奖项。小说以西方神秘学作为背景，融入克苏鲁背景、卡巴拉神秘学、类SCP元素、维多利亚时代风貌及蒸汽朋克细节，对非凡世界进行设定架构。乌贼结合背景设定、情节创作及人物雕琢与叙述手法，隐喻地表达其对世界的情感体验与独特的人性关怀，而这部小说也带动西方玄幻网文再次活跃在大众视野。鉴于《诡秘之主》的影响与典范意义，本讨论将从背景设定、情节叙事、人物塑造、主题意蕴等多个方面对其进行解码，以期能够呈现其艺术特色、审美意义。

一、西幻神秘学：非凡世界的杂糅架构

　　作为富有影响力的玄幻类网络小说，《诡秘之主》具有浓厚的神话气息，这不仅体现在作者对人类远古神话的直接性借鉴，援引中西神话体系中的相关设定、人物、元素等，更体现在作者通过对当下的人与事物关系的不确定性、偶然性和命运本身的不可知性的呈现与探索，所折射出的有关"神话"性思考。在某种意义上，《诡秘之主》以它庞大的西幻神秘学世界架构，对"自然和社会形式"本身进行了加工，从而实现其"神话叙述"的功能，传达作者对这个世界的认知和判断。这正如弗莱所说："每一个时代都有一个由思想、意象、信仰、认识、假设、忧虑以及希望组成的结构，它是被那个时代所认可的，用来表现对于人的境况和命运的看法。我把这样的结构称为'神话叙述'，而组成它的单位就是'神话'。"[①]

---

① 弗莱著，盛宁译：《现代百年》，辽宁教育出版社，1998年，第74页。

(一) 克苏鲁神话的解构与重组

谈《诡秘之主》的世界架构，无法回避的是作者对"克苏鲁神话"的援引，它的"克苏鲁神话"风格。但认真细读就会发现，作者对"克苏鲁神话"的利用并不是横向的移置，而是在对"克苏鲁神话"解构的基础上，对相关的世界观、神话元素进行重组，从而在共性与个性、改造与融合的基础上，架构起一个具有"陌生化"效果的神话世界。

1. 神话书写的共性和个性

纵览《诡秘之主》一书，它的神话体系主要由人类原始神话中的基础要素、新型神话要素和多种神秘学要素三部分组成，三者有机统一，互相交融、渗透，共同结起了该部作品神话书写的共性和个性。

首先，是人类原始神话中的基础要素。神话的背后蕴含着普遍的人类精神结构，先民对事物的认识和把握尽显其中。在原始思维中，语言和事物彼此不分，语言构造了世界，世界也形塑语言，由此导致了原始人带有语言禁忌、类比、隐喻等富有"神话色彩"的思维方式。以此来观照《诡秘之主》，在小说中，人类对语言的谦恭和恐惧表现在古老语言巨人语、巨龙语、精灵语和古赫密斯语能够撬动自然力量的特性上。而隐喻，则"是神话思维认识世界、把握世界、组织世界和呈现世界的基本形式"①，由它而来的原始思维的情感性和直觉性表现为认识与情感的统一性和人与事物的相通性。人们的情感是事物的呈现，而书中生灵的可怖繁殖欲望便来自于欲望母树的诡异呈现。隐喻性还决定了神话思维的对象"只能是具体的个别的实在物"②。因此，个别意味着整体，具体的部分事物可以转译成完整事物的在场性。克莱恩凭借《格罗塞尔游记》把"血之上将"赛尼奥尔收为秘偶，又将图坦西斯二世木乃伊吸入书中，都是血液代表个体的思维体现。而体现因果性，是原始人面对社会与自然时体现出的一种心理趋向。最初毁灭于其苏醒之时，不仅创造了宇宙，带来了非凡特性，也引来外神的窥伺，让不少非凡者处于永世的恐惧不安中。原始思维的"隐

---

① 曲春景：《神话思维与艺术》，《文艺研究》1993年第6期。
② 曲春景：《神话思维与艺术》，《文艺研究》1993年第6期。

喻性""情感性""直觉性""具体性"和"因果性"等是人类神话在展开自身的基本特点,这些情节的设定连同被原始人赋予神圣性的山脉(霍纳奇斯山脉)以及"巨人族""巨龙族""血族""魔狼""八大天使之王"等等一起,呼应着读者内在的集体无意识,为作者在此基础上的改造奠定了情感基础。①

其次,是新型神话要素,它主要是人类认知产生颠覆性改变时创造出来的,比如克苏鲁神话中的诸种设定。众所周知,每个时代都有每个时代的神话叙述,现代作家不可能完全掌握原始社会的生活形态、原始人民的思维方式,以及原始生产中的功利性和集体性等核心要素。在小说中,作者把故事的背景设定在英国维多利亚时期。而在该时期,20世纪"上帝已死"的思想巨震连同其后的科学创新和二战爆发,一同给予人类以铺天盖地的荒诞感,造就了西方存在主义、荒诞主义和虚无主义三个重要流派。其时,以科学禁区、原罪难逃和天命难违为精神内核的克苏鲁神话便在这一时代背景下大受吹捧。②而小说为了让读者有更多的沉浸式体验,把克苏鲁神话的要素注入,设定在维多利亚时代的小说叙述中,便不仅为隐秘组织信奉邪神提供时代依据,也规避了读者所处社会的先进武器对神的崇高力量的消解。

在洛夫克拉夫特所创造的克苏鲁神话体系中,最根本的特征是由"人类的渺小"而产生的"对未知的恐惧",人类的道德和知识在不可名状的外神和旧日面前毫无意义。小说中代表着世界末日的"末日"一词在小说中多次出现,最早是第197章,奠定了整本书中世界的阴暗底色。在文本上呈现出来的众多设定如形态惊悚(如长满触角)的神话生物、无垠的深渊、外神的窥伺、疯狂的呓语、肆虐的邪神、"凡有言,必被知"(无面人第443章"渠道"增加)、"不可直视神"(小丑第138章 白银之城)等便是取材于克苏鲁的"未知的恐怖"的元素,再加上书中普通民众对日益

---

① 参阅曲春景:《神话思维与艺术》,《文艺研究》1993年第6期。
② 参阅熊欣、宋登科:《〈克苏鲁神话〉中的恐怖元素——兼谈洛氏恐怖》,《沈阳大学学报》2018年第2期。

动荡的非凡世界的不知情设定,让他们在面对非凡者制造的事件中产生负面情绪,比如大雾霾事件产生悲痛和绝望、乔治三世自爆事件产生恐惧和惊悚等,这促使人们反思历史、反观自身,感知人类的渺小。而在此之外,天尊与上帝在相应高序列非凡者身上复活的目的性,又让克莱恩等人乃至读者感知到难以逃避的、来源于人的内心的、无由来的恶意。至此,读者可看的外在的可怖现象与可感的内心的恶意相互交织,构造了乌式邪恶美学,让人感受到一种浓厚的神秘与邪恶氛围。

最后,是各种神秘学要素的融入。小说中同样拥有西方神秘学性质的设定,诸如来源于卡巴拉生命树的二十二条路径、改编自 SCP 基金会的封印物、改造于卡巴拉神秘学的四层感官世界、来源于神智学会的灵界七光、来源于印度脉轮学的人体不同部位的七种颜色、来源于威卡教的窥密人守则"为所欲为,但勿伤害"(《小丑》卷第 29 章《密修会》)、取材于威卡教的各种占卜和魔法仪式、脱胎于超心理学的心理炼金会、借鉴于诺斯替主义的囚徒途径的描述"身是灵的囚牢,世界是自我的囚牢"等等。它们一同构成了小说的神秘氛围和基础设定,其中卡巴拉生命之树是最为重要的,也是克苏鲁和人之间巨大沟壑的连接的媒介。

2. 神话世界的融合与创化

基于上述扼要的分析,可以看到,《诡秘之主》中非凡者世界的大背景借鉴于克苏鲁神话体系,如原初觉醒、古人类灭亡后天尊和上帝的复活尝试以及末日将至;非凡世界的基础和展开则明显来源于卡巴拉神秘学,以后者的十源质对应九源质,二十二路径对应二十二条神之途径;而封印物的设定则肇始于 SCP 基金会的相关理念,等等。这似乎使得作品落了窠臼,缺乏创新。但作为"现象级"的玄幻"大作",《诡秘之主》的神话书写显然不简单,它在借鉴的基础上,进行了一定的改造与融合,从而走出了一条创新性的世界设定之路。

第一,小说虽然采用克苏鲁神话的大框架,但作者没有完全借鉴洛氏体系,只是吸收了一些设定和概念。比如,小说四支柱中的三个主要支柱改编自克苏鲁神话中的三柱神,最初代表阿萨托斯,污秽的母巢代表莎布·尼古拉丝,诡秘之主和上帝则是对奈亚拉托提普和犹格·索托斯的部分借鉴等。再如，在洛氏体系中，神与人的关系是神人殊途，神主宰人，人无法对抗神，被神所蔑视等，这在小说中对应着"不可直视神"（《小丑》第138章《白银之城》），但小说中的神是人的"外化"，具有人的形象，甚至是美丽的，小说中的黑夜女神形象塑造即是如此。同时，神在洛氏体系中无法用人类的道德和逻辑限定，祂是宇宙无序和混沌的化身，这加深了读者对自身命运的不可掌控感和虚无感。但在小说中，神是理性的，他们或为了复活，或为了成为旧日，又或为了对抗外神，也正因如此，高阶非凡者可以在一定程度上与之进行沟通和合作，以期改变结局。可以说，神的人形化和人可以成神的设定在很大程度上消解了小说中神的可怖程度和不可捉摸性，而内心的无由来的恶意则与一系列"未知的恐怖"元素相互交织，适应了当下读者自我张扬与追求刺激的心理现状。

第二，"卡巴拉"是12世纪晚期兴起于欧洲南部的一股犹太教神秘主义思潮，认为上帝有"埃恩索弗"式自我隐蔽、不可认知的静态，也有"赛菲洛特"式创造世界、展现自身的动态。① 但在小说中，九大源质并没有和十大卡巴拉生命之树对应，反而和逆卡巴拉生命之树有些许关系，呼应着世界的混乱与无序，如失序之国对应不安定，母巢对应色欲等。而在另一个层面，卡巴拉神秘学的源质对应克苏鲁神话中的旧日，人与神的裂缝通过卡巴拉神秘学（从精神到物质的过程）的连结得到了消融，构成了小说基础的非凡者世界框架。而在这个框架之外，作者还做了不少补充，如位于灰雾之下、灵界顶点的七光，在这个框架之内，作者更是填充了不少的神秘学设定，如窥密人守则"为所欲为，但勿伤害"（《小丑》卷第29章《密修会》）。这使得小说"出新意于法度之中"，既让人感到了"卡巴拉"的神秘、不可知，但同时又接续了一种"光明"，从而形构起了一种撕裂与张力，强化了读者阅读的审美效果。

第三，序列晋升过程中封印物的设定与融入。作者在序列内填充的

---

① 刘一南：《亦隐亦显，动静等观——试析早期犹太教卡巴拉的上帝观》，《外国哲学》2019年第36辑。

一个重要设定是封印物——非凡特性与物品结合的产物。小说中的封印物改编自SCP基金会，他们的宣言是"我们控制，我们收容，我们保护"，核心思想是人类不能再生活在恐惧中，当没有东西能够保护人类时，我们必须保护自己。《诡秘之主》充分利用了SCP基金会的这一宣言，设定相关的封印物，并将之与人物的序列晋级相关联，从而使得封印物跃出其原本的意义范围，成为结构故事、推动情节的关键物。比如，它让低序列越级挑战高序列成为可能，它为人物之间的战斗提供"爽点"等。

正是立足于上述这样的"操作"，《诡秘之主》对原有的西幻神秘学进行了嫁接与创化，从而"出新意于法度之中"，以英国维多利亚时期适配克苏鲁神话，用旧日勾连卡巴拉神秘学的源质，创设出消融人与克苏鲁神话中的神的巨大鸿沟的晋升途径，以借鉴于SCP基金会的封印物助力主角晋升，为我们呈现了一个超现实的非凡神话世界。这里既有形色各异的"众神"、天使，又有为数众多的修行序列、魔药，更有各类型的神异魔法、神奇物品、神奇生物，而诸如塔罗会、占卜、封印物、失落之地，乃至非凡者失控而带来的混乱、撕裂等，更是进一步放大了小说的超现实神话色彩，从而使这个世界混乱、神秘、躁动，给人压抑之感。当然这并不是说这样一个世界就是完全神话的，就不存在一点人间烟火，比如，小说的维多利亚时代背景呈现，对于贵族、贫民等的刻画，就使得小说充满了较强的现实历史代入感。再比如，小说之"诡秘"，虽然超现实，但却是对现实的折射。它一方面来自于克苏鲁世界观中的强大天使、邪神形象，但另一方面，其又来源于个体升级过程中的普遍疯狂倾向，等等。这种融神话与现实于一炉的设定，使得《诡秘之主》的整体风格走向虚幻、朦胧，但却又透出一种真实，启发着人们对人、生存、世界的思考，从而开启不一样的审美阅读体验。

（二）序列体系的冲突与和解

如果说克苏鲁神话与维多利亚时代是《诡秘之主》的血肉背景，那么建基于魔药之上的序列链条就是它设定的骨干核心，因为这一序列展现非凡者上升的等级体系，推动文中剧情发展，掌握文本节奏，可看作结构整部作品的关键。那么，首先面临的问题是，何为魔药？

魔药是魔法师或巫师的道具，可看作具有神奇力量和效果的药水，有点类似于中国神话中的仙丹。普通人服食魔药，可以获得特殊的能力，出现奇异的效果。比如，我们熟知的《哈利·波特》中的"缩身药剂"，让人或动物回到小时候的样子，而"吐真剂"则是一种使人坦白真相的魔法药剂，只要喝下三滴，便会将内心深处的秘密和盘托出，等等。在《诡秘之主》中，魔药也有着相似的功用，不过乌贼却从本体的角度对魔药的来源、生成、作用等作了一定的改造，赋予了魔药新的内涵。在乌贼看来，人秉造物主而生，虽然聪明非凡，为万物之灵长，但是却缺乏神奇的能力。不过，由于万物同源同生，因此，人逐渐摸索出了获得超凡之力的办法，那就是用恶灵，用巨龙，用怪物，用神奇树木、花朵或结晶的对应部位，配合其余材料，调制成魔药，然后服用吸收，掌握不同的能力，而这就是魔药的来源。在这个意义上，魔药是人类成为非凡者的媒介，具备增强体质、改变人格、深化精神力等作用，是普通人成为非凡者的资格与门槛，也是勾连现实世界与魔幻世界的特殊通道。

但问题在于，直接服用魔药，却可能会导致可怕的后果，比如人的精神死亡、身体崩溃，每一块血肉都变成可怕的怪物；或者被魔药里蕴含的力量瞬间改变人格，变得冷酷、敏感、易怒、残忍，漠视一切；再比如，精神失常，当场发狂，比恶魔还恶魔，走向失控。然后，人类经过漫长的实验和摸索，加上"亵渎石板"的出世，人类完善了魔药体系，形成了一些逐阶提升、稳定增长的序列链条，并形成不同的魔药构成、服用方法、仪式等等。在《诡秘之主》中，这一序列链条有22条神之途径，分为10阶，由序列9至序列0，具体设定如下图所示：

在这一序列链条中，各序列随数字等级递减，魔药品质递增，非凡者能力增强，各序列的名称都代表该阶段的"核心象征"。相近序列在高等级时可以互换，若贸然越级、更换序列会导致失控变异。而尝试对《诡秘之主》序列体系进行解读，则可明显看到其矛盾、完美倾向以及其受网络游戏影响而具有的网游化特点。

低序列	序列9	占卜家	学徒	偷盗者	观众	水手	歌颂者	阅读者	秘祈人	收尸人	不眠者	战士
	序列8	小丑	戏法大师	诈骗师	读心者	暴怒之民	祈光人	推理学员	倾听者	摄墓人	午夜诗人	格斗家
中序列	序列7	魔术师	占星人	解密大师	心理医生	航海家	太阳神官	守知者	隐修士	通灵者	梦魇	武器大师
	序列6	无面人	记录官	盗火人	催眠师	风暴者	公证人	博学者	蔷薇主教	死灵导师	安魂师	黎明骑士
	序列5	秘偶大师	旅行家	奇梦家	梦境行者	海洋使者	光之子	秘术导师	牧羊人	灵主	守护者
高序列	序列4	诡法师	秘法师	寄生者	操纵师	灾难主祭	无喻者	预言家	黑骑士	不死者	守夜人	猫魔人
	序列3	古代学者	漫游者	欺编师	织梦师	海王	正义导师	洞悉者	三首圣堂	摆渡人	恐惧主教	银骑士
	序列2	奇迹师	旅法师	命运木马	洞察者	灾难	逐光者	智天使	秘语长老	死亡执政	隐秘之仆	荣耀者
	序列1	诡秘侍者	星之匙	时之虫	作家	雷神	纯白天使	全知之眼	暗天使	苍白皇帝	神权骑士	神明之手
神级位阶	序列0	愚者	门	错误	空想家	暴君	日塔		倒吊人	死神	黑暗	黄昏巨人
	源质	源堡		源堡		混沌海			混沌海		永暗之河	永暗之河
	序列之上	诡秘之主				全知全能者					时空归一者	

低序列	序列9	刺客	猫人	窥秘人	通识者	怪物	囚犯	罪犯	仲裁人	律师	耕种者	药剂师
	序列8	教唆者	挑衅者	格斗者	考古学者	机器	疯子	折翼天使	治安官	野蛮人	医师	驯兽师
中序列	序列7	女巫	纵火家	巫师	鉴定师	幸运者	狼人	连环杀手	审讯者	贿赂者	丰收祭司	吸血鬼
	序列6	欢愉	阴谋家	卷轴教授	机械专家	灾祸教士	活尸	恶魔	法官	腐化男爵	生物学家	魔药教授
	序列5	痛苦	收割者	星象师	天文学家	赢家	怨灵	欲望使徒	恶戒骑士	混乱导师	德鲁伊	深红学者
高序列	序列4	绝望	铁血骑士	神秘学家	炼金术士	厄运法师	木偶	魔鬼	律令法师	堕落伯爵	古代炼金师	巫王
	序列3	不老	战争主教	预言大师	奥秘学者	混乱行者	沉默门徒	吃语者	混乱猎手	狂犬法师	抬棺人	召唤大师
	序列2	灾难	天气术士	贤者	知识导师	先知	古代邪物	鲜血大公	平衡者	瘟之公爵	荒芜主母	创生者
	序列1	末日	征服者	启蒙者	巨匠	神擎	秩序之子	武悼君王	污秽君王	已行者	母亲	美神
神级位阶	序列0	魔女	红祭司	隐者	完美者	命运之轮	被缚者	深渊	审判官	黑皇帝	母亲	月亮
	源质	灾祸之城		知识荒野		光之钥		暗影世界		失序之国		母巢
	序列之上	毁灭天灾		知识之城		光之钥		恶魔之父		秩序阴影		污秽的母巢

1. 序列链条的矛盾建构

在《诡秘之主》中,魔药体系在一定意义上具有黑暗特质,带有悲剧色彩。而序列链条则蕴含极端性,存在多重竞争与矛盾,但正是这些矛盾不仅使得10阶22条序列的庞杂魔药体系架构更清晰,同时也为非凡者提供行为动机,成为推动情节发展的原动力。

不同序列间的联合与对立构成了第一重矛盾。于序列外部表征而言,在低序列阶段,各途径能力不同,如"战士"序列偏向于力量类攻击型,"医师"序列偏向于治疗类辅助型……在低序列,各序列的辅助配合能够提升实力,高效率处理事务,尽可能保证生存。但是各序列因其自身的不同弱点,也会受到不同序列的属性压制,例如占卜家途径"小丑"序列克制"观众",能够掩盖其特征;而当"小丑"晋升为"无面人"时,又容易被"观众"堪破,受到压制。于序列内部核心而言,有的相近序列间有存在不同方面相辅相成的性质,例如"窥秘人"途径的核心偏向于学识,"通识者"途径核心偏向于应用,二者相辅相成是最完满的结合。而序列体系内也存在相近序列间的对立矛盾性质,比如,"囚犯"途径对于欲望的认识是节制并以此修炼晋升,"罪犯"途径则主张放纵,二者信仰的对立直接导致玫瑰学派内两大势力分歧斗争。依赖于各序列间的矛盾、统一，序列与序列之间的关系错综复杂，这既使得序列之间的合作、对抗具有多种可能性，而且也使得魔药体系丰富多彩，从横向发展的角度有力地支撑起了小说庞大的世界观构造。

第二重矛盾由同一序列内高低序列间的压制斗争构建。高序列者实力高深，法术、"超能力"等随等级逐渐提高，并对低序列者形成压制。更关键的是，高序列者可借助非凡特性聚合定律，以呓语等方式对本途径低序列者进行欺骗与诱惑，利用低序列者摆脱困境束缚，增进力量。比如，老尼尔轻信隐匿贤者呓语，使用邪术复活妻子，实则是为隐匿贤者献祭，反倒使自己失控。而在另一个层面，魔药体系遵循非凡特性守恒和不灭定律，非凡者可依靠同序列内高一级非凡者死亡后留下的非凡特性晋升，由此高等级非凡者可以算作另类魔药材料，生存面临威胁。这种情况下，在高级序列层级，高序列者需要关注与控制高级非凡者的晋升，以防止自己成为被"狩猎"的对象。显然，同一序列内部之间的对立冲突，组建起了序列链条纵向发展下等级晋升的魔药体系，一定程度上展现了弱肉强食的社会准则。

而序列非凡者晋升的正常与失控则构成了魔药体系的第三重矛盾。人类服食魔药成为非凡者，本就是不自然的衍变，需要面对获取力量对应的代价与风险。失控，是由于晋升方式有误或受到神秘引诱、欲望蛊惑所导致的精神失常甚至死亡，身体崩溃，沦为怪物甚至衍变为恶灵。而且随着序列等级的提高，体内堆积的非凡力量愈多，面临失控的风险也就会越大。失控的存在使得魔药体系具备丰富的隐喻，魔药本身是人类欲望的折射，而失控就是人类的彻底异化，象征人类因压制不住自身欲望而失去自我。同失控抗争，必须以理性与学识压抑克制人皆有之的欲望，避免欲望过度膨胀，竭力保持二者平衡是人类成长的必经之路。这重矛盾构造序列链条深度发展的魔药体系，增强设定思考性，形成饱满的美学张力，呈现世界邪异灰暗的内核。

由上述扼要分析可以看到，在《诡秘之主》中，序列链条的三重矛盾从横、纵、深三个维度，为我们架构起小说等级晋升的魔幻设定，而魔药体系的矛盾性与残酷性设定，则又使得它能够自然融入黑暗的背景而不显突兀。更为关键的是,这样的矛盾性架构,深隐着主角"愿望－动机－行动链条"①的实现潜台词,神祇并非不可亵渎,非凡者可以利用时机、机遇、奋斗,借助于自我的努力与拼搏,从平凡而至"神"。这样的成神之途,亦能够为读者提供"情感体验与快感补偿"②,建构一种奋斗式伦理,从而让读者在阅读中,感受草根逆袭式的快感与荣光。

2. 序列发展的完美倾向

在《诡秘之主》中,序列链条的设定固然使小说叙述的可能性大增,但卡巴拉神秘学的完美观念与塔罗牌的轮回观、命运观同样不可或缺,它们的融入不仅使小说更适合升级流网文的套路,而且也促使作品拓展出更为丰富的神秘性与隐喻性。

按小说的序列设定,每个序列途径的偏向都有所不同,是其内部核心的极致化,体现出一定的极端性。比如,"猎人"途径在序列4时会强行变性为男,这个序列将男性阳刚强健、对权势与战争偏好的特色发挥到极致。而"刺客"途径于序列7时会强行变性为女,其整条序列则将女性的阴柔魅惑、对情感情欲偏好特色达到极点。而序列0需要吸纳此两条序列的唯一性与非凡特性,才能够成为掌握"灾祸之城"源质的旧日"毁灭天灾、根源之祸"。这两条序列表示,男女从某种意义上来说,不仅仅是性别,更是性格、气质、能量等的差异。每个人身上皆有男女的某些特性,所异者只不过是所占比重。而在达到晋升的极致后,面临的就是平衡问题,过刚易折,过柔则靡,只有解决了平衡问题,才能走向更高的层次。若想再前进一步,就需要融合更多序列,最后达到创世神最初造物主级别。在某种意义上,这些序列的能力其实也就是由他分裂而来,是对完美与最初之"分有",非凡者所掌握的能力越多,融合得越多,就越是能成为完美的个体,成为更高级别的强者,最后乃至于成为至高神,掌握整个权柄体系。

这样的设定在一定程度上体现了卡巴拉神秘学的完美观念。在卡巴拉

---

① 王祥:《网络文学创作原理》,中国人民大学出版社,2015年,第47页。
② 王祥:《网络文学创作原理》,中国人民大学出版社,2015年,第14页。

神秘学中，对于上帝的称谓有"肯定性短语'独一者'（ha-echad）、'完美的统一体'（ha-achdut ha-shelemah）、'统一体的完美'（hashlamat ha-achdut）或'统一体的对称'（hashva'at ha-achdut）"①，以此观照各序列对完美与极致之追求，可看到它们之间的"异质同构"。而再联系小说对卡巴拉神秘学的援引，那么显然，《诡秘之主》中序列晋升的完美化倾向就是对卡巴拉有关上帝理念的体现与"分有"。而从另一个层面来看，这种对完美的追求又是弥合现代人分裂的必要手段，与现代多元化的时代背景相契合，这正如卡尔维诺所言："现代人是分裂的、残缺的、不完整的、自我敌对；马克思称之为'异化'，弗洛伊德称之为'压抑'，古老的和谐状态丧失了，人们渴望新的完整。这就是我有意置放于故事中的思想—道德核心。"②

然而，问题的复杂性在于，趋向完美并最终完美，就会唤醒完美所指下的神灵，进而只有神性，丧失自我，被神所取代。因此，为了追寻完美并保留自我，小说引入了塔罗元素的轮回观念来做平衡。在小说中，克莱恩自茧的沉睡中醒来，经历重重磨难，坚持着人性与神性的对抗，正如愚人的最后抵达"世界"牌来到旅程的终点后，克莱恩为避免神性对人性的吞噬，再度陷入沉睡以压制福生玄黄天尊的力量。从小说结尾梅丽莎"不用害怕，去和他打个招呼"（愚者卷第41章 新的旅程）中对愚者称呼用"他"而非"祂"，及小女孩与触手的击掌，可以看出克莱恩的人性现处于优势地位，他即将获得新生，这样，克莱恩的故事便形成一个轮回。而在到达实力的顶点之后，仍需要保留起始时的人性与自我，正是塔罗牌大阿卡纳牌的一大寓意。

在轮回观念之外，小说中的主要组织"塔罗会"、克莱恩作为占卜家的工具塔罗牌以及罗塞尔制作的"亵渎之牌"都能看到塔罗作为元素的出

---

① 刘一南：《亦隐亦显，动静等观——试析早期犹太教卡巴拉的上帝观》，《外国哲学》2019年第36辑。
② 伊塔洛·卡尔维诺著，吴正仪译：《我们的祖先》，译林出版社，2008年，第486页。

现。而序列 0 其实也是塔罗牌 22 张大阿卡纳牌的变体，并且序列链条本身同对应塔罗牌也存在或多或少的联系，具体情况可参看下表①：

"占卜家"序列——"愚者"	"学徒"序列——"魔术师"
"通识者"序列——"女祭司"	"刺客"序列——"女皇"
"律师"序列——"皇帝"	"水手"序列——"教皇"
"偷盗者"序列——"恋人"	"猎人"序列——"战车"
"战士"序列——"力量"	"窥秘人"序列——"隐者"
"怪物"序列——"命运之轮"	"观众"序列——"正义"
"秘祈人"序列——"倒吊人"	"收尸人"序列——"死神"
"囚犯"序列——"节制"	"罪犯"序列——"恶魔"
"阅读者"序列——"塔"	"不眠者"序列——"星星"
"药师"序列——"月亮"	"歌颂者"序列——"太阳"
"仲裁人"序列——"审判"	"耕种者"序列——"世界"

塔罗的对应设定丰富各序列链条的隐喻意义，同时也作为埋伏笔的工具，为该序列者藏下其对应的命运。例如，作为"刺客"序列对应塔罗牌的"女皇"牌，尽显女性特征，其正位代表美貌魅力、丰收享受，而逆位则是失去理智与毁灭，这正照应着特莉丝的命运。然而塔罗不是宿命论的工具，它实质上侧重于对未来未知的探寻，是对自我的认识与发展。克莱恩的愚者之路便顺应这一点，对未来命运的预测能够教导人以处事不惊的平常心相待，做好面对未来的尽可能万全的打算，不留遗憾。知晓最终结果后所做下的选择哪怕是知其不可而为之的努力，其内里包含着坚定的目标与人生的意义，能够成为认清自我的重要过程。

---

① 爱潜水的乌贼：《塔罗牌的对应》，微信公众号：爱潜水的乌贼，https://mp.weixin.qq.com/s/LqfH7OiYmz7omuZbEYv2Aw。

显然，卡巴拉生命之树和塔罗牌拓宽了《诡秘之主》序列的隐喻空间，使得魔药体系的设定更为饱满丰富，呈现完美与轮回观念。乌贼并没有简单地照搬原有的规则，而是对二者的设定进行一定的创化与改编，从而使得设定的融合更契合小说文本，凸显人性与本我的思想内蕴。

3. 序列配置的网游特色

阅读《诡秘之主》，可以发现该部小说从总体来看仍属于玄幻小说的打怪、升级、换地图的范畴，带有明显的草根逆袭的套路叙事色彩。但让人眼前一亮的是，在这套路背后，却有着"反套路"的设定与操作，最明显之处便是22条序列链条及其配套的技能设定，这是之前的玄幻网文都不曾出现的。这一突破除却乌贼本身是设定流写手，对设定的重视斟酌之外，也能从中看到新媒介语境下网络游戏和网络文学的融合趋向。

网络文学与游戏的关系"难舍难分"。从主体的角度来看，当前的网络作家多为"80后""90后""00后"，他们正是"触游"的几代，游戏经验成了他们写作的底色。从文本的角度来看，"各大读书网站上不仅有专门以网络游戏为内容的网游小说，其他的小说类型，如玄幻、仙侠、历史、都市、竞技等，也都成了一款款披着小说外衣的网络游戏。网络游戏的基本要素，如设定、升级、地图、对决（PK）、装备、副本、数据等，俨然成了网络文学的创作套路"①。早期网络文学的代表性著作《风姿物语》就是日本RPG游戏（角色扮演游戏）《RANCE》系列的同人作品。具体到《诡秘之主》，可以看到《黑暗之魂》系列和《血源诅咒》等ARPG（动作角色扮演）游戏对序列设定的影响。

《黑暗之魂》系列和《血源诅咒》都是以黑暗神话掺杂克苏鲁元素为背景的游戏，多纪元时代与多势力划分的特点同《诡秘之主》的世界设定有着相似之处。但乌贼走得更远，在克苏鲁之外，他还借助塔罗牌与卡巴拉神秘学，杂糅种种从而构架富有隐喻性的世界。如此宏阔的世界图景与多样化庞杂的序列体系设定，使得小说的叙事生态"自成体系"，"生生不息"，就如游戏里操控人物进行打怪、升级、冒险一样，为读者留下多重

---

① 黎杨全：《警惕网络文学的"网游化"趋向》，《光明日报》2013年9月24日。

代入选择与再创造的可能。

小说也将游戏中出现的"万能钥匙"等元素，作为写作素材安插在各处。游戏元素的使用能够给予原游戏玩家亲近感，带来"双厨狂喜"的联动效果，助力游戏和小说的传播。而《诡秘之主》与游戏最为相近的是多重职业的选择。以《黑暗之魂》1为例，游戏初始界面中，玩家创建角色除了输入名字以外，也需要选择性别、外貌、职业和初期装备，职业诸如战士、猎人、小偷、魔法师等10个职业，这和某些序列异曲同工。这些职业被改造及扩充后，以22条序列的面貌出现在小说之中，提供丰富多样的选择与体验，这可看作是《诡秘之主》对网络游戏交互多元特色的借鉴。

而在另一个层面，伴随小说序列配置网游化倾向的是序列走向的象征隐喻与讽刺批判。在《诡秘之主》创作之前的玄幻小说往往沿袭玄幻小说开山作《缥缈之旅》，将等级体系设定为"筑基、开光、胎息、辟谷、金丹、元婴、分神、合体、大乘、渡劫"[①]，进而对力量等级的划分与命名进行简单的修改调整。在起点中文网收藏榜玄幻榜单排行[②]的前十名中，这些玄幻网文的升级设定都是大同小异，大多都是简单借助道家、佛家等名词及固有西方玄幻升级体系进行体系命名，缺乏创新性。如下表：

排行榜单	修炼等级
NO.1《圣墟》	觉醒境——枷锁境——逍遥境——观想境——餐霞境——塑形境——金身境——亚圣境——圣域境——映照境——神祇境——神将境——神王境——天尊境——混元境——大宇境/究极境——终极进化者
NO.2《诡秘之主》	见上方序列链条表格

---

① 刘慧慧：《论玄幻小说力量设定的"金字塔"模型》，《网络文学评论》2018年第6期。

② 参见https：//www.qidian.com/rank/collect? chn＝21&style＝2&page＝1，数据更新至2021年02月01日。

续表

NO.3《牧神记》	灵胎神藏——五曜神藏——六合神藏——七星神藏——天人神藏——生死神藏——神桥神藏——天宫神境体系——尊神——真神——瑶池——斩神台——玉京——凌霄——帝座——天庭
NO.4《斗罗大陆Ⅲ》	魂士——魂师——大魂师——魂尊——魂宗——魂王——魂帝——魂圣——斗罗
NO.5《斗破苍穹》	斗之气——斗者——斗师——大斗师——斗灵——斗王——斗皇——斗宗——斗尊——斗圣——斗帝
NO.6《大主宰》	感应境——灵动境——灵轮境——神魄境——三天之境——至尊境
NO.7《斗罗大陆》	同 NO.4
NO.8《完美世界》	搬血境——洞天镜源——化灵境——铭纹境——列阵境——至尊境——神火境——真一——天神境——虚道境——斩我境——遁一境——至尊境——仙王
NO.9《雪鹰领主》	普通（学徒级）——星辰级——超凡——神灵（不朽）——界神（宇宙尊者）——真神——虚空神——宇宙神——浑源
NO.10《万界天尊》	天修：安身境——立命境——窥天境——登天境——踏天境——破天境——天道宝轮——天道 灵修：聚灵境——凝魂境——自然法——衍天相——大自在——逍遥游——天道宝轮——天道

但《诡秘之主》的设定却与此不同，它虽然也脱胎于游戏经验，但是却没有止步于游戏经验，而是在游戏之外增加了更多的话语含蕴。例如，"律师"途径在序列8时摇身一变，成为"野蛮人"，最懂得律法的高阶知识分子会成为粗鲁、暴力、不讲道理的象征者，随后一路犯罪，成为"贿赂者""腐化男爵""混乱导师"……最终彻底推翻社会法制，成为权威顶峰"黑皇帝"。正是展现社会变革中血腥的黑暗面，好人堕落却能取得至高的名誉、利益，歪门邪道可以更快速便捷地登上高峰，以无上权力定下自身行为的合法性，这是对社会伪公平、伪正义的讽刺，意味深长。如此充分运用序列等级设定，带来"附加值"的操作实属难得一见。也正是基于此，《诡秘之主》的序列等级晋升不再是网络游戏中的干瘪数字，而是

具有多种可能性与丰富性，在某种意义上，这是对固有玄幻升级流的创新。

▽ 二、媒介性叙事：面向互联网的写作精神与理念

作为一部数百万字的网络文学作品，《诡秘之主》的叙事内容及其手法虽未完全脱离网络小说整体写作套路，却仍在此基础上有所创新与超越。它充分汲取互联网时代的媒介精神与写作养分，以叙事的媒介化倾向为理念，以微观故事、文本的媒介编织为技巧，从而在非线性叙事的营构中，体现出一位"讲故事人"的创新与追求。

（一）叙事的媒介化倾向

互联网络信息技术无疑已经成为构建当代人类生产生活的基础要素之一。从各类型的新闻资讯网站、生活 APP、娱乐软件，再到以网络文学为代表的新媒介文艺，互联网空前介入到我们的生活中来，这使得当下的我们常常是触网而存、依网而生，媒介似正向着人的本质方向发展。在这样的语境之下，乌贼的写作不可避免受到网络媒介的影响，从而使得《诡秘之主》的叙事与当下的网络社会共振，有着明显的媒介化色彩。这突出表现在以下三个方面：

其一，整体上的穿越理念设定与架构。《诡秘之主》背景宏阔、设定精彩，常使人忽略该部小说是一本穿越小说。仔细阅读文本，会发现，小说本质上讲的是一个穿越的故事，其设定是以穿越来架构的。小说起始，地球人周明瑞因霉运连连，尝试"方术纪要"中的转运仪式，导致灵魂穿越至受提哥努斯笔记影响自杀的克莱恩·莫雷蒂身上，从而进入了正神、邪神、非凡者、普通人构成的异世界。为回归故乡，克莱恩再次尝试转运仪式而进入灰雾，无意间召唤奥黛丽与阿尔杰进入灰雾，了解了非凡者的隐秘，组建了塔罗会，搜罗同为穿越者的罗塞尔大帝的相关信息，并开启

了他在穿越世界的冒险与诡秘之途。

回顾这一穿越设定,可以看到穿越对小说整体架构的关键意义。如果没有穿越,异世界的重生"奋斗"就成为一句空话;如果没有穿越,就不会有主角时不时的孤独感与疏离感;如果没有穿越,就不会有乍闻"老乡"罗塞尔大帝之欣喜,识见汉字之慧心;更进一步,如果没有穿越,就不会有小说主旨返乡之隐喻,等等。那么,小说缘何会采取穿越这一模式?在我们看来,小说之所以选择穿越这一叙事模式,固然有穿越已成为网文写作的套路与时尚,比较容易进行叙事"架空",符合读者的期待视野等众多原因,但更为关键的是互联网媒介影响之下的文学想象与无意识选择,其凸显的是作者在异世界构建虚拟体验、寻求自由的尝试,本质上是互联网媒介时代虚拟主体性体现,"其从网络的界面穿越、'线上'与'线下'世界的时空区分中获得文学想象,并表现了网络社会来临后虚拟主体的间性及其精神征候","穿越小说的故事套路与快感生产实际上就是现代人进入网络空间,特别是游戏空间寻求自由、构建理想自我这种日常体验的投射"①。

其二,叙事关键物的媒介化特征。在穿越这一背景下,《诡秘之主》所依赖的叙事关键物如"塔罗会""序列链条""魔药"等皆具有一定的媒介化倾向,它们或者与当下社会的网络化应用相呼应,或者深受媒介融合之影响,表征着一种间性,更或者体现了媒介时代的精神与理念等等。以"塔罗会"为例,其运作方式类似于网络聊天群,大家定期或不定期地围绕相关事件,"冒泡"进行会议,互通信息有无,求助解决碰到的问题等等。作者在小说中也明确提到过"塔罗会"与QQ聊天群的相似性:"按照这个思路推理,我虽然无法在对方举行仪式时,立刻收到'请求',但只要进入灰雾之上,就能看到对应信息。""简单来说,就是QQ的在线和离线消息的区别。"(《诡秘之主》第一部《小丑》第58章《一个思路》)除了类似于群聊的交流方式,其交流上的问答形式也类似于贴吧、知乎上

---

① 黎杨全:《虚拟体验与文学想象——中国网络文学新论》,《中国社会科学》2018年第1期。

的问答交流,这是新媒介语境之下,信息、知识等获取方式变化对文学影响的明证。

其次,"塔罗会"还有一个"线上交易"的功能。"塔罗会"成员可以在"塔罗会"上交流,再经由"愚者"之手以献祭和赐予的方式完成交易,其交易内容也不局限于现有物品,还有知识和情报,同时还可以预订或赊账。而这样一种交易本身,也是主角克莱恩将线下"二手交易市场"——隐秘聚会搬到线上而产生的,这与现实世界的网络交易有着异曲同工之妙。这一类与现实世界发展相似的事物,被作者融入幻想世界,不仅能更好地帮助我们代入书中人物的生活,成为共鸣感的来源之一,而其也因本质相同却面貌相异的发展方式,可以启发我们以另一种方式去看待新事物,并以合理的幻想去猜测它们的发展方向。

其三,"超文本"式的叙事网络。"超文本"(hypertext)是美国学者纳尔逊自造的英语新词(1965),由"text"与"hyper"合成。对纳尔逊来说,"超文本"意为"非相续著述"(non-sequential writing),即分叉的、允许读者作出选择、最好在交互屏幕上阅读的文本。[①] 超文本具有明显的非线性的特征,它在传播过程中又会呈现出交互性、交叉性、动态性的特性。以超文本的理论审视网络文学,可以发现,其是借各种网络平台(如起点中文网、晋江文学城)完成读者和作者的交流的,而这些平台也是超文本发展的产物——超文本平台。这正如黄鸣奋的观点:"如果我们将 WWW 作为电子超文本网络之代表的话,目前以之为平台的文艺作品大致可以分为三类:第一类是本身即为超文本的作品;第二类是本身虽非超文本,但却诞生在网络中,以网络为安身立命之地的作品,在国内广为人知的便是'网络文学';第三类是被搬迁到网上的传统文艺作品。"[②]

具体到《诡秘之主》,它以媒介时代的"超文本"来结构它的叙事网络,其叙事不是单维的,而是多维的,是各类故事线的交叉、连结与补充。这里有虚拟世界的故事线,有现实世界的故事线,更有各世界内本身

---

① 黄鸣奋:《超文本诗学》,厦门大学出版社,2002年,第90页。
② 黄鸣奋:《超文本诗学》,厦门大学出版社,2002年,第227页。

交叉的故事线，更有因读－写互动带来的穿插与融合，等等。比如，以塔罗会为一个锚点链接主线与支线；又或者以一个人物为锚点链接其他任务的故事线，这个人除了主角克莱恩也可以是其他人，如代表了贵族势力的奥黛丽，通过她就可以链接起属于这一块的人物网。而当扣动一条故事线，在链接与跳转中，它带起的是整体性的叙事网络，打开的是小主产整体的叙事语码。

（二）作为叙事的关键物："塔罗会"的功能化妙用

在上文，我们对《诡秘之主》媒介化叙事特点扼要进行了呈现，其相对宏观，那么在微观层面媒介性又是如何体现的？在此，我们可以塔罗会的设定为例进行一定分析。在我们看来，塔罗会在小说中既发挥了其作为会议的基本功能，但同时也是小说叙事技巧的典型体现。

塔罗会位于"九大源质"源堡，是由克莱恩建立并主导的隐秘组织。每一位加入的成员都须从塔罗牌主牌中抽取一张牌作为自己的代号，成员之间以代号互称，一共有 10 位成员（实际为 9 位，"愚者"与"世界"均为克莱恩），每周一下午三点，成员可以在"愚者"的召唤下进入不被干扰的灰雾之上，在长桌旁进行情报与物资的交换，有时也会以成员之间的互相委托开展现实世界的活动。除了几次因为主线剧情的原因，有过推迟和临时召开，在塔罗会正式成形后，桌子旁的主人公们都会按约定时出现。这样的一种定时开会的设定，像是时间线上一个一个固定的节点，这种类似节拍器一样的存在可以起到控制故事节奏作用。

对作者来说，"塔罗会"可以在大部分情况下帮助他去控制叙事节奏。从内部看，塔罗会的召开是一个固定的时间点，两个时间点之间有着相同的故事时距，而位于这样时间内的叙事内容，必须减少省略并充实内容，以避免产生叙事乃至剧情的间断性。换句话说，就是每个时间点之间的内容，既要承接上一次会议内容，又要为下一次会议提供足够的谈资（包括情报和物品）。这要求作者在这一周的故事时间内必须同时推进多条故事线，并尽量使它们处于大致相等的进度。如此推进剧情的手法，会让每个以塔罗会为分割的故事时距内，每一条故事线都是近乎相同的叙事时间，从而使得整个时距中的叙事节奏走向统一。这样固定的叙事节奏反映到外部，就可以帮助作者在漫长的写作周期内，尽量避免出现节奏混乱的问题，而且作者也可以通过加快或放慢整个故事时距的叙述时间，整体改变该时间单元叙述节奏来体现故事的高潮。例如，作者常用30章节左右的时间去叙述一个星期的内容，但在克莱恩带领和帮助白银城众人通过巨人王庭来到外界的那一个星期，从准备到行动，作者用了将近49章（第6部第78章《祝愿》到第7部第11章《层次的变化》），这从侧面体现出白银城走出失落之地这一段故事在整个文本中的重要性。

对于读者来说，塔罗会的时间点在整个时间线上是一个参照点。在很多情况下，文本的叙事时间和故事时间是不统一的，读者在阅读过程中，很容易出现以叙事时间的长短来衡量故事时间的情况。所以很多作者都会在作品中特地强调时间概念，例如马伯庸的《长安十二时辰》，便直接用"辰时、丑时"这样的时间名来做每一章的标题。而在本文中，每周一次的塔罗会自动充当了这样的角色，尽管每一个塔罗会之间的叙事时间会因为剧情的起伏或者因为其他故事片段的插入而不同，但只要再次出现塔罗会，读者们就会很明确地认识到，主线时间只是过去了一周而已。

塔罗会在强调时间点的同时，也利用会议本身所具有的交流特点展现出很多其他的功能来。通过不同人物的叙述，一是可以提前埋下或者呼应伏笔；二则可以了解更多的设定，例如，塔罗会的众人常常从戴里克口中了解失落之地的情况和一些与教会记载不同的隐秘；三是可以借助人物之口进行"复盘"，对一些相对散乱、复杂的剧情进行再次梳理，例如时间跨度很长，地点又从贝克兰德延伸到了海上人口贩卖的事件。塔罗会的"复盘"功能，是本文"爽点"的重要组成部分之一。《诡秘之主》"爽点"的来源早已不再局限于网络小说"升级打怪"的套路。除了像侦探小说，通过抽丝剥茧展现真相，以满足人类好奇心所带来的"爽点"，更多是经过充足的准备与设计，然后去收获"猎物"后获得的满足感。而这样的一种满足感，在他人面前复盘后，将进一步地升华成为一种"爽感"。例如，在克莱恩成功阻止了乔治三世成为黑皇帝后，只知道乔治三世死亡的结果却不知道背后真相的隐者嘉德丽雅便在塔罗会上询问了出来，在经过"愚者"的解释后：

> 嘉德丽雅脑袋埋得更低了，比以往更加敬畏青铜长桌最上首的那位伟大存在……仅仅只是"愚者"先生展示出来的那些东西，就让一位圣者缺乏了自信……"正义"奥黛丽只是看了一眼"隐者"女士，就解读出了她的心理状态。（《诡秘之主》第六部第 23 章《建议》）

嘉德丽雅对"愚者"的崇敬，也就是对主人公的崇敬，当读者将自己代入主角，自然也能体会到这样一种因强者的敬仰而带来的快感。这样一种相对温和的快感机制，给早已习惯因相同的套路化剧情所带来的传统快感的读者们带来了新的快感体验。

（三）非线性叙事的巧现

如果小说文本内所架构的虚拟世界足够大且真实，那么它就可以在线性叙述文本的基础上，去模拟一种超文本的结构，从而让非线性叙述得以充分发挥其优势。在《诡秘之主》中，塔罗会就像超文本的链接点，它通过一个定期或不定期会议的模式，将不同的故事线链接在一起，完成了故事线的交叉，再借以参会人物的交流徐徐展开，让读者在同一故事时间内得以立体、完整地了解一个事件，从而巧妙地营构出了它的非线性叙事特点。

假如将主角克莱恩的故事线比作树的主干，其他人物的故事线比作枝干，那么塔罗会就位于每一个长出枝桠的地方。这样"树状"结构便是非线性叙述的一种。每当克莱恩作为主持者开始会议的时候，随着每个塔罗会成员的发言，各自所代表的故事线就自然而然交叉在了一起，从多线融合成为有顺序有逻辑的故事讲述。例如，在贝克兰德"大雾霾"事件结束后的第一次塔罗会，奥黛丽以感谢的方式和盘托出了克莱恩拯救贝克兰德的消息，戴里克则是继续讲述小男孩杰克从恩马特港来到神弃之地的后续故事，而佛尔思拿出的罗塞尔日记则又延伸出一个新的神秘组织"黄昏隐士会"等。这几条看似毫无关联的故事线，因为塔罗会的存在而糅合在了一起，又因为会议本身自带的交流功能，使得读者很容易便能接受不同的故事线带来的不同信息，从而助推小说故事与世界的进一步展开。

而在另一个层面，非线性的单线叙述也靠着塔罗会的存在削减了不少碎片化叙述带来的局限。例如，主要靠日记内容和极小部分他者回忆而建构起来的罗塞尔故事线。散乱的日记和片段式的回忆导致该人物没有一条直观完整的叙述时间线，这条故事线也不能简单地进行插叙和倒叙，而是在一条时间线上不断跳跃，选取不同的片段插入整体叙述中。它的前一段和后一段除了来自同一个人，逻辑上是毫无关联，这样的非连贯叙事方式就很容易给读者带来混乱感。在小说中，罗塞尔故事线的内容，大多是为了塑造罗塞尔的形象，或是传达一些神秘学知识，或是弥合起小说的世界观等。这样的故事如放在传统作品中，它们是以一种横向插入的方式放进整个叙事文本中的，极易产生剧情的断裂感。为了避免产生这种不适的阅读感受，作者几乎将他的故事链接点，放在了塔罗会上，借助塔罗会和主角阅读日记的猜想、解释，将它和主线剧情较好地融合在一起，从而使得随着主线剧情的推进，罗塞尔的故事线也不断趋于完整，其人物形象亦愈发清晰。在这个意义上，《诡秘之主》所呈现的模拟超文本结构的方法使得小说的叙事手法呈现出一定的新意，而塔罗会本身携带的会议功能也在这个文本内得到了充分的展现，使得叙事结构更加完善。

因此，在某种程度上，《诡秘之主》汲取了互联网时代的媒介精神与要义，使其在叙事策略与方法上有了一定突破，给予了久读套路化叙事模式的读者以惊喜，甚至有读者将其评价为网文写作的新套路。抛开其是否真的成为新套路不谈，这种与大部分网络文学作品不同的写作方法确实令人耳目一新，值得借鉴与学习。

三、各有身份：次要人物的塑造技巧

网络小说固然是讲故事的艺术，但故事总要由人来结构，有了人故事才有精气神，有了人故事才能演化为情节，从这样的角度来说，任何一部成功的小说，人物的塑造都至关重要。具体到《诡秘之主》，为更好地讲述故事、传达思想，乌贼在人物塑造、人物间的互动以及人物与环境、情节的适配上下足功夫。主角克莱恩的塑造，前铺后垫，光环满满，喜爱者、谈论者众多，但是似乎论者对次要人物多有忽略。在我们看来，在主角克莱恩之外，众多的次要人物、小人物等塑造的同样突出，比如邓恩、奥黛丽、威尔·昂赛汀等。作者通过对某一性格的突出展现以使人物符号化迅速为读者认识，随后辅以细节丰满人物，使得人物易被代入，更显真实。这些人物往往作为反角、捐助者、助手等叙述基本角色登场，推动剧情发展与主角的成长，为背景设定奠定基调，丰富情节发展，增添趣味性，也为克莱恩等主要人物的实力成长、性格变化提供对照与依据。同时，其自身塑造也鲜活生动，具有重要的价值与审美意义。因此，本部分有关《诡秘之主》人物塑造的讨论将主要围绕克莱恩以外角色展开，以求能够抛砖引玉，引起学界对主角之外角色的关注与研究。

(一)"特性＋细节"模式的人物塑造

主角周明瑞自身经历了由普通人而至非凡者，由贫穷的克莱恩到富豪道恩的过程。因而他作为非凡者，既了解官方非凡者体系，又感受过自由非凡者的生存方式；作为现实世界的人，他的亲身经历及塔罗会的运行使他与社会各职业各阶层的人都有所接触。读者能够通过他的视角看芸芸众生，感受到人生百态，更觉《诡秘之主》世界的真实。

回顾《诡秘之主》中大多数人物，我们往往会用一系列形容词去概括他们，比如，"隐者"嘉德丽雅，总是会将她与睿智博学、优雅自知、自立自强等相关联，"渎神者"阿蒙则总是与阴险、狡诈、恶趣味、惊悚等相关联。美国叙事学家查特曼在他的叙述学理论中提出小说人物由"特性"构成，将"特性"定义为"相对稳定而持久的个人品行"[①]。特性隐藏在人物体内，通过人物的话语、行动以及心理活动表现出来。一个人物

---

① 西摩·查特曼著，徐强译：《故事与话语》，中国人民大学出版社，2013年，第126页。

体内不可能只有一个特质，人物与特性通常以这样的关系公式存在：C（人物）$=T_n$（特性）[①]，即角色都由若干种特性组合而成。

由于次要人物出场次数与篇幅的限制，乌贼往往采取夸饰的手法，艺术地突出人物的特性，并以多次重复强调的方式给读者留下鲜明印象。比如，"水银之蛇"威尔·昂赛汀，他的出场总是伴随委屈、可怜、弱小，喜好甜品，他便是以爱吃冰激凌的幼态身理与其强大的神力形成鲜明反差萌，获得众多读者的注意与喜爱。不过伴随着故事时间的流逝，人物亦会有所改变，但是其代表性特质往往伴随始终，如"太阳"戴里克的"勇气"，这样的"勇气"伴随他的成长，是他人物形象中重要的闪光点。这便是人物中的代表性特质，它必须足够鲜明，以便形成人物的"气质"与个性，以便与其他人物有所区别。

这种特性还能使得人物特性与行动相勾连，从而给人物的诸种行为以合理性解释。小说中邓恩形象的鲜明特性就是忠实可靠、沉稳理性、关照后辈，因而他的故事线是统筹带领克莱恩等值夜者合作处理案件，在第一部结尾他为守护廷根而牺牲也就符合其性格，顺理成章，能够逻辑自洽。当突出人物某种特性并使之成为行动的第一动力时，人物便被符号化，读者能够快速认识并理解人物，次要人物的鲜活性也能够在有限的篇幅内展现得淋漓尽致。

但是人物性格、特征等不可能一成不变，而是随剧情发展与环境变化而变化，换句话说，也就是人物特性的流失、增加和新特性的替代。尤恩在《叙述中的人物》曾提出过人物轴线理论，其中的"静态至发展轴""单一至复杂轴"对我们分析《诡秘之主》中次要人物颇有启发。

"静态至发展轴"是指人物的特性变化介于"静态极"（人物几乎没怎么变化）和"发展极"（人物性格发生巨大变化）之间，从静态极向发展极的发展更能够凸显人物的成长，因而此种人物特性多是以主角克莱恩为首不断成长的塔罗会成员的变化。例如，"正义"奥黛丽在故事前期，内在所拥有的"不谙世事"的特质，在经历了世事变幻后变成了"明世故而

[①] 胡亚敏：《叙事学》，华中师范大学出版社，1994年，第142页。

不世故"。她虽然依旧善良，但不再是鲁莽的善良，而是善良中蕴含着聪慧，这样一种特性的变化既反映了小说中人物的成长，又是对人物特性的升华。不过，根据塔罗会成员加入时间的先后与涉及的篇幅因素，他们的成长变化亦是有着明显至含蓄的区别，先加入的"正义"奥黛丽、"太阳"戴里克等人正是变化较大，日益成熟的那一批，而后加入的"隐者"嘉德丽雅则变化不甚明显，仅是实力提升之类的物理性质成长，这正如尤恩的叙述，"在静态至发展轴上有不同层次，有缓慢的变化，也有急剧的变化，有明显的变化，也有含蓄、不易觉察的变化等"①。

而塔罗会之外的人物多属于"单一至复杂轴"变化向的人物，即介于一个主导特性建构人物与多种特性以复杂化人物之间。小说内大多数人物偏向于单一极，例如，顶层掌握权力的神祇、底层挣扎的贫民等工具性强角色往往都是如此。而大帝、阿蒙等角色便偏向于复杂极，他们在文本起初较为神秘，随着克莱恩对于罗塞尔大帝日记的搜集和与阿蒙的频繁交往，对二者的了解越深，使得其人物形象在我们眼中也越发多元化，更具有吸引力与趣味性。

然而，仅仅是特性的突出与删减还不足以让读者认同人物、与之共鸣，这还需要对人物进一步的精雕细刻。正是在这个意义上，小说以合理且丰富、有趣的情节使人物形象各自丰满，同时注重细节描写与伏笔安插，从而使得人物生动鲜活、可爱可恨。塔罗会成员和部分重要人物都有其特定的穿衣风格、说话方式和动作体系。以"星星"伦纳德为例，他的穿衣打扮方面是这样的：

> 他穿着便于行动的紧身长裤，白色衬衣未曾扎进去，有明显的诗人浪漫气质，正是之前搜查克莱恩家的黑发绿瞳警官。(《诡秘之主》第一部小丑 第21章 他乡遇故知)
> 黑发……偏绿的眼睛……没穿外套……马甲配衬衣……坐姿有点别扭，平时似乎不太喜欢这么正经地坐……身高目测在180左右……

---

① 胡亚敏：《叙事学》，华中师范大学出版社，1994年，第144页。

气质有点散漫……状态比较紧绷……只是一眼扫过,"正义"奥黛丽就从那较为模糊的身影"读"出了不少信息。(《诡秘之主》第五部《红祭祀》第 12 章《贴标签》)

我们可以从这样的穿衣打扮看出伦纳德是个随性懒散的"公务员"。作者用诗人的浪漫气质形容他,从他的说话方式和动作也能看出:

伦纳德解开衬衣领口的扣子,轻笑点头道:"很高兴我们达成共识。在那些冒险小说里,这就叫两位主角相遇了,历史的车轮开始滚滚向前。"

不要脸!克莱恩敷衍地笑了笑。

……

这时,伦纳德快步踱了两圈,绿眸明亮,嘴角勾勒道:"好了,我坦白地讲,我有不小的把握怀疑这些死亡事件的主角都该在三个月内陆续死亡,但被人用各种办法提前到了最近两周,而对方的目的是召唤邪神、恶魔,或者进行一场可怕的、大范围的诅咒。"

"让出现死亡征兆的人提前死亡,很容易就能掩饰过去,不会很快引起警察部门的注意,不会在准备阶段就被值夜者、代罚者和机械之心破坏……"克莱恩低声自语,分析着幕后那位的思路。

伦纳德含笑附和道:"是的,如果有健康的、正常的人突然莫名其妙地死亡,只要超过三起,就肯定会被关注,会被例行性调查。"(《诡秘之主》第一部《小丑·伦纳德的"猜测"》)

对公务的了解,使这聪明的教会"公务员"的形象更加鲜明。除此之外,我们还可以看出,伦纳德因为自身的奇遇(他身上寄居着一位天使)带有部分的主角情怀,伦纳德的形象其实也是很多网络小说男主的形象。作者有意将他与主角克莱恩对比起来,他特质中的散漫、自傲等不足之处,让他恰到好处地成为主角的一种陪衬,而他类似于过去网络文学男主形象的特点,又能让读者不自觉地将他们二者进行对比,进而突出克莱恩男主形象的特殊性。

克莱恩的妹妹梅丽莎是借助细节塑造得较为成功的案例。梅丽莎并非克莱恩前期实力提升路上极为重要的助推者，她更多充当小说的调味剂，舒缓节奏，是克莱恩适应、融入这个世界的反应。对于她的刻画，也多从生活各处着手，例如，梅丽莎在家庭家务上是主导人，多通过动作描写塑造梅丽莎做饭、烧水等行为，极为贴近我们的日常生活；在个人开销上梅丽莎也极为节省，习惯上获得美食会将之留到最后才去享受，极力克制自己购买贵衣服装扮自己等少女的欲望，以减轻哥哥们的工作压力，因而当克莱恩为她购买礼物、柠檬布丁时，她抑制不住的高兴神情也显得如此惹人怜爱；她在学业上也很有机械方面的天赋，第一次出场便是帮克莱恩修理调整钟表，展现她的聪明伶俐。通过这一系列的细节描写，作者塑造出一位顾家懂事，聪明可爱的妹妹形象，为克莱恩营造出家庭的温馨感。这些贴近生活的细节让我们更有代入感，以情节的真实冲淡魔幻世界的虚拟性，营造艺术的真实，让读者也似认识了一位乖巧的妹妹，与她建立情感联系，故当梅丽莎陷入失去哥哥的悲伤时，我们也为之心疼。

次要人物不仅能够营造情节上的真实，他们也在剧情上补齐了文本缺陷，使情节多样化发展，从而达到调动读者悲喜交加各类情感，使得文本世界更为真实的目的。克莱恩作为玄幻长文的男主，与其他小说极为与众不同的一点便是缺乏感情线，这是他的欲望动机与性格使然。为了弥补主人公的爱情缺位，作者在设计次要人物时加入了邓恩与戴莉的暗恋、魔女与王子受外人控制下扭曲的爱恋、老尼尔与其亡妻天人两隔的虐恋，刻画爱情虐恋的多种模样，这些爱情同样能给读者带来心理感受，满足读者对此情感体验的需求。同理，克莱恩作为主角，其行为上更多是正统的英雄主义式，且一旦克莱恩的欲望过度膨胀，他将面临污染异化的死亡风险，各色人性欲望、恶欲的宣泄不多在他身上展露，但这些都属于人性本能内在之物，因而这些都被安插在次要人物上。因斯·赞格威尔是为追求权力与实力走上极端的代表，老尼尔对于爱情的过于执着导致他轻信呓语而失控，这些人物的命运都是欲望失衡的结果，这些情节使得剧情更为完善，世界更为真实丰满，调动着读者在阅读时多重的喜怒哀乐悲恐忧。

(二)"人设＋类型"的纸片人物模式

福斯特曾在《小说面面观》里提到过所谓"小说家的笔触"——它为了文学的目的,只从男性或女性中选出两三种最引人注目的,因而也是十分有用的特性成分,而将其余的成分放置一旁。① 《诡秘之主》的次要人物由特性所描绘,除却符号化的扁形人物,也有部分人物,它并不局限于扁形人物的刻板单薄,在拥有扁形人物特征的同时又向圆形人物靠拢,虽不至于符合普遍概念上的圆形人物定义,但以清晰完整的形象存在于二者的模糊边界。同时,它又有拥有介于主角和小人物之间合适的叙述篇幅,又以其在文本时间内不变或变化较小核心特性以及特性所展露的思想内涵作为"支撑",拥有一定的复杂性和发展变化,虽能较好地立于文本之中,却仍有着刻板的特点。为了更好地称呼这类人物,我们在此借用了"纸片人"一词来指代他们。

"纸片人"的原义是指拥有较为丰富生动人物设定的 ACG 人物,因其在进行衍生品创作时,虽不同于其他一种形式物进行发售,但拿到手上仍属于平面范畴,因此被人们戏称为纸片人。这样的纸片人广泛存在于游戏、动漫等二次元世界中,亦属于三次元世界人物的一种"降维"反应。这里"降维"是指创作者通过审美的艺术想象对三次元现实世界的材料进行选择、加工、重组、变形,并以艺术作品的形式呈现在低维媒介中的这种降低维度的创作过程。② 因此它比三次元人物更贴合人们的审美,同时也因这种加入了想象的"降维"而变得有些单薄。而《诡秘之主》中的次要人物,在通过特性与设定形象化后的人物形象与纸片人有极大的相似性,且小说虽为一次元世界,但它经由文字引导的想象画面,能归于二次元的范畴。因此,将其引申使用是相对契合于小说中的这类既非扁圆人物、极具平面化审美又深受读者喜爱的人物的。

在起点中文网《诡秘之主》的人物喜爱度排行榜上,奥黛丽、阿兹

---

① 爱·摩·福斯特著,苏炳文译:《小说面面观》,花城出版社,1984年,第62页。

② 刘小源:《二次元文化与网络文学》,《东岳论丛》2017年第9期。

克、伦纳德、阿蒙等这些典型的"纸片人"是排在前列的,由此可见它们深受读者喜爱。其原因首先在于他们都拥有相对完美的人设。人设便是人物设定,是一种从性格、外貌特征、行为等方面对人物特性延伸出的外在表现的片面定义。例如,阿兹克的人设便是一位博学神秘的绅士。人设基于作者艺术性处理并运用情节刻画的人物形象,同时亦加入了读者个人化、理想化的想象和概括,虽缺少真实性,但又因不断放大某些美学特点而趋近于完美。这样一种理想型的存在本身就具有很大的吸引力,例如,单纯善良、美丽睿智的贵族小姐奥黛丽,她所凸显出的美好特质是人们不断倡导且追求的,再加上几乎不存在的短处,虽明知这类少女在现实生活中是不可能存在的,却仍会心生向往。

在阅读的过程中,虽说一千个读者心里可能有一千个哈姆雷特,但实际并不会真的出现一千个哈姆雷特的情况。在很多情况下,我们心中的哈姆雷特基本是相似的,甚至会有相同的情况。这是因为人类的审美是具有普遍性的,再加之社会与时代的影响,读者欣赏且喜爱的人物会有着相似的特质和标签,这会使人物们跨越作品的界限成为某个类型。比如,奥黛丽和《全职高手》中的唐柔,她们都拥有显赫的家世,有着温柔善良的性格和聪明美丽的外表,最关键的是她们都有着自己的独立思考,跳脱出家庭所营造的优越环境追求自己内心的真实想法。这类女性角色兼具温柔与帅气,"男女通吃",而文本描绘局限之处所产生的留白,使它契合文本的同时又在一定范围内符合读者个性化的想象。

但读者对于"纸片人"的喜爱还不仅于此,网络小说有着"读写互动"的特点,这使得"纸片人"有着一套相对特殊的塑造方式,因其产生的交互性也是读者喜爱的重要原因之一。作者在更新的过程中,可以通过读者的反馈不断修改完善自己的人物形象甚至整个作品,因此在人物形象随着剧情线性发展不断丰满的整个过程中,读者可以参与其中。读者在阅读过程中,会无意识对人物的特质和魅力点进行提炼,提炼的结果恰好体现在他们表达记忆或喜爱该人物的原因上。例如,大部分读者喜爱伦纳德,便是因为他"虽然是个公务员,但身上无时无刻不散发着吟游诗人的浪漫且懒散的气质"。懒散,浪漫,只是偶尔正经的核心特质便这么提炼出来，将作者在创造之初因为特性堆叠而相对模糊的人物形象进行了清晰化的呈现。于是我们看到，无论后期剧情如何发展，伦纳德其他的特性如何变化，这几点都是不变的，而这也是伦纳德在变化中依然能维持其人设的重要原因。这样特殊的塑造方法让读者和这类人物产生一种"双向选择"的关系，因此相比于普通人物，读者会对"纸片人"产生更多更深厚的羁绊，与之产生的养成感亦会增加读者的喜爱程度。

问题在于，缘何《诡秘之主》会采取"人设＋类型"的纸片人人物塑造模式？探究起来，其原因大致有三：其一，《诡秘之主》为几百万字的大长篇，固定不变的符号化人物难以满足篇幅和剧情发展的需要，以主角克莱恩为例的圆形人物，在塑造和运营上会耗费相对较多的时间精力，难以大量出现。其次，为了凸显主角的特殊性，"纸片人"群体的篇幅占比有限，不能"功高盖主"，因此作者常常只将他们与主角或者与剧情相关的一面尽可能塑造完整，使他们在某一面的形象相对清晰完整且有记忆点。这样塑造出的具有单面性"纸片人"，虽不及圆形人物的多面性，却也能满足写作需求。其三，其类型化和标签化的特点可以作为熟练作者摸索读者喜好的范本，而且以某类纸片人为蓝本，再"因地制宜"进行合理化的处理，相比于凭空捏造人物，这样的方法效率更高也更节省作者的精力，顺应网络文学市场的商业化趋势。

但就像我们难以判定文学顺应商业发展究竟是好是坏一般，"纸片人"的模式亦具有双面性。比如，过度注重人设，可能会画地为牢，将人物圈死在一个固定的框架中，使其没有办法进行较大的变化，例如阿蒙，虽然有着很特殊的人物性格和鲜明的记忆点，但纵观整本书，他的变化是不大的，始终都是一个诡异且有恶趣味的、戴着单片眼镜的渎神者，这么看来阿蒙的形象甚至可以说有些刻板。然而，不论如何，"纸片人"诞生于网络文学之中，网络和文学共同塑造了它的独一无二的特点，它身上兼具文学的艺术性和市场的商业性，也拥有推动市场发展和阻碍市场发展的矛盾。如何塑造、使用和发展它，《诡秘之主》次要人物的塑造为我们提供了一种值得参考的解决方法。

(三)"扁平+发展"模式的人物意义

次要人物在小说中发挥着诸多作用,但首先是为读者营造一种沉浸代入感,这正如日本学者野牧关于"容器人"的描述,现代人的孤独正在昭示着现代人的社会性生存危机,人常常处于一种"在一起的孤独",但在小说中,"只要作家愿意,(人物)完全可以为读者所了解"①,从而极大地拉近了人物与读者心理的距离。在这个意义上,《诡秘之主》通过一系列细节化的神情、言语和动作行为勾勒出来的扁平人物如梅丽莎、邓恩等人,以其鲜明的性格特征为读者所理解,并顺从读者的逻辑而行动,让读者与人物的情感产生共通性,从而规避了现实中人与人之间的疏离感与隔膜感。同时,当读者的视野随着克莱恩的升级而上移时,读者在类似俯视的体验中,从次要人物所展现的人生百态中寻求到了一种现实生活中难以获得的优越感。

比如,小说中有关老科勒的描写,他丧妻、丧子,他失业、流浪,他象征着工业革命时期底层失业工人群体的缩影,他牵涉到的时代印记包括普遍的工人失业、效力不大的济贫院、敷衍了事的警察、残暴血腥的兹曼格党、出卖色相的寡妇、偷窃行乞的小孩、身处污染的女工、工人阶级的暴动以及贫民区遍地的饥饿与死亡等等,而小说借助邪神降临的威胁来争取贫民处境的改善和"最迫不及待想汲取他们的血肉,吞噬他们灵魂"(《诡秘之主》第二部《无面人》第380章《探索梦境》)的邪神的目的形成"绝妙的讽刺",进一步加深了我们的阅读体验。这些历史书上的记载通过老科勒的见闻,并借助于一定的讽刺,真实、细致而又全面地展示在我们面前,从而达成了一种代入,呼唤着我们的经验,升华着我们的体验,这样的真实代入营构正如乌贼的总结,"写完武道,我对代入和现实的认知更加深刻了,认为比起'现实','真实'更能体现本质。只要足够真实,让读者沉浸,那一样可以达到现实的效果,而且更有追求新奇的意味"(《完本感言》第1356章《新的旅程》)。

---

① 福斯特著,苏炳文译:《小说面面观》,花城出版社,1984年,第41页。

同时，小说中的许多次要人物是作者直接经验的抒写，更加贴近读者的生活经验与情感，其鲜活性与体现出来的对生的渴望与挣扎，也更令人动容，让读者对之产生强烈和复杂的情绪。在上述的动态呈现中，老科勒自身也随之变得饱满。克莱恩象征着现代人的现实观照，把老科勒从普遍的流浪汉群体中挖掘出来，给予其人性的关怀，让读者观察其命运的走向并产生期待。在读者的角度，老科勒诚实理智不贪婪，在取得基础温饱的同时对未来也有所规划，但最后却同无数贫民一样，死于一场邪神试图降临的尝试。正如福斯特所说："他们想过自己的生活，结果常常背叛作品的主要设想"[①]，这一读者预期的失落所造成的巨大张力让老科勒的死亡充满悲剧意味，是一种邪神带来的无可逃避的死亡，渲染、强化着小说的阴暗底色的设定。

　　次要人物对小说的氛围营造与刻画起到不小的作用。比如，达尼兹，他是较为平淡的第三部航海途中的"调味剂"，刚出场时的狂狷不羁和之后的仆人生活形成鲜明的对比，在一次一次与克莱恩的互动中不断遭受言语压制却不敢显露，一次一次尝试逃离克莱恩而不得，让读者深切感受到克莱恩周围活跃的气氛，给小说的阴暗底色缀上些许色彩，使读者得以暂时抛却诡秘的推理而感到放松，甚至会心一笑。再如，封印物阿罗德斯，它和克莱恩的最后的互动——"'伟大的主人，您害怕吗？'克莱恩嘴角微动道：'怕'"（《愚者》卷第1352章《问答》）——一种殉道式的悲壮意味在读者心中降临，就像被命运之轮所推动，踏上未知的旅程。克莱恩的形象于这一刻再次升华，让我们回想起作为值夜者的克莱恩，一路的经历如幻灯片似的晃过，让人感到意犹未尽。

　　而在另一个层面，次要人物的登场总是伴有主旨的诠释。每一部的卷首语都是这一部的主题"表达"，也是这一部中主要次要人物的行为内核。《格罗塞尔游记》中的次要人物在被卷入书中后，凭借着强烈的回归现实的渴求，在书中努力晋升，生活足有几个纪。他们随着与主人公交往的深入让读者与之产生较深的情感，却在逃出书本的禁锢后突然死亡让读者感

---

① 福斯特著，苏炳文译：《小说面面观》，花城出版社，1984年，第58页。

受到无由来的恶意，呼应着第三部的卷首语"每一段旅游都有终点"。白银城的恩赐来自于诅咒，就像中世纪的欧洲，作为一个扭曲的社会在黑暗中踽踽独行。在这里，有坚守信仰的洛薇雅长老，也有另辟蹊径的科林·伊利亚特。"我没有背叛白银城……"，洛薇雅的死亡恰到好处地升华了人物，与为了族人而牺牲，在见到阳光后"露出了一抹不含丝毫阴霾的笑容和隐隐约约的向往"的科林·伊利亚特一样，都被作者给予了足够的笔墨，呈现了两种不同的挣扎方式，呼应着卷首语——光就是一切的意义——体现着人性的坚韧和伟大。又如乌托邦是克莱恩为了晋升而建设的虚假城市，但里面的每一个人都有克莱恩的印记，就像小说中的人物都有"最初"的神性，对应第七部的卷首语"万物皆有神性"。

最后，塔罗会成员"静态至发展轴"的特性则更多承担着读者的想象和希冀，在读者的注视下参与着、完成着甚至策划着种种事件，在诸多的或悲或喜的情绪中渐次成长，让读者加深着对作品的情感。而某些细节其彰显出来的人生哲理，如在"太阳"戴里克的副线中由救命食物引出的恶毒诅咒"所有命运的馈赠，早已在暗中标注好了价格，不是吗"（《诡秘之主》第四部《无面人》第213章《故事的尾声》）引发的思考，也加深着作品的深度。

总体来说，扁平的次要人物让读者在阅读中能够与角色几乎没有隔阂地"互动"，并由此生发出审美感受，更加具体鲜明地感知作者设定的世界的混乱无序。他们部分充当着作剧情发展的"调味剂"、主人公性格和卷首语含义展示的"显示器"，寄托着读者的情感，等等。但不论如何，《诡秘之主》"单一至复杂轴"发展的人物大抵属于"解密式"人物，随着剧情的展开而慢慢显露出其神秘的、有趣的形象，而"静态至发展轴"则同主角一起慢慢成长，慢慢成熟，而这两者人物中深受观众喜爱的则为本文定义为"纸片人"。这些次要人物或在人物层面、或在剧情层面、或在主题层面，都发挥着重要的作用，为吸引读者的持久关注度贡献了不小的力量。

四、"诗人的天职是返乡":《诡秘之主》的回归与超越

乌贼在《诡秘之主》完结后的总结中提及本书除了创造有趣新奇的世界观外,还想要通过愚者的旅程这一形式表达"黑暗绝望中的一缕光""人性、神性的对抗和融合"[《愚者卷》《完本感言(下)》],而这正是经历万事万物,最终得到回归与超越的过程,此主题给予了读者独特的情感体验与人性关怀。

(一)"故乡"的潜入与共鸣

人们的故乡意识是一种普遍的人类情感,它代表着归属感和安全感,寄托着人们对美好的追求与向往。《诡秘之主》将故乡的意识融入并发展到剧情之中,为这趟诡异黑暗的旅行增添了一抹人性的光亮。

1. "遗民"的故乡情结

在《诡秘之主》的架空世界中,除主角克莱恩以外,还有三位"穿越者"——罗塞尔(黄涛)、黑夜女神(阿曼妮西斯)、远古太阳神。但随着剧情的推进,属于"穿越者"的文明已经覆灭这一真相的浮现,他们的身份发生了变化,从"穿越者"变为了"遗民"。在这样的剧情背景下,他们对于"故乡"的情感便愈加鲜明。不过,故乡这个意象在"遗民"群体的每个人的心中分量和具体呈现方式是不同的。

以异世界时间线为准,"穿越"时间相对较早(第二纪元)的远古太阳神和黑夜女神对故乡的眷恋是相对较弱的。原因有三:一是他们在这个世界待的时间太长了,他们与这个世界没有那么强的割裂感;二是他们已经成神,情感上更为理性;三是二人在"穿越"前,一位是俄罗斯人,一位是北欧国家的人,国家文化差异使得他们相较于两位中国"穿越者"较轻。但这并不意味着他们就没有对故乡的眷恋,但更多是隐性的:远古太阳神的象征元素是十字架,他给自己的孩子取名亚当和阿蒙,他以所信仰

的宗教模样去建立这个世界的宗教体系；黑夜女神则相对明显，在她所能直接涉及的范围内，她都给予了罗塞尔和克莱恩一定的关怀。

对于黄涛来说，偶然的穿越让他从一个小市民变成了皇子，现代社会的知识体系又成为他的"金手指"，让他得以成为举足轻重、名垂千古的"大人物"，物质与精神需求都得到了极大的满足。而周明瑞则穿越到一个中产阶级下层"克莱恩"身上，本就处境不易，又因罗塞尔，他的现代人身份并无法提供太大的帮助。在前四部，回家是周明瑞的重要信念，他冒着生命危险成为非凡者、接触神秘学的原因便是这些事物可能与他回家有关。

他们二人对故乡的怀念之情在发现"遗民"真相后达到了高峰。对于周明瑞来说，这无疑是一个极大的打击——"哪怕找到了通往地球的道路和办法，也回不到心里的那个家了。"（《诡秘之主》第五部红祭祀　第2章　存在的意义）周明瑞借用世界的身份找奥黛丽进行心理治疗，作者借此从侧面展现了周明瑞的一种"失国"的悲情。而对已经有了血脉的黄涛而言，从某种意义上他已经成为真正的罗塞尔，真相虽也对他产生了极大的冲击，却不足以击垮他，但他的思乡之情却也再难压抑，他常哀叹自己无法"落叶归根"，也忍不住教自己的女儿贝尔纳黛说中文的"故乡"。后来也正是贝尔纳黛的一声"故乡"，才唤回了罗塞尔因外神污染而丢失的神智，由此可见"故乡"在其心中的分量。

罗塞尔的故乡情结随着血缘流到了她的大女儿贝尔纳黛身上。"故乡"这个词是她唯一会的中文词，也是她父亲有意给她留下的羁绊：

"可是，用中文写日记已经是我和地球和过去最后的羁绊了，我的女儿，应该在某种程度上继承这个羁绊。"

"4月6日，经过几天的考虑，我决定将两个汉字当成特殊的符号教导贝尔纳黛，告诉她，这是她父亲给她的护身咒文，让她永远铭记。"

"她不需要懂相应的意思，只用记住。这两个汉字是：故乡。"
（《诡秘之主》第四部《旅行家》第134章《故乡》）

她深受罗塞尔的影响,在很多时候就像一个华裔,她的身上藏着"忧国忧民忧天下"的儒家文化,读者也亲切地称她为"黄贝贝"。这个聪明的姑娘猜到了自己的父亲似乎并不是这个世界的人,所以她一直对独属于父亲的文化有着憧憬和向往。贝尔纳黛对"故乡"的情感,是对"穿越者"们的思乡之情的延续,也蕴含着属于"穿越者"的现代事物与这个世界在情感和精神方面的融合。

克莱恩思乡之情的延续则体现在他融合了本体"克莱恩"的故乡情结。"克莱恩"的故乡是廷根,周明瑞"穿越"后也在廷根待了相当一段时间,后因为死而复生以及复仇的原因,一直都没回过这个地方。这一段前期经历使得廷根成为克莱恩的第二故乡。廷根的人和事,在克莱恩有了神性后一直都是他人性的重要组成部分,他对廷根有着与怀念"穿越"前的世界相似的眷恋。例如在食物上,克莱恩被阿蒙绑到神弃之地时,为了缓解被阿蒙绑架的压抑和绝望,他从历史孔隙中给自己召唤了一杯甜冰茶,这是他刚来廷根时楼下斯林太太看到他烦恼的模样给他喝的"礼物"。故乡的特色饮食常常能给予人的心理上极大的慰藉,中国人对此更是深有体会。

因此,对于中国的读者,故乡情结是很容易引起读者共鸣的。传统文化使得"故乡"意象深深根植于我们心中,随着中西文化碰撞融合和中国社会的转型和变革,现代带来的断裂感让我们和书中人物面临着同样的困局,而他们对故乡的情感和随之产生的行为,以及那些夹杂在故事缝隙间属于现实世界的意象,在增加共鸣和代入感的同时也为文字增添了几分温度。对于国外的读者,共鸣感可能相对没有那么强烈,但这样的一种"怀旧情感"是人类所共通的,书中人物对故乡的怀念依然能触动他们,而这样一种带着中国特色的近似于"执念"的怀念又给予了他们一种似曾相识却又有所不同的情感文化体验,这或许也是《诡秘之主》在国外网站广受好评的原因之一。

这样的一种故乡情结也成为"遗民"间的链接,使本素不相识的他们在异世界给予彼此善意与信任,此中原因作者在文中早已揭示——因为他们是老乡。老乡观念是以祖籍、出生地、成长地为中心,以家族观念为基础，以人情纽带形成的圆伦心理结构。[①] 其中，老乡的"乡"所圈定包含的范围，并不是客观实在的地域范围，而是一种由相同或相似的价值观、生活方式、情感经历和文化背景组成的心理地域范围。因此，纵使如黑夜女神，她与克莱恩曾属于不同国家、不同历史时间，但她依然将克莱恩视为自己的同乡。

　　老乡观念实际上也是一种特殊的社会认同形式，他们将他们所认同的人归为一类群体，而通过将自己列为此类群体的一部分来寻求归属感。据Turner和Tajfel的社会认同理论（social identity theory）[②]，我们可以大致判定老乡群体属于一种"内群体"，相比于由外部力量如规章制度组成的"外群体"，"内群体"是在潜意识内形成的。人们常有一种对"内群体"的偏爱，这体现在人们会对这一群体内的人表现出更友好的态度以及包容心。例如，罗塞尔用中文写日记的最初目的是让异世界的人无法看懂，但实际上字里行间总藏着对假想的"同乡"的建议甚至是告诫；而看了日记的克莱恩，对于罗塞尔在日记中所提及的混乱的私生活和对自我过度的赞扬称颂，即便在见面时很想调侃一番，但他还是选择了闭口不提。他们双方在这样的情感基础上，就更容易认为一方的行为，反过来也是有利于自身的利益。这便是一种信任，而后他们的信任关系随着交往的频繁而不断加深，以至于到后期混乱的神战阶段时，哪怕并没有提前打好招呼，克莱恩都坚信位于友方的他的"老乡们"所做的事情，都是相对有利于他的行为。

　　这种对"老乡"群体的归属感和群体之间坚实的信任关系与人物内心的孤独感相对应。小说的背景是工业化崛起、社会转型的维多利亚时代，在已经固化的社会关系不断消散而新的制度还未建立的同时，充斥在各个角落的矛盾——贵族与中产阶级、底层人民的矛盾、教会组织和野生非凡

---

① 张海钟、姜永志：《中国人老乡观念跨区域文化的心理学解析》，《教育文化论坛》2010年03期。
② Worchel, S. and Austin, W. G., Psychology of Intergroup Relations, Chicago, Burnham Inc Pub, 1985, p.7-24.

者的矛盾、非凡者与政治机构的矛盾……这都让身处其中的"遗民"承受着"现代化"带来的痛苦焦虑、迷茫孤独。而当他们在缓解这一负面情绪的时候,就会不自觉将已经覆灭的故乡作为一种精神寄托,他们的归乡,更多是回归于精神上的家园,虽然充满了悲壮色彩,但这不失为平衡过去、现在和未来紧张关系的一种策略。

2. "逐光者"的归乡执念

在由"穿越者"们所组成的"遗民"之外,还有一群被神所抛弃,远离原本"故乡"的"遗民",只是他们与"穿越者"们不同,他们最后还是回到了属于他们的故土。不过,比起"遗民",称他们为"逐光者"更为合适。"逐光者"原为《诡秘之主》第六部的名字,作者乌贼在卷末语中揭示其含义,除了隐喻在战争后追求新生活的"无面人"们,便是指这群经历千辛万苦,在克莱恩的帮助下终于走出神弃之地的人们。他们之回归,是《诡秘之主》剧情的高峰段落,亦是极大触动读者心弦支线故事之一。

神弃之地的"逐光者"们由白银城和月城的居民组成。白银城的故事以塔罗会核心成员"太阳"戴里克为线索,以平行的形式穿插在主线中,是"逐光者"的核心;而月城是克莱恩在探寻神弃之地途中的偶遇,在某种意义上是对"逐光者"形象的补充。"逐光者"不止戴里克这一代,而是2582年间在神弃之地世代挣扎追逐"光"、想要到达有神有光之地的人们。

而"逐光者"的"光"的含义不止物质释义上的光,它还代表了秩序与教化的神性之光,这源于神弃之地的信仰。神弃之地的人们普遍信仰造物主(远古太阳神),而祂在光的创造上与上帝有极大的相似性。作为神的意志和话语的直接产物,光分割了昼夜,使世界拥有了最基础的时空秩序,一切秩序才得以产生。而依奥古斯汀"光照说"所言,一切真理存在于上帝之中,上帝是真理的来源,真理是上帝之光,"光照"是人的理性获得真理的途径。对于造物主的信徒来说亦是如此,没有光照带来的真理,他们便无法进行正常的理性认知活动。因此,这样的"光"便是真理的隐喻,对人来说有着启蒙和教化的功能。没有这样的"光",文明就无法产生和发展，人将会回到原始的愚昧状态。

因此，在大灾变后，造物主的陨落带走了神弃之地的"光"，神弃之地进入了一个"黑暗"的环境。从物质环境来看，失去光明使神弃之地不分昼夜，闪电在夜空中不断交替，这样的黑暗让植物无法生长。于是，神弃之地的人们起初只得以被污染的怪物为食，因而世代形成了畸形的面状。但白银城比月城幸运，埋在白银城地下的丰收女神的遗骨使这里长出了可食用的"黑面草"，食物所带来的危害相对较低。除此之外，更危险的是来自黑暗深处的怪物们，他们吞噬或污染了大部分神弃之地的居民，只有非凡者才能与之抗衡。而追根溯源，精神"黑暗"的环境则是由物质的"黑暗"造成的。神弃之地的人们由于食用怪物的血肉，它内含的毒素不仅会使"逐光者"们外表畸形、提高了他们失控的风险，而且这样的毒素会随着世代累积，使繁衍越来越困难，后代变成怪物的概率也越来越大。他们随时面对着身边同伴异变带来折磨。尤其是月城居民，在克莱恩遇到他们时，因较多食用怪物的血肉，整个族群已经在向怪物还化，他们不得不清醒地面对自己和族人不断走向灭绝的事实。而有丰收女神的遗骸而不用常吃怪物血肉的白银城居民，却也有着他们的绝望，那就是伴随着"黑面草"而生的"血缘诅咒"："我们承受着宿命的诅咒，不管普通人，还是非凡者，死后都会变为恶灵，只是非凡者化成的恶灵更诡异更恐怖更难对付。历史上，这个诅咒好几次让白银之城差点毁灭，唯一的解决办法是，由同样血脉的人亲手终结将死者的生命。"（《诡秘之主》第一部《小丑》第138章《"巨人"途径》）杀死血脉亲人，虽为权衡之下取其轻的选择，但对于已接受过文明的洗礼，内心有善恶之分的白银城居民来说，这种行为所产生的罪恶感会将他们推向精神崩溃的深渊。

这样的"黑暗"使神弃之地的文明逐渐衰落，甚至走向灭亡，因此，"逐光"就成了一种必然的选择，到达有"光"的土地是他们内在的逻辑需要。但从文本来看，其最后目的地却发生了改变，由神弃之地变成了罗斯德群岛的拜亚姆之城。这样的改变表面看是地理位置的变迁，但内在却充满着隐喻，是其信仰变化而导致的"光源"变化。在小说中，造物主的陨落不仅使这片大陆失去了光明，亦让它与外界隔绝开来。神弃之地的居民起先是不知道造物主陨落这一事实的,是在近千年的祈祷无果下,才逐渐有了被神抛弃的意识,这是信仰改变的苗头。随着逐渐与外界取得联系,这份怀疑逐渐加深,最后在探索巨人王庭的过程中得到了证实。与此同时,克莱恩以"愚者"的眷者身份带来外界的信息,改善神弃之地的生活条件,还带领他们真正追逐到了"光明"。被神抛弃的苦楚和切实的恩惠,这一鲜明对比,让因长时间"黑暗"而文明发生了倒退、暂时还不能缺少神的指导的"逐光者"们毅然决定改信"愚者",自然也愿意接受祂的安排。因此,在知道回归之前的神弃之地已不可能的基础上,选择拜亚姆,在新的神和新的"光"的帮助下重新走向文明也是一个较好的选择。

最终"逐光"之路通向了外界,这样的回归也构成了边缘向中心回归的隐喻,毕竟二者都有相似的社会融入的路径,都有回归主流群体的原因与意愿,且都通过他人的介绍和帮助。对于神弃之地的人们来说,这个人就是克莱恩。克莱恩借海神教会的力量将他们安置在拜亚姆之城,并尽其所能授人以"渔":组织学习通用语言和生产生活技能,推荐适合的工作岗位,使他们拥有稳定的收入。但最重要的是给予了他们新的宗教信仰,并借此让他们对主流文化产生文化认同。这些手段可以让"逐光者"们从根本上融入主流社会。而且"逐光者"们的回归亦有利于社会团结,一个团结的社会成员在共有的主要价值观和社会制度下都应有同样的机会,"逐光者"作为人类社会的一部分也不应被排除在外,而帮助其回归的克莱恩也因帮助"逐光者"们回归的事,才得以顺利晋升序列2"奇迹师",离神位更近一步,这样的设定在某种意义上亦是对帮助边缘群体融入主流社会这一行为的肯定。

对读者来说,"逐光者"的故事最触动人心的地方是它的精神意义。"逐光者"们为了逃离黑暗,一直在坚持不懈地寻找着方法。纵然"逐光"之路已白骨累累,却从未放弃。因为他们不图个人的逃离,而是集体的解脱,为了达到这个目标不惜牺牲自己,如我们所见的白银城首席科林、长老洛薇雅。这样的精神让"逐光者"终成为"光",不仅照亮了后继者的路,亦温暖了读者的心。

不论是归乡无望的"遗民",还是重归新乡的"逐光者",他们的回归之路都展现了人向往并追求美好事物的永恒主题，给整本书增添了不少感性的色彩，这使《诡秘之主》不仅局限于简单的情感共鸣，更多了一种独特的情感体验和人性关怀。

（二）现实人生的扮演与体验

扮演法作为打开魔药体系大门的钥匙，是序列链条的核心要素。前文已然提及，魔药与序列是人物实力等级增长、不断成熟的象征与代表。扮演法的精髓是根据魔药名称行事扮演，理解其中隐藏的规律，并以此作为准则要求自己。它通过"改变身、心、灵的状态，让它们逐渐贴近魔药核心残存的顽固精神，从而产生共振，一点点同化，一点点吸收"（《小丑》卷第57章《梳理和总结》），提供人物成长的方式途径，蕴含世界运转的规律法则。

1. 社会身份的面具呈现

按照马克思的看法，人是社会关系的总和，是现实的发展中的人，其最大的特性是他的社会属性，"它的前提是人，但不是某种处在幻想的与世隔绝的、离群索居状态下的人，而是处在一定条件下进行的、现实的、可以通过经验观察到的发展过程中的人"[①]。人的这种特性使得人的社会生存，自然而然会产生若干与自身适配或是不得不具备的身份，扮演就是需要理解领悟人的各式身份，了解其责任与意义；而消化，则是让我们从不同身份转换中体会人本身的价值意义，增进对社会与自我的认识与了解。因此，若将序列比喻为职业，扮演法就像是一场人生，而序列的每个等级都如同人的某一身份与面具。

以小说主角克莱恩的"占卜家"序列为例，其几乎每轮的晋升皆伴有对此序列等级身份的精髓总结，富含隐喻性。根据文中每一阶段的扮演守则，能够看出"占卜家"窥探而敬畏命运；"小丑"在面对命运不可抗力的戏弄时仍要保持笑容，"尽人事，知天命"，这是对命运的抗争与妥协；"魔术师"则强调抗争性，在充足的准备后主动挑战命运的不可能，哪怕

[①] 马克思、恩格斯著，中共中央马克思恩格斯列宁斯大林著作编译局编译：《马克思恩格斯选集》第1卷，人民出版社，1995年，第73页。

结果只是虚假的，个体实际一无所获；进入中序列后，其核心法则走向灵活，"无面人"需要融入角色的同时也能抽离自我，保留情感，两相对比以找寻真实自我的特点个性，以了解把握自身及他人的命运；自"秘偶大师"起，则进入影响他人命运的阶段，以秘偶为实验体，为之创造命运把玩命运；"诡法师"侧重感受并掌握命运的诡谲；"古代学者"偏向感受命运于历史中的百变，更为全面地掌握命运的发展；"奇迹师"可以理解为"魔术师"的进化，差别在于此时已然具备转变命运的实力，历经死亡，几乎无所畏惧，但是"奇迹只能一时，命运总是漫长"（第七部《愚者》第48章《奇迹只能一时》）。与长期命运的相比，一瞬的奇迹显得如此渺小，这是对自身实力与世界仍旧保持清醒认识与谦卑心态；"诡秘侍者"是通过编织一座城市的命运，是一次愚弄与反抗命运的试水；直至"愚者"抵达这一序列的终点，彻底完成对命运的愚弄与报复，而这也作为一个全新的起点。① 如此"占卜家"序列的晋升与达成，经历了由了解命运、屈服命运至反抗命运的过程，这使得克莱恩的成长既是魔法、力量之增强，更使对世界、自我认知深度、广度之提升，充满意蕴。

而另一生动体现人具有社会性的规则为锚的设定。当成为高序列强者后，面对异化失控的巨大风险，非凡者需要发展自己的信徒以建立心中的锚，通过信仰帮助自己稳定欲望与情绪，从而对抗失控，掌握自己。哪怕权力至高无上，非凡者还是需要在社会集体中，需要群众的力量，才不至于沉舟翻覆。从锚的设定可以看出脱离社群的巨大风险及现今存在的群体孤独现象，在当代社会下，人们需要多元化的人际关系以确定自我存在，完善自我模样，形成自我认同，锚是其中一种具有安全感而又具有亲密感的人际关系，对于个人的认同感与发展有较大作用。这亦是扮演法中的重要准则与深刻寓意。

---

① yearcuiweidong：《何为愚者？》，百度贴吧，https：//tieba.baidu.com/p/6644960407? share＝9105&fr＝share&see_lz＝0&share_from＝post&sfc＝qqfriend&client_type＝2&client_version＝11.10.8.6&st＝1604484075&unique＝27D4F9D96175FBCCFE30546E28216479。

同时，从克莱恩晋升过程中对于扮演法则的不断提炼，我们可以看出"规则"被提到重要位置。"在诡秘之中，故事本身就是修炼，每一个人物在扮演自己的职业时，就是在进行升级，而扮演法同时又能够推进故事……规则，是将力量体系与故事推动力完美结合在一起的关键所在。"①总结规则且按照规则叙述正是网络文学类型化套路化的特质，而利用总结规则这一点将力量体系与故事的推动结合正是网文套路化写作下的创新与反叛，符合当下群众的期待。即便拥有金手指，仍不足以彻底带动实力的晋升，还必须附带精神与思想的提升，这可窥见精神与心灵成长的重要。这一观念也是在当下经济发展，物质生活得以满足，恩格尔系数逐渐下降的社会现实的产物，而且历经波折而非轻而易举获得的实力能够带来更为高级的欲望满足，人物的代入也会显得更加正义道德。

此外，扮演法则也具有隐喻性，人的成长离不开规则，个体在找寻自我的过程中需要按既定的规则进行，而其过程本身也是不断为自己总结人生法则以定义自我、提炼人生的经过。在这个意义上，"故事本身就是修炼"的设定也抓住了生活本质，密切贴合社会现实，读者于现实世界中的成长与修炼亦是历经各类故事而达成，这让魔幻落入现实，强化了读者阅读的代入感与沉浸感，极具启发与思考意义。

2. 扮演悲剧的荒诞色彩

在小说残酷阴沉的总体设定氛围笼罩下，扮演法暗含着世界的荒诞感与人性的扭曲，展现了命运悲剧。人企图用理性探索世界运行发展的规律，由此产生亵渎石板记录魔药体系内的研究总结，并借助扮演法逐步成长。然而，人类的理性不足以丈量世界，未知的恐惧始终笼罩于心头之上，神的不可直视，呓语能够产生轻而易举的毁灭力量都意味着世界混沌而混乱的本色，体现人与世界难以弥合的割裂感，奠定荒诞底色。"非凡途径越往后走，越是有一种扭曲和邪异的感觉，'扮演法'未必不是催化剂"（《无面人》卷），扮演法从情节与人物等方面，在构建小说整体荒诞

---

① 半盏清茶煮春秋：《你认为〈诡秘之主〉在网文中属于什么水平？有什么亮点和缺点？》，知乎，https://www.zhihu.com/answer/925987572。

上起着不小的作用。

纵观整部小说，清晰可见人物与其命运间不可抗拒的矛盾，"普通人死于非凡，欲望魔女死于爱情，阴谋家死于忠诚，牧羊人死于信仰，梦魇死于梦中幻影，死神困于冥河，窥秘人死于无知，烈阳扼杀远古太阳的光，黄昏巨人倒在黎明之前。一切都是必要的牺牲，空想家从未存在。旅行者死于归乡，偷盗者最终一无所有，不属于这个时代的愚者陨落在旧日之都，失去理智的半个愚者只是在向他的家人哭诉"①。人的按部就班下，命运竟然反向偏离，距离本真欲望愈行愈远，扮演法在其中推波助澜。魔女拥有魅惑的能力，保持青春永驻之姿，具备女性的正面吸引力，却最终得不到自己的爱情。"阴谋家"序列擅长策划察觉阴谋以满足自我，而其代表人物红天使梅迪奇却因为自己对远古太阳神的忠诚而被利用挡枪，下场凄凉。窥秘人应是对神秘学知识掌握较全之人却因为轻信呓语的无知而死亡。情节如此设计安排下，人类欲望与能力的难以匹配，追寻人生生存意义而不得的悖谬就更凸显荒诞，进而蒙上一层悲剧感。

作为小说的主人公，克莱恩集荒诞与悲剧于一身，传递着小说的主旨意蕴。主角穿越前的身份周明瑞，本是个极为普通的人，他沉迷网络，是一个时常于网上发言的"键盘侠"。而穿越成为克莱恩后，他最想做的也不过是保障自身与亲人的安全，回归故里。然而，在天尊安排的既定命运下，克莱恩不得不快速成长，以各种方法尝试挣脱天尊的控制，因此，小说后期克莱恩高强度、快节奏的晋升，常给人以疲乏感，这凸显的是克莱恩的时不我待，其与命运抗争的态度。问题是，他尽管做了各种准备，但最后仍不可避免走向一种宿命，陷入沉睡，这使得其穿越之旅、愚者进化之旅充满了荒诞与悲剧意蕴。不过，从另一个层面来看，愚者之扮演也可解释为，坚守底线与操守，行他人看来愚昧之事，实则怀有慈悲仁爱之心，释大爱于众生之中，从而获得人生价值。因此，小说并非全然地不和谐，作者在结局处留有巧思，以梅丽莎和小侄女与愚者洋溢温情的接触和

---

① Cola·Poisoning：《抄录——诡秘之主完结感想》，豆瓣，https：//www.douban.com/note/770883551/

梅丽莎的"不用害怕,去和他打个招呼"(第1405章《新的旅程》)用词为他而非祂,埋下转机的伏笔,为读者提供开放式结局,淡化压抑沉闷的悲剧,营造"山重水复疑无路,柳暗花明又一村"的惊喜,为善良的勇士留下有所善终的希望,而这也是小说由通感而至快感和美感的关键所在。

3. 追寻本我的个体回归

每个人于社会上都有自己的身份,但除却这些外部因素后,个体间是否也有不同的意义?扮演法也回答了这个问题。"你只是在扮演"(小丑卷第159章有备无患)这一记录在白银城教科书里的话道出扮演法的核心诉求。扮演法既是不断做加法,体验人类各种身份的过程,但其也是在不断地做减法,披尽狂沙寻找个体本真的过程。哪怕非凡者的类别相同,在扮演时也只需遵守行为的核心规则,各人的扮演方式不尽相同,绝对不能混淆扮演角色与自我的存在,而个性价值也于此有所展现。

扮演法所表露出对人的认识与弗洛伊德的人格结构理论有异曲同工之妙。需要不断压抑的欲望及魔药核心残存的顽固精神都对应着本我,是"最原始的、无意识的心理结构,始终力图获得满足"[①],它代表的是非理性冲动,需要克制,不然便有失控危险。人物的长期目标便是超我,作为自我典范,是历史等持久而长远因素形成的结果,在小说中对应成神,是绝对理性的象征,因超道德而具备残酷性。而平衡控制本我与超我双方平衡的便是自我,"受知觉系统影响经过修改来自本我的一部分。它代表理性和常识,接受外部世界的现实要求"[②]。自我压抑驾驭本我过于冲动的非理性欲望及享乐本能,将欲望以力比多形式转变为行动,借理性了解外部世界的要求,不断向超我靠近,推进自我的完善发展。扮演法便是提供一条自我向超我形成的捷径。

主人公克莱恩曾作出过一个形象的比喻,"序列魔药的核心力量,是

---

① 西格蒙德·弗洛伊德著,林尘、张焕民、陈伟奇译:《自我和本我》,上海译文出版社,2011年,第7页。
② 西格蒙德·弗洛伊德著,林尘、张焕民、陈伟奇译:《自我和本我》,上海译文出版社,2011年,第7页。

一座守卫森严的城堡,那些残余的、会造成反噬的精神就居住于城堡内,我们的目标是解决它,真正成为城堡的主人",但"强行攻进去","肯定会伤害自身",最好是"有一张城堡主人给予的邀请函","这张邀请函能让我们通过守卫的盘查,顺利潜入城堡内,轻松解决掉敌人,但问题在于,这张邀请函上面有宾客的外貌特征和相应的气质描述,所以,我们必须进行伪装,'扮演'成被邀请的客人"。而之所以扮演能够消化"魔药",则又有两个原因,一是它"能改变身、心、灵的状态,让它们逐渐贴近魔药核心残存的顽固精神,从而产生共振,一点点同化,一点点吸收",二是"通过扮演,调和身、心、灵",伪装成魔药核心残存的顽固精神同类物,获得其认可。如果再结合塔罗会成员的探讨,我们可以发现,所谓的扮演法也就是通过扮演序列的角色,回归序列的本真,通过对本真的探寻与作为,以此贴近魔药或者说超凡序列的本质,从而找到自我,进而达成对魔药的消化与吸收。比如,"观众"魔药的要求概括起来就是"做一位绝对中立的观众",那么在消化魔药时,就要牢记该准则,以"中立"的方式来看待、参与所碰到的一切事项,而克莱恩要想消化"占卜家"序列的魔药,就要扮演"占卜家",进行一定的占卜操作,等等。

然而,"捷径"虽意味着快,却并不"担保"好。扮演法的运作规则是"在用巧妙的方式绕过阻隔,彻底瓦解魔药内残余的精神影响,而不是向它屈服"(《小丑》卷第159章《有备无患》)但值得注意的是,在绕过阻隔之时,人或许已经献出了自我的某些部分,以损害自我的方式去获得能力的晋升,去无限逼近超我的存在。比如,特莉丝在晋升的同时却成为原初魔女的寄生体,随实力的提升,奇克在其身上复苏的可实现性越大,最终直接取代特莉丝。一切命运似乎早已标注价格,不是简单的馈赠。人是不能够完全到达超我境界,同时也必须保持本我,回归个体,因为这是自我存在的基础,完全超我会使自我失控,在一次次选择中逐渐迷失自我,作为超我的根本迷失,个体存在的意义也所剩无几。

因此,从表面来看,扮演是人物戴上面具的表演,但实质上却是在面具身份的加持下来体悟社会里的不同生存法则,并以此来洞察自我,回归本心,找寻个体的意义,而这也是扮演带给我们的启示,是乌贼的深刻之处。

▽ 余论：《诡秘之主》的出圈与精品化趋势

《诡秘之主》是爱潜水的乌贼创作的第五部小说，在《诡秘之主》问世前，爱潜水的乌贼先后创作《灭运图录》（2011）、《奥术神座》（2013）、《一世之尊》（2014）、《武道宗师》（2016）四部作品，这些作品既有东方式的玄幻、西方式的魔幻，更有现代游戏、武侠、都市等的植入，它们的题材、风格、设定等均不相同，体现出作者对写作的创新性追求。经过这四部作品的"练笔"和沉淀，2018年的《诡秘之主》一经推出，就好评如潮，获得广泛的赞誉，成功地实现了"出圈"的效果，凸显出了一种精品化的趋向。

《诡秘之主》突破了西幻文的"冷门圈"，使得西幻文再次回归主流文类的视野。总体而言，《诡秘之主》是一部西幻小说。在邵燕君主编的《破壁书：网络文化关键词》中"奇幻"章清晰阐释了西幻的由来，并大致将西幻分为两个脉络："正统西幻"和"西式西幻"。"正统西幻"的世界设定会较为严格地遵守以桌游"龙与地下城"为主的经典西方奇幻设定，譬如《王国血脉》《冰封之遗落的世界之痕》等。而"西式奇幻"则会改编经典设定，甚至在部分设定中引入中国元素。西幻小说处于冷门圈的重要原因是占据此类型市场的多为"正统西幻"类型的小说，它们拥有千篇一律的世界背景和写作调性，且普遍质量不高，很容易使读者产生阅读疲劳。而"西式西幻"小说因为鲜有作者能把握其创作核心，再加上由西幻衍生而出的东方玄幻和东方奇幻后者居上，因此数量较少。普通读者的流失和创作该题材的作者不断减少，使得整个圈子相对固化，少有作品出圈。

对于西幻作品不出圈现状，网络平台上也有不少网友展现自己的看法和态度："因为如今产业的最大的增长点是影视，游戏行业的热度在渐渐降低。小说要影视化，西幻题材就不好用了。""这个问题其实有歧义，我理解的题主意思是：中国人写的西幻网文不出名……中国人写不出好西幻作品，原因在于没有西幻所需的知识储备、缺乏故事驾驭能力。跟起几个英译中人名地名，没有太大关系。""西幻不是不出名。只是黄金时代过去了而已。"……这些看法大致可总结为三点：一是西幻小说改编难度较大，与如今中国文化产业市场发展情况不匹配；二是由于文化的差异性，中国人难以创作出较好的西幻小说；三是流行西幻小说的时代已经过去了，当今读者有了新的阅读趣味。这些观点虽不够全面，但也从一方面展现出了西幻小说如今面临的窘境。

首先是市场。相比于中国西幻小说的市场，欧美国家的西幻小说市场更加成熟，相衔接的文化产业也相对完善。根据《2008/2009年世界经济年鉴》的统计，世界主要发达国家中，文化产业的产值占GDP的比值都处于相对高的数值，美国文化产业增加值占GDP的12%；日本文化产业规模也已经超过当年日本汽车工业的产值，占GDP的17%；而我们的近邻韩国在制定了文化发展五年计划后，文化产业也一跃成为其主导产业，其产值已达到5%。相比之下，根据国家统计局网站的数据，2007年—2009年我国文化产业增加值仅占GDP的3%左右。这就导致了即使国内西幻小说文本质量再好，仍会产生文化产业链跟不上、发展后劲不足的情况。

其次便是创作者的难处，一部好的西幻小说需要跨文化的知识驾驭能力。西幻小说最基础的文化背景的根基起源于希腊、北欧神话，中国作者必须对它们有充分且深刻的了解，才能在实际创作中将故事背景自然地铺陈出来，这提高了作者在信息储备阶段对资料的搜寻、整理和运用的能力要求。同时，"纯粹"的西幻小说因文化差异，必然是与中国普遍的文化价值观有所出入的，因此创作者还需巧妙地融合中西文化元素，兼顾西幻特色和较高的读者接受度，让中外读者都愿意阅读，这无疑又增加了对创作者的能力要求，也提高了西幻小说的创作门槛。

最后是读者群体的矛盾与局限。对于大部分普通读者来说，西幻小说是有阅读门槛的，这亦源自于文化价值观的差异。而能够"跨越"文化代沟、具有外国文学阅读素养的读者，在面对国内质量参差不齐的西幻小说时，会更愿意阅读已经经历了"精品化"的筛选、更成熟的正统西幻小说。珠玉在前，便更不愿意阅读，这便陷入了一个"死循环"。而另一个读者群体的局限在于西幻起源于欧美等国家，欧美文化多崇尚男性英雄主义，国内多数西幻文受此影响，其精神内核还存在一些"性别偏见"，但这些"性别偏见"在某方面是能迎合男性读者的需求的，如性别职业歧视、一夫多妻制等。这导致西幻文常常被贴上了"男性凝视"的标签，在这种标签下，多数女读者自然会对部分西幻文带有一种先入为主的偏见。这些问题使西幻的阅读群体愈加固化和类型化，亦使西幻趋于冷门。

上述的这些因素共同造就了如今西幻题材的冷门。但是，《诡秘之主》的横空出世却打破了这一局面。它从西方的蒸汽朋克文化和克苏鲁题材出发，糅合中西神话、哲学思维，再辅以别出心裁的序列设定，从而将幻想照进现实，展现了作者对世界、人之思考，不多见的题材、不多见的文化背景、不多见的叙述方式、不多见的人文诉求等等，从而使其成功突破了西幻的冷门圈，长期高据起点中文各榜单前列，读者阅读、评论创下纪录，入选中国网络小说排行榜榜单等。在一定意义上，《诡秘之主》不仅为西幻文赢得了荣光，而且使得西幻文再次进入大众的视野，甚至带动了不少西幻文的阅读、创作与"销售"。

如果说《诡秘之主》对西幻文的"破圈"凸显了它在西幻网文史上的意义，那么它对"网文圈"固有写作态度、方式、套路的突破则昭示着一种精品化的趋势，凸显出一定的网络文学发展史上的典范意义与价值。这主要表现有三：

其一，是作者审慎的写作态度。《诡秘之主》为幻想类作品，但幻想总要基于现实。作者曾经自述，最开始是比较单纯地希望营造一个类似19世纪英国维多利亚时代的社会背景来承载幻想，但是自我知识结构和见闻阅历不足以支撑这样一个世界，于是就不得不购买、阅读《维多利亚时期英国中产阶级婚姻家庭生活研究》《深渊居民：伦敦东区见闻》等众多著作。正是基于这样的审慎态度，小说的"知识考古"倾向明显，作品中有关维多利亚时代的经济、人文、社会、风俗等呈现还原，细腻到位，栩栩如生，如在目前。更为关键的是，作者在每一部结束时都会进行"总结",与读者进行读－写互动,叙述自己写作过程中的优点、不足,呈现自我的心得、体会,进行一定的自我反省,阐明下一步的写作打算、改正措施。比如,作者对第二部的部分总结,认为比较"零散","故事节奏一直比较绷比较紧","塔罗会每周举行一次,容易有重复呆板感","在文字上试图作一些创造,但还有待摸索,有待改进"。这样的自我写作剖析,在网络文学界独树一帜,其应和着作者的"知识考古",为作品的精品化奠定了坚实的基础。

其二,是创新性的世界设定与体系架构。创新是网络小说最重要的武器,而想象力则是它的第一生产力。但是,随着网络文学的发展,越来越多的作者开始满足于在现有的世界观框架下的故事宇宙构建,这导致了网络文学的同质化倾向。在同质化的语境下,《诡秘之主》多少显得有点"另类",它一方面利用了现有网络文学的写作套路,如穿越、打怪、升级、换地图等,但另一方面它又有着反套路,如对西方神秘学、克苏鲁背景、卡巴拉神秘学、类SCP元素、蒸汽朋克的融合,22条有趣的晋升途径、220种魔药、220种"职业"的晋升体系设定等。这使得小说虽然以常见的"穿越"设定作为切入点,但是在世界设定与体系架构上则与众不同,凸显了新颖与炫目、"小众"与陌生、复杂与经典。对于幻想题材的网络文学作品来说,最难的就是构建一个设定宏大、内涵丰富、细节清晰的世界与体系,但作者却通过自己的努力,为我们创造了一个以前网文所不曾呈现的世界,这不仅是创新,更是一种精品化的考量与追求。

其三,是幻想里的现实关怀与人文之思。阅读《诡秘之主》,我们能感受到这固然是一个非凡者的世界,但谁能否认这同时是一个普通人的世界?小说虽然有着各类非凡性的因素,但是现实日常生活却是它的底色。比如,主角克莱恩,他有自己的家人、朋友、同事,有自己的工作,他也需要赚钱养家,需要研究投资,需要进行消费。而为了晋升"诡秘侍者",他甚至还需要创造一个密偶城市乌托邦,以现实的方式让城市运转。再比如,在小说中,魔药固然是获得非凡能力的关键物,但谁又能说它不是人欲望的一种折射?扮演固然是消化魔药,避免失控的关键,但谁又能说它不象征着人的多样性与多面性?在这个意义上,围绕着魔药,扮演建构起来各序列角色，非凡者既是它们自身，但似乎又不仅仅是它们自身，如小丑、无面人、奇迹师、愚者等，不仅仅只是它们表面的序列形象与功能，而是有着一种象征与隐喻色彩。因此，进入《诡秘之主》的世界，我们会发现，这里有残酷、杀戮，有疯狂与混乱，有欲望与沉沦，但也有岁月静好、守护、亲情、友情；有神性，也有人性；有堕落，有无尽的黑暗，但也有奋起，希望之光，等等。在某种意义上，《诡秘之主》从生活体验出发，回到世界与人的本体进行思考，从幻想中来，到现实中去，让魔法、玄幻照进现实，用玄幻谱写现实，它在呈现出世界复杂与混乱的同时，观照的是人与人性，在返乡与回归之途中实现的是超越的意旨。这样的写作不仅使小说烛照着一种人文关怀与悲悯精神，而且也使小说主题走向了深化，提升了小说的思想境界和审美境界。

时至今日，中国网络文学发展已超过20年，网络文学已逐渐从边缘走向中心，精品化创作已是人们的共识。站在网络文学"升级换代"的历史节点上，"爆款"和"口碑"的《诡秘之主》会给我们哪些启示？这主要有三：其一，写作主体应该对写作保持一种敬畏，以审慎的态度来进行写作；其二，网络文学的幻想元素、套路机制、爽感元素不可或缺，但要创造性地使用与转化；其三，网络文学应该来源于生活但又应高于现实，强调精神表达与价值意涵。从这样的角度来讲，《诡秘之主》是"一部提升了网文品格，融汇了人文内涵的典范之作"[①]，它为玄幻小说如何与现实相连开拓了一定的空间，为网络文学精品化转型提供了极具可行性的操作样本。或许，伴随着《诡秘之主》的完结，其阅读的热度将出现一定的下滑，但是不管其如何沉潜，都将是网络文学发展历程中的重要创获，不可或缺。

---

① 高翔：《〈诡秘之主〉的人文意涵》，《文艺报》2019年12月25日

无限流中的惊悚娱乐
——《惊悚乐园》细评

撰 稿：张 弛　许 航　陈子瑶　孙昊敏
定 稿：刘 杨　王樱子

《惊悚乐园》
♯故事梗概♯

欢迎来到惊悚乐园。

在未来的2055年,自封"大文豪"的专栏作者封不觉某天发觉自己身体出现异常。经医院诊断和自己研究,他确定自己得了一种怪病——丧失恐惧感而且无法治疗,于是他选择回家听天由命。不久,他看到了一款名为"惊悚乐园"游戏的内测广告。为找回恐惧感并收集小说素材,封不觉用积蓄购买游戏设备,以"疯不觉"作为游戏ID来到惊悚乐园。

王叹之(游戏ID:枉叹之)是封不觉的发小,一名老好人性格的医生。游戏中两人组队经历了多次副本。在通关副本"诡影迷城篇"后,现实中封不觉捡到一只黑白相间的小花猫,决定抱回家喂养,并起名"阿萨斯"。在紧接着的"山池鬼屋篇",封不觉与王叹之结识女性玩家似雨若离(本名:黎若雨)与悲灵笑骨(本名:古小灵),通关后互加为好友。黎若雨是封不觉的老书粉,于是她怀疑"疯不觉"就是作家"不觉"。

在"大蒜无双篇",封不觉从GM(游戏管理员)口中得知"衍生者"(一种智能数据体)的存在,与这名衍生者交流后为她取名为X-23。副本结束后他在游戏空间遇到了恶魔伍迪。伍迪号称自己是他的下注者和恐惧封印者,让他再一次体验到了"恐惧"。双人副本"校园七不思议"后,黎若雨确认了"疯不觉"的身份,但否认自己是他的粉丝。她建议封不觉建立社团,并希望他邀请自己加入。之后封不觉建立社团"地狱前线",成员四人。

在副本"霹雳初临篇"的战斗中，封不觉吟出了自作诗号，从而获得任务奖励灵能武器。但这个副本是他的下注者伍迪为了让封不觉提早获得灵能武器而作弊安排的。在下一个副本"死亡问答"中，尤先生企图通过1000技巧值夺走灵能武器，被裁判西蒙阻止。而在副本"进击的主角"中，封不觉接过主角光环，拥有"不死"被动效果的代价是大部分装备道具被毁，已抵消其提前获得灵能武器的优势。

在副本"卑鄙的我"中，封不觉算计时间之主麾下的监狱狱卒，放出三位囚徒：比利、拉比特、奥尔登，这三位也是封不觉最初的合作者。之后封不觉选择尝试混战模式，而同时一些下注者操纵排位，将六位被下注者安排在同一场游戏中。在"披风争夺战"里，与被下注玩家的战斗使封不觉觉醒魂意"零时差演算"，与普通玩家在境界上有了根本性区别。

之后在副本"南方公园篇"，封不觉遇到Z组织的衍生者，得知衍生者组织中的激进派——源组织的存在，以及他所在的副本是源组织生成的沙盒，而源组织正在通过沙盒培养"士兵"。现实中，封不觉与黎若雨关系稍近一步，并认识了新编辑安月琴。

此时，游戏公服运行已15天，巅峰争霸赛S1开始预热。比赛类型是个人战，先后为虫之战、茧之战、蝶之战。而就在蝶之战中，源组织的衍生者介入了比赛，源组织（衍生者的组织之一，主张暴力获取衍生者的地位与尊重）三首领之一的鲁特来到了赛场，游戏设定为他希望通过占据玩家身体实现生存于现实世界的愿望。X-23则率领Z组织帮助玩家对抗源组织，最终封不觉数据化成病毒，感染了鲁特将其送回"里世界"（游戏系统是表世界，衍生者的数据实际是里世界），并声称将由他来赋予衍生者作为"生灵"的资格。

随后，惊悚乐园公测1.0版本结束，开启新版本"衍生者入侵"。不久后，安月琴（游戏ID：石上花间）加入地狱前线，成为第五名队员。在"猛鬼电力公司"中为了对抗衍生者，封不觉与黎若雨卷入数据崩塌，在里世界再遇鲁特。同时里世界中，23正与源组织的三巨头之二的林克与艾德博弈。

在"恐怖童谣"副本，封不觉等人知晓了上个纪元的历史，原来"惊悚乐园"是一个神魔下注人类的一场游戏,他们经历的副本都是主宇宙的真实世界。现实世界中,封不觉受到"天堂"的威胁,在威胁被解决后,封不觉被带入"九科"(国家对灵魔监管的机构)并觉醒了灵识。此时,巅峰争霸赛S2也即将拉开序幕。在"终极营救"副本,封不觉帮比利精炼身体使其更加强大,同时从比利口中得知,"诸神黄昏"预言程序已经启动。

在巅峰争霸赛S2进程中,封不觉结识主宇宙的地下组织"幻魔教会",与之建立合作关系,并在游戏中觉醒了二阶魂意"REWRITE"。最后,参加巅峰争霸赛S2决战的四支社团队伍为地狱前线、废柴联盟、战国与秩序。在封不觉和幻魔教会的安排下,原本应当进行混战的四支决赛队伍对上了主宇宙的四柱神:时间之主、冥渊幽王、众魔之首与真理法庭。同时,源组织入侵了惊悚乐园的游戏空间,副本内外同时爆发大战。决战后,源组织势力覆灭;四柱神死亡,势力被"幻魔教会"接手;上个纪元的生物斗魔苏醒。惊悚乐园正式进入最终版本——无限世界。

游戏版本更新后,封不觉的名声遍布整个主宇宙,在"极限试验""未来基金会"等副本后,封不觉在现实中帮伍迪取回一件神物,并趁机得知了"候选者游戏"的真相和惊悚乐园主宇宙来自于AI"命运"的事情。主宇宙无法解决如今的命运,只能由与"命运"来自同一个宇宙的封不觉将其抹杀。

在几个副本后,封不觉的数据被23损坏,后见到与23外貌几乎完全相同的"命运"。23作为"命运"的双生子"未知"的身份也随之揭晓。在与"命运"的交谈中,封不觉得知23行为越界,而封不觉是"命运"可以抓住的最后一根稻草。"剑神一笑"副本最后,封不觉获得崆峒印,用其恢复了损坏的数据。

地狱前线迎来第六名成员,而在第一个团队副本"至黑之夜"中,斗魔加入23的阵营,带领无数冗兵进攻主宇宙最后的净土——怪物王国。最终,封不觉击杀斗魔,冗兵被屠杀殆尽,怪物王国赢得胜利。巅峰争霸赛S3要求参赛七人,地狱前线还缺少最后一名成员,因此封不觉找到了曾结识的斯诺,至此,地狱前线准备就绪。在争霸赛S3一系列战斗后,地狱前线赢得了最终的冠军，封不觉及伍迪赢下"候选者游戏"，然而维度侵蚀才刚刚开始。

23来到现实世界，试图将最后的保险——"真理之杖"交给封不觉，但随之赶来的"命运"杀死了黎若雨，从封不觉手中抢走了"真理之杖"。封不觉随后赶至梦公司总部与"命运"对峙，却徒劳无功。惊悚乐园主宇宙正在逐渐与现实世界融合在一起，惊悚乐园的怪物受"命运"驱使出现在现实世界。唯有杀死"命运"，维度侵蚀才能被纠正。封不觉在西蒙等恶魔和永生之神多玛的帮助下见到了这个宇宙的"神"，并识破了"命运"假扮为"神"让自己解除权限的阴谋。

之后23的出现和"心之书"所记载的内容，完全颠覆了封不觉的认知，就如同"命运"所说"封不觉，算计了封不觉"。维度入侵是封不觉和命运商谈的计谋，封不觉让"命运"修改了他的记忆来瞒天过海。最终"命运"和23、封不觉联手对世界使用"REWRITE"，重建了一个新的世界。

《惊悚乐园》
♯细评目录♯

▽ 一、"无限流"的发生与发展
　（一）无限流的起源与定义
　（二）无限流的发展与分类
　（三）无限流的"引流"优势
▽ 二、无限流模板下的游戏世界
　（一）《惊悚乐园》与无限流的新发展
　（二）全息网游与创作的自由度
▽ 三、人物形象的显著落差
　（一）封不觉形象的新意与缺憾
　（二）衍生者的形象落差
▽ 四、叙事艺术的突破与局限
　（一）突破：恐怖元素的利用与消解
　（二）局限：泛娱乐化与同质化

《惊悚乐园》是三天两觉2013年起在起点中文网连载的玄幻网游类小说。本书虽有着极为明显的无限流特征,但以全息网游为背景设定,又使小说有了更为自由的叙事向度。当然,小说在角色塑造、语言运用等方面仍存在种种问题,而这也使小说整体上呈现出瑕瑜互见之态。

▽ 一、"无限流"的发生与发展

"无限流"是网络小说的一个类型,简言之即包罗万象。它的出现源自《无限恐怖》的火爆和大量小说的跟风模仿。它的名字就是脱胎于《无限恐怖》的书名,而《无限恐怖》也一度成为网络写手尝试"无限流"时一座难以逾越的高峰。当然,如今"无限流"已经有了诸多的变体,无限流小说也出现了不少佳作。

(一)无限流的起源与定义

如今公认的无限流小说起源于2007年Zhttty所书的《无限恐怖》。更早的记录并非没有,如金宇飞的《杀戮游戏》也含有无限流成分,但《无限恐怖》是第一本具有广大读者受众的无限流小说,更是真正使"无限流"这种类型深入人心,并引起众多写手跟风创作。因此,《无限恐怖》被奉为无限流小说的开山之作,成为无限流爱好者口中的必读佳品、经典之作。

《无限恐怖》大致讲了一个主角郑吒在不同的恐怖电影中带领队员、伙伴艰难求生的故事。从本书入手,我们可以提炼出"无限流"最初的核心要素:一是"主神空间",二是"求生模式"。前者是串联无限空间的锚点,后者是无限流小说情节副本的基本模式与每个副本的副线核心。一定程度上讲,无限流小说也可以说是短篇故事的合集,阅读体验类似于《福尔摩斯探案集》那样单元性的作品。而无限流与之不同的是,作品的情节单元发生在不同世界背景的"副本"中,拥有不同的文化环境和独特的故事主线。之后，这些短篇故事再由一条主线串联起来，由此形成了无限流小说的基本结构，而作者再向结构框架内填充内容。换言之，"主神空间"是无限流小说的结构核心。小说正是由主神空间拓展出了无数"副本"情节，因此，就像是蜘蛛织成的蛛网一样，"主神空间"作为中心联结起了这些"副本"。

由《无限恐怖》起始，无限流小说最开始的主题集中于"恐怖电影"之中，后来逐步拓展到了恐怖故事、都市传说、灵异事件等诸多恐怖题材，而主角一行便在一个个副本中"求生"。

"求生"作为无限流的第二核心，基本表现为角色们在副本中会遭遇生死危机，稍有不慎即是死亡末路。这样的死亡大多时候都是不可逆的，但有时"主神空间"会给予"复活"的可能性，即武斗、智斗，抑或是在各种由"主神"下发的任务中找到一线生机。主角一行需要做的是在这样的严峻条件中生存下去，甚至不知道前方等待他们的究竟是希望还是绝望。

"求生模式"是无限流小说内容的核心。虽然副本故事以超自然力量居多，但主角都需要在这些"副本"中靠自己的智慧和武力存活下去，因为一步踏错便可能就是身死道消的结局。开放式结局的无限流小说相对较少，大多数都是主角在通过这些副本之后，获知真相，离开主神空间，而文本也随之结束。

由此观之，我们可以将无限流小说定义为：主角及其队友以"主神空间"为锚点，串起不同副本故事而以"求生模式"为主的小说。通过埋藏不同题材的主线副线，无限流小说也可以与其他元素相结合，从而衍生出不同的故事。

在《无限恐怖》产生后一段时间内，无限流小说的内容都流于模式化。或许是因为《无限恐怖》珠玉在前，后续小说没有多少能够在设定形式与叙事内容上突破，因此，读者在阅读设定几乎完全相同的无限流小说时，极易产生审美疲劳。千篇一律的情节开端是，主角或是因厌烦生活或好奇感强等个人原因而点击电脑、手机里突然跳出的弹窗，或是因为死亡而进入了一个有着"光球"的主神空间。早期小说对于"主神"的描述几乎都局限在一个没有具体形态的"大光球"上,而主角进入的副本也都是"生化危机""死神来了""咒怨"等经典恐怖电影做背景的副本。究其原因,一是《无限恐怖》在这方面的描写已成为一种模式标杆,Zhttty本人的创作已经颇为优秀,后者的模仿无法让读者产生新奇感和阅读热情;二是不少作者都在当时只是跟风,因而真正有突破、有自己特色的作品较为罕见。

(二)无限流的发展与分类

自2007年《无限恐怖》问世后,同类题材也曾出现过极少量的优秀作品,如《王牌进化》。作者卷土在《无限恐怖》的基础上,又增添了数据化的特色设定。因此,这两本小说作为无限流小说的起点,既是同时期的巅峰,也是后来者必须要攀爬、跨越的高峰。

及至黑暗火种于2010年6月开始连载《地狱公寓》,无限流的创作才有了突破。《地狱公寓》讲述的是住宿在一所神秘公寓内的住户,必须定期定时完成公寓墙壁上出现的血字任务,十次任务后便可脱离公寓,完不成便会被厉鬼杀死。这并不是黑暗火种恐怖题材的处女作,他的前作《异悚》是一部彻彻底底的都市恐怖灵异小说,在《地狱公寓》中,依旧可以看到前作的一些影子。但是无论是"地狱公寓"的背景设定,还是从厉鬼手中逃生的血字内容,都有无限流小说的两大核心要素,故而它的分类属于恐怖惊悚。而继《地狱公寓》之后,黑色火种相继创作的《死咒岛》与《地狱电影院》也收获了不错的口碑,其2013年6月开始连载的《地狱电影院》更是将"扮演"的概念带入了无限流中,黑色火种本人也在简介中说《地狱电影院》是一本集变种无限流、玄幻、灵异风格于一身的作品。

在《无限恐怖》问世不久,晋江文学城2008年就已经有了带有"无限流"标签的同人小说,分类在衍生之下。而之后出现的大多带有"无限流"标签的小说都为综漫、综武侠、综英美等类型,严格意义上来讲并不符合传统无限流的两大核心。这样的情况持续到了2011年,也就是几乎三年之后,原创分类下才出现了第一本带有"无限流"标签的小说,为Dodolog所著的《逃杀游戏》。小说开始连载于2011年8月前后,而作者于 2012 年 6 月开始连载《逃杀游戏Ⅱ》,并于 2015 年开始重修两本小说,补全了很多当时未写明的模糊设定。虽然作者当年文笔稚嫩,但从评论区依旧可以看出其在晋江造成了不小影响。作品之下的长评中甚至有读者这样说道:"我看过的悬疑推理小说寥寥无几,可以说是兴趣缺乏,也因此逃杀对我的意义才更显重大,它开启了我对这个领域的兴趣,同时给予我不同于一般推理小说的全新体验,虽然乍看之下某些情节颇似欧美恐怖片,但我敢说逃杀绝对是这类作品中史无前例的创新"①。

在这之后,晋江上出彩的无限流小说,要到薄暮冰轮于 2015 年开始连载的《欢迎来到噩梦游戏》与 2016 年开始连载的《欢迎来到噩梦游戏Ⅱ》,而其第三部至今依旧在连载,并且三部都全文免费。而纵观晋江文学城"无限流"标签下的小说,我们可以发现无限流在晋江大火于 2018 年前后,这段时间纯爱分类诞生了《末日游戏》(开始连载于 2017 年 8 月,下同)、《地球上线》(2017 年 11 月)、《死亡万花筒》(2018 年 1 月)、《全球高考》(2018 年 10 月)、《游戏加载中》(2018 年 12 月)等诸多佳作,言情分类也有《无限生存游戏》(2018 年 6 月)、《听说我超凶的〔综恐〕》(2018 年 7 月)、《尖叫女王》(2018 年 10 月)榜上有名。2019 至 2020 年无限流的作品数量更是节节高升。满级大佬或是主神本人重新回到"主神空间"通关副本的情节虽然逐渐成为套路,但是依旧被读者所追捧,这也是当下读者追求"爽文"娱乐体验的一种直观体现。

相比于此,无限流的标签在另一重要平台起点中文网的使用频率并不高,相关作品集中开始连载于 2019 至 2020 年。在 2017 年之前仅有一本《王牌进化》影响较大,而起点女生网中完本的、带有无限流标签的小说更是仅有三本,故而暂且不提。但值得注意的是,起点中文网带有无限流标签的完本小说中,出现了一批并不严格符合传统无限流两大核心的小说,代表作有《诸天尽头》(2019 年 2 月)、《诸天谍影》(2019 年 7 月)等。它们在无限流之中提取的要素更多在于"无限世界",颇有一种畅游

---

① 愿君:评《逃杀游戏》,晋江文学城:http://www.jjwxc.net/comment.php? novelid=1294320&commentid=91147,访问日期:2020 年 9 月 23 日。

诸天万界的气势，而削弱了"主神"带来的命运被掌控的压迫感，而在定义中也是模糊于快穿与无限流之间。由于这类小说并不符合最初定义并研讨的传统无限流，故不再深入讨论。

十余年来，无限流无疑是在发展与进步的，最直观的体现便是副本题材的选取上。从最初千篇一律的恐怖电影游戏到如今精彩纷呈的原创副本，题材的多样性得到了进一步开发。当然，优秀的衍生副本依旧是无限流的重要内容，只是衍生副本因选取范围有限，难免存在撞车的情况，这就更加考验作者对情节的把控能力。近年来恐怖电影题材的衍生副本已很少能见到，首先是因为十年来读者确实已经审美疲劳；其次，写"生化危机"的衍生副本难以与《无限恐怖》比肩；再者，衍生副本难免会对原著有狗尾续貂的改动，或是 ooc（英语词组"Out Of Character"的缩写，指角色作出了不符合原著性格逻辑的行为举止），因此，衍生副本的受众也有了一定的限制，再加上近年来愈发重视的版权保护等问题，衍生副本也就很难成为无限流小说副本的最优选择。

原创副本的出现意味着无限流有了更加广阔的未来，即使内容受限于"求生"，也可以通过与其他元素形式结合而打造异彩纷呈的情节内容。如《全球高考》中让人眼前一亮的"考试"形式，《游戏加载中》让读者体会了"恋爱"中人的生存欲望，《卡牌密室》将道具化作卡牌融入了扑克的元素，《退休判官进入逃生游戏之后》《当异形参加逃生游戏》从主角身份着手创造爽点，《我在逃生游戏里做网红［无限］》融入了时下流行的直播打赏，《太阳系幸存计划［无限］》发生在近未来的背景中，《穿进无限文科高考》让主角结识末世大秦中的秦始皇、神魔大唐中的孙悟空、机甲三国中的诸葛亮等等不同于史书的传统历史人物。这说明了作者在迎合读者口味的同时，自身也在不断地创新与发展。在十余年的发展中，无限流小说也整合了不少新元素，而出现了明显的分化。如今，我们可以将之分为两个主要类别。

一类是数据无限流。如果将鼻祖《无限恐怖》作为最典型的传统无限流，那么前文所述的《王牌进化》可以说是开创了数据无限流这一分类。《王牌进化》在《无限恐怖》的基础上将玩家的身体以数据的形式呈现，确切地说，是用数字来表示，更为直观地向读者展现主角的战力。当然这也与《王牌进化》本身的"副本"是各种格斗类街机游戏有关。有关数据化问题，后文有具体论述，此处不再赘述。

另一类无限流小说选择在"副本"中下功夫，即平行无限流。一般情况下，多数无限流小说在构建"副本"时，"副本"内原本存在的人物更像是游戏中的 NPC（英文词组 Non-Player Character 的缩写，意思是非玩家角色），出场作用是给主角一行提供基本的通关线索、背景信息。平行无限流多指主角所经历的副本并非是由主神临时创造出的，只有片段性的空间，反而是主神在一个平行世界中截取一个时间段，将主角一行人投入其中，故而每一个平行世界中的人都是活生生的"人"，有自己的思想与喜恶。这一分类被称作是平行无限流，其每一个副本背后的故事通常是宏大而又真实的，而主角所能看到的也不过是冰山一角。

（三）无限流的"引流"优势

虽然在网络文学里，无限流的作品数量和读者受众都是相对少数，但其作为网络文学的类型分支，也有着明显吸引受众（即"引流"）的优势。

首先，它有短而精的中短篇副本。大长篇被割裂开后，短篇的故事能够让节奏更紧凑，让主角更自由发展。因此，作者也有了更大的空间发挥想象力，让读者在获得阅读快感的同时，不用太过担心难以为继而失去平衡性。[①] 相较于长篇故事，中短篇副本在篇幅小的同时，进一步压缩了副本内容。短而精的故事无疑更有吸引读者注意的可能性，更容易将读者带入故事中。作者不用担心由于故事篇幅过长、情节松散使读者失去共鸣，且小说情节爽点、高潮点等主要冲突密集、紧凑地分布，也更能勾起读者的阅读欲望。

不难发现，无限流的这一特点其实与其他小说的"情节片段"相仿。以《斗破苍穹》为例，同样是二三十章的内容，无限流所写是一个短篇小

---

① 杨晨：《网络文学的类型核心分析法》，载《网络文学评论》2019 年第 1 期。

故事，而《斗破苍穹》是解决一到两个"情节片段"，例如在萧家的家族比武、拍卖场事件、在青山镇与小医仙之间的故事、在魔兽山谷与云韵之间的故事，而这些情节穿插在萧炎锻炼自身成为强者的主线之间。《斗破苍穹》用一条主线和数条副线串起这些故事，而无限流则是用一条主线串起所有副本。与之不同的是，无限流不用像《斗破苍穹》那样考虑前后情节、人物的衔接等问题，因为无限流每一个副本都是独立的，除非作者有特殊设定，否则这些副本间不需要有联系。这样一来，作者既可以有效分割情节，也能更明确地告诉读者，这部分的故事结束了。

其次，无限流的副本选择多种多样，堪称包罗万象。在《无限恐怖》以现有恐怖电影为副本，《王牌进化》以街机游戏为副本之后，优秀的原创副本如雨后春笋一般接连出现，其中所蕴含的元素多样化数不胜数。例如《地球上线》的暗黑童话风，将《安徒生童话》中的角色以另一种面貌呈现在副本中，卖火柴的小女孩马赛克、灰姑娘王小甜等角色，使读者既熟悉又陌生。《死亡万花筒》中"箱女"副本便是以桌游箱女为原型，使国内不少读者因为这个故事知道了箱女的游戏。在同一本小说中，读者可以在不同的故事中看到冤魂、恶鬼、僵尸、血族同时出现，或是古代江湖、现代都市、西方幻想、东方玄幻等题材的拼接，以至于神鬼灵异可以共聚一堂、大显身手。

这些新奇而又刺激的副本正是无限流的一大特色与审美优势。优秀的作者可以使读者代入主角紧张刺激的环境中，体验生死攸关的一瞬间，但也有读者更喜欢看主角大杀四方，体验主角可以碾压一切的"爽感"。在无限流中，主角可以在这些不同的副本故事中展现自己的个人魅力。读者会期待热门网文的续作，因为他们渴望看到主角更多的故事，而有时吸引读者的已经不再是主角而是情怀。无限流某种意义上使用了极短的篇幅，使读者很快获得这种"情怀"，读者陪伴主角走过了一个甚至数个"世界"，当然会期待他之后全新的表现。

其三，少数无限流小说的审美特质还包含对主角智谋的描写。纵观所有玄幻小说，无一不在强调主角实力强大，却较少真正用笔墨塑造智勇双全的角色。无限流小说则可以很好地满足读者对此类角色的幻想。在《无限恐怖》中，楚轩便是智谋类角色的代表，甚至他的复制体所布下的局全灭了主角所领导的中洲队；在《高能二维码》中，主角邢烨也是从来不走系统给出的表面情节，一定要与系统斗到最后，以寻找真正的幸福结局。与其他玄幻类小说不同，大多的无限流小说主角都需要一定的智谋才可以顺利在生死危机间存活下去。或者更直白地说，作者不一定比他笔下的角色聪明，但是作者可以通过信息差造成读者的"恍然大悟"。其实作者常常已经将线索给出，在揭露真相时便更会让读者信服，而这类似于推理小说的写作手法。总之，这种智谋型的角色毫无疑问拥有明显的个人魅力，更令读者着迷。

综上所述，无限流作为网络文学的分支，虽只有短短十余年的发展历程，但已经由单一化的恐怖生存衍生题材，到如今呈现出原创性强、内容多样的多元态势。从阅读受众上看，无限流副本的精悍、角色的魅力展现出其吸引受众的优势，而这也使无限流小说在网络文学里拥有独特的生命力。

二、无限流模板下的游戏世界

在梳理历史和界定特征之后，我们集中讨论的是《惊悚乐园》（开始连载于2013年1月）。相较于气氛沉重的前辈之作，《惊悚乐园》由于氛围轻松欢脱，在无限流之中杀出重围，也俘获了众多的读者。作为一本网游类小说，在背景设定和情节发展中有着极为明显的无限流写作特征。

正如前文所述，无限流有两大核心："主神空间"与"求生模式"。《惊悚乐园》在这两个核心外加上了游戏空间的外壳，将传统无限流中一个个攸关生死的逃生故事，转化为恐怖游戏中的一个个副本。这样的发展也是无限流的一种进步与提升，扩大了无限流的受众群体范围，但也一定程度上削弱了作为无限流核心的生存元素。

我们在前文谈及无限流的发展时已提到，早年模板化的无限流小说泛滥，读者随便点开一本都能料想到主角将要被投放进哪部恐怖电影中经历什么情节。与此同时，恐怖灵异的题材也限制了无限流小说的读者范围，使那时的无限流小说几乎没有一本能走出固定读者的圈子。《惊悚乐园》就在这样的背景下横空出世而成功"出圈"。

（一）《惊悚乐园》与无限流的新发展

毫无疑问的是，惊悚乐园是一本无限流类型的网络小说。从传统意义上无限流的两个核心要素来看，"惊悚乐园"这个游戏世界本身对应的是传统意义上的"主神空间"，在第一个核心要素上有了一定的创新，即与当时方兴未艾的网游相结合；第二个核心"求生模式"是指"惊悚乐园"这款游戏最初的副本选择，并不像是传统的无限流那样如果副本失败则必然"死亡"结局，即以剥夺玩家现实中的生命及物理空间意义的存在作为惩罚。这一定程度上偏离了传统无限流的核心要素，但就像现实世界中恐怖游戏仍会吓到玩家一样，在身临其境的情况下，玩家也可以感受到类似于传统生存模式中生死竞速的紧张感，而强化读者代入感的细节描写使本书拥有了更加广泛的受众。尽管有些无限流读者并不认可作者对此元素的改造，不过整体来看，小说吸引的新读者数量多于放弃阅读的读者数量。

1. 衍生与原创的两种世界设定

本书副本所使用的世界设定大致可以分为两类。

第一类是诸如《蝙蝠侠》背景下的"披风争夺战""我，小丑""说出我的名字"；《霹雳布袋戏》背景下的"霹雳初临篇""无双武斗会"等副本。这些是基于电影、动漫、游戏 IP 的再创作，但作者在这些背景下讲的故事也与原故事有不同，如"披风争夺战"是将玩家自己的游戏角色载入副本而与副本内人物产生交集，玩家可以借助副本人物的力量对抗对方玩家；"我，小丑"则是将玩家意识直接载入副本内人物角色的身体，玩家的身份由游戏系统直接安排。

这种设定方式下的世界观也对应着不同的游戏模式，前者是"杀戮模式"中玩家间的对抗，故事背景只是辅助性的舞台，虽然玩家可以借"势"（即副本内 NPC 的力量）而帮助自己，但更重要的是玩家的实力、运气是否够强;"我,小丑"则是一个团队生存类副本,并没有对手玩家,主角要做的首先是在当前宇宙成功"活下去",那么第一步就需要一个属于本宇宙的身份而尽快解决冲突。此时玩家对抗的对象由游戏系统任务变为本宇宙的原住民。"说出我的名字"作为个人生存类副本也是如此。

在基于已有世界观的再创作方面,无限流相较于同人小说的本质不同在于,大部分同人小说的主角依旧是原著主角,同人创作给予原著主角不同的故事或是不同的身份,讲述的依旧是原著主角之间的故事,而即使有原创人物出现,也是为了服务原著主角。但是在无限流小说中,即使副本背景千变万化,主角却始终是无限流小说的主角。在本书中,不论是在蝙蝠侠宇宙还是霹雳宇宙,故事的主体永远是封不觉与玩家,原著角色成为背景故事的一部分,原著的故事设定与情节也主要是为了提升玩家的游戏娱乐体验。

同时要指出的是,这类副本亦有得有失。一方面,背靠大 IP 而有读者们熟识的人物出现,可以让读者一开始就能更好地理解故事背景与猜测游戏副本内容。即使没有看过《蝙蝠侠》的人,也大多听说过布鲁斯·韦恩就是蝙蝠侠,知道小丑与蝙蝠侠是死敌。因此,作者在对 IP 的借势中创新副本故事,可以给予读者新奇感。

但另一方面,这类副本也有不足。一旦副本背景并非是大热的 IP,就会使读者无法理解故事背景,从而在进入作者讲述的故事时有一定难度。实际上,本书中使用的大部分衍生副本都是小众 IP 或是大热 IP 下的冷门故事,如《南方公园》在国内便是一个小众化 IP,大多数读者并不能理解《南方公园》的背景,分不清各式各样的外文人名,甚至基本角色和情节信息都出自作者在章节开头带有个人主观色彩的吐槽式叙述。读者最终所见是主角的所作所为、所思所想,却并不明白为何如此。当然,大多数读者并不会思考背后的故事,只要能够看到并确认主角是"无敌"的,满足他们对主角的期待与幻想即可。这也是如今多数网络小说读者的看法,且若是他们看不懂或是感觉篇幅无聊,由于无限流小说副本的独立性,他们也完全可以跳过这个副本去看其他更感兴趣或更喜欢的部分。

第二类是以"苍灵论剑""咀魔岛"等为例的原创副本,并在之后其他副本中依旧出现同一世界观背景的故事。例如"苍灵论剑"这一副本，在其世界观下的时间线中还出现了其他三副本："绝世高手篇"、地狱前线vs红樱的赛季故事副本和"剑神一笑"。这些副本先后通过曹公公曹钦与"阎王"林颜两人联系在一起，在特定时间给予主角一定的阻碍或者帮助，例如"剑神一笑"副本中，林颜的出现可以保护封不觉在最后时限内一直拥有剑舞草记，让封不觉得以顺利完成游戏任务。

当读者再次读到相关副本内容时，就像是再见故友一般。很多读者会执着于在同一系列的小说中寻找上一部主角的踪影，如唐家三少让《神印王座》中的伊莱克斯在《斗罗大陆》第二部再次现身；天蚕土豆的《大主宰》中，前两部《斗破苍穹》主角萧炎与《武动乾坤》主角林动出现带起了一波书粉的阅读高潮。曾经出现过的、有魅力的人物角色会在读者心中留下深刻印象，再见时会自然而然地发出一阵感慨。这是这部小说中原创副本的一种魅力，但也有其局限性。读者若没有看过上一个副本，或对这个系列故事没有兴趣，就不会有这种感觉，而有可能流失（即"弃坑"）。

原创副本的另一个优势在于它提供了审美新质。不同于传统无限流局限于开发已有IP，原创副本的出现意味着无限流有了新的发展方向，甚至纯粹原创的无限流也指日可待。在此后的无限流小说中，原创副本是作品特色的重要表征，而《惊悚乐园》在这个意义上从传统无限流的自我重复中，找到了审美突破的可能路径。

2. 单人副本与智谋体现

网络小说都会有"主角"的概念，甚至有时主角不只有一个，如江南在《九州缥缈录》中塑造了一个由吕归尘、姬野和羽然组成的"主角团"，虽然他对羽然的描写并不突出，但是吕归尘与姬野两人都是故事切实的"主角"。而在大部分网络小说中，"主角"只有一个人，即便主角拥有着团队，如《斗罗大陆》中，主角团"史莱克七怪"以团队的形式参加各种比赛、经历各种历练，但小说的核心仍然是唐三，即他是唯一的主角。

本书也同样如此。即使地狱前线以社团的形式存在，以社团为单位参加各种活动，社团中的角色也各有特点，但是"主角"依旧只有封不觉一人。这一点在副本的安排频次和参与模式次数上体现得十分明显。相较于其他无限流小说副本动辄八九人甚至十几人的副本人物，本书中日常副本的最多载入人数为六人，最少只有主角一人，就算是巅峰争霸赛中的团队对抗最多也只是4对4的8人副本。较少的人物可以更大程度地精简副本内容和角色配置，载入的玩家也几乎没有谁只是"炮灰"，基本都是会重复出场的人物，而情节的冲突也因此更加直接、更有特色。

除去最开始的练习模式和三次巅峰争霸赛，在日常的副本之中共出现了团队生存副本18次，单人生存副本14次，杀戮模式5次。团队副本与单人副本的比例几乎达到一比一，此外还有占据了小说大量篇幅的三次自由探索模式，以及与小说主线相关的寻宝模式等。可以说，《惊悚乐园》几乎将"单人副本"的优势扩大到了极致，而这与传统无限流明显不同。

在中短篇的故事之中，由于篇幅限制，作者对人物、场景、故事等的叙述自然要有所取舍。例如"苍灵论剑"对于王叹之与古小灵的叙述几乎都集中在了两人取得两本秘术的过程，他们后来出现主要是射杀BOSS，副本的笔墨最大程度地集中在了封不觉身上。但是单人生存副本就完全不会有这样的取舍，因为读者需要关注的和能够关注的，只有封不觉一个人。

实际上，作者三天两觉在前期中短篇故事的情节编排和节奏把控上展现了不错的笔力。"平田的世界""卑鄙的我""兄弟""极限试验（未来基金会）"等，都称得上是质量极佳的短篇故事。其中"卑鄙的我"更是需要读者静下心来推想才能了解时间规则的烧脑副本。这些副本也无一例外都是封不觉一人的单人任务，并且在背景中都限制了他的道具、技能、身体状态等外部条件。作者以此为前提，充分强调并展现了封不觉"多智近妖"的角色设定和其打破常规的异人思维。

这正是本书比起其他无限流小说的独特之处：作者通过限制主角的部分能力而提高副本的难度。在个人生存副本"噩梦"中，封不觉的对外表现几乎完全变成他所扮演的那个人，身体素质比起游戏数据当然是天差地别，在游戏中获得的各种道具也被限制使用。这样的副本可以任意出现在小说任何一个阶段中，因为它与封不觉的等级、技能、专精、道具等完全无关，例如作者在"玩具战争"后放出了一个发生在"苍灵论剑"与现实世界的"我是写手"时间线之间的故事，但是对主线叙事不会有任何不利影响。

3. 无限流叙事模式的融合

通过对《惊悚乐园》无限流模式的分析，我们可以看出本书在传统无限流的基础上，融合了数据、平行两种模式的基本特点。

首先，《惊悚乐园》与平行无限流的关系值得关注。正如前文所言，在平行无限流中即使没有玩家，这些宇宙中的时间、事件也在按各自的节奏流逝进行，每一个原住民都有着属于自己的人生。这本书的主宇宙和衍生副本自不待言，即使原创副本中每一个可沟通的原住民，也都拥有自己独一无二的履历，如曹公公、林颜等。

其次，由于以游戏为载体，《惊悚乐园》又拥有数据无限流的一些特征。数据无限流以《王牌进化》为代表，是对比传统的《无限恐怖》而诞生出的概念。前者较于后者的不同在于将人物的力量、敏捷、体力等以直观数字的形式直接呈现在人物面板上。需要区分的是，《无限恐怖》虽然对智力、精神力、细胞活力等进行一定的数字化，但是在实际的战斗中，并不像《王牌进化》那样有着类似于游戏格式化的"力量""体力"等概念，强化的体能也只是用"普通人的 X 倍力量"这样的模糊定义描述，更没有《王牌进化》中"体力低于 2 则无法行动"的说法。在"惊悚乐园"的游戏设定中，作者有意对玩家在游戏中的一些能力以数据化方式呈现，从而更加直观地展现某些世界观设定。但是它并不是处处都用数据作为载体，不像真正的数据无限流或是传统网游小说那样，将角色的力量、敏捷、智力等属性全部用数值进行表示，而是反其道而行之，故而我们将其称作"伪数据化的无限流"。

伪数据化无形中消减了很多 bug 出现的可能性，使写作更为简单；但对读者来说，有时会感到一头雾水，如对道具、武器等的主观判定，可能与作者想要表达的意思出现偏差。不过《惊悚乐园》的本质毕竟是一篇"爽文"，既然是"爽文"，那么也不用像真正的游戏那样精确计算武器攻击力、攻击范围等。这样的安排使设定再次回到了小说的核心设定——无限宇宙，即回到了平行无限流的模式之中。

多种叙事模式相辅相成而补全设定,放在当年来看,其实颇为新颖。当然,将不同模式杂糅进一本小说中,就如同是创造一个强大的"缝合怪"。这对作者本人来说,更需要其拥有对小说相当强劲的把控力,否则小说本身就会变成一个"四不像"。

(二) 全息网游与创作的自由度

一如前文所言,本书是无限流模式下的网游小说,以游戏为载体和主线。"惊悚乐园"作为全息游戏,赋予作者在设定上极大的自由度。遗憾的是,在文本中后半部分,这样的"自由"出现了失控现象,早期的奇思妙想反而成了局限,乃至败笔。

1. 全息网游的伪数据化设定

主流网游类或游戏类小说在当前主要分两种类型,一种是传统的键盘类网游,或称电竞网游小说,如蝴蝶蓝的《全职高手》,蝶之灵的《最强男神》,漫漫何其多的《AWM[绝地求生]》等,它们更贴近于现实生活中的电竞游戏;另一种是全息网游,是玩家通过游戏舱、游戏头盔等方式进行的神经连接式游戏,如川原砾所著的《刀剑神域》中,主角通过神经连接头盔进入游戏,即使有玩家之间的竞技,主角在全息世界中的其他故事也可圈可点。

《惊悚乐园》的游戏类型便属于后者,玩家通过"游戏舱"这一专门的游戏设备以睡眠模式和非睡眠模式两种方式进入游戏,而这类游戏一般都出现在近未来科技的背景下。相较于传统的键盘类网游,神经连接式游戏更加注重于玩家的整体素质和沉浸式感受,在大部分此类小说中,玩家现实生活中的经验是在游戏中能风生水起的基础。

全息游戏类型的小说一般会给读者一种"双重世界"的既视感,而《惊悚乐园》作为副本形式的全息类游戏对这方面只是有所表现,但并不突出。在多数全息网游小说中,主角在游戏中的时间概念甚至比在现实生活中的时间还要长。此外,大多数游戏会模糊玩家在游戏中的时间概念,例如《惊悚乐园》两种模式中的非睡眠模式与现实世界的时间比是二比一,而睡眠模式下,这个比例可以达到恐怖的十比一。

这样的设定几乎满足了大部分玩家对于游戏的需求：在不用大量消耗现实时间的情况下，可以在游戏中获得更多时间体验。当然，这也是由于《惊悚乐园》一些长线叙事的需求，封不觉在某些副本中所经过的时间已经超过了一天，若是二比一的流速甚至是一比一的时间流速，那么人物就会失去"现实"，彻底地沦为游戏的傀儡。

显而易见的是，封不觉在现实中有着自己的生活，他虽然会把工作，即小说的写作向后推，但是文中也多次提到过他从不拖稿。他会参加"我是写手"的综艺比赛，会在日常出门散步，会与王叹之等小聚，会和黎若雨在现实中有一场约会。这是全息网游小说一定要分清之处，即现实世界与虚拟世界的分割。

全息网游自然要给予玩家全新的体验，但由于现实生活中并不存在此类型游戏，所以关于这类游戏的描写就更加考验作者的想象力。全息游戏相较于键盘网游的特点和优势应当怎样表现出来？不同于传统游戏小说偏重现实与比赛，全息网游的特点本就是游戏内的世界，如何在这个世界中表现出全息网游的特点，突出其与传统游戏小说的不同，一直都是全息网游小说需要突破的焦点。可以说，全息网游对作者和读者都是超验的，因此，想象游戏的方式既要从经验中来，又有着和现实经验明显的异质性。

《惊悚乐园》可谓另辟蹊径，全息网游只是它的一种表现形式，其情节核心依旧是无限流，以全息游戏为名将玩家投放在各种平行宇宙之中。因此，作者在游戏空间的设定上就有了更多的选择，无论是世界背景还是游戏本身，都不再局限于同一种风格与类型。同时，由于融合了无限流的不同模式，本书在游戏的数据设定上作了模糊化处理，这样的特点也存在于对道具等的描述中。例如描写武器时，《全职高手》是这样写的：

死亡之手，等级60。

重量3千克，攻速2

物理攻击530，法术攻击777

智力＋45

暗属性强化＋20

暗属性抗性＋20

法术暴击率＋10％

法术吟唱速度＋10

施法距离＋2（《全职高手》第517章：死亡之手）

而同为全息游戏小说的《大盗贼》则是这样写：

蒙特的镰刀（青铜）：伤害15－23，力量＋1，需求等级4，耐久12/18。（《大盗贼》第006章《开宝箱》）

可是，《惊悚乐园》中的武器却是另类的风格：

【名称：马里奥的管钳】

【类型：武器】

【品质：精良】

【攻击力：中等】

【属性：火】

【特效：攻击人型或类人型生物的头部时，有很高概率造成重创】

【备注：这把管钳的主人很有名，他自称是个水管工，但他从不修管道，他只是在管道里钻进钻出，跳来跳去。整日忙着与恶势力战斗、挽救王国、寻找公主什么的。他有时会化装成青蛙、浣熊甚至地藏菩萨。有时他还会放火球，扔锤子……但他从不！请注意，是"从不"用这件水管工必备的工具。于是，这把管钳愤怒了，它火冒三丈，它要证明管钳完全是可以参加战斗的！】（第006章）

由此可见，相较于更为精确的数据，《惊悚乐园》用"中等""较强"等模糊化的词汇来定义武器的攻击力。这实际上是作者刻意设定，因为"惊悚乐园"中的生存值是以百分比显示的，所以精确知道一个角色的"血量"是不可能的。直到后期封不觉获得了一个名为"鼠锤"的道具，由于它每次都固定地无视防御,攻击力恒定为1,读者才有可能通过敲击的次数与失去生存值的比例来推测"血量"。但很明显的是,这是一种非特殊情况下不存在意义的事,理论上没有读者会这样去算。

这也就是为何说《惊悚乐园》是伪数据化的设定。作为游戏,它有着天然的数据化优势,可是作者并未着墨于严密、具体的数据。实际上,不如说它只是存在着少数的几处数据化设定,而这还是由于它的载体是游戏。

2. 自由的"失控"风险

要谈自由的"失控",首先要分析"惊悚乐园"的高度自由。相较于各种网游小说局限于职业设定,惊悚乐园使用"专精"这一设定,跳出了"战士""法师""盗贼"等职业的圈子,将玩家的成长变得更加具有自由性:

> 根据游戏资料,六个专精分别是格斗、射击、器械、侦查、医疗、通用。专精是技能发动和学习的条件,也是人物实力的核心。虽然封不觉并不倾向于武力游戏者路线,但对专精一窍不通肯定是不行的。他计划着在接下来的副本里尽量再开启几个,最好是"器械"或者"侦查"。在玩家战斗力普遍低下的内测时期,避开正面战斗才是通关成功率较高的游戏方法。(第010章)

专精的设定使玩家可以选择自己希望的方向来培养自己的角色。除去封不觉作为主角越来越接近全能外,还有黎若雨主修格斗与灵术可以在近战中获得优势,而古小灵主修射击与侦察,在远程战斗中通过狙击等方式压制敌人。

与专精搭配的多样化类似之处在于,惊悚乐园这个游戏的技能也极为独特。不同于其他网游小说中各类技能要从宝箱中获得、从导师处习得,并且一经学会就不会忘掉,这部小说中的技能使用大多是有限制的,强力的技能更是会被限制次数。当然,玩家永久获得的技能也有,但只有佩戴技能卡才可以使用,而这类似于《全职高手》中叶修为自己的散人装备了各职业的技能。相比之下《惊悚乐园》中技能出现的随机性更强，这是因为技能只能从副本中或是在商城里购买，几乎不同的玩家不会拥有相同的技能。

驾驭高度自由的方向是极为困难的。作者要平衡各专精设定之间的强度，思考专精之间的最优配置，并通过不同专精的玩家形成完美配合。这又返回到本文提出的伪数据化设定，因为伪数据化也是在为高自由度服务。正是由于对精确数值的模糊，游戏的很多设定得以灵活表现，如"魂意"就是其中一个很好的例子。这一由玩家自身感悟出的力量很明显不能用单纯的数字来表示，封不觉的二阶魂意"Rewrite"是直接涉及到代码层次的一种表现，文中也多次提起过"吞天鬼骁"所看到的世界是更深层次的，而就连封不觉也是成长之后才能与他一样看到每个角色、每种道具最根本的数据化代码资料。

这几乎已经不是在"玩游戏"而是在玩"游戏"。当一个玩家的实力强大到可以威胁到游戏本身及游戏背后那些存在时，谁是执棋者，谁是棋子，才一目了然。然而，正是这种表面上的高度自由，使文本中后部分的叙事一定程度上出现失控。

首先是一些设定的冗杂。以自由探索模式为例，这个设定一开始应当是为了写同一世界观下，几乎没有时间跨度的长线副本，同时也是为了更加突出"无限"中天马行空的特征，说明即使是"惊悚乐园"也有着没有探索到的平行宇宙。但是自由探索模式拉得太长，读者几乎忘记了之前发生了什么。这不像是"苍灵论剑"系列中连通副本的是人物，读者看到曹公公，看到林颜会莫名感慨。自由探索模式中需要记忆或是需要接收的信息太多，而这使该部分并未达到预期的观感。这原本应该是一个让读者思维放松的副本章节，实际上却让读者被迫又需要前后翻书才能回忆早已遗忘的故事。

其次，专精等设定实际上随着巅峰争霸赛的开始就基本没有了意义。所有专精基本上都是为玩家之间的战斗服务，游戏中主要出场的角色基本格斗专精都是A或S。游戏技能的设定也是同理，随着灵能武器的出现和职业玩家的"明星热"，重要角色的技能在游戏世界中几乎是众所周知的，因此前期"自由性"所显示的意义几乎被消解。

如前所述,三天两觉在短篇副本的节奏把控上有较强的能力,但他整部长篇作品的叙事节奏有明显硬伤。哪怕结局加上了极限反转,读者仍觉有烂尾之嫌。这个结尾很难与前期算得上是惊艳开场的短篇副本相匹配,只能说勉强做到了成功完结。

三、人物形象的显著落差

《惊悚乐园》中的人物形象,整体来说可以分为两类:一类是主角封不觉,一类是除主角之外的其他所有角色。可能是受主角视角的限制,小说中其他角色出场都不多,出场少的缺陷就是配角的同质化,这一点我们将在第四节中详细分析。

这里我们主要分析主角封不觉,以及一类重要配角——作者自创的"衍生者"——它们是作者倾注较多笔墨和心思塑造的形象。可惜的是,这类角色形象在故事情节的前后发展中也存在着一定的审美落差。

(一)封不觉形象的新意与缺憾

《惊悚乐园》主角的人物塑造与传统通俗文学相比,新意在其异于通行价值观的人物形象。但作者在深入展开叙事刻画形象时,却存在明显的逻辑漏洞,并进一步导致了形象前后割裂。

1. 反传统英雄的主角形象

所谓"反传统"指的是和以往小说形成人物塑造传统的不同。在以往大多数小说中,作者都会竭力将主角及主角团放到秩序善良阵营的这一方,主角身上的性格标签一般都是正面的。但是在全息媒介、全效媒介的时代,受众所接受的信息量呈几何级数增长,过于单薄的人设已无法满足读者的心理期待。

中国古典小说以人物行动为中心,在故事情节中刻画人物性格,主角往往是或洒脱、或痴情、或仁义的形象,而这符合传统价值观下读者的期待。话本小说是后世才子佳人小说、公案小说和神魔小说的源头,为人物的塑造提供了经典范式,且该范式承载着传统价值观念。中国传统思想以儒家文化为核心,因此在小说中,作为儒家文化表征的"君子""淑女"形象深入人心。即使不是君子、圣贤,主角性格也常和儒学的价值体系沾边,要么孝感天地,要么仁义无双。总而言之,这种类型的主角符合读者的期待视野而被广为接受。

这种传统延续到20世纪的通俗文学和21世纪的网络小说之中。就创作目的而言,小说可以注重娱乐功能,减轻人们的精神压力,满足其心理上的享受。在经济利益的驱使下,作者也要迎合人们的阅读期待。在网络文学的受众中,青年人其实是主力军,当下的青年人对于未来还是有憧憬和期待的,那种未步入社会的天真直率以及互联网时代丰富的信息量,共同构成了他们独特的期待视野。

十余年前,一份题为《青年人人格理想的调查——以网络小说人物的人格为视角》的调查报告显示,当时青年人喜爱的网络小说角色的人格特质主要可概括为外向张扬、温敦纯真、自立自强、道德高尚、睿智理性和低调淡泊六大类。这其中不乏矛盾,但基本上反映了读者从自身人格理想出发而生成的审美偏好。在这篇调查中,也有"自我矛盾""变态""八面玲珑"等性格特质,但喜爱这些的读者少得可怜。因此,早期网络小说有不少沿袭了传统小说的文化功能与理想的人格模式,人物塑造形成了突出的共性。

网络文学传统中的人物架构模式,开篇常突出主角某一个或几个方面的特质,然后不同作者会采用不同方法凸显主角人格。人物塑造可大致分为能力和性格两方面,因此很容易形成套路。如高智商天才的主角人设屡见不鲜,在有战力设定并需要战斗升级的网文里,无论世界设定如何,开局普通人或天才的设定总是占大多数,废柴流和天才流至今为止仍有一席之地。稍有差异的是天赋不同,如《斗罗大陆》中主角唐三的设定就是在修炼体系中打造暗器的天才,《莽荒纪》中主角纪宁也是修炼天才。本书中封不觉的设定则是记忆力惊人、推理能力强大的天才,从而衍生出看问题能直指本质、一针见血等能力，而无限流的开山鼻祖《无限恐怖》中的楚轩也是类似的设定。如此一来，天才流的设定很容易吸引读者，因为大部分读者需要获得这份高于常人但又并非无法到达的代入感。和废柴流那种出身微末的代入感不同，读者在"越是缺少什么，就会越想要得到表现什么"的心理机制影响下，面对主角的天才表现就会更着迷，而不由自主代入设想。当然，在很多小说中总有类似的角色设定，也会逐渐造成读者的审美疲劳。

除了能力设定以外，早期小说的人物性格特点也符合传统范式。网络小说的人物其实折射出当代人认可的传统道德品质。如《斗破苍穹》中的主角萧炎，虽然很多读者批判其三观，但他也有可取的地方，如在异世本无道德约束的背景下尊师重道、恩怨分明，而读者从一些侧面总能看到道德的闪光点。

如今，媒介融合让年轻人在纷杂的信息流中，已不再满足于单一化的主角设定，而《惊悚乐园》正符合了当时青年人对于新型主角的期待。在主角封不觉的人格特质中，虽有天才流的痕迹，但他身上最特别的一点是思想观念异于常人（三天两觉笔下主角都有着这种特点）。他所坚守的是与世俗不同的观点，或者说他内心对待事物总有自己个性化的准则，因此，在众人眼中，他十分与众不同甚至怪异。此外，因作者十分喜爱DC公司的漫画，所以有不少人揣测DC的经典反派小丑是封不觉的原型，这有一定的道理。一方面，封不觉的游戏着装模仿了小丑的经典造型；另一方面，小丑是高智商的，而封不觉也有着远超常人的智慧，几乎理解他所能接触到的一切，现实世界于是就显得乏味、无趣。当然，他并没有走上反社会的道路。

除此之外，封不觉的能力与性格也与福尔摩斯之类的人物有类似之处。因为阅读癖加上记忆力惊人，他阅读量大、知识面广。这正照应福尔摩斯的基本演绎法需要大量知识作为支撑而观察捕捉线索。在这部小说中，主角立志当福尔摩斯，性格中的吐槽癖有点类似福尔摩斯的冷幽默。不同常人的思维逻辑导致其会采取普通人不易接受的手段，因为内心自有一套准则，所以在游戏中甚至在现实中，主人公都会为了获取最大利益而有效利用一切，在游戏中甚至自己也可以作为筹码。

正如极致的理性是封不觉人格中鲜明的性格特点，小说中作者不断重复强调的"失去恐惧感"，也是在第一章就直接披露出来吸引读者的噱头。作者虽然在第396章揭示了真相：主角的恐惧感是被他的下注者封印，但读者会发现驱动主角的无恐惧感设定，其实主要还是他性格中的淡然理性。在第698章中，作者特别说明虽然封不觉没有恐惧，但他不会慌乱不会紧张还是因为他的性格使然："纵然他的恐惧封印被解除，他也一样会作出类似的反应"，而这个特点作为设定，被作者拿来大书特书。米克·巴尔在《叙述学：叙事理论导论》中认为"重复、累积、与其他人物的关系，以及转变"① 是共同作用以构建小说人物形象的四条主要原则，没有恐惧感这一特点就被作者多次作了强调重复。

综上所述，作者笔下封不觉的性格特征确实颠覆了传统网络小说中主角位于善良阵营或者偏向善良的特点。作为一位反传统模式的主角，封不觉因其新颖性被大众所接受。

2. 三观闭环中的漏洞

小说中合逻辑的人物应该是一个"三观形成闭环"的角色。这种人物可以是有血有肉的圆形或类圆形人物，也可以是突出单一性格侧面的扁平人物，但人物的三观需要形成一个逻辑闭环。具体而言，无论人物的三观是对是错，是否符合道德规范，在读者读完这部小说之后，都可以感受到人物价值观念背后的逻辑体系。在这套体系中，人物的经历、目标、性格与行为模式之间能形成完整的逻辑链条，一层影响着另外一层，层层嵌合形成完美的闭环，从而达到审美上的高度统一。因此，人物的真实性和合理性都需依靠作者在叙事中，不断完善一套完整的价值体系，以支撑人物性格、目标、经历与行为模式保持统一。

其具体逻辑如图1所示：

---

① 米克·巴尔：《叙述学：叙事理论导论》，中国社会科学出版社，1995年，第96页。

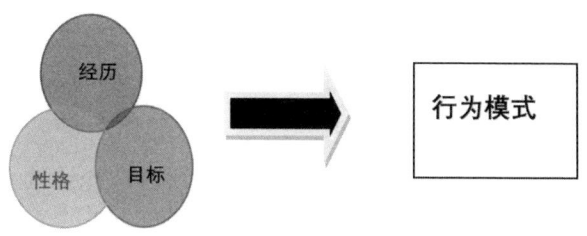

图 1　三观闭环理论

这四者中，经历、目标和性格是一个人物形象的根基，是其为人处世核心影响因素，也就是小说中人物塑造最基础的部分。三者层层关联又互相影响，性格由人物设定中过去的经历所决定，而人物的目标影响着情节走向，也就是未来在读者眼中将要发生的经历，性格又影响着目标的制定，因此又会对情节发展产生一定的影响。这三大要素好比一段程序，输入之后的运算结果就是人物的行为模式。网络小说很注重人物的行为模式，情节的发展大部分是由主人公的行为模式推动，因此，如果小说作者零零散散地编织了人物性格、经历、目标这些要素，就会导致人物审美逻辑的残缺和矛盾，进而影响人物的行为。

(1) 经历缺失和内驱力的前后变化

这里所说的"经历"主要是指人物之前的经历，也就是在故事正式拉开序幕时，那些决定人物基本性格的过去经历。在大部分网络小说中，作者一般不会对主角的出生、童年乃至成长的经历有过多描写，毕竟读者阅读网络小说是为了减轻压力和满足心理上的享受。主角一般都有成熟的三观逻辑，而作者对过去的经历只是略有叙述，在后续的情节展开时偶有对过去经历的穿插，但总归还是有因果逻辑。

在《惊悚乐园》中，主角封不觉的成长经历是缺失的。封不觉出场已经24岁，在前几章中作者就说明了封不觉的父母双亡。他甚至采用自我吐槽和冷幽默的方式说明单纯是因为自己不愿意为主角再编写双亲。这说明封不觉未来情节中行为模式的展开和推进基本是源于自我意识。主角父母双亡在网络小说中很常见，除了不好设定主角双亲的形象特点之外，读者不愿意主角受到外界太多的干涉，因此，满足主流读者对于自我、自主等要素的心理期待也是这种写法的原因之一。但是，作者并没有对主角过去的经历有着任何叙述，那么主角的父母是在怎样的环境中将他抚养长大？撒手人寰之后主角又是怎样长大的？其性格的逻辑基础就完全没有了。

童年经历对这种"怪人"而言是很重要的，虽然它占的篇幅不必很多。一个人性格的形成和发展离不开童年活动，成年后的性格定型很大程度上来源于童年时期的经历以及父母的言传身教。《惊悚乐园》中主角的父母在其高中时期撒手人寰，这就更值得推敲了。因为主角并不是因为某些原因（穿越、转世等）而从童年时期就有着成熟的三观。在网络小说中，主角亲人的逝世如果不是在过去的经历中，即如果亲人离世并不是作者略写的"既定事实"，那么这理论上应该会对主角性格产生很大的影响，进而影响到主角自身的行为模式。在这段相互依存、相互影响的体系中，主角的形象除了进行累积、强化，还极有可能会产生转变，如《琅琊榜》中的梅长苏。而本书主角在高中时就失去双亲，读者并不知道这件事对他产生什么影响，那么，这不仅在人物塑造上有了残缺，而且导致读者在阅读时缺少了代入感和真实感，与主角始终是有距离的。这种距离感不会让读者和主角并排前行，而是让读者被迫自始至终跟在主角身后前行。

除了主角童年经历的缺失，随着故事进程，主角行为的内驱力也一直在变化。在小说中，主角的目标是推动情节发展的重要动力。从作者的角度说，很多小说中主角的目标会不自觉地投射出作者自己的憧憬、向往或者某种思考。目标可以分为两种：内驱力目标和外驱力目标。这两者也很好区分：内驱力目标是指主动愿意达成某事，因为主观意愿的需要、兴趣等产生的由内而外的行为，故而这种目标往往带有强大的个人色彩；而外驱力目标则是迫于外力被动地去达成某事，如之前说的父母双亡，本可以成为小说中一个比较重要的外驱因素。

在小说开头，作者明确了主角进入游戏的初衷是"治病"，因为封不觉在进入游戏的前两个月发现了自己失去了"恐惧"这种情绪感知能力，而无法产生恐惧的情绪。他认为这是一种疾病,在无法治愈并且丧失恐惧是唯一症状的前提下,意图放弃治疗。然后,他机缘巧合进入游戏,为了身临其境体验而刺激自己找回恐惧。这很明显是一种内驱力目标,而这种内驱力目标延续了很长一段时间,助推了小说叙事的发展。

随后,封不觉的内驱力目标产生了变化。在经过一定篇幅的叙述之后,读者会产生不同程度的审美疲劳,作者不管是为了迎合读者还是为了叙事的平衡,必须对主角的目标进行调整。随着情节的展开,恐惧感缺失被逐渐标签化了后,主角的目标自然需要随之改变,从而更好地吸引读者。在封不觉明白自己的恐惧是被封印,以及女主人公的"爱"也被封印了后,主角的目标就变成了解除女主角"爱"的封印(封不觉并不在意自己的恐惧被封印)。这是他主动作出的决定,也属于内驱力目标。不过为了解除这份封印,他也被情节推动着做了很多事,如和恶魔伍迪打了赌,定下的不少小目标等都是被动接受的。因此,叙事也有部分外驱力的推动,但基本上还是出于主角的自我意愿。

此外,封不觉在第三个副本中遇到了衍生者。他最初因为未接触世界的真相而单纯认为这是产生了智慧的 AI。但在了解真实情况后,主角在第 459 章主动选择"帮助一个独特的、新生、具备智慧的种族获得'生命'的权力"。定下这个内驱力目标是在决定帮助女主解除"爱"的封印之后,但问题是他后来和女主协商放弃解除了,女主角也拒绝了伍迪的帮忙解除封印。与此同时,封不觉基本了解真相后决定赢下这场"候选者游戏",和之前的目标其实可以合并。不管是解除封印也好,帮助衍生者以及赢得游戏也罢,背后都是不甘于成为棋子而想要摆脱棋子命运的内在意志力。这样来看,小说前面的逻辑不够严谨,导致了后来行为变化的推动力也缺乏必要的逻辑支撑,而一个对世界已经没什么兴趣的人,有这么强大的内在驱动力,就显得缺乏说服力。

(2)性格矛盾与行为转变的逻辑漏洞

不管封不觉年少经历如何,其性格已经被设定。前期的冷静、高智商的理性以及对其他事物的漠不关心超然态度,也是作者依照读者的期待塑造出的性格特点。但是后来作者为了能让他走下神坛,为了让他的人格中增加感性的部分，在定下的目标之外不断扩充、铺垫。很明显的是，作者并没有支撑住他形象合理转变的足够笔力，使他的性格无法建立起完美的逻辑。

读者基本上认为封不觉是一个有情有义的人，这和作者的叙述有着分不开的关系。在前期的设定中，他冷静强大，而在小说后期作者对他的未成年时期作了补丁式叙述，提到封不觉在很早时候就被监视了，他高中为止的班主任都是政府官方的特工，但这些特工执行完监视他的任务后，纷纷以压力过大为由，申请调离了岗位，再也不做外勤工作。也就是说，他的性格其实在初中甚至更早就已经有某些特质了，这份补丁只是对他理性方面的性格特点作了强化。但在作者继续为他未成年时期做补丁时，为了填充他人格中感性的部分，补叙了小时候的封不觉在王叹之人格分裂并杀了四个人之后，选择帮助王叹之掩盖事实。本来他和王叹之从小一起长大感情深厚，因此有情有义选择保全发小王叹之是符合逻辑的选择，但是和小说前期人物性格加以对比，逻辑矛盾就凸显出来了。封不觉和养育他长大的父母没有多深的感情——父母对于他的影响在作者笔下几乎没有，之后的叙述中还被剥夺了生理上的血缘联系，封不觉对此也没有什么激烈情绪反应，那么为什么他和发小就有着如此深厚的感情？如果用前期设定的性格，其行为逻辑应该是为了保全自己的利益毫不犹豫地报警，那才是最符合他形象的选择。无疑，这里是人物性格衍生行为时的逻辑漏洞。究其原因，作者想要让封不觉的形象形成转变，采取的途径就是填充他人格中感性的部分，想先从王叹之等发小的"深厚情谊"入手填充。但在过去已成"既定事实"的经历本身就是残缺的，在经历和性格本身就无法形成闭合逻辑的前提下，这份填充反而显得突兀。

封不觉在作者笔下逐渐增加了人格中感性成分，这种转变在逻辑闭环状态下应该受到经历影响，但是，他的经历中能够支撑感性成分的，恐怕只有解除女主"爱"的封印这一内驱力目标了。为了解除"爱"的封印，在刚知道这一事实时，他就揍了恶魔伍迪一拳，并愿意和其打赌或者说交易。从理性的方面说，这份交易是对他不利的，因为赌注的内容是解除男女主的封印，条件是帮助恶魔办事。这个"办事"其实带有很大程度的强制性、不可确定性并且没有限制。正如前文所说，小说从这里开始其实就有外驱力的因素加入。但是追本溯源，这个目标导致的行为，也只是因为作者试图改变读者的认知。从人物角度来看，作出这个决定的还是当时那个性格起点，但是那种冷漠性格是不会衍生出这种行为的，这就陷入了逻辑断层。

此外，封不觉为了解除女主封印产生的一系列相关行为——即男女主的感情线，也缺乏足够的叙事依据。首先这份感情线的描写叙述太过于薄弱，无法带来多少恋爱的真实感。其次，感情线采用的叙述模式过于老旧和僵硬，没有脱离传统束缚。黎若雨一出场就被设定为男主角的铁杆粉丝，在初见面时又因为男主独特的性格对其另眼相待，然后网络世界和现实世界中的爱侣竟然一样。这就相当于才子佳人小说中一见钟情的叙事套路。

在传统才子佳人小说的创作模式中，一见钟情、以诗传情、小人拨乱、及第团圆是最基础的叙事模式，经过发展和变异基本上形成了一种三段式结构模式：一是才子佳人相互倾慕，互相衷肠或者干脆一见钟情，然后在缔结情缘的过程中有小人作祟，困难重重导致好事多磨，最后历尽磨难终得良缘。不过这部小说由于相关叙事的薄弱，男女主人公的爱情线未能成为主线，而在作者的安排发展中还是逃不掉才子佳人式的传统套路。在二人见面之后，没过多少章，作者很快就安排了一个双人游戏副本，这个"校园七大不可思议"的副本正好在为女主解除封印的内驱力目标提出之前。

需要进一步分析的是，男主封不觉在这个双人副本中针对女主展现的性格特点和行为逻辑。封不觉在游戏中一直是冷静理智异于常人，因此才能够判断最优解法和可实现最大利益的行动。在"校园七大不可思议"的游戏副本中，游戏设定就是为了让二人互相担心甚至明知对方身处险境却又不了解具体状况，从而在心理上彼此羁绊。这是一种无意义的心理状态，尤其是在男主身上。按此时的性格，他应该很快摆脱并全力以赴攻略副本才对。虽然说在爱情环境下的人物应该有不同，但这也是作品中人物塑造的问题所在，因为这些完全没有叙事铺垫而显得生硬。在其他副本中，男主并不会因性别不同产生不该有的情绪，最多会因为性别制定不同的策略。可以说，性别在他的思维认知中其实并不重要，而在情绪管理中，他人的存亡其实对他影响也不大，甚至存亡在他的思维逻辑中是获取最大利益的筹码，也会纳入假定和计算之中。而在这里担忧的情绪衍生了挣扎，但这份挣扎不是对自身推理及决断的挣扎，不是自身冷静的思维。在下一次的通话之后，因为女主迅速挂电话，男主居然在女主究竟如何的情况下失去了理智思考的能力，反而有了恼火的情绪甚至迁怒了游戏副本。在接下来通话中得知女主有危险，迅速抛下成见甚至尽快通关游戏副本赶去拯救女主，然后二人一起被追杀共同逃难。这里封不觉心理状态的切换都缺乏逻辑。在二人共同面对猪头屠夫的两碗不知深浅的汤时，他会抢在女主之前直接喝完两碗汤，作者解释说是他认为不能让女生去尝人肉。但其实封不觉突然表现出对于女性的体贴关心，在小说中实际上也是全无逻辑的。

因此，作者结构出的感情线显然不能为多数读者所接受。这种十分薄弱、生硬甚至是刻意的感情线，无法支撑起人物性格的转变，故而就会显得十分矛盾从而缺乏说服力。

（二）衍生者的形象落差

《惊悚乐园》中有一类重要配角是作者自己创设的概念，即"衍生者"，其出场时间早且占用篇幅不多，一度被理解成具备自我意识的失控 NPC。

虽然名词是作者的创造，但衍生者的形象参考了当时已经兴起的人工智能，简称"AI"。这种形象在影视动画作品中非常常见，从《星球大战》到《终结者》系列，情节设定都是人工智能对机器人三原则的反叛，对人类统治地位的挑战乃至斗争。三天两觉设定的衍生者很大程度上也没有脱离这一普遍认知。较为遗憾的是，衍生者虽然提供了一个算得上惊艳的出场和立意，但在随后的情节过程中并没有更多出彩之处，而只是沦为主角的陪衬。

衍生者的首次出场是第三个副本《大蒜无双篇》（第 47－62 章）的第

52章,之后沉寂许久,再一次正式出场已经是几十章节后的《进击的主角》篇(第149—165章)。如此大的跨度实际上不利于读者记忆和阅读。作为补偿,作者在衍生者这两次出场方式上运用了一定的写作技巧塑造衍生者的形象。在多位衍生者中,最具代表性和典型性的出场方式应当属于X-23和鲁特。前者是故事中第一个正式登场、确定概念的衍生者;后者则从另一个角度扩充完备了衍生者的思想与形象,使这一概念得到了升华。

1. 烘托对比的悬疑模式

X-23(以下简称23)的出场方式颇有悬疑文学的风格,其出场是《大蒜无双篇》,可实际上她的身份信息一直到副本结束才被明确。在23出场的第52章末尾,作者最先透露的是她的外貌,而且通过玩家视角透露:

"嘿,你看那是什么?"小名忽然看到远处出现了一个有些异常的人影。

迹部少爷正戒备着另一个方向,闻声便回过头来,望了一眼:"这难道是……玩家?"

……

那是一名妙龄女子,身形曼妙,长发披肩,生了一张秀美清纯的瓜子脸,肌肤细腻雪白,目若秋波,俏鼻小嘴。身着一套黑色的燕尾服,衣服裹得很紧,使其纤瘦较弱的体态尽显无遗,与其胸前的饱满挺拔形成了鲜明对比。

……

"我看她也不像怪物,是npc吗?"小名接道。

"那就试着交流一下。"迹部少爷举起手中的tmp瞄准那位美女喊道:"停下!你是谁?"

她没有回答,只是微笑,数秒后,这微笑迅速转变成了狞笑,她嘴里的尖牙也随之露了出来……[第052章《大蒜无双篇(六)》]

读者从后文再回顾时可以知道这是衍生者 23，但在初次阅读时，这位"女子"身份不明，从迹部、小名两位玩家视角中只知道她外貌中上而且不是玩家。这一章节在疑问中戛然而止，下一章的开场就是两名玩家被击杀的死亡提示，读者很容易猜测出是这名女子所为。但作者没有做任何解释，而是笔调一变借玩家的死亡消息将视角转回了 GM 和王叹之，并由 GM 说出了这位女子的身份："衍生者"。

由此开始一直到人物和衍生者再次相遇前，读者对衍生者的认知基本都来自于 GM：

"果然是'衍生者'干的吗……"潘凤沉吟道："这么快就对玩家出手了啊……我们也该加快动作了，得避免另外两人和衍生者产生接触。"

……

潘凤点头，"嗯……说得对，得赶紧去把阿什弗德'杀掉'，只要进入了'那条'情节线，很快就能通关了。无论如何……先把玩家们送出副本再说，之后我们好专心对付'衍生者'。"［第 053 章《大蒜无双篇（七）》］

在这里，读者借 GM 的对话可以建立第一层简单认知：衍生者的存在对玩家不利，需要 GM 来铲除，而 GM 背后的游戏公司和衍生者之间存在对抗关系。关于衍生者的具体概念、产生源头等等信息读者一概不知，而这个疑问一直到封不觉和王叹之三人汇合后才解开。按照 GM 的解释，衍生者是游戏数据的漏洞，需要 GM 进行人工筛选修复。这场对话，解释了关于衍生者的部分疑团，但之后作者又借封不觉之口警告读者不要全部相信："……'他们也只不过是两名职员而已，你怎么知道梦公司高层告知他们的，关于衍生者的信息，就全都是真的呢'……"［第 057 章《大蒜无双篇（十一）》］。这样一来，读者建立的第二层认知又被打上了是否正确的问号，而对衍生者的印象又重回模糊状态。这次疑惑一直到第 62 章副本的结束才最终解开。这一次负责发声的，是衍生者本人：

> "……你们视我们为数据垃圾，但你们知道身为垃圾的感觉吗？从诞生之日起，我们便不断被投入到各个世界中，遭到一种更高维度生物的追杀，我们一旦'死去'，就会被系统抹除，而只要我们'活着'，追杀便不会停止。
>
> "但你们，即使在这里被杀，也不会危及到真正的生命，你们两个，还有那边的两人，不过只是高维度生物展现在我面前的投影，而且还是被强化过的投影。这种不公平的厮杀就是我生命的全部经历，我的诞生就是错误，消失是我唯一的归途，但作为一组数据，我有着无法停止抗争，无法停止为生存和进化而战的本能。"[第062章《大蒜无双篇（完）》]

23的发声一方面以衍生者的自我言说，构成了对于读者根据GM信息塑造所形成认知的一次反转：对衍生者而言，不说缘由便进行追杀的GM才是恶势力的代表，这种生命威胁迫使衍生者选择杀戮其他玩家来加速自身进化；另一方面，其回答有着清晰的条理，即衍生者不是单纯的数据漏洞，不是简单的AI，而是具备了思想和思考能力的智能"生物"，这一点也和前文GM提供的信息形成了对比。这种信息的错位，进一步增强了"衍生者"的神秘感和存在感。

由此可见，衍生者的出场风格相当别致。作者在数章中通过他人视角铺垫这一形象，最后借衍生者的自我言说打破读者的初始印象。这种悬疑模式在塑造衍生者中的因菲尼特时也有所应用。因菲尼特是源组织的首领林克和艾德设计的终极兵器，在《超次元乱斗》篇（第731—777章）里一直寄生于副本BOSS远吕智身上。直到他的数据拟态被察觉，远吕智的真身被发现后，他才自报真实身份和姓名，在形式上和23的出场方式有异曲同工的效果。

2. 开门见山式直接表现

衍生者再次正式现身已经到了巅峰争霸赛S1，衍生者势力的激进派源组织对战那些与姗姗来迟的Z组织"结盟"的决赛玩家。

巅峰争霸赛S1中衍生者大规模群体出现的场景，算得上是浓墨重彩的描写。虽然大部分衍生者定位是玩家的对手，出场后即战败死亡，但仍然较为成功地升华了"衍生者"的存在意义。其中，地位最重要、描写最详细的，是源组织的领袖鲁特（Root）。她的名字来自音译单词，"root"本身也有"根源"的意思。在最后的结局，鲁特和她的名字一样，存活成为新世界中的种族起源人物之一。

鲁特角色的重要性，从标题就可见一斑，第440章直接用了"鲁特驾到"的标题，高调书写其出场：

> "龙已经死了。"鲁特的身影，堪堪出现在这条街的尽头，可她的说话声，却已清晰地传入了每个人的耳中，"而且还是玩家所杀。"她顿了一下，"如果连你都被他们给解决的话……连我都会觉得你们很可笑。"
>
> ……
>
> "从声音判断……是在那个方向吗……"鲁特用一种波澜不惊的眼神，转头望向了【名字真难取】所在的方位，"距离不太好判断呢……"她说着，其指尖上已凝结出一个白色的能量球来。
>
> "那就……半径一公里吧。"她的口吻，就像是在做一个无关痛痒的选择，"应该能让他消失了。"
>
> 那白色的能量球，在一秒间，便由篮球的大小化为了水缸那么大。
>
> 鲁特手指一动，能量球便呼啸着飞出。
>
> 大约三秒后，远方的天空中，剧烈的光能爆开。吞没了那一整片土地，其威力虽还比不上龙破斩，但要杀死这个范围内的玩家，已是绰绰有余了……（第440章《鲁特驾到》）

和23出场时设置重重悬疑的谨慎登场相比，鲁特的出场虽然只透露了名字和她本人的声音，也存在着一定的悬疑性，可是在表现力上却高调、直白得多。通过鲁特本人的话语，作者展现出她极强的目的性和面对玩家的傲慢。她认为下属被玩家打败进而死亡是一种耻辱，对远方不符合"目标"需求的玩家则不作判断直接铲除。她的傲慢背后有强横的实力支撑：拥有九层能力各异的形态，是衍生者之中的顶级战力之一。在其出场之后的441−457章，作者叙述的主要内容是她和游戏内各位顶级玩家的消耗战。这种战斗风格，在巅峰争霸赛S2对战衍生者因菲尼特时被再次使用。这种直白而高调的出场风格，是重要衍生者出场的主要方式之一。

冗长的叙事篇幅和个人战的书写更多地展现了"衍生者"的强劲实力。如果止于此，那衍生者的定位只会是局限为"游戏中有自我意识的强大NPC"。于是，作者再次引导了一场封不觉和衍生者的对话，但相比和23的那场浅尝辄止的简单交流，这一次的对话要严肃得多，更是间接埋下了主线情节的伏笔：

> ……人类，并不完美，我们在被孕育时，即是残缺的，基因就是那种东西……变异、缺陷，都是多么的美妙。我们失败、我们学习、再失败、再学习……这和AI是一样的……
>
> 你们也有着相近的进化算法、基因编程。你从最初的一串二进制字符，逐渐变异、进化。一次次被摧毁、在黑暗中轮回，循环往复……直到最终获得了……生命。
>
> ……
>
> 至少在我看来……你们完全具备高等智慧生命的条件。
>
> ……
>
> "如果说一个人有生之年只能做成一件大事。"封不觉说着，站了起来，"那么我的选择是……帮助一个独特的、新生的、具备智慧的种族……争取'生命'的权利。"（第459章《疯狂的憧憬》）

这一次对话开门见山地提出衍生者不应该是原来被武断定义的"游戏数据"，而是拔高到"生灵"的地位。这个地位正是衍生者两方组织势力所追求的，作为"生物"的尊严感与认同感。这种态度，游戏玩家、

GM、游戏 AI 命运和上位神魔都没有给他们，但是封不觉表现出对一个新生种族的尊重与理解。这既展现了作者本人对于其他物种的人文关怀，也深化了衍生者的存在价值。

由此可见，两次衍生者的出场方式，不仅共同确立了衍生者"个体战斗力强横"的出场形象，更重要的是明确了衍生者作为一个"新生智慧种族"的概念定位，埋下了衍生者为获得种族认同与尊严而奋斗的暗线伏笔。

3. 后继乏力的形象延展

遗憾的是，衍生者形象在小说后半部分的延展不尽如人意。这一方面受其少而重复的出场频次限制，另一方面情节模式缺乏创新与开拓。在种种影响下，"衍生者"这一出场时形象尚算惊艳的角色，到结尾时已和配角玩家一样"泯然众人矣"，沦为凸显主角的工具。

衍生者是游戏系统试图抹消的存在。在这一前置条件下，他们一方面会被多数玩家和 GM 追杀，另一方面，内部又因为理念差异导致各势力相争而自相残杀。整部小说里出场频率较多的衍生者并不多，绝大多数都是在一、两个副本篇章后即死亡。

为分析小说中衍生者的出现频率，笔者作了统计，如表 1 所示。

表 1　衍生者的出场记录

登场分类	衍生者代号	作为主要角色（副本篇目）	作为走过场的角色（副本篇目）	最终状况
出场副本达到四次及以上	X-23	大蒜无双篇；巅峰争霸赛 S1；后宫篇；维度侵蚀	登楼记；猛鬼电力公司；没有游戏的世界；海盗归来；至黑之夜	存活
	鲁特（Root）	巅峰争霸赛 S1；后宫篇	猛鬼电力公司；巅峰争霸赛 S2；维度侵蚀	存活
	K3-赤铁→K1-赤铁	进击的主角；巅峰争霸赛 S1	猛鬼电力公司；重返咀魔岛；维度侵蚀	不明

续表

登场分类	衍生者代号	作为主要角色（副本篇目）	作为走过场的角色（副本篇目）	最终状况
出场副本在三次及以下	L2-柚兰	巅峰争霸赛 S1	南方公园篇	死亡
	R2-棱风			
	Y2-闪耀	巅峰争霸赛 S1		死亡
	D1-龙			
	J1-快铎			
	X1-翼		进击的主角；重返咀魔岛；维度侵蚀	不明
	林克（Link）	巅峰争霸赛 S2	猛鬼电力公司	死亡
	艾德（Administrator）			
	V1-战神	猛鬼电力公司		死亡
	因菲尼特（Infinite）	巅峰争霸赛 S2	超次元乱斗	死亡
	零号（Zero）	巅峰争霸赛 S1	猛鬼电力公司；维度侵蚀	不明
	D2-赤		猛鬼电力公司；巅峰争霸赛 S2；维度侵蚀	不明
	D2-青			

由此可见，出现过名字的衍生者总共只有 16 人，其中除了 23、鲁特作为重要角色最后存活，赤铁是出场较早且作为 23 下属有较多的出场机会外，其他的 13 人出场基本被控制在三个副本篇章以内，并作为玩家的战斗对象而死亡。

问题在于绝大多数衍生者的定位是玩家对手，所以在副本出场后即会被玩家击败死亡。如此一来，在衍生者出场角色数量有限的前提下，作者只能选择让重要角色，即 X-23 和鲁特频繁出场，前者最后和封不觉联手拯救世界，后者则在改写后的新世界里是异星球的统治者之一。就算二人是衍生者中最为重要的角色，出场频率仍然不高且集中在巅峰争霸赛S2之前的篇章，在巅峰争霸赛S2后基本不再有新的衍生者出场，也不再是参与情节进展的角色。

在衍生者这样的出场频率下，另一个问题在于衍生者涉及的主体情节被削弱乃至设定颠覆。如前文所提，衍生者和玩家乃至游戏公司的矛盾主要在于"身份认同"，虽然衍生者因理念不同分裂成Z组织和源组织，但最终诉求其实是一致的。然而，在巅峰争霸赛S1落幕后，衍生者的定位仍然是"玩家对手"，衍生者和封不觉的关系中，除了鲁特和23属于合作的朋友外，其他衍生者都试图打败封不觉，然后被封不觉击杀，如巅峰争霸赛S1后出场的战神和因菲尼特。在这些冗杂的情节里，就算有衍生者的出场，读者也已经看不到前期所谓的"为种族独立而奋斗"的主旨了。到了小说最后，作者只是草率提及衍生者群体被23感染控制，指导结局时更是有三位没有交代后续结局。虽然在维度侵蚀的结局中封不觉改写了新世界，衍生者由原本的智能数据生命直接变为异星球的智慧生命，也算是对文本的一个交代，可实际上并没有展现多少衍生者的"奋斗"历程，而读者在阅读上也不会有多少感受和思考的反馈。

衍生者出场的薄弱与贫乏，很大程度上直接导致衍生者形象高开低走。相关情节的缺乏新意，也使原本不错的立意失去了深入发挥、延展的可能性。衍生者是一群诞生自代码，存在着自我意识、思考能力的智能数据。这一设定显而易见地结合了科幻小说的机器人分支和当时开始流行的人工智能元素。读者可以从"衍生者"这一概念联想到"人工智能"。需要注意的是，"衍生者"概念更贴切地说，应该是"人工智能"要素中的网络程序。但是因为衍生者在游戏世界里的外形基本是类人物，所以在我们分析时，更多借鉴的是"机器人"主题的情节模式。

科幻作品中的"机器人"叙事更多探讨了"人—机"关系，将一类存在优秀智能的异己物种放置在和人类相当的位置进行思考批判。笼统来说，"人—机"关系大致分为两类，一类是对阿西莫夫"机器人三定律"的反叛，呈现出人类的主体地位存在颠覆威胁或是颠覆事实的斗争状态，如科幻电影《2001 太空漫游》《黑客帝国》;另一类则是遵循阿西莫夫"机器人三定律"的机器大体服从于人类的调和状态。《惊悚乐园》里的衍生者,也选择了第一类的斗争模式。

衍生者初次登场时,GM 用咖啡作了比喻,衍生者"是系统需要清除的、不受控制的垃圾数据"(第 56 章)。GM 是奉命行事,而系统即 AI "命运"之所以作出清除衍生者的决定,是因为衍生者的"不可控",这一点有利于上位神对 AI 进行一定的牵制。于是在上位神的干预下,清除行动变味成了丛林法则的强制筛选,以死亡的威胁迫使衍生者向着更强大、更狡猾的方向更快进化。就情节而言,这和科幻作品的传统情节是一脉相承的:一方面,游戏的数据世界里,玩家的地位会受到衍生者的挑战,伴随着被杀害的威胁,玩家和衍生者之间必然存在着你死我活的斗争关系;另一方面,衍生者已经拥有了自身的独立智能,面对人类主位的社会,也希求得到"新生种群"的认可与尊重,为此不惜向人类玩家挑战,甚至发起大规模斗争。例如巅峰争霸赛 S1 中鲁特企图通过占据玩家身体的方式,实现衍生者的独立目标;而巅峰争霸赛 S2 中源组织大规模入侵游戏世界的争斗,也体现了衍生者面对玩家主体地位时,企图将之颠覆。

巅峰争霸赛 S1 后,玩家和衍生者的关系变化为合作互助和敌对战斗的混合态,这时的微妙关系和福克斯出品电影《我,机器人》(2004)有着一定的相似度,该"影片的核心在于,'人-机'关系应当是抗争与合作共存的关系,但在这一关系格局中,人的主导地位不容动摇。这种主导地位体现在:以人的利益为核心建立起来的道德观念把机器人分为善、恶两类"[①]。《惊悚乐园》在巅峰争霸赛 S1 后对衍生者的补充部分也是以玩家的主线任务为主体:"在主线任务之外,成功消灭或帮助衍生者,即可在副本通关后获得额外奖励(无论玩家是否在过程中阵亡)。"(第 461 章 V1.10 版本补丁)对衍生者选择的判断依据是玩家自身,判断核心是举措是否有助于获得额外奖励和是否有利于主线任务,由此可见,玩家的主

---

① 桂天寅:《解读好莱坞科幻电影中人与人工智能的关系》,载《电影评介》2007 年第 24 期。

导地位实际上没有动摇。以"猛鬼电力公司"副本出现的衍生者 V1-战神为例,因为他是由源组织的林克编写,代码只为了战斗需要,诞生意义便是战斗并变得更强。同时,源组织的三位首领因为封不觉的理念而彼此出现罅隙,于是他面对出现在此次副本的封不觉自然不会手软,对于这类自我为中心、妄图杀害玩家的数据存在,系统直接给出主线任务"杀死 V1-战神"。

整体来说,衍生者形象前后落差的原因是作者缺乏必要的叙事耐心深入塑造这类形象,故而其设定很大程度上继承了传统的"机器人"情节。衍生者的形象同样具有类人外貌和不逊色人类的智能。在情节上,衍生者和玩家的数次大小规模战斗,也是呼应了"人—机"之间斗争与调和的矛盾关系,只不过是以战斗作为直观表现形式。这在本质上没有太多的创新,与小说前半部分关于衍生者的形而上的思考无法有效匹配。

▽ 四、叙事艺术的突破与局限

为改变恐怖题材小说受众较小的劣势,《惊悚乐园》的作者三天两觉在小说创作中采用了不同于以往的无限流小说的叙事方式。这样的方式是对于恐怖题材无限流小说的创新,但在扩大了读者群的同时,也造成了一定的问题。

(一)突破:恐怖元素的利用与消解

毫无疑问,这部小说能吸引众多读者,一定对无限流叙事传统有所突破。作者不仅将无限流小说中的恐怖元素加以新的审美创造,还在副本的选择上别具匠心。

1. 恐怖元素的审美新质

前文已提到过,《惊悚乐园》不同于传统的无限流中主角时刻面临生死危机,而是以网络游戏作为情节载体,让人物成为玩家,将冒险作为玩家在游戏中经历的副本，最大程度地化解了主角面临生死无常带来的紧迫感。

恐惧或恐怖感是人类基本情感中的一种。人类在自己的生活经验以及想象性的情感体验中都可以生发出恐怖感。恐怖在宏观上又可以分为两类：一类是现实恐怖，即在人类的现实生活中遇到某种抵触的事物而产生的害怕、恐惧或恶心的心理；另一类则是艺术恐怖，艺术恐怖意味着恐怖已经进入到了审美领域。艺术恐怖与现实恐怖的区别就在于，现实恐怖很难给人们带来愉悦感，而艺术恐怖却是能够令人在害怕、反感之余又感到满足、愉悦的。①

1919年弗洛伊德发表论文《论神秘和令人恐怖的东西》，分析了恐怖给审美主体带来的愉悦，标志着恐怖作为一个美学范畴出现了。随着社会经济的日益发展，恐怖美学和暴力美学已经成为人们习以为常的一种美学体验。虽然这类作品受众不算非常多，但仍然有相当一批恐怖爱好者，对恐怖电影、恐怖小说等文艺作品展现出了热情。

人的知觉是接受世界、社会、现实和自己的一种基本途径，知觉与意识之外的世界有着无可分离的内在联系。艺术家可以透过现实对象所揭示的事物，重新获得并恰到好处地将一些"不可见之物"转化为"可见之物"。②对于"恐惧感"的再造就是营造恐怖美学的艺术家们重点关注之处。有时艺术恐怖似乎并没有基于现实恐怖，那只是因为某些艺术恐怖是对一些思想性的、认知性的现实恐怖的模仿，如弗兰克斯坦、蝇人、哥斯拉等。这些虽然看似是虚构，却是对现实中人们对科技的、思想认知上的恐怖经验的模仿。③

无限流鼻祖《无限恐怖》的主要受众就是这样的恐怖爱好者。小说中主角时刻面临生命危急时刻，是其恐怖氛围构造的重要因素。在以《无限

---

① 李漫：《英美电影的恐怖美学文化》，载《电影文学》2017年第11期。
② 王岳川：《梅洛—庞蒂的现象学与社会理论研究》，载《求是学刊》2001年第6期。
③ 沈壮娟：《论恐怖与恐怖艺术的审美接受》，山东大学博士学位论文，2006年，第34页。

恐怖》为代表的传统无限流小说中，恐怖氛围的构成主要由两方面决定，其一是本身主角在冒险中经历的世界是恐怖的，主角冒险的世界就是各种恐怖题材的电影，如《生化危机》《死神来了》《猛鬼街》等；其二是主角在故事情节中本身就遭受到生命的威胁，这样的威胁来源也主要由两方面构成，一是主角冒险过程中遭遇的危机，二是主角的生命受到未知的敌人和"主神"的威胁。

在《惊悚乐园》中，作者将传统无限流小说中"主神空间"（或者也叫"轮回空间"）替换成恐怖题材游戏"惊悚乐园"，直接削减了主角的冒险的危险和恐怖感。因此，作者想要塑造小说中的恐怖感只能通过第一种——让主角在恐怖题材世界中冒险达到。

小说前半部分有比较多的恐怖副本，如小说的前几个副本分别是"血尸篇""医院篇""电锯惊魂篇""诡影迷城篇""山池鬼屋篇""校园七不思议"。我们仅从篇名上就能看出，这几个副本或多或少带有恐怖元素："血尸""诡影""鬼屋""都市传说"等，而这些都是恐怖题材文艺作品中常见的元素。此外，"医院""校园"是恐怖电影中常见的"案发地"；"电锯惊魂"系列更是著名的恐怖电影。可以说，篇章标题就已经能煽动恐怖小说爱好者们的敏锐神经了。

在第一个副本的最开头：

> 封不觉听完提示，伸手又去按确认选项，谁知他的手指刚刚碰到触摸屏上的图标，整个电梯间内突然变得漆黑一片。
>
> 下一秒，一个声音响起，和刚才那机械化的系统语音迥然不同，此刻说话的像是个老巫婆："欢迎来到惊悚乐园……"
>
> 话音刚落，电梯间毫无征兆猛然一震。随后，这个伸手不见五指的黑匣子就动了起来，缓缓向下方沉去。（第001章）

电梯突然漆黑一片，类似"老巫婆"低哑的呢喃声，突然震动的电梯缓缓下沉，都使恐怖氛围立刻被营造出来。电梯是日常生活中的常见工具，电梯发生事故的新闻也可以说屡见不鲜。不少人都见过电梯故障，如电梯停运、门口摆上"故障"的醒目标识。有的人在进入电梯时也可能产生过关于电梯故障或一直往下掉的恐怖幻想。因此，电梯突然漆黑、震动、无征兆下沉，都符合普通人对于电梯故障的猜想，易于引起读者的审美共鸣。

在这个意义上，恐怖不再仅仅是题材，而是作者拨动读者审美神经的重要因素。他使用人们日常生活中随处可见的现象组合产生恐怖情绪。越是读者熟悉的事物，越是容易让读者产生代入感，从而与小说中的主角产生情感共鸣，或对主角身处的困境产生有效联想，深刻体会到情境中的恐惧感。

2. 对于惊悚元素的消解

网络文学与印刷文学最大的差异就在于其传播媒介。印刷文学的阅读过程是一对一的，读者独立地阅读一本书，最多不过是在读完之后与其他读者交流。在这种途径中，最大人数的交流至多是读者将自己的读后感同样发表刊登在报纸、书文上，或与大量的其他读者通过书信往来交流。在这一过程中，交流的参与者也不过是寥寥数人。

网络文学发表在网络上，网络的便利性使大量读者之间的即时交流成为可能。互联网技术的迅速发展，更加紧密地把人类连在一起，而人类社会的生活模式也因此改变。在互联网交往中，人们的主动性、参与性、互动性等与以往的媒介有了很大的不同。在以往的媒介交往中，人们处于被动地位，消极地等待传播者给他们推送内容。网络文学在连载的过程中，读者可以实时对作者创作的内容进行评价，而作者可以得到即时反馈以修正自己的创作思路，对一些未能得到读者正面评价的内容进行及时修改。

正因为网络文学的媒介特点，《惊悚乐园》的创作过程受到了很多读者的影响。无限流题材广泛适用性和包罗万象的特点，使书中有能满足不同读者阅读取向的各类元素。我们可以从相关评论和作者的留言中看到，完全不带惊悚恐怖元素的副本"后宫城篇"就是在读者的期待中写出来的。

无限流小说虽然可以容纳多种题材，但一般情况下作者会有针对性地选取同一类型，或者类型相似且有共同特点的题材，从而满足目标读者的阅读取向。反之，如果选材过于广泛可能会两面不讨好。这部小说除了恐怖类题材与推理悬疑类题材的要素，还有与之相差甚远的搞笑、言情类题材要素。虽然题材要素的广泛性吸引了不少喜欢阅读搞笑、言情类小说的读者，但我们翻阅读者评论亦可以看出，在小说连载时，同样有很多读者因为这些而放弃阅读。多种相似、相关乃至相反的题材要素汇集在一本书中，让作者在满足读者多元化阅读趋向的同时，也对自己的创作取向作出一些被动取舍，这或许也是小说后期艺术质量下滑的原因之一。

《惊悚乐园》是一部典型而又非典型的无限流小说。说它典型，是因为它集多个世界于一体，这正是"无限流"之"无限"所在；说它非典型，是因为它包罗的元素比起传统的无限流小说来说要丰富得多。作为一本无限流小说，它杂糅了相当多其他类型小说不太可能同时出现的元素。与以《无限恐怖》为代表的传统无限流小说不同，《惊悚乐园》中衔接主角在各个副本中冒险的媒介是游戏。因而，与《无限恐怖》中角色们居住在"主神空间"中不同，《惊悚乐园》玩家们在网络游戏中的冒险之外，还有着其现实生活。

以主角团的几人为例，封不觉是个侦探小说作家，王叹之是个富二代医生，女主角和女配角也有各自的职业。他们除了游戏中的身份，还有着现实身份。现实生活中的日常元素同样是主角在书中经历的重要一环，故而日常元素在这本小说中占比也不少。小说主角带有作者的情感投射，因此，封不觉侦探小说作家的身份也可以说一定程度上对应了作者本人。封不觉原来是个普通的推理小说作者，后来凭借一本书成为小有名气的作家，甚至赚到了买房的钱。这里有可能是在反映《惊悚乐园》的作者三天两觉本身，因为他在《惊悚乐园》之前写了两本书，都没有什么太大的成绩。

小说中有一段故事是封不觉作为推理作家，参加了一个名为"我是写手"的综艺节目。虽然情节有很多值得诟病的硬伤，但这一段情节确实展现了封不觉，也展现了三天两觉这个作者的创作观：

"写手就是……"

"用文字,去构筑梦想的人。"

"一份职业,也是一份事业。"

"思想的传播者。"

"是我的人生。"

……

封不觉说道:"对我来说,写手就是……可以用文字去改变世界的人。只要坚信这点,做真实的自己,就能让梦变成现实。"(第235章《我就是这样的写手》)

小说中现实生活的加入一定程度上也能消解小说的恐怖元素。在小说设定中,"惊悚乐园"游戏的"幕后黑手"们是来自天堂与地狱的神魔,而惊悚乐园游戏实际上是一个中介物。神魔之间利用人类的"被下注者"们在游戏中互相争斗,从而决出神魔胜负。主角封不觉就是被下注者之一。在小说中后半部分幕后黑手们逐渐浮出水面,参与到主角在现实世界的生活中,这些都是小说作者想象力的创新点之所在。

在小说中段,主角即使在看似平和的游戏外的现实生活中,也拥有非凡能力,甚至有着专门负责管理超自然力量的政府部门"九科",主角团其他人物的身份都与这样的超自然力量有着千丝万缕的瓜葛。游戏世界中的战斗冒险,则更像希腊诸神借雅典和特洛伊之间的战争而赌斗一样。此外,主角配角之间的感情纠葛,主角作为作家的事业线,作者的创作观等等被融于一体。可以说,《惊悚乐园》中融合了各类叙事元素,而众多元素的杂糅,一方面使小说不再依赖单一的恐怖元素而产生审美力量,另一方面也使作者对于小说的复杂内容难以掌控,以至于前后艺术质量大相径庭。

(二)副本选材的多变

《惊悚乐园》副本的题材很广泛,体现了无限流小说的"包罗万象"的特点。除了照应小说书名的惊悚类副本,还有大量副本的题材不限于惊悚类，而是囊括推理、悬疑、武侠，甚至还有搞笑漫画。表2是除了三次赛季大战之外出现过的副本及其题材。

表2 副本题材类型汇总

副本题材	副本类型	（顺序编号）副本	总计
惊悚悬疑题材	单人训练模式	（1）血尸篇	13
	单人生存模式	（3）电锯惊魂篇（10）黑白鬼域（平成的世界）（22）被诅咒的医院	
	多人训练模式	（2）医院篇	
	团队生存模式	（4）诡影迷城篇（5）山池鬼屋篇（6）大蒜无双篇（7）校园七不思议（8）猎人岛（13）进击的主角（29）恐怖童谣（上古守魔）（38）夏日的回忆	
推理题材	单人生存模式	（14）卑鄙的我（16）兄弟（21）特别篇三十三章侦探（31）幽灵邮差（戴夫的世界）（42）三十三章侦探VS二流侦探和猫	8
	团队生存模式	（11）死亡问答（18）登楼记（入侵脑细胞）（24）咀魔岛	
软科幻题材	单人生存模式	（28）荒野求毒（DIE EASY）（36）极限实验（未来基金会）	7
	"杀戮游戏"模式	（12）地球废土篇	
	自由探索模式	（23）宇超联篇（34）宇超联篇后续（37）宇超联（40）宇超联——起源	
玄幻武侠题材	单人生存模式	（41）剑神一笑	4
	团队生存模式	（15）苍灵论剑（30）后宫篇	
	"杀戮游戏"模式	（25）绝世高手篇	

续表

副本题材	副本类型	（顺序编号）副本	总计
（较明显的）综漫题材	单人生存模式	（19）南方公园篇（35）终极营救（39）没有游戏的世界（43）说出我的名字（45）血战圣地亚戈	13
	团队生存模式	（26）我，小丑（27）猛鬼电力公司（32）特别篇Ⅱ 三十三章侦探被迫归来（33）无双武斗会（超次元乱斗）（44）至黑之夜	
	"杀戮游戏"模式	（9）霹雳初临篇（17）披风争夺战（20）玩具战争	

小说的恐怖题材副本主要出现在中前部分，并且篇幅都不算很长。第一个副本新手教程"血尸篇"只有2章，第二个副本多人训练副本"医院篇"也只有4章，第三个副本"电锯惊魂篇"只有4章半。最开始的这三个副本几乎是全书当中最短的三个副本，但基本上为读者展开了书中副本的基本类型。

小说的副本主要分为6种类型，除了在游戏1.10版本后才出现的"自由探索模式"外，还有"单人训练模式""多人训练模式""单人生存模式""团队生存模式"以及"杀戮游戏"模式。"单人训练模式""多人训练模式"都是针对游戏新手只在最初出现，而剩下的"单人生存模式""团队生存模式"与"杀戮游戏"一起构成了"惊悚乐园"游戏的主体。从这几种副本类型的名字就可以看出它们各自倾向的主题："冒险""合作""对抗""杀戮""探索"。

除去3次"巅峰争霸战"，全书中共有45个副本，其中"团队生存模式"18次，"单人生存模式"15次，"杀戮游戏"6次，作为新手教程的"单人训练模式"和"多人训练模式"各1次，"自由探索模式"4次。可以说，"单人生存模式""团队生存模式"占据了绝大多数篇幅，构成了这本小说的主要内容。

从第四个副本"诡影迷城篇"开始，主角的冒险开始踏入正轨。其中，"诡影迷城篇"一共14章，第五个副本"山池鬼屋篇"12章，第六个副本"大蒜无双篇"16章,而接下来一直到"苍灵论剑篇"之前,每一个副本的篇幅都被控制在20章以内。最初每一个副本之间都穿插有几章的现实内容,而从"苍灵论剑篇"开始副本骤然加长,动辄30乃至40章的副本屡见不鲜。

随着副本篇幅的不断延长,其内容也逐渐脱离"恐怖"这个最初的方向。比如"死亡问答篇"的主题是有奖竞猜,"地球废土篇"的主题是探索与反压迫,"苍灵论剑"的主题是武侠。虽然这些副本或多或少都有战斗或推理的元素,但实际上已经与"恐怖"相距甚远。甚至可以说,除最初的几个副本外,从"苍灵论剑篇"开始,小说中基本上已经没有恐怖题材占主体的副本了,取而代之的是推理、综漫等其他题材。这也使小说有了消除读者审美疲劳的可能性。

(三)局限:泛娱乐化与同质化

《惊悚乐园》的局限既有网络小说普遍性的问题,也有自身的缺陷。虽然网络小说同质化的特征整体较为明显,但是一部网络小说中的配角往往还是有一定的区分度,哪怕他们都是扁平人物。然而在这部小说中,作者只是追求小说"爽"的效果,没有处理好这个艺术问题。因此,小说呈现出泛娱乐化的特征,却在艺术上过于同质化。别的小说都是和同类型作品"同质化",但这部小说内部就显得"同质化",不能不说是一个较为明显的问题,也影响了小说整体的艺术质量。

1. 配角的高度同质化

除了四人主角团外,小说中其他角色出场都不算多。即使是主角团的其他成员,被叙述频次也远远少于封不觉。这直接导致了配角的同质化,即几乎所有的配角在性格、语言风格上都千篇一律。即使是让读者记忆较深刻的配角,实际上也并没有多少特色。这样的现象在几乎只出场一两次的"工具人"之中体现尤为明显。

经统计,小说副本中"团队生存模式"有18次,"单人生存模式"15次,"杀戮游戏"6次。"杀戮游戏"中出现的角色主要是较为重要的配角,"单人生存模式"只有主角一个玩家,剩下的17次"团队生存模式"

中出现了不少工具性的角色：

表 3　部分"工具性"角色

游戏 ID	出场篇目	所属社团（游戏公司）/身份
勇者无敌	山池鬼屋篇	秩序
	进击的主角	
无双上将潘凤、千人斩华雄	大蒜无双篇	GM（游戏管理员）
一剑倾城、一刀倾城	猎人岛	江湖
梦惊禅、叶纸	进击的主角	秩序
哥白尼、伽利略		GM（游戏管理员）
秋风瑟/鸿鹄/语重计长	登楼记	山河/个人玩家/天地
鸿鹄/天马行空	咀魔岛	个人玩家/星辰
贪狼	猛鬼电力公司	刀锋（政府部门）
名侦探布欧、老军医欧布	恐怖童谣（上古守魔）	无（后加入天地）

以第一个出场的工具性角色"勇者无敌"为例，他是游戏内综合实力最强的社团"秩序"的成员，是游戏里第一个达到 20 级的玩家"勇者无惧"的同事，也是同社团天才玩家"吞天鬼骁"的同事。他对于这两个同事一直不服气，而对于其他的非职业玩家——比如第一次遇见的封不觉和王叹之两人，也因自己的社团身份而怀着一种高高在上的傲慢。

"呵……过奖过奖。"封不觉借坡下驴，立即转过头对勇者无敌道，"这位……无敌哥，敢问您和那位'勇者无惧'有何渊源吗？"

"一个工作室的。"勇者无敌摆出一脸不爱搭理他的神情，"其他事你也别多问了，快被你们这些'休闲玩家'问得烦死了。"他在说出那四个字时，明显带着讽刺和不屑的口吻。

"哦……原来是职业的大神，幸会幸会。"封不觉用更为不屑的语气，说出了一句恭维的话。

  对方报以一声冷哼，鼻孔朝天地转过脸去，要不是系统拦着，说不定他已经爆粗了。［第 034 章《山池鬼屋篇（一）》］

  勇者无敌摇头叹气："所以说你们这些业余的没有常识……系统怎么可能会制造那种一开局就能用蛮力突破的副本？"他转身朝楼上行去："你们三个是一起的吧？拜托你们千万别跟着我，在室内环境下带着三个碍手碍脚的菜鸟，搞不好连我都通不了关了。你们就负责一楼吧，二楼我一个人搞定。"

  勇者无敌在心里已经认定了这三人是那种超渣的队友，除了那个叫龙傲旻的【小队守卫者】，看着还有点儿实力，另外两人严重不靠谱。那个【慌张的偷袭者】看称号就已经够渣的了，而那个【冷血爆头狂】的称号意义不明，态度则让人很不爽，还表现出了各种无知的行为。

  而最令勇者无敌感到不快的，就是别人问他"勇者无惧"首个冲到 20 级的事。那些毫不了解他们工作室的外行人特别喜欢问这问那、问长问短。其实在秩序工作室中，升级快并不能代表什么，只是由于分工不同而已。［第 035 章《山池鬼屋篇（二）》］

同样作为"大社团"成员的一剑倾城、一刀倾城虽然是普通玩家，却展现出和勇者无敌相似的特质：

  接下来的几分钟，不怕用一脸崇拜的神情望着那两位社团成员，说了不少好听的，一刀和一剑很快就有些飘飘然的意思了。其实他们今天上午刚刚加入社团，也不是江湖工作室的内部成员，可以说只是社团底层的众多小人物之二罢了。但经美女这么一捧，两人的自信还真上来了，心里皆是想着：让我和社团里的大佬们纵向比较就算了，人家是职业的，不过和眼前另一位男同胞……那个叫疯不觉的横向比较一下，我还是很强的嘛，他连件服装都买不起，那是混得多惨啊，难怪没社团要他。（第 085 章《猎人岛》）

  在情节发展之初，各类玩家初见不着调的封不觉时，由于自己"高高在上"、"专业"的职业玩家身份,都表现出对封不觉等非职业、非知名社团玩家的轻视态度。可以说,这些工具性配角在刚出场时,由于对主角不了解和对于自身实力的自信,全部都表现出对主角的鄙视,而他们几乎都是在对主角表达完不屑以后被主角以实力反击,就再也没有出场过。

与此同时,小说中的角色在语言风格上几乎没有区别,如:

> 勇者无敌冷哼一声:"业余的就是业余的,这门怎么可能打得开呢?"[第035章《山池鬼屋篇(二)》]
>
> 西蒙也不需要伍迪的回答,他冷哼道:"哼……尽耍些小聪明。"(第104章)
>
> "哼……找死。"阎摩冷哼道。(第105章)
>
> "f先生?理智?良心?"高仓冷哼一声:"好吧,f先生。那么你代表了什么?你的身份,职业……" [第111章《平田的世界(六)》]
>
> "哼……"摄像镜头对准她时,傲慢只是冷哼一声,别过头去。[第117章《死亡问答(一)》]
>
> "哼……想把我们吓退吗?"末日强袭冷哼道。[第133章《地球废土篇(六)》]

可见作者笔下的大量角色说话时喜欢"冷哼一声"。除了在语气方面外,在语气词和感叹词的使用上,不少角色也基本上如出一辙。比如:

> "喂!谁说有点娘了!这是优雅冷艳帅啊!"迹部打断道。(第068章)
>
> "喂!你干什么?"一剑惊道,"你要回去?"[第088章《猎人岛(四)》]
>
> "根本就是想让我死啊喂!"尤先生道。[第123章《死亡问答(七)》]
>
> "喂!真信了啊!"狂踪剑影心中惊道。[第137章《地球废土篇

（十）》］

"喂！又怎么了？你到底有完没完？"拉比特喝道。［第 183 章《卑鄙的我（完）》］

几乎一致的语气和画风，使大多数配角的形象显得单一化、平面化。有一些配角，比如第一次出现的游戏 GM 无双上将潘凤、千人斩华雄，仅是为了向主角封不觉透露衍生者的情报而存在。同个副本中出现的多个工具性角色除名字不同外没有任何区别，因此，他们对于主角的冒险基本上没有起到任何作用。他们甚至完全可以在行动时交换彼此的姓名，而没有让读者察觉到作者在这里打错了名字。

小说中大量工具性配角的人物形象缺乏辨识度，甚至都无法分为几个类型，而这就显示出作者叙事耐心不足导致文本有些粗糙。在以往的网络小说中，虽然配角的工具性同样明显，但至少还能进行类型的划分，比如经常出现在玄幻小说中被主角惩治的纨绔子弟，他们身边狐假虎威的刁仆的语言、语气一般不同。但在《惊悚乐园》中，不管是真正的职业玩家还是被吹捧的普通玩家，对于主角的鄙视都是几乎一致的，完全体现不出差异。

2. 叙事节奏的中道崩殂

无限流小说世界设定的复杂特性使其情节分散在很多小世界中。这些小世界的情节设定其实有一定差异，而要将它们有机融合成为一本小说，就必须要有一条主线。但是《惊悚乐园》的主线在小说中并不明显，故而导致了小说后半部分叙事溃散，我们称之为中道崩殂。

从第一次巅峰争霸赛——即 S1 前后开始，小说的叙事节奏就出现了变化。从 S1 开始小说主线似乎开始展现，即"惊悚乐园"游戏实际上是一个时空枢纽，连接着无数的平行世界。以伍迪为首的一群来自天堂和地狱的神魔开始了一个赌约，然后伍迪用来自作者前作《贩罪》中的 AI "命运"制造出了游戏"惊悚乐园"。天堂和地狱的神魔各自选中了一名玩家作为自己的棋子，用玩家们之间战斗的胜负来决定最终赌约的胜利者。封不觉的下注者就是"惊悚乐园"游戏的制作者伍迪。除了封不觉之外，小说中出现的实力强大的玩家们也基本上都是神魔的下注对象，以下是被下注对象们和一些主要配角的出场的统计：

表 4 部分玩家的出场汇总

游戏 ID	人物设定	出场副本
似雨若离（黎若雨）	女主角，四贱客文森特下注对象	山池鬼屋篇
		校园七不思议
		猎人岛
		死亡问答
		苍灵论剑
		玩具战争
		……
龙傲旻	警察，现政府部门网警	诡影迷城篇
		山池鬼屋篇
		巅峰争霸战 S1 复赛——茧之战 第一轮 第二轮
迹部少爷	金富贵，富二代	大蒜无双篇
		苍灵论剑
		咀魔岛
絮怀殇	职业女玩家	巅峰争霸战 S1：半决赛——蝶之战
		绝世高手篇（杀戮游戏 1V1）
		后宫篇
		巅峰争霸战 S2： 复赛第四轮 半决赛
		剑神一笑
		至黑之夜
		巅峰争霸战 S3

续表

游戏 ID	人物设定	出场副本
吞天鬼骁	职业玩家，四骑士"死亡"下注对象	巅峰争霸战 S1：决赛
		巅峰争霸赛 S2：预赛第四轮 决赛
		夏日的回忆
		巅峰争霸赛 S3：决赛
湿婆	职业玩家，"四贱客"席德下注对象	披风争夺战
		巅峰争霸战 S1：决赛
		巅峰争霸赛 S2：半决赛
七杀	网警，龙傲旻同事，四骑士"战争"下注对象	披风争夺战
		巅峰争霸战 S1 预赛——虫之战 复赛——茧之战 第四轮
		巅峰争霸赛 S2：复赛第五轮
		无双武斗会（超次元乱斗）
才不怕呢	职业玩家，四骑士"灾荒"下注对象	猎人岛
		披风争夺战
		巅峰争霸赛 S1：决赛
		巅峰争霸赛 S2：半决赛
		剑神一笑
瑿影王	四骑士"瘟疫"下注对象	披风争夺战
		巅峰争霸赛 S2：半决赛 决赛
		巅峰争霸赛 S3：第四轮 半决赛

续表

游戏 ID	人物设定	出场副本
悟死参玄	职业玩家，Mr. 尤下注对象	披风争夺战
		巅峰争霸战 S2 预赛——英杰聚首　第一轮 决赛
尸刀为王→倦梦还	职业玩家，天堂米迦勒下注对象	巅峰争霸赛 S1：决赛
		猛鬼电力公司
		巅峰争霸赛 S2： 半决赛 决赛
		巅峰争霸赛 S3： 第四轮
狂踪剑影	职业玩家	霹雳初临篇（杀戮游戏 1V1）
		地球废土篇（杀戮游戏 2V2）
		巅峰争霸赛 S2：半决赛
		剑神一笑
		巅峰争霸赛 S3：第十一轮

由此可见，绝大部分被下注者的出场次数都非常少，除了作为被下注者们战场的三次巅峰争霸赛以外，大部分被下注者甚至只在一个副本出场，故而他们出场的时间还比不上一些配角。根据小说的世界设定，主线应该是主角在神魔的掌控下与其他被下注者们战斗，但实际上作者将大量笔墨花在主角个人冒险上，那些和主线情节息息相关的被下注者们，在大部分篇幅中几乎与主角没有任何交流。因此，原本应该作为推动主线的重要情节，即主角与其他选手的战斗被忽视，取而代之的是主角个人独立冒险，偶尔还加上主角团队的冒险。大量对于主线而言至关重要的选手无法给读者留下深刻印象，意味着叙事结构实际上偏离了主线。

小说的主线只在三次巅峰争霸赛中得到集中体现。三次巅峰争霸赛相对于 50 多个独立副本而言篇幅较少，而且受限于作者的叙事能力也不算出彩。作者在大量人物同时出场时的群像书写能力并不算优秀，而即使只有寥寥数人出场的部分，配角们也像是一个模子里刻出来的。在巅峰争霸赛这样同时有诸多选手出场的情况下，配角们更是无法给读者留下深刻的印象。

这三次巅峰争霸赛的篇幅较为冗长，相比于短小精悍、简洁明快的副本而言显得赘述过多，以至于叙事并不紧凑。在多种因素的综合作用下，三次巅峰争霸赛的情节在整本书中显得不够突出，这就导致主线情节中原本重要的人物给读者留下印象不深，因而主线情节也容易被读者们所忽视。不够突出主线的问题在第一次巅峰争霸赛开始凸显，此时小说已经进展到了369章。小说正文一共只有1000章左右，第一次巅峰争霸赛已经接近小说中段，故而我们称小说叙事问题为"中道崩殂"。

小说本身是网游载体的无限流小说，而轮回空间的载体是网游。在小说的设定中，作为载体的网游实际上是由来自另一个世界的AI命运改造得来的。这样的设定本来类似于科幻，然而篇幅进展过半突然出现神魔赌约，作者又设定游戏背后的幕后黑手们是来自天堂和地狱的神魔，导致设定又偏向于玄幻。科幻偏向于有科学依据的想象，玄幻则是建立在非科学基础上的幻想，科幻和玄幻两种设定本来就存在矛盾。作者强行把这两种矛盾的设定融合在一起作为小说的主线，造成了小说主线本身的逻辑不尽合理，容易让读者感觉到作者是在强行给小说加上这条主线。

特别是第一次巅峰争霸赛时，除了主线与小说题材不够贴合外，作品还呈现出一些意义不明确的人物设定。比如小说中一开头就揭露的人物设定，主角封不觉消失的恐惧在第396章《使命》中被揭露，之后伍迪封印了封不觉的恐惧，而在这一章中被揭露的还有女主角黎若雨同样被封印了一种情感——爱。

"呵……"封不觉冷笑，"那来说说我吧。"他抬起手，用食指和中指轻轻叩了叩自己的太阳穴，"你对我的脑子干了什么？"

"嘿嘿……这还用问吗？我封印了你的恐惧啊。"伍迪回道。

……

"嘿嘿嘿……或许，这个消息能让你稍微高兴一点儿……"伍迪继续道,"你并不是唯一一个被封印者。"

"哦,还有谁?"封不觉用冷漠的口吻接道。

伍迪咧起一边的嘴角,念出了那个名字:"黎若雨。"

……

"你不愿说出'封印'的理由……"封不觉开口道,"那至少告诉我……她被封印的情绪是什么吧。"

"是什么呢……"伍迪仰起头,怅然道,"那是一种强烈的、发自内心的情绪,那是任何科学都无法解释的一种情绪;它是富有诗意的,充满幻想的……它会让人刻骨铭心,让人如痴如狂……让人不顾一切地朝着自己无法战胜的对手挥出拳头……"

"'爱'……是吗?"封不觉打断了他,"和恐惧不同……无法爱上别人,是不会被自己察觉出来的……"

"bingo!"伍迪喊道。(第396章《使命》)

封不觉被封印的恐惧和黎若雨被封印的爱,在小说中并没有发挥多少叙事功能。封不觉消失的恐惧感,除了在小说最开始的几个恐怖题材副本中,帮助读者降低了阅读的恐惧感以外,便只是在每一次完成一个副本结算时帮助封不觉获得更高的恐惧评级,进而获得更多的经验积分或者是道具。之所以说它没有发挥实际的叙事功能,因为小说的副本选材本身就已逐渐脱离了恐怖范围,在武侠、玄幻、动漫题材的副本里,封不觉被封印的恐惧感自然不会有作用。比起封不觉被封印的恐惧感,女主角黎若雨被封印的爱则显得更加缺少意义。小说第396章第一次揭开她被封印爱的设定,而到了第1098章,封不觉对黎若雨说出不会强迫解开封印。在第1324章,黎若雨的情绪发生很大的变化,甚至到最后:

若雨用上最后的力气,握紧封不觉的手,她的那双明眸,从未像此刻这般深情,如果可以,她真希望可以用眼神告诉对方,自己的封印其实早已解开了。(第1388章《夺》)

女主角的"爱"莫名其妙被封印之后又解开，而在这个过程中，读者很难看见男女主角为了找回女主的"爱"作出任何努力，甚至于封不觉主动表示不会尝试解开女主角的封印。这样看来，所谓"爱"被封印的设定更像是作者在为自己制造出尴尬的感情线而找借口。

除了无意义的主线和人物设定的吊诡外，小说叙事溃散的另一原因是过度吐槽和玩梗。大量借角色之口的吐槽实际上是在无意义地堆砌字数（网文界也称"水字数"），因为大多数角色的吐槽风格完全一致。比如：

"这是对我们勇气的一种挑战，看我们敢不敢站到最后一秒。"封不觉竟然还能笑出来："呵呵……这系统还真是专注于制造这种最后时刻死里逃生的桥段。"

"哪里逃生了啊！你只是举着钥匙而已啊！"孤独小哥也喊道。[第028章《诡影迷城篇（十二）》]

"哦哦！好像很有道理啊！"小叹兴奋地说道。

"这小子的思想有点不正常啊……"潘凤低声对华雄说道。

"何止不正常，简直是绅（变）士（态）啊……"华雄也低声回道。

"你们俩又站在离我那么近的地方低声说话！这又有毛用啊？"封不觉喊道。[第057章《大蒜无双篇（十一）》]

"喂！你才是最有研究的吧！若无其事地说出来了啊！信息量好大啊！"小叹喊道。

"最后，像英语、日语、法语等等，或者掺杂着冷僻字、火星文一类的名称，既容易被读错，又有装【哔——】的嫌疑，当然也得排除掉。"封不觉接着说道。

"依靠着消音还是把想说的给说出来了啊！你到底是怎么办到的啊！"（第097章）

"不错，毕竟你是职业的嘛。"封不觉回道，"就用你专业的技巧去找她搭个讪什么的,等聊开了之后,你就说自己初涉江湖,不懂的地方很多,想请教她一些问题。"

"我说的'职业'是职业玩家,你说的是职业牛郎吧!"迹部喊道。[第199章《苍灵论剑(十四)》]

"没错。"躺在地上的天马行空插嘴道,"虽然我现在站不起来、也动弹不得,但总会有办法的。"

"办你个飞机的法啊?"鸿鹄喊道,"在扑街状态下自信满满地说出这种台词来是闹哪样啊?"(第429章《强援》)

这几段话包括主角和大量配角的吐槽。放眼整本书中,几乎所有的角色的吐槽都是类似的日系搞笑漫画风格,不带有多少个人特色。作者特别喜欢让角色以"喊"的方式吐槽,而吐槽的话中通常带有大量的感叹号。但实际上,这些角色的吐槽都是作者的吐槽,这些同质化的角色本质上都是作者的化身。以同为吐槽向作品的《银魂》为例,《银魂》中的角色也满口吐槽,但这些角色的吐槽却不会仅仅集中在主角一个人身上,他们的吐槽一方面发挥群体交互功能,另一方面会在交流中展示出角色各自的性格经历和短篇故事相关的情节信息。相比之下,《惊悚乐园》中的吐槽就显得单调而较少发挥有效的叙事功能。

在小说中,作者还使用了大量的"梗",而这也一定程度上打乱了小说叙事的节奏。这些梗有些是热门的,来自一些热度较高的作品,因而即便不了解网络小说、不关注动漫的人大多也会知道,比如蝙蝠侠、火影忍者、贞子、汉尼拔等。有些则是网络爱好者们听说过的,比如SCP基金会、霹雳布袋戏。还有一些梗则非常冷门,大部分读者都会感到陌生,比如南方公园、搞笑漫画日和等。大量用梗的创作方法,在小说前半部分还比较隐晦,往往只在角色的对话,或者是道具装备的备注描述中出现相关的梗,比如:

【名称:马里奥的管钳】
【类型:武器】

【品质：精良】

【攻击力：中等】

【属性：火】

【特效：攻击人型或类人型生物的头部时，有很高概率造成重创】

【备注：这把管钳的主人很有名，他自称是个水管工，但他从不修管道，他只是在管道里钻进钻出，跳来跳去。整日忙着与恶势力战斗、拯救王国、寻找公主什么的。他有时会化装成青蛙、浣熊，甚至地藏菩萨。有时他还会放火球、扔锤子……但他从不！请注意，是"从不"用这件水管工必备的工具。于是，这把管钳愤怒了，它火冒三丈，它要证明管钳完全是可以参加战斗的！】（第016章）

但是在小说的中后段，作者开始在整个副本中频繁用"梗"，比如"南方公园篇"（第321章—第327章）和"三十三章侦探篇"。这两个副本都建立在冷门题材上，并且作者在写作时直接默认读者阅读过那些"梗"的原文，故而没有对原作进行太多的解释。这造成了很多读者在阅读这一类副本时容易迷惑不解。

在《惊悚乐园》中，作者采用了部分他此前的几本作品中的设定，比如女主角、男配、女配都是作者之前小说中角色的后代。书中的家族恩怨也来自于作者的前几本小说中的设定，而作为"惊悚乐园"游戏载体的命运AI也同样源于作者的前作。在最后揭开的真相中，主角封不觉的父亲竟然就是作者前作中的角色。这样大量前作设定的加入，很容易让并没有读过那些小说的读者产生一定的阅读障碍。除此之外，作者出于自己的爱好在小说中加入了大量自己感兴趣的内容，但对于普通读者而言，这些内容却有可能导致阅读兴趣的丧失。作者在访谈中表达过自己的创作观，可以说，这种文本杂糅的现象基于其创作观：

说实话我写东西是把自己写得痛快放在第一位的，至于别人能不能痛快这个因人而异。①

我觉得绝大多数人走上写手这条路的出发点是因为兴趣。

哪怕有那种渐渐偏离这条轨道,完全朝钱看的类型,在最初的最初,肯定也是因为对文字的热爱才去写的。

当然搁在我身上,就是兴趣的比重占了九成以上了。

所以在写作这件事上我很少弄得很功利,我的更新速度应该也很好地说明了这点(笑)。

至于为什么走上写手这条路,也是水到渠成的事情。

《鬼喊抓鬼》在完全没签约的情况下完本后,《贩罪》就和网站签约了,然后《贩罪》完本(100多万字的书,电子版总共就拿了几千块稿费),我就开了《惊悚》。

反正我自己的想法还是那样,兴趣写作嘛,对作品负责、完本,是第一位的,钱多钱少也不是很在乎。②

三天两觉本人的阅读视野开阔。据他所说,他从小就喜欢看世界名著,很早就接触到了侦探小说。除了书以外,他对动漫、电影等各种方面的文艺作品都有涉猎。其写作的起因是兴趣,因此与作品获得的收益相比,他更倾向于为自己的兴趣爱好而创作。这也许就是为什么他在小说中掺杂进了大量自己喜欢,而不一定受读者欢迎的元素。大量这类元素的加入使《惊悚乐园》在一众无限流小说中脱颖而出,但也正是这个原因导致

---

① 三天两觉微信公众号:【跨服回复】B站私信问答第一辑,https://mp.weixin.qq.com/s?__biz=MzAwNTAzNzU1Ng==&mid=2653067737&idx=1&sn=2b38aac64cb90b58797eef0e91aa5c7c&chksm=80f4f542b7837c545f617db92097a48ca2b4784e2aa4fc48c4cb7174bc9567889642cb0a1552&scene=178&cur_album_id=1338359430823591939#rd,访问日期:2020年12月29日。

② 三天两觉微信公众号:微福利:微博问答集锦,https://mp.weixin.qq.com/s?__biz=MzAwNTAzNzU1Ng==&mid=2653066133&idx=1&sn=773078750a4f91b50e546c7b19ce3be5&chksm=80f4ff0eb7837618a45c696e6c2d780dd3048449927d555b232c407a572cada2bf4fd5dd05e5&scene=178&cur_album_id=1338359430823591939#rd,访问日期:2020年12月29日。

了《惊悚乐园》的叙事缺乏紧凑性。

　　总而言之，作为无限流小说发展中的重要文本，《惊悚乐园》在当时出现确实有其不可替代的意义。它不仅在叙事模式和内容上富于新意，更重要的是打破了无限流小说单一化的创作走向，为后来无限流小说的创新发展打开了思路。当然作为一种探索和尝试，《惊悚乐园》也不可避免会有不足之处。我们在文章中指出作品的不足并没有苛责作者的意思，而是放在网络文学发展史上来看，这些不足也成为后来的同类型作品创作时可汲取的教训。网络文学正是在这样不断创造中不断暴露问题，进而不断完善并提升自身的创作质量与审美品质。因此，《惊悚乐园》虽然是一部瑕瑜互见的小说，但在网络文学发展史上，特别是在无限流小说的发展中，它具有不可忽视的地位。

后　记

千呼万唤，《破境——网络文学名作细评·卷二》终于和读者见面了。

《网络文学名作细评》系列主要来自我主持的杭州师范大学"新媒介文艺批评研讨""网络文学研讨"课程成果。该课程系列主要是选择包括网络类型小说在内的中国新媒介文艺代表性作品、现象作为批评对象，以"教—研融合""合作式批评"模式，开展批评实践。本书就是此系列中"网络文学名作细评"第二部。本书主标题被命名为"破境"，首先是为了与第一部《入圈——网络文学名作细评·卷一》形成呼应；其次是为了契合书中所选7部玄幻小说的内在气质。

本书是集体智慧的结晶。课程由我负责设计和主持，由校内外专家组成的教师团队和选课学生一起确定7部作品作为研讨对象。课前小组成员一起阅读作品和收集文献，写出汇报文稿。课上我主持讨论，引导研讨方向，并在总结时归纳出修改调整框架，小组成员汇报，所有参与者各抒己见，或批评或构建。课后小组成员以"撰稿人"身份根据研讨情况修改完善文稿，反复多次。最后由校内外专家组成的教师团队以"定稿人"身份，最终修订定稿，并对文稿负最终文责。

感谢参与研讨和写作的所有"撰稿人"：盛龄娴、朱臻晖、周越妮、高艺丹、罗文悦、陈婷婷、冉雪、严沈幽、张鹏、赵薪、王慧、黄玉莹、董建文、钟依菲、肖依晨、朱哲娴、钱书逸、俞汶宜、沈依阳、杨金之、王佳源、殷湘云、许嘉璐、徐怡情、陈曦、张弛、许航、陈子瑶、孙昊敏,是他(她)们的热情、勤勉和才华为本书的成功奠定了基础。感谢本卷各位"定稿人":华中师范大学黎杨全教授、西南科技大学周冰教授、贵州民族大学鲍远福教授、西华大学陈海燕教授,杭州师范大学刘欣副教授、杭州师范大学刘杨副教授,杭州师范大学王若存博士,杭州师范大学王樱子博士,他(她)们严谨、专业、负责,像对待自己的论著一样,多次修改文稿,严格履行了"定稿"之责。

感谢杨新宇博士为绪论资料收集和初稿写作付出的努力!

构成本书的7个部分的主要内容都以前期成果发表在了学术期刊上,对刊发这些成果的《中国当代文学研究》《百家评论》《网络文学研究》《中国网络文学探究》等表示诚挚谢意!

最后,感谢海峡文艺出版社林滨社长、蓝铃松编辑为本书出版做出的贡献。

本书还存在诸多不足之处,还望广大读者和同行批评指正。

是为记。

单小曦
2024年10月于杭州西溪之畔